法天使
fatianshi.cn

中国合同库

矿产资源

优质文本 · 条文批注 · 风险提示

申　升　编著

法律出版社
LAW PRESS · CHINA

申　升

北京市雨仁律师事务所合伙人、矿法研究中心主任、矿业律师。

中国政法大学国土资源法律研究中心研究员、中国地质大学法学研究生（含本科生）导师、中国地质矿产经济学会矿产资源法分会理事、《中国矿业报》法治作家、CNKI（中国知网）大成编客主编、《国土资源情报》审稿专家、"中国合同库"特聘专家、中国法学会能源法研究会个人会员。

擅长矿业疑难法律问题处理，代理了多起矿业经济诉讼与仲裁案件、矿业行政和刑事案件，担任多家矿业单位的法律顾问。在《中国矿业报》《中国自然资源报》《中国黄金报》等媒体发表了近两百篇矿业法律类文章，并有多篇被中国地质大学、中国冶金地质总局、中国冶金地质总局山东局、湖南省有色金属管理局、江苏省矿业协会等单位转发。

著有包括《矿业法律顾问》《矿业合同管理》《矿业权转让法律实务》《矿业典型案例评析》在内四本"矿业法律实务丛书"等著作（法律出版社2016年3月出版）。

法治社会离不开合同。

英国历史学家梅因的《古代法》中有一句法律人耳熟能详的名言：我们可以说，所有进步社会的运动，到此处为止，是一个“从身份到契约”的运动。确实，在现代社会中，方方面面都离不开契约与契约精神。除市场交易外，大到国家治理、国际条约，小到婚姻家庭、交通出行各个领域，无所不在契约或契约精神的笼罩之下。可以说，一个现代人，无时无刻能与合同脱离干系。

在具体生活层面，我们也不难发现合同与社会经济之间的密切关系。从普通人很少见到正式合同，到越来越多地签订书面合同，到合同越来越厚、条款越来越多，与之相应地，是经济交易越来越活跃、交易金额越来越大，经济越来越发达。如果作这么一个判断：“合同的质量与数量，与一个社会的经济水平成正比”，这应该是基本成立的。

希望中国合同库成为标准。

合同需要标准。国际贸易术语（Trade Terms of International Trade），就可以理解为是一套合同条款的标准术语。有了这套术语，交易各方在谈判以及拟定条款时，就可以大大节省时间，减少争议。

经济生活中的大量交易，完全可以使用比较标准的、完备的合同范本。这些合同范本符合一般交易惯例，条款相对完善、规范，能减少不必要的合同纠纷。

当然，交易往往都有自己的特殊性。即便如此，以标准合同为基础，合同各方在彼此关心的重点条款上谈判、修订，而对一般性问题采纳标准合同的条款，这也能大大节省合同各方的精力。

在运输领域，集装箱标准的推出，大大提升了运输效率、降低了物流成本，整个社会都为之受益。而如果在社会各行各业的交易、合作中，都能大力推行标准合同，无疑也将大大降低交易成本，促进交易的进行，减少争议。这其中的社会意义是巨大的。这也是工商等政府部门不断推出政府示范文本的目的。而现在，“中国合同库”这一项目，更是利用互联网技术，将合同示范文本这一工作往前推进了一大步。

标准之所以能成为标准，既需要社会各界的推动与接受，也需要标准本身能不断完善、符合需求。我在此希望中国合同库的主办方能持之以恒地推动合同库的建设、完善与推广，使之成为名副其实的“中国合同库”。

此为序。

中国社会科学院教授，博士生导师

在互联网、大数据时代，应思考法律服务如何与技术结合，推动法律智慧的融合与共享。在倡导律师专业化建设、倡导律师“工匠精神”的同时，应注重用技术手段，帮助律师提升法律服务的效率。

《中国合同库》系列图书，可以看作这方面的有益尝试。不同于一般的合同范本书，它充分利用了互联网开放、迭代、互动的特色：每个合同范本，对应一个二维码，读者扫描识别二维码，就可以获得合同范本的电子版；而合同范本的作者，可以实时更新电子版，以确保内容的与时俱进。如此一来，这套书不再是一般意义的纸质读物，而是与电子数据协同互动的新型出版形态。

一直以来，高品质的合同范本和法律文书，是一种有价值但流通不畅的资源。律师与律师之间，团队与团队之间，律所与律所之间，缺乏知识资源的互通和共享。另外，高质量的文件模板几乎可以说是律师的核心竞争力之一，甚至是行业壁垒之一，每一份好的文件模板都倾注了律师的智慧和心血。《中国合同库》聚合各领域专业法律人，把这些优质的模板进行逐字逐句地修改、整合，进而分享，真正体现了互联网时代的共享精神。

不久前，中华全国律师协会刚刚与法律出版社签署战略合作协议，现在欣喜地看到法律出版社偕同法天使推出这项具有创新精神的出版计划，在此表示由衷祝贺！

是为序。

中华全国律师协会会长

金杜律师事务所管委会主席

目 录

CONTENTS

第一类　矿产资源勘查类合同

一、探矿权出资合作协议（法人型）

【使用场景】

本范本适用于探矿权法人型合作的情景。根据原国土资源部《矿业权出让转让管理暂行规定》（国土资发〔2000〕309 号）的规定，合资合作经营分为法人型和契约型勘查矿产资源两种形式。也就是说，就矿业勘查的合作形式而言，分为法人型合作和契约型合作。依据探矿权投资合作的性质，本合同适用于探矿权作价出资的法人型合作。对于探矿权契约型合作的情形，不适用于本合同。

【法律要点】

1. 什么是探矿权出资合作?

探矿权作价出资是指探矿权人依法将探矿权作价后，作为资本投入企业，并按照出资数额行使相应权利，履行相应义务的行为。原国土资源部《矿业权出让转让管理暂行规定》（国土资发〔2000〕309 号）第 42 条规定 :“合作勘查或合作开采经营是指矿业权人引进他人资金、技术、管理等，通过签订合作合同约定权利义务，共同勘查、开采矿产资源的行为。”

对于探矿权出资合作设立新合作法人的情形，已取得探矿权的矿山企业应当将其探矿权计价作为合作条件，变更探矿权的主体，将其探矿权转移给新设立的合作法人企业，并按照原国土资源部《矿业权出让转让管理暂行规定》（国土资发〔2000〕309 号）第 44 条第 1 款的规定办理矿业权转让审批和变更登记手续。在这些法定程序履行完成后，探矿权人就不再是原矿山企业的，而是由新设立的合作法人企业享有，并由该合作法人企业承担探矿权人的所有法定义务。此种情形应属于探矿权“作价出资”的方式，因此，法人型合作方式不应归入“合作”的范畴，而应当被纳入矿业权“作价出资”的范围。

矿业权作价出资是一种以矿业权的价值作为股份进行投资的经营行为。它是指矿业权人依据矿业权评估结果，将自己的矿业权折合成一定的股份或资本金与他人合资、合作经营，由新的公司成为新的矿业权人的投资行为。矿业权

13922

作价出资必须符合《中华人民共和国公司法》的有关规定。矿业权人将矿业权作价出资后，就不再单独拥有矿业权，而是由新的合伙公司或股份公司拥有矿业权，原矿业权人仅是新设立公司的股东之一，不再具有完全支配矿业权的权利，但能从新设立公司中按照矿业权所折成的相应股份获取红利作为经济补偿。

2. 探矿权作价出资的合作行为是否合法?

国务院《探矿权采矿权转让管理办法》（国务院令第 242 号）第 3 条规定："除按照下列规定可以转让外，探矿权、采矿权不得转让：（一）探矿权人有权在划定的勘查作业区内进行规定的勘查作业，有权优先取得勘查作业区内矿产资源的采矿权。探矿权人在完成规定的最低勘查投入后，经依法批准，可以将探矿权转让他人。……"

原国土资源部《矿业权出让转让管理暂行规定》（国土资发〔2000〕309 号）第 6 条规定："矿业权人可以依照本规定，采取出售、作价出资、合作勘查或开采、上市等方式依法转让矿业权。"第 41 条规定："矿业权作价出资是指矿业权人依法将矿业权作价后，作为资本投入企业，并按出资数额行使相应权利，履行相应义务的行为。"以上是我国法律关于矿业权作价出资的相关规定。

有观点认为，矿业权出资的意义在于矿产资源公有决定的矿产资源利用方式，是国家所有权实现的需要，矿业公司筹资的特殊性以及鼓励投资，充分利用投资资源的必要。但也有观点认为，以矿业权作价出资缺乏《中华人民共和国公司法》方面的依据。对此，让我们作以下分析：

首先，关于《中华人民共和国公司法》对规范出资法律背景的分析。

现行《公司法》的有限责任的实质是股东以出资额为限对公司债务承担责任。这是在充分的市场化环境中，保护和促进市场竞争主体存续力的有效手段，但有限责任并没有消除企业的失败风险，用波斯纳的话说：这是一种转移个人投资者风险的手段，是自愿或非自愿的债权人承担了公司的违约责任。①

为了平衡股东和债权人之间的权益，公司法在确立了股东有限责任的同时也确立了股东出资遵循法定规则的原则。江平教授曾言："现代企业的信用，除日常交易之信用外，端赖于资本的信用，而不能是其他的信用……现代公司是资本企业，资本企业的资本信用

---

① ［美］理查德·A. 波斯纳：《法律的经济分析》（下），蒋兆康译，中国大百科全书出版社1997年版，第516页。

体现在两个方面，一个是实有资本的信用，另一个是注册资本的信用。”[①] 此番话的深意在于点出了公司信用由注册资本信用向实有资本也就是资产信用的转变。这种转变的原因在于资产信用较之于资本信用的可靠性从而使债权人因股东承担有限责任而失去的担保功能得以回归。这种转变的直接结果便是导致了股东出资标的物的扩大，因为出资不再限于资本，而是资产。

其次，注册资本是公司设立之初的资产反映，随着公司的发展其资产状况是一个变化的动态过程。

可以说，从公司运营之日起，其资产就不可能再与资本保持一致。资本对债权人来说无非是一个静止的符号而已。公司承担责任的财产基础实际上并不是登记在册的资本，而是实际资产。于是，立法开始打破对出资标的物严格限制的规定，不断扩大出资标的物的范围，我国于 2018 年修订的《公司法》第 27 条规定："股东可以用货币出资，也可以用实物、知识产权、土地使用权等可以用货币估价并可以依法转让的非货币财产作价出资；但是，法律、行政法规规定不得作为出资的财产除外。"

《公司法》虽然没有列明矿业权是否能够作为注册资本的构成要素，但从上述出资角度看，矿业权符合“可以用货币估价可以依法转让”的条件，也即可作为非货币资产作价出资。[②] 关于出资时的矿权估价（评估）问题，财政部《关于〈公司法〉施行后有关企业财务处理问题的通知》（财企〔2006〕67 号）指出，根据《公司法》第 27 条的规定，企业以实物、知识产权、土地使用权等非货币资产出资设立公司的，应当评估作价，核实资产。国有及国有控股企业以非货币资产出资或者接受其他企业的非货币资产出资，应当遵守国家有关资产评估的规定，委托有资格的资产评估机构和执业人员进行；其他的非货币资产出资的评估行为，可以参照执行。

最后，矿业权作价出资有其实践基础。

当前我国实践中大量存在以矿业权作价出资的实例，已被众多投资者和政府部门所接受。目前，在诸多的地方性立法中，早已对矿业权能否作为出资标的物的问题作出了比法律法规更为具体和超前的规定，在河南省、广东省、云南省、陕西省、福建省等的“矿产资源管理条例”中都出现了“作价出资”的字眼，以此来规范矿业权作为出资的行为。承认矿业权作价出资的合法性，是完善我国矿业权流转制度的重要内容，对于利

① 江平：《现代企业的核心是资本企业》，载《中国法学》1997年第6期；江平：《公司法与商事企业的改革与完善》，载《中国律师》1999年第5期。

② 李晓峰：《中国矿业法律制度与操作实务》，法律出版社2007年版，第24页。

用矿业权融资，具有其他流转方式不可比拟的优越性。

通过上述分析，可以确认矿业权作价出资的合法性，但需要注意的是，矿业权作价出资属于矿业权转让的情形，必须首先符合矿业权转让的条件。也就是说，只有在具备矿业权转让条件下的矿业权作价出资才具有合法性。比如，以在勘查空白区刚取得、还未进行任何勘探投入的探矿权作价出资，因其没有满足探矿权转让的实质条件，就是不行的。

3. 探矿权作价出资中的价值如何确定?

在矿业合资开发中，矿业权的价值如何确定是一个极为重要的问题。通常情况下，只要是勘查程度稍高的探矿权，应能达到可评估的程度，只要能作评估，矿业权的价值就可以确定。但在许多项目中，矿业权人对取得的矿业权并没有进行足够的投入，没有基础的地质报告和资料。这样的矿业权严格来说无法进行评估，只能协商作价入股。此种情形可采取先成立项目公司，各方以现金出资，一方以矿业权在公司成立后转让给项目公司作为出资条件。但如存在国家投入的矿业权，在项目合作中，按照有关规定，需缴纳价款[①]后方可转移权属，因此，评估确定价格是必经程序；如没有国家投入，则可由合作方直接协商确定价格。

在矿业权出资合作中，因为各种原因，其中一方可能会退出合作，那么退出方应当获得何种对价？譬如，在勘查已探明储量后，其中一方因资金问题无力进一步投入开发，而又不愿自己的股权被稀释，退出则不失为一种好的选择。对此，可以采取以下方式，一是由合作伙伴优先收购股权，二是被其他投资人收购股权。无论何种收购方式，其核心都涉及对矿业权的价值确定问题。如果不涉及国家投入，则各方可以根据勘查投入和市场金属价格、投资前景等因素协商确定矿权价值；如涉及国家出资，则需做矿业权评估，以确定股权或权益转让价格。如合作各方合作顺利，矿区可由勘查转入开发，通常不涉及矿权的重新估价问题，因为，双方的进一步投资按照早已约定好的权益比例或股权比例投入，如果一方不再投入，其权益应被稀释。矿产资源的勘查和开发是风险较大的投资活动，其运行规则与其他行业相比有其自身的特殊性，以矿业权作价出资的合作原则应当是利益均衡和鼓励冒险（使其能得到额外回报），双方的合作方式只要不违反法律规定，其灵活性很大，对于矿业权价值的确定也是如此。

① 《国务院关于印发矿产资源权益金制度改革方案的通知》（国发〔2017〕29号，2017年4月13日）规定，将现行探矿权采矿权价款调整为适用于所有国家出让矿业权、体现国家所有者权益的矿业权出让收益。

【文本正文】

探矿权出资合作协议（法人型）

立协议人：

甲方：

（名称、统一社会信用代码、住所、法定代表人、职务、委托代理人、身份证号码、通信地址、邮政编码、联系人、电话、传真、账号、电子信箱）

乙方：

（名称、统一社会信用代码、住所、法定代表人、职务、委托代理人、身份证号码、通信地址、邮政编码、联系人、电话、传真、账号、电子信箱）

根据《中华人民共和国矿产资源法》《中华人民共和国合同法》《矿产资源勘查区块登记管理办法》《探矿权采矿权转让管理办法》《矿业权出让转让管理暂行规定》和其他法律法规及政策，甲乙双方经友好协商，本着平等、自愿、有偿、诚实信用的原则，就甲方以______（填入探矿权名称）______探矿权（以下简称“合作矿权”）作为出资条件，乙方以现金作为合作条件，共同设立有限责任公司合作勘查矿产资源事宜签订本协议。

第一条　拟设立公司的名称和住所

1. 申请设立的公司名称为：______有限责任公司（暂定名，以公司登记机关最后核准名称为准，以下简称“公司”）。

2. 公司住所地：______（正式住所以工商登记为准）。

第二条　公司的宗旨、经营范围及经营期限

1. 公司的宗旨为：______。

2. 公司的经营范围为：______（以公司登记机关核准的经营范围为准）。

3. 公司的经营期限为：______。

第三条　公司的组织形式

公司系依据《公司法》设立的有限责任公司。公司股东以其出资额为限对公司承担责任，公司以其全部资产对公司债务承担责任。

第四条　出资人的权利和义务

1. 出资人享有以下权利：

（1）出资人共同协商确定公司名称；

13922

（2）参加或委托代表参加股东会并根据出资额行使表决权；

（3）参与制定公司章程；

（4）出资人按投入公司的资本额占公司注册资本额的比例享有所有者的资产权益；

（5）出资人按照出资比例分取红利。公司新增资本时，出资人可以优先认缴出资；

（6）出资人可依据《公司法》和《公司章程》转让其在公司的出资；

（7）如公司不能设立时，在承担发起人义务和责任的前提下，有权收回所认缴出资；

（8）出资人有权对不履行、不完全履行或不适当履行出资义务的出资人和故意或过失损害公司利益的出资人提起诉讼，要求其承担相应的法律责任；

（9）公司依法终止后，有依法取得公司的剩余财产分配权；

（10）法律、行政法规及《公司章程》所赋予的其他权利。

2. 出资人负有以下义务和责任：

（1）出资人应当在规定的期限内足额缴纳各自所认缴的出资额；

（2）忠诚于设立中的公司，勤勉尽责地完成公司筹办事务；

（3）出资人以其出资额为限对公司承担责任。股东在公司登记后，不得抽回出资；

（4）出资人应遵守《公司章程》；

（5）有义务参加股东会；

（6）公司所发的出资证明书不得私自交易和抵押，仅作为公司内部分红的依据；

（7）在公司设立过程中，由于出资人的过失致使公司利益受到损害的，应当对公司承担赔偿责任；

（8）公司不能设立时，为设立行为所产生的费用和债务负连带责任；

（9）法律、行政法规及《公司章程》规定应当承担的其他义务。

第五条　注册资本及出资

1. 公司的注册资本为人民币______万元，由立约双方分别以______（现金／实物／专利／土地使用权／矿业权）形式出资构成。

2. 甲方以合作矿权作价出资，占公司注册资本总额的______%。合作矿权情况[1]如下：

条文注解：合作矿权的真实、合法和有效存续是确保双方合作的关键，因此，对于此部分内容应当逐项予以审查，以防止任何瑕疵的出现导致合资公司无法设立，合作目的无法实现。

（1）合作矿权的勘查许可证编号为：____________（填入编号），审批发证机关为：____________（填入审批发证机关的名称）（以下简称“发证机关”）。勘查许可证的复印件见本合同附件______。

（2）合作矿权系甲方通过以下第______种方式获得的：

A. 合作矿权系发证机关以______（招标 / 拍卖 / 挂牌 / 协商 / 申请在先）的方式，于______年______月______日向甲方授予的，甲方______（未 / 已）缴纳探矿权价款。①

> 条文注解：根据《国务院关于印发矿产资源权益金制度改革方案的通知》（国发〔2017〕29 号，2017 年 4 月 13 日）的规定，“将现行探矿权采矿权价款调整为适用于所有国家出让矿业权、体现国家所有者权益的矿业权出让收益”。

B. 合作矿权系甲方于______年______月______日通过转让方式，从______受让的，并支付了全部转让价款。②

> 条文注解：此处的“转让价款”不同于上述“探矿权价款”，该“转让价款”是探矿权作为财产转让的对价，而上述“探矿权价款”是根据国务院颁布的《矿产资源勘查区块登记管理办法》（国务院令第 240 号）的规定，国家将其出资勘查形成的探明矿产地出让给矿业权人，按规定向矿业权人收取的价款。

（3）合作矿权的地理位置为：____________；勘查区块面积为：______平方公里；勘查矿种为：______；勘查区块范围坐标为：____________（具体位置见本协议所附矿区范围图）；勘查许可证有效期自______年______月______日至______年______月______日；在本协议签署之日，合作矿权的勘查程度为______（预查 / 普查 / 详查 / 勘探）。

（4）本协议项下的合作矿权自获得勘查许可证之日起已满______年，已经取得储量报告及评审备案证明。

3. 乙方认缴的出资额为______万元，占公司注册资本总额的______%，以现金形式出资。

第六条　缴付出资

1. 公司名称预先核准登记后，到银行开设公司临时账户。乙方应当在公司临时账户开设后______日内，将货币出资足额存入公司临时账户。

13922

2. 因为甲方将以探矿权出资，由立约双方聘请共同认可的评估机构[1]作价评估，评估费用________________（由该出资方承担 / 列入公司成立费用）。作价评估工作应于______年______月______日之前完成，并提供评估结果。

条文注解：对于探矿权价值的评估根据规定应当由具有相应资质的矿业权评估机构承担，在进行委托评估时应当注意审查该评估机构是否具备该相应的资质。

3. 立约双方全部缴纳对公司出资后______日内，聘请法定验资机构验资并出具验资证明。

4. 甲方应在本协议签署后______日内，向矿业权登记机关提交办理合作矿权转让审批所需的全部材料。对于其中应由乙方提供的材料，乙方应在本协议签署后______日内提交给甲方。对于矿业权登记机关要求以外的其他材料，甲方应当按照要求及时提供。

5. 甲乙双方应当在矿业权登记机关批准本协议后______日内，共同向工商登记管理机关申请办理公司的设立登记手续。乙方应足额缴纳出资。在公司依法获得工商登记管理机关核发的《企业法人营业执照》后______日内，甲乙双方应共同向矿业权登记机关申报相关材料，办理将合作矿权变更登记至公司名下的手续。

6. 立约双方同意，全部出资在公司取得《企业法人营业执照》之前，任何一方不得动用或抽回；在取得《企业法人营业执照》后，上述出资之使用需经公司董事会批准同意，方可用于与公司有关的用途。

7. 在本协议生效后至公司取得《企业法人营业执照》的期间内，如任何一方严重违反本协议，致使本协议的目的不能实现或者履行本协议已成为不可能时，守约方有权解除本协议，收回其出资，并有权向违约方要求因此而遭受的损失。

8. 因设立公司产生的税费（包括但不仅限于印花税、律师费、验资费、差旅费、因设立公司依法向工商登记管理机关缴纳的费用等），由甲乙双方按照出资比例承担，由公司在设立后偿还给甲乙双方。

第七条　筹委会

1. 立协议各方同意成立筹委会，负责公司筹建工作。筹委会由______名人员组成，分别为____________，由______负责。筹委会的职权如下：

（1）起草和报送筹建公司所需的各种申请报告和文件资料；

（2）负责公司筹建期间的财务管理；

（3）催缴出资款；

（4）筹备、召开公司成立暨第一次股东会并就公司组建情况向大会报告；

（5）遇有重大问题建议立约双方召开会议进行讨论；

（6）选择会计师事务所、律师事务所等中介机构，协助中介机构进行财务审计、评估、验资、法律文件草拟等工作；

2. 筹委会对公司筹建工作负有诚信和勤勉义务。筹委会为筹建公司而支出的合理费用由立约双方按出资比例分担。

3. 公司取得《企业法人营业执照》后，筹委会工作即自行终止。

第八条　甲方的陈述、保证和承诺[1]

> 条文注解：作为以探矿权作价的出资方对于合作矿权相关情况的陈述、保证和承诺将作为合作项目公司设立的重要保障，也将成为判断其是否违约的重要标准，对此应予以特别注意。

1. 截至本协议签署之日，合作矿权的勘查许可证是真实、合法、有效的；甲方对合作矿权拥有完整、无瑕疵的权利；合作矿权不存在与其他矿权重叠或交叉的情形；与其他矿权不存在现实的或潜在的矿界争议；合作矿权未设定任何抵押权、质押及其他任何限制的情形；不存在任何涉及诉讼或被司法、行政程序查封、冻结等限制的情况。

2. 甲方已依法缴纳本协议签署之前需要缴纳的探矿权使用费和探矿权价款。

3. 甲方领取勘查许可证已满两年或已经取得了储量报告及评审备案证明。

4. 甲方已按照批准的勘查设计组织施工，勘查施工作业符合国家的相关标准和规范，各类实物工作量已完成70%以上并提交了真实、完整的勘查报告。

5. 在本协议签署之前，甲方已完成了法定的最低勘查投入。

6. 甲方不存在无故停工6个月以上的情况；不存在私自开采、非法承包、出租、转让、与他人合作开采等违法行为。

7. 甲方已按照有关规定汇交矿产勘查成果资料，不存在伪造地质资料或者在地质资料汇交中弄虚作假的行为。

8. 甲方已依法办理勘查用地报批手续；甲方与土地所有人签署的土地使用

13922

合同真实、合法、有效；截至本协议签署之日，甲方不存在任何违反或可能违反土地使用合同约定情形，土地使用合同没有被土地所有人依法终止或解除的风险。

9. 合作矿权的转让不存在可能无法获得矿业权登记机关批准的其他情形。

10. 合作矿权转移变更至公司名下后，不存在矿业权登记机关可能基于合作矿权转让前因可归责于甲方的原因或行为而吊销合作矿权的情形。

11. 甲方已完成了将合作矿权转移变更至公司名下所需的一切授权、批准（除矿业权审批机关的批准外）、备案等程序；甲方签署本协议，不会违反其公司章程，不会违反其与其他任何第三方签署的协议。

12. 甲方承诺：在本协议签署后至合作矿权转移变更至公司名下之前，甲方仍将继续依法履行矿业权人的各项义务，以确保合作矿权的合法、有效存续，并确保合作矿权符合法律、法规、规章及政策规定的转让条件。

第九条　本协议履行期间合作矿权的年检和延续登记

1. 在本协议履行期间，合作矿权的年检和延续登记手续仍然由甲方依照有关规定办理，但乙方应给予必要配合；办理年检和延续登记手续的费用由甲方承担。

2. 在本协议履行期间，甲方未依法办理合作矿权的年检手续和延续登记手续，并致使合作矿权灭失或无法办理转让及变更登记手续的，甲方应按照本合同的约定承担赔偿责任。[①]

条文注解：探矿权作为有期限的权利，其是否存在违法行为，能否通过矿政管理机关的年检，和能否顺利通过行政延续许可直接关系着合资项目公司能否正常设立，因此，有必要对此内容予以约定，以督促作价出资的探矿权人勤勉尽责地维护矿权，保证合资公司的顺利设立。

第十条　违约责任

1. 任何一方所作的陈述、保证和承诺与实际情况有任何出入或违反了其所作的任何陈述、保证和承诺的，则该方应承担另一方由此所受到的全部损失。

2. 因可归责于甲方的原因，甲方未按照本协议的约定，向矿业权登记机关申请办理本协议的审批手续的，逾期超过______日的，乙方有权终止本协议的履行，并要求甲方承担公司注册资本总额的______%的赔偿责任。

3. 在本协议履行期间，甲方未依法办理合作矿权的年检手续和延续登记手续，并致使合作矿权灭失或无法办理转让及变更登记手续的，乙方有权终止本协议的履行，并要求甲方承担公司注册资本总额的______%的赔偿责任。

4. 在本协议履行期间，甲方未履行矿业权人的各项法定义务，致使合作矿权灭失、被吊销，或不符合法律、法规、规章及政策规定的转让条件，从而使得本协议的目的无法实现的，乙方有权终止本协议的履行，并要求甲方承担公司注册资本总额的______%的赔偿责任。

5. 乙方未按照本协议约定向公司缴纳出资，并导致公司无法设立的，甲方有权解除本协议，并要求乙方按照公司注册资本总额的______%承担赔偿责任。

6. 公司设立后，因可归责于甲方的原因无法办理将合作矿权变更登记至公司名下的，乙方有权终止本协议，并要求甲方承担公司注册资本总额的______%的赔偿责任。

7. 公司不能设立时，立约双方对公司设立行为所产生的债务和费用对外承担连带责任（对内由各立协议人按出资比例承担）。

8. 出资人在公司设立过程中，故意或过失侵害公司或其他立协议人利益的，应当向公司或其他出资人承担赔偿责任。

第十一条　本协议未能获得登记管理机关批准时的处理[①]

> 条文注解：在探矿权作价出资的法人型合作中需要变更探矿权主体，根据《矿产资源法》规定应当履行探矿权转让审批程序，存在无法获得审批通过的情形，因此，有必要对于未能获得审查批准的情形予以明确约定处理措施。

1. 非因可归责于甲方或乙方的原因，本协议签署后______日内，本协议项下合作矿权的转让申请未能获得矿业权登记机关批准的，本协议终止履行。

2. 因可归责于本协议任何一方的原因，合作矿权的转让申请向矿业权登记机关提交后，在本协议签署后的______日内，未能得到矿业权登记机关批准的，本协议终止履行，有责任的该方应当在本协议终止履行后______日内，按照公司注册资本总额的______%一次性向另一方支付赔偿金。

第十二条　通知

1. 任何与本协议有关的需要送达或给予的通知、合同、同意或其他通信，除双方另有约定外，应按双方当事人在本协议中列明的地址、传真、电话、电子邮件或其他联系方式进行；通过传真、电话、电子邮件发出的任何文件、资料、

13922

通知，在发出后即视为收讫。通过邮寄发出的任何文件、资料、通知，在寄出十天后即视为收讫。

2. 任何一方在本协议所列的地址、传真、电话、电子邮件或其他联系方式发生改变的，应自变更之日起______日内以书面形式通知对方，否则，对方按照原来的地址、传真、电话、电子邮件或其他联系方式发出的文件、资料、通知等均视为在前款约定的时间内收讫，由此产生的一切后果，均由另一方自行承担。

第十三条　协议的彻底性和完整性

本协议及其附件是缔约双方对合作的最后谅解和一致，其效力高于所有缔约双方及其工作人员、代表在签署日以前以书面或口头形式所达成的合同、承诺、安排、谅解、陈述和保证等。

第十四条　法律适用及争议解决

1. 本协议的订立、效力、变更、解释、履行、终止和由本协议产生或与本协议有关之争议的解决，均适用中华人民共和国法律。

2. 凡因本协议引起的或与本协议有关的一切争议，双方应友好协商解决。如果争议自发生之日起三十日内仍不能得到解决，则任何一方均有权选择以下第______种方式解决：

（1）向______仲裁委员会申请仲裁，按照申请仲裁时该会实施的仲裁规则进行仲裁。

（2）向______人民法院起诉，以诉讼解决争议。

第十五条　协议的生效及其他

1. 本协议的附件为本协议不可分割的一部分；本协议及其附件内空格部分填写的文字与印刷文字具有同等法律效力。

2. 本协议未尽事宜或出现与本协议相关的其他事宜时，由双方协商解决并另行签订书面补充协议，补充协议与本协议具有同等法律效力。

3. 本协议自双方法定代表人或授权代表签字、盖章之日起成立，需要审批的协议内容自合作矿权的转让获得矿业权登记机关批准后生效，① 无赖于审批的内容自协议成立时生效。

条文注解：获得矿业权登记机关的批准同意是探矿权转让协议的法定生效要件，应予以特别注意。

4. 本协议一式______份，每方各执______份，具有同等法律效力。

5. 本协议由甲乙双方在中华人民共和国______签署。

（以下无协议正文条款）

甲方：（盖章）

法定代表人或授权代表：（签字）

日期：

乙方：（盖章）

法定代表人或授权代表：（签字）

日期：

13922

二、合作勘查协议（契约型）

【使用场景】

本范本适用于探矿权契约型合作的情景。根据原国土资源部《矿业权出让转让管理暂行规定》（国土资发〔2000〕309号）的规定，合资合作经营分为法人型和契约型勘查矿产资源两种形式。也就是说，就矿业勘查的合作形式而言，主要分为法人型合作和契约型合作。依据探矿权投资合作的性质，本合同适用于探矿权契约型合作。对于探矿权作价出资的法人型情形，不适用于本合同。

【法律要点】

1. 契约型合作勘查是否属于矿业权转让?

根据原国土资源部《矿业权出让转让管理暂行规定》第42条的规定，将矿业权合作分为法人型合作和契约型合作两种形式，且明确规定，对于法人型合作，合作双方需办理矿业权转让的审查批准和将矿业权变更登记至合作法人名下的手续；对于非法人型合作，也即契约型合作仅规定合作双方在签订合作或合资合同后，应当将相应合同向登记管理机关备案。

从1996年修订后的《矿产资源法》第6条及1998年国务院颁布的《探矿权采矿权转让管理办法》（国务院令第242号）第3条第2款的条文和措辞来看，只有因与他人合资、合作经营而需要变更矿业权主体的，才需要按照矿业权转让的规定进行审批，并办理矿业权的变更登记手续，而对于不需要变更矿业权主体的合作勘查，则不应当视为是矿业权的转让。由原国土资源部《矿业权出让转让管理暂行规定》第36条将矿业权转让界定为“矿业权人将矿业权转移的行为，包括出售、作价出资、合作、重组、改制等”，可以认为，该规章的本意应当是：只有合作导致矿业权转移（矿业权权属变更）的，才应当被视为是矿业权转让行为。

鉴于非法人型即契约型合作并不设立合作企业，不存在矿业权主体的变更，不应当被视为矿业权的转让，合作各方当然也就不需要按照矿业权转让的条件和程序进行审批，国土资源主管部门也无需对与矿业权人进行合作的一方进行资格审查，合作双方仅需将合作合同向国土资源部门备案即可。

2. 契约型合作勘查合同自何时生效？备案是不是合同生效的必备要件？

（1）契约型合作勘查合同自依法成立之日起生效

根据我国《合同法》的基本原理，只要合同当事人具有相应的民事行为能力，意思表示真实，不违反法律、行政法规的强制性规定及社会公共利益，不存在导致合同无效的特定行为的，合同自成立时生效。但是“法律、行政法规规定应当办理批准、登记等手续生效的，依照其规定”。

最高人民法院《关于适用〈中华人民共和国合同法〉若干问题的解释（一）》（法释〔1999〕19号）第9条规定：“法律、行政法规规定合同应当办理批准手续，或者办理批准、登记等手续才能生效，在一审法庭辩论终结前，当事人仍未办理批准手续的，或者仍未办理批准、登记等手续的，人民法院应当认定该合同未生效；法律、行政法规规定合同应当办理登记手续，但未规定登记后生效的，当事人未办理登记手续不影响合同的效力，合同标的物的所有权及其他物权不能转移。”

也就是说，虽然法律、行政法规规定合同成立后必须进行登记，但只要是没有明确规定其未经登记就无效的，就应当认定其法律效力。因为，此时合同登记的主要目的仅是发生物权变更或转移的一个法定要件。特别是在一些特定物的买卖合同中，如果当事人未经登记，尽管合同已经在当事人之间成立或生效，并不发生物权转移或变更的法律效力，而且也不得对抗合同当事人之外的第三人，但并不影响合同的成立与效力。虽然原国土资源部《矿业权出让转让管理暂行规定》第44条规定，不设立合作、合资法人勘查或开采矿产资源的，在签订合作或合资合同后，应当将相应的合同向登记管理机关备案。但是，从《合同法》的角度理解，契约型合作勘查开采合同应当自当事人依法完成签署时生效，即自合同成立之日起生效，备案并不是合作勘查合同生效的必备要件，备案与否并不影响合同的法律效力。

因此，最高人民法院《关于审理矿业权纠纷案件适用法律若干问题的解释》（法释〔2017〕12号）第13条规定：“矿业权人与他人合作进行矿产资源勘查开采所签订的合同，当事人请求确认自依法成立之日起生效的，人民法院应予支持。合同中有关矿业权转让的条款适用本解释关于矿业权转让合同的规定。”

（2）备案不是合作勘查开采合同生效要件的理由

在实践中，尤其是随着国家进一步整顿规范矿产资源秩序的深入，关于对契约型合作勘查合同的备案问题产生了不同认识。有观点认为，备案就是“批准”，不备案就视为非法转让矿业权，而如果申请备案，就行实质性审批

13936

之实。也有观点认为，原国土资源部《矿业权出让转让管理暂行规定》第44条与《矿产资源法》《探矿权采矿权转让管理办法》冲突，应当将契约型合作勘查视为矿业权转让的方式之一，而转让就须依法获得批准后方可生效。还有观点认为，《矿产资源法》《探矿权采矿权转让管理办法》所定义的矿业权转让，是指矿业权人发生变更，由于矿业权实行行政审批制度，故不发生矿业权权属变动的契约型合作勘查不适用于批准，但基于国家对矿产资源勘查开发秩序的管理，备案有利于行政管理。

笔者赞同契约型合作勘查没有发生矿业权主体的变更，不适用批准、备案生效的观点。原国土资源部《矿业权出让转让管理暂行规定》仅是国土资源部颁发的规范性文件，不能成为判定合作勘查合同效力的依据。根据《探矿权采矿权转让管理办法》第10条的规定，矿业权转让合同自批准时生效。矿业权转让是指矿业权人将矿业权转移的行为，核心是矿业权主体发生了变更。在未设立合作、合资法人的情形下，不存在矿业权在合作方之间的转移，也不存在矿业权在合作方与新设法人之间的转移，因此，此时的合作勘查实质上不属于矿业权转让，矿业权人没有发生变化，也没有权属变更登记的可能与必要，当然也就没有必要规定合同经审批后才生效。因此，“备案”只是对合作形式的管理性规定，并非效力性强制规定，不备案仅不具有对抗善意第三人的公信力。

3. 契约型合作勘查合同备案制度的实质是什么？

基于对契约型合作合同备案问题的不同认识，部分省份出台规定予以规范，有规定“所有合作勘查和开采合同需要经审查批准生效”，也有规定“合作方不设立法人进行勘查的，合作勘查合同应备案”，还有规定“合作勘查合同应报探矿权登记管理机关备案；合资、合作勘查中控股股权发生变化的，须经探矿权登记管理机关批准”。这种标准不一的情况，严重影响了法制统一和法律权威。

最高人民法院《关于适用〈中华人民共和国合同法〉若干问题的解释（二）》（法释〔2009〕5号）第14条指出，《合同法》第52条第5项规定的“强制性规定”，是指效力性强制性规定。最高人民法院《关于当前形势下审理民商事合同纠纷案件若干问题的指导意见》（法发〔2009〕40号）指出：“注意区分效力性强制规定和管理性强制规定。违反效力性强制规定的，人民法院应当认定合同无效；违反管理性强制规定的，人民法院应当根据具体情形认定其效力。”原国土资源部《矿业权出让转让管理暂行办法》第44条第2款规定：“系对不设立合作法人合作形式的管理性规定，并非效力性强制规定。”因此，契约型合作勘查合同备案与否不影响合同的效力，更不能认为违反法律的强制性规定而无效。

合作勘查合同备案的实质体现的是国家机关对于民事主体的民事法律行为的监督或管理，主要目的是“知晓”在当事人之间已经发生了这一民事法律行为，其本身没有干预的意思和必要。正如国土资源部中央地勘基金管理中心于2009年6月29日发布的《中央地质勘查基金项目勘查合同书》中所要求的，原探矿权人应出具在合作勘查期间不单方处置合作探矿权的书面承诺，并由地勘基金发函到颁发合作项目勘查许可证的发证机关备案，目的是保证地勘基金勘查出资权益，利于矿政管理。因此，如合作方在履行合同过程中，对合作合同备案问题发生争议，法院应认定合同有效，判决继续履行合同，办理登记、备案手续。

4. 合作勘查合同中的合作一方为国有单位时应当特别注意哪些问题?

根据国有资产管理的相关规定，合作勘查合同中合作一方为国有单位时应当特别注意以下问题：

（1）根据国务院发布的《国有资产评估管理办法》（国务院令第91号）第3条的规定，国有资产占有单位与他人合作的，应当进行国有资产评估。

（2）不设立企业的矿业权合作，属于非法人型合作，合作各方应当按照约定的比例，共同投资、共享利润、共担风险。在合作一方为国有单位时，如任何一方为合作提供的条件为非货币资产的，则须按国有资产管理程序，对据以合作的资产（包括矿业权）进行评估，并向国有资产管理部门办理评估备案或核准手续。除非经过国有资产管理部门的特别批准，矿业权合作双方应当按照评估结果，确定各方在合作中的利润分配比例和风险承担比例。

（3）矿业权合作各方在履行国有资产评估和备案、核准手续后，应当签订合作勘查合同，并报具有相应矿业权审批权限的国土资源部门备案。

【文本正文】

合作勘查协议（契约型）

立协议人：

甲方：

（名称、统一社会信用代码、住所、法定代表人、职务、委托代理人、身份证号码、通信地址、邮政编码、联系人、电话、传真、账号、电子信箱）

乙方：

13936

（名称、统一社会信用代码、住所、法定代表人、职务、委托代理人、身份证号码、通信地址、邮政编码、联系人、电话、传真、账号、电子信箱）

根据《中华人民共和国矿产资源法》《中华人民共和国合同法》《矿产资源勘查区块登记管理办法》《探矿权采矿权转让管理办法》《矿业权出让转让管理暂行规定》和其他法律法规及政策，甲乙双方经友好协商，本着平等、自愿、有偿、诚实信用的原则，就甲方以______（填入探矿权工作区域名称）______探矿权作为合作条件，乙方以现金作为合作条件，合作勘查矿产资源事宜签订本协议。

第一条　合作矿权情况

本协议项下探矿权的基本情况①：

> 条文注解：合作矿权的真实、合法和有效存续是确保双方合作的关键，因此，对于此部分内容应当逐项予以着重审查，以防止任何瑕疵的出现导致协议无法履行，合作目的无法实现。

1. 甲方拟作为合作条件提供的本协议项下的探矿权（以下简称"合作矿权"），其勘查许可证编号为：______（填入编号），审批发证机关为______（填入审批发证机关的名称）（以下简称"发证机关"）。勘查许可证的复印件见本协议附件______。

2. 合作矿权系甲方通过以下第______种方式获得的：

（1）合作矿权系发证机关以______（招标 / 拍卖 / 挂牌 / 协商 / 申请在先）的方式，于______年______月______日向甲方授予的，甲方______（未 / 已）缴纳探矿权价款；

（2）合作矿权系甲方于______年______月______日通过转让方式，从______受让的，甲方已支付了全部转让价款。

3. 合作矿权的地理位置为：____________；勘查区块面积为：______平方公里；勘查矿种为：____________；勘查区块范围坐标为：____________（具体位置见本协议所附矿区范围图）；勘查许可证有效期自______年______月______日至______年______月______日。

4. 在本协议签署之日，合作矿权的勘查程度为____________（预查 / 普查 / 详查 / 勘探）。

第二条　合作方式②

> 条文注解：契约型合作方式是本协议区别于《探矿权出资合作协议》法人型合作的关键，协议双方通过签订协议的方式约定各自在探矿权合作中的权利义务。

1. 甲乙双方采用非法人型、合同型的方式进行合作矿权勘查区块内（以下简称“目标区块”）矿产资源的合作勘查，双方不设立合作矿业企业；

2. 甲方提供本协议项下的合作矿权作为合作条件，乙方提供金额______万元人民币的现金（以下简称“合作资金”）作为合作条件；在双方此后未继续追加合作投入的情况下，甲乙双方按照______：______比例，对本协议项下的合作勘查项目享有相应的权益，并承担相应风险。如果在合作期间，合作资金不能满足本协议项下的勘查需要的，由双方协商确定需要追加的投资额，并共同按照前述比例追加投入。如任何一方不能按照该比例追加投入，而另一方追加投入的，双方同意按照以下方式调整双方在本勘查项目中所享有的权益比例：______：______。

第三条　合作款项监管

1. 本协议备案后______日内，甲乙双方应共同向____________银行____________支行（以下简称“开户银行”）申请以甲方名义开立共同监管的合作专户（以下简称“监管账户”），以存储合作资金。因开设监管账户发生的费用，由甲乙双方按照权益比例承担。甲乙双方应与开户银行签署资金监管合同（以下简称“监管合同”），并约定以下事项：

（1）监管账户以甲方的名义开设；

（2）由甲乙双方共同在开户银行各预留一枚各方指定人员的印鉴；

（3）开户银行承诺并保证：

A. 仅受理由甲乙双方共同提出，并附具双方预留印鉴的支付要求；

B. 除非甲乙双方共同以书面的形式，向其提出撤销、变更预留印鉴的要求，否则，银行不得应任何一方的单方要求，撤销或变更甲乙双方或任何一方预留的印鉴；

C. 开户银行应在收到甲乙双方共同提出，并附具双方预留印鉴的支付要求后 24 小时内，完成款项的支付；

D. 银行违反前述义务，给甲乙双方造成损失的，按照实际损失予以赔偿。

2. 监管账户开立后______日内，乙方应将合作资金支付到监管账户。乙方支付的所有款项均以进入监管账户的时间为准。

3. 监管账户内资金，应经甲乙双方共同书面同意方可使用。监管账户内合作资金的支付手续，由甲乙双方指定的人员共同向监管银行申请办理。

4. 对于按照批准的勘查设计、施工方案进行勘查过程中所采出的矿产品，其销售价格应当由双方共同决定，销售收入应即时进入监管账户。

5. 合作期间，甲方因履行探矿权人的法定义务而产生的费用（因本协议生

13936

效以前的原因而产生的费用除外），包括但不限于探矿权使用费、合作矿权的延续登记、变更登记费等，均由监管账户内的资金予以支付。

6. 合作期间，追加投入的资金应当即时进入监管账户。

第四条　勘查成果处置[①]及税费承担

条文注解：鉴于契约型合作方式是本协议区别于《探矿权出资合作协议》法人型合作的关键，因此，有必要对于通过勘查工作所取得的“勘查成果”在协议中作出明确约定，以避免后续因此发生争议，导致不必要的麻烦。

1. 当双方对目标区块内矿产资源的勘查达到详查以上程度，并且满足申请采矿权的条件时，如双方协商决定转让合作矿权的，转让矿权所产生的收益由甲乙双方按照届时各自的权益比例进行分配，由此产生的税、费按照以下方式承担：____________；若联合勘查期间，局部区段完成普查工作，也可实施分段转让，具体事宜双方另行协商。

2. 当双方对目标区块内矿产资源的勘查达到详查以上程度，并且满足申请采矿权的条件时，如甲乙双方共同决定申请采矿权的，甲方应负责按照相关规定申请目标区块内的采矿权；因申请采矿权发生的费用，由甲乙双方按照届时各方的权益比例予以承担；申请采矿权后，因开采所需的成本（包括但不限于因开采产生的人工工资、社会保险、福利待遇、税、费、矿山基础建设投资、机械设备的购置费、矿产开采过程的管理费用等），按照前述约定比例进行分担，因开采产生的税后利润，亦按照前述比例进行分配。

3. 当双方对目标区块内矿产资源的勘查达到详查以上程度，并且满足申请采矿权的条件时，如甲乙双方共同决定申请采矿权的，在甲方获得目标区块内的采矿权后，双方应另行签署合作开采合同，并报具有相应权限的国土资源部门备案。除双方另行协商同意外，合作开采协议不得与本协议约定的内容相抵触。

4. 双方在合作过程中，如共同认为目标区块没有继续勘查的价值，或在达到详查以上程度后认为目标区块内的矿产资源 / 储量不具有经济开采价值的，双方可协商终止本协议，并对合作进行清算；清算后合作资金仍有剩余的，由双方按照届时的权益比例进行分配，对于合作期间发生债务，由双方按照同等比例承担。

5. 甲方可以在该项目中进行地质调查、地质勘查技术等方面的科学研究，有权将在该项目中取得的研究成果申报奖项。（费用自理）

第五条　双方责任

（一）共同责任

1. 本协议签署后______日内，甲乙双方应共同向具有相应权限的国土资源部门申请办理本协议的备案。

2. 合作期间，甲乙双方不得在合作区进行任何形式的采矿活动。

3. 勘查单位的变更及选聘，须经双方一致同意。双方认为需要变更勘查单位的，在双方共同选定勘查单位并与其签署勘查协议后，由甲方负责办理合作矿权的变更登记手续。

4. 目标区块范围内矿产资源的勘查，应按照甲乙双方认可，并按照国土资源部门批准的勘查设计方案实施。勘查方案的调整，须经双方共同协商一致，并报国土资源部门批准后方可实施。

5. 协调合作勘查期间与当地政府、群众的关系。

（二）甲方责任

1. 本协议备案后______日内，甲方应将与合作矿权有关的全部地质资料以及合作矿权的探矿权证复印件提交给乙方；

2. 选择勘查单位，代表甲乙双方与勘查单位签订勘查协议，支付工程款；

3. 审查勘查单位编制的勘查设计方案和勘查费用预算（由选定的勘查单位编制）；

4. 勘查过程中，有权要求对勘查设计进行变更、修改；监督勘查单位按照勘查设计要求施工，并保证勘查资料和成果报告的真实可靠性；

5. 未经乙方同意，不得将拥有的合作探矿权权益以及地质矿产资料转让给任何第三方；

6. 及时向乙方通报地质工作的进展情况。

（三）乙方责任

1. 参与审核地质勘查设计及费用预算，监督勘查单位在勘查期间的各项地质勘查活动，参与地质成果报告的验收；

2. 按照本协议约定的金额和时限，支付合作款项；

3. 未经甲方同意，不得将其拥有的合作探矿权权益转让给第三方；

4. 不得以其拥有的合作探矿权权益进行质押。

13936

关注法天使

第六条　陈述、保证和承诺

（一）甲方的陈述、保证和承诺[①]：

> 条文注解：作为合作勘查中的矿权方对于合作矿权相关情况的陈述、保证和承诺将作为合作协议得以顺利进行的重要保障，也将成为判断其是否违约的重要标准，对此应予以特别注意。

1. 截至本协议签署之日，合作矿权的勘查许可证是真实、合法、有效的；甲方对合作矿权拥有完整、无瑕疵的权利；合作矿权不存在与其他矿权重叠或交叉的情形；与其他矿权不存在现实的或潜在的矿界争议；合作矿权未设定任何抵押权、质押及其他任何限制的情形；不存在任何涉及诉讼或被司法、行政程序查封、冻结等限制的情况。

2. 甲方已依法缴纳了探矿权使用费和探矿权价款（如需缴纳的话）。

3. 截至本协议签署之日，甲方领取勘查许可证已满两年或已经取得了储量报告及评审备案证明。

4. 本协议签署之前，甲方已按照批准的勘查设计组织施工，勘查施工作业符合国家的相关标准和规范。

5. 本协议签署以前的年度，甲方已完成了法定的最低勘查投入。

6. 甲方不存在无故停工 6 个月以上的情况；不存在私自开采、非法承包、出租、转让、与他人合作开采等违法行为。

7. 甲方已按照有关规定汇交矿产勘查成果资料，不存在伪造地质资料或者在地质资料汇交中弄虚作假的行为。

8. 甲方已依法办理了勘查用地报批手续；甲方与土地所有人签署的土地使用合同真实、合法、有效；截至本协议签署日，甲方不存在任何违反或可能违反土地使用合同约定的情形，土地使用合同没有被土地所有人依法终止或解除风险。

9. 本协议不存在可能无法获得矿业权登记机关备案的其他情形。

10. 本协议生效后，不存在矿业权登记机关可能基于本协议生效以前因可归责于甲方的原因或行为而吊销合作矿权的情形。

11. 甲方已完成了签署本协议所需的一切授权、批准、核准或备案（本协议在矿业权登记机关的备案除外）等程序；甲方签署本协议，不会违反其公司章程或与其他任何第三方签署的合同。

12. 甲方承诺：在本协议签署后，甲方将依法继续履行矿业权人的各项义务，以确保合作矿权的合法、有效存续。

（二）乙方的陈述、保证和承诺：

1. 乙方为依法设立并合法有效存续的企业。

2. 乙方已完成了与甲方开展本协议项下合作所需的一切授权、批准、核准、备案（本协议在矿业权登记机关的备案除外）等程序；乙方签署本协议，不会违反其公司章程或与其他任何第三方签署的合同。

3. 乙方将按照本协议的约定，将合作资金支付到监管账户。

第七条　违约责任

1. 任何一方所作的陈述、保证和承诺与实际情况有任何出入或违反了其所作的任何陈述、保证和承诺的，则该方应承担另一方由此所受到的全部损失。

2. 因任何一方的原因致使本协议未能在约定的期限内完成备案的，违约的一方应向守约方支付人民币______万元的违约金。逾期超过______日的，守约的一方有权解除本协议。

3. 甲方未按照本协议的约定，将与合作矿权有关的全部地质资料以及目标矿权的探矿权证复印件提交给乙方的，应向乙方支付人民币______万元的违约金。

4. 因可归责于任何一方的原因，导致监管账户无法按照约定的时间向开户银行申请开立的，该方应向守约方支付人民币______万元的违约金。逾期超过______日的，守约方有权解除本协议。

5. 乙方未按照本协议约定将合作资金支付到监管账户内，每逾期一日，应向甲方支付人民币______万元的违约金。逾期超过______日的，甲方有权解除本协议。

6. 甲方违反探矿权人的法定义务或未遵守相关法律、法规、规章的规定，导致合作矿权无法通过年检、获得延续登记、被吊销或自动灭失，并致使本协议的目的无法实现的，应赔偿乙方投入的全部合作资金，并按照全部合作资金的______%向乙方支付违约金。

7. 任何一方违反本协议约定其他义务的，应承担给另一方造成的一切损失。

第八条　不可抗力

1. 任何一方由于不可抗力造成的部分或全部不能履行本协议义务的行为，将不视为违约，但应当在条件允许情况下采取一切必要补救措施以减少因不可抗力造成的损失。

2. 声称受到不可抗力事件影响的一方应尽可能在最短的时间内通过书面形式将不可抗力事件的发生通知另一方，并在该不可抗力事件发生后______日内将经由当地公证机关出具的证明文件或有关政府批文及协议不能履行或者需要延期履行的书面资料通知对方。

13936

3. 不可抗力事件或其影响终止或消除后，双方须立即恢复履行各自在本协议项下的各项义务。如不可抗力及其影响无法终止或消除而致使协议任何一方丧失继续履行协议的能力，则双方可协商解除协议或暂时延迟协议履行，且遭遇不可抗力方无须为此承担责任。但当事人迟延履行后发生不可抗力的，不能免除责任。

第九条　保密和信息披露

1. 协议双方保证对在谈判、磋商、签订、执行本协议过程中所获悉的属于他方的且无法自公开渠道获得的文件、资料以及本协议的内容和履行情况予以保密。在未经甲方授权的情况下不得向任何第三方泄露勘查成果，不得将该地质资料超越协议范围使用或转让。

2. 除了法律法规的规定，或者相关有权政府部门的要求外，未经本协议另一方的同意，任何一方均不得直接或间接地以任何形式披露或者泄露本协议所包含的任何内容以及所涉及的任何交易，但向各自负有保密义务的工作人员和法律顾问披露的除外。任何一方应尽力促使各自的工作人员对本协议所涉及的内容进行严格地保密。

3. 本协议的保密条款为持续性条款，且无论本协议无效、解除、终止均不影响保密条款的延续性和有效性。无论本协议的任一方作为协议当事人的资格和权利是否终止，本协议的任一协议当事人均应遵守本条所约定的保密义务。

第十条　通知

1. 任何与本协议有关的需要送达或给予的通知、合同、同意或其他通信，除双方另有约定外，应按双方当事人在本协议中列明的地址、传真、电话、电子邮件或其他联系方式进行；通过传真、电话、电子邮件发出的任何文件、资料、通知，在发出后即视为收讫。通过邮寄发出的任何文件、资料、通知，在寄出十日后即视为收讫。

2. 任何一方在本协议所列的地址、传真、电话、电子邮件或其他联系方式发生改变的，应自变更之日起______日内以书面形式通知对方，否则，对方按照原来的地址、传真、电话、电子邮件或其他联系方式发出的文件、资料、通知等均视为在前款约定的时间内收讫，由此产生的一切后果，均由另一方自行承担。

第十一条　法律适用及争议解决

1. 本协议的订立、效力、变更、解释、履行、终止和由本协议产生或与本协议有关之争议的解决，均适用中华人民共和国法律。

2. 凡因本协议引起的或与本协议有关的一切争议，双方应友好协商解决。如果争议自发生之日起三十日内仍不能得到解决，则任何一方均有权选择以下第______种方式解决：

（1）向______仲裁委员会申请仲裁，按照申请仲裁时该会实施的仲裁规则进行仲裁。

（2）向______人民法院起诉，以诉讼解决争议。

第十二条　协议的生效及其他

1. 本协议的附件为本协议不可分割的一部分；本协议及其附件内空格部分填写的文字与印刷文字具有同等法律效力。

2. 本协议中未尽事宜或出现与本协议相关的其他事宜时，由双方协商解决并另行签订书面补充协议，补充协议与本协议具有同等的法律效力。

3. 本协议自双方法定代表人或授权代表签字或盖章之日起生效[1]。

条文注解：《最高人民法院关于审理矿业权纠纷案件适用法律若干问题的解释》（法释〔2017〕12 号）第 13 条规定："矿业权人与他人合作进行矿产资源勘查开采所签订的合同，当事人请求确认自依法成立之日起生效的，人民法院应予支持。合同中有关矿业权转让的条款适用本解释关于矿业权转让合同的规定。"因此合作勘查协议自成立之日起生效，协议的备案并非其生效要件。

4. 本协议一式______份，每方各执______份，报送______省国土资源厅备案____份，具有同等法律效力。

5. 本协议由甲乙双方在中华人民共和国______签署。

（以下无协议正文条款）

甲方：（盖章）
法定代表人或授权代表：（签字）
日期：

乙方：（盖章）
法定代表人或授权代表：（签字）
日期：

13936

三、委托勘查协议

【使用场景】

本范本适用于探矿权人委托地勘单位进行地质勘查活动的情景。根据《矿产资源勘查区块登记管理办法》（国务院令第 240 号）第 6 条："探矿权申请人申请探矿权时，应当向登记管理机关提交下列资料：……（二）勘查单位的资格证书复印件；（三）勘查工作计划、勘查合同或者委托勘查的证明文件……"和《地质勘查资质管理条例》（国务院令第 520 号）第 2 条"从事地质勘查活动的单位，应当依照本条例的规定，取得地质勘查资质证书"的规定，探矿权申请人在申请探矿权时应当委托具有相应地质勘查资质的单位进行勘查作业。

【法律要点】

1. 什么是矿产勘查？矿产勘查的意义是什么？

矿产勘查亦称矿产资源勘查或矿产地质勘查。它是在区域地质调查的基础上，根据国民经济和社会发展的需要，运用地质科学理论，使用多种勘查技术手段和方法对矿床地质和矿产资源所进行的系统调查研究工作。矿产资源勘查工作程序包括区域地质调查（预查）、矿产普查、详查和矿床勘探四个阶段。矿产勘查是一项科学实践活动，也是一项重要的社会生产活动。矿产勘查与"地质调查""地质勘查"等术语的含义不同。"地质调查"一般指基础性的区域地质测量工作，而"地质勘查"则有更广泛的意义，它一般概括了所有各类专门性勘查，如矿产勘查、水文地质勘查、工程地质勘查、环境地质勘查，等等。

矿产勘查的意义主要取决于它在国民经济中的地位和作用两个方面。矿产勘查是对地质、矿产资源进行调查研究工作，目的在于发现、探明具有经济价值的矿产资源，保证国民经济建设和社会发展的基本需要。矿产勘查所服务的方向及涉及的内容极为广泛，它既为基础产业服务又为基础设施建设服务，既为矿业、农业服务也为高技术产业服务。它是基础产业的基础，是基础设施建设的先行。矿产资源是经济建设和社会发展的重要物质基础和工业化的基本食粮，也是增强综合国力和进行国际竞争的重要筹码。矿产资源的丰富程度和开发利用程度是影响一个国家经济实力和发展潜力的重要因素，直接关系到国民经济各行各业的发展和人民的生活。

2. 什么是预查？什么是普查？什么是详查？什么是勘探？

预查是矿产勘查的第一个阶段。通过对勘查区内资料的综合研究、类比及初步野外观测、极少量的工程验证，初步了解预查区内矿产资源的远景，提出可供普查的矿化潜力较大的地区，为发展地区经济提供参考资料。

普查是矿产勘查的第二个阶段。通过对矿化潜力较大的地区开展地质、物探、化探工作和取样工程，以及可行性评价的概略研究，对已知矿化区作出初步评价，对有详查价值地段圈出详查范围，为发展地区经济提供基础资料。

详查是矿产勘查的第三个阶段。对详查区采用各种勘查方法和手段，进行系统的工作和取样，并通过预可行性研究，作出是否具有工业价值的评价，圈出勘探区范围，为勘探提供依据，并为制定矿山总体规划，项目建议书提供资料。

勘探是矿产勘查的第四个阶段，也是勘查程度最高的阶段。它是对已知具有工业价值的矿区或经详查圈出的勘探区，通过应用各种勘查手段和有效方法，加密各种采样工程以及可行性研究，为矿山建设在确定矿山规模、产品方案、开采方式、开拓方案、矿石加工选冶工艺、矿山总体布置、矿山建设设计等方面提供依据。

3. 我国法律关于矿产资源委托勘查是如何规定的？

根据《矿产资源勘查区块登记管理办法》第 6 条“探矿权申请人申请探矿权时，应当向登记管理机关提交下列资料：……（二）勘查单位的资格证书复印件；（三）勘查工作计划、勘查合同或者委托勘查的证明文件……”和《地质勘查资质管理条例》（国务院令第 520 号）第 2 条“从事地质勘查活动的单位，应当依照本条例的规定，取得地质勘查资质证书”的规定，探矿权申请人在申请探矿权时应当委托具有地质勘查资质的单位进行勘查作业。也就是说，法律明确规定矿产勘查必须由取得地质勘查资质的单位进行。

【文本正文】

委托勘查协议

立协议人：

委托方（简称“甲方”）：

（名称、统一社会信用代码、住所、法定代表人、职务、委托代理人、身份证号码、通信地址、邮政编码、联系人、电话、传真、账号、电子信箱）

受托方（简称“乙方”）：

13948

（名称、统一社会信用代码、住所、法定代表人、职务、委托代理人、身份证号码、通信地址、邮政编码、联系人、电话、传真、账号、电子信箱）

根据《中华人民共和国矿产资源法》《中华人民共和国合同法》《矿产资源勘查区块登记管理办法》和其他法律法规及政策，甲乙双方经友好协商，本着平等、自愿、有偿、诚实信用的原则，就甲方委托乙方作为甲方所属______矿的勘查单位，开展矿区地质勘查工作事宜签订本协议。

第一条　委托事项及期限

1. 甲方现委托乙方作为甲方所属______矿的勘查单位，开展矿区地质勘查工作。乙方愿意接受甲方的委托作为其勘查单位进行勘查作业。

2. 勘查工作期限自______年______月______日至______年______月______日止，共计____日。

第二条　委托勘查项目情况

1. 勘查项目名称：____。

2. 勘查许可证编号：____________；有效期自______年______月______日至______年______月______日。

3. 勘查项目的地理位置为：____________；勘查区面积为：____________平方公里；勘查矿种为：____________；勘查区范围坐标为：____________（具体位置见本协议所附矿区范围图）；勘查区地理概况：____________（包括行政管辖，海拔，相对高差，道路交通简况等）。

4. 在本协议签署之日，矿权的勘查程度为____________（预查 / 普查 / 详查 / 勘探）。

第三条　工作内容和质量标准 [①]

> 条文注解：对于《委托勘查协议》而言，工作内容和质量标准是评判委托勘查成效的关键，具体明确的约定有利于协议的完全顺利履行。

1. 勘查程度要求：____。

2. 目的任务：____。

3. 主要实物工作量：____。

4. 预期成果：____________（地质报告，严禁将资源量指标作为预期成果在协议中反映）。

5. 符合《固体矿产地质勘查规范总则》（GD/T 13908—2002）、《固体矿产勘查原始地质编录规定》（DZ/T 0078—93）及相关矿种规范和质量验收标准，并按项目设计方案施工。

第四条　工程款项及支付

1. 工程价款

（1）双方同意按协商的各勘查项目单价执行（见附件______），预算项目总费用______万元（大写：______万元），最终根据实际完成工程量及附表所列计算方式进行决算。

（2）各勘查项目单价见附件______。附件中的工程单价为双方初步议定的基础价格，初步执行价格以双方开工前一个月最终确定的工程单价预算表为准，最终结算以当时市场价格的最终决算实际金额为准。（说明预算依据，协议取费标准。按 07 标准时，增加社会地质项目的管理费、预期利润、税金、人员工资、设备折旧等取费，要求附表所列工程单价要与协议约定相符，为双方项目预算及最终结算的依据。）

2. 款项支付[①]

条文注解：对于勘查工作过程的监督管理，并将其和工程款项的支付相结合，根据勘查工作的进展支付，有利于确保勘查工作的质量，实现勘查工作的顺利进行。

（1）在协议签订之日起______日内甲方应先期支付给乙方______万元工程预付款（不低于项目总费用的 20%），并于最后一次支付工程进度款时抵扣（或者根据项目周期按月抵扣，不能在首次支付工程进度款时一次性抵扣）。

（2）施工过程中，甲方每月 20 日前按月或者按单项工程进行现场验收签字确认完成工作量，并于确认签字后一个月内按确认实物工作量直接费用的 80% 支付工程进度款。

（3）野外地质工作结束后______日内，甲方在工作量汇总表上签字，并累计支付项目总费用的 90%，余款在提交最终成果报告后______日内付清。

第五条　双方的权利义务

（一）甲方的权利义务

1. 负责协调处理勘查过程中的外部关系，最大限度地为乙方提供安全的作业环境，保证勘查工作不受影响；承担并及时支付所发生的水源、草场、青苗、森林、道路等全部相关费用。在条件允许的情况下，为乙方提供生活便利。

2. 向乙方提供以往地质工作成果资料，审查批准乙方提出的勘查设计、施

13948

工方案，按照勘查操作规范的要求进行指导，对不合格工程有权不予验收。

3. 对勘查工作全部过程实施动态监控，对勘查进程、工作质量、资料成果有权询问。有权延迟施工或变更设计。如延迟施工或变更设计造成乙方工作量增加的，双方应就工作量增加的报酬问题另行协商确定。

4. 按时签字确认乙方已完成工作量，依协议约定履行按时向乙方支付相应报酬的义务。

5. 根据工作成果资料，决定是否追加投资金额、继续工作，有取得委托区范围内有关资料的权利。

6. 甲方的其他权利义务。

（二）乙方的权利义务

1. 在收到甲方支付的工程预付款后______日内进入现场，按照相关规范、标准、规程和甲方认可的设计和施工方案开展工作，及时向甲方报告勘查工作情况及有关信息，全面接受甲方的监督，不得擅自转让勘查义务。

2. 合理安排工程进度，并将工作进展情况、取得的主要成果及下步工作计划以月报形式按时报告甲方。乙方如因施工自然条件恶劣，不能按设计实施某些施工项目时，应及时向甲方提交专题报告，双方协商解决。

3. 严格按照安全法律法规和安全操作规程的规定进行施工，杜绝一切安全事故的发生；但遇施工周边环境存在明显安全隐患，经向甲方建议没有处理结果时，乙方可以拒绝施工。

4. 按实际工作成果编写阶段报告或普查报告，在规定时间内提交符合要求的勘查成果；保留以该勘查区域取得的地质勘查研究成果申请国家、地方有关部门科技成果奖的权利。

5. 有权要求甲方按协议约定进行工程验收和费用支付，当甲方不能按时支付时，有权中止勘查工作的实施，且不承担任何法律责任。

6. 乙方的其他权利义务。

第六条　违约责任

1. 任何一方均不得单方面中止履行协议，若甲方单方面中止履行，则甲方已支付的工程款作为违约金处理，乙方保留追缴所形成工程款的权利；若乙方单方面中止履行协议，则乙方除无条件返还已支付的全部工程款外，应承担项目总费用______%的违约金。

2. 若甲方因协调外部关系不力从而造成的工期延误，项目周期顺延，应当承担______元 / 日的违约金；若乙方不能按期进场，应承担______元 / 日的违约金。

3. 甲方缩减工作量超过______%时，应向乙方支付缩减工作量折算工程费______%的违约金。

4. 任何一方违反本协议的规定，均构成违约，守约方有权立即要求终止本协议履行并要求违约方按照守约方所遭受的实际经济损失承担相应赔偿责任。如双方各有违约行为，则根据责任的归属，按双方过错大小各自承担违约责任。如违约方的行为造成守约方经济及其他方面的损害，守约方可进一步向违约方追索。

5. 如勘查结果表明不需要继续实施本协议的设计内容，未给乙方造成经济损失的情况下，经双方协商，可提前终止协议，不构成违约。

第七条　不可抗力

1. 任何一方由于不可抗力造成的部分或全部不能履行本协议义务的行为，将不视为违约，但应当在条件允许情况下采取一切必要补救措施以减少因不可抗力造成的损失。

2. 声称受到不可抗力事件影响的一方应尽可能在最短的时间内通过书面形式将不可抗力事件的发生通知另一方，并在该不可抗力事件发生后______日内将经由当地公证机关出具的证明文件或有关政府批文及协议不能履行或者需要延期履行的书面资料通知对方。不可抗力事件消除后，受影响方应尽快向对方发出有关“不可抗力事件”消除的通知。

3. 不可抗力事件或其影响终止或消除后，双方须立即恢复履行各自在本协议项下的各项义务。如不可抗力及其影响无法终止或消除而致使协议任何一方丧失继续履行协议的能力，则双方可协商解除协议或暂时延迟协议履行，且遭遇不可抗力方无须为此承担责任。但当事人迟延履行后发生不可抗力的，不能免除责任。

第八条　保密和信息披露

1. 协议双方保证对在谈判、磋商、签订、执行本协议过程中所获悉的属于他方的且无法自公开渠道获得的文件、资料以及本协议的内容和履行情况予以保密。在未经甲方授权的情况下不得向任何第三方泄露勘查成果，不得将该地质资料超越协议范围使用或转让。

2. 除了法律法规的规定，或者相关有权政府部门的要求外，未经本协议另一方的同意，任何一方均不得直接或间接地以任何形式披露或者泄露本协议所包含的任何内容以及所涉及的任何交易，但向各自负有保密义务的工作人员和法律顾问披露的除外。任何一方应尽力促使各自的工作人员对本协议所涉及的内容进行严格地保密。

3. 本协议的保密条款为持续性条款，且无论本协议无效、解除、终止均不影响保密条款的延续性和有效性。无论本协议的任一方作为协议当事人的资格和权利是否终止，本协议的任一协议当事人均应遵守本条所约定的保密义务。

第九条　通知

1. 任何与本协议有关的需要送达或给予的通知、合同、同意或其他通信，

13948

除双方另有约定外，应按双方当事人在本协议中列明的地址、传真、电话、电子邮件或其他联系方式进行；通过传真、电话、电子邮件发出的任何文件、资料、通知，在发出后即视为收讫。通过邮寄发出的任何文件、资料、通知，在寄出十日后即视为收讫。

2. 任何一方在本协议所列的地址、传真、电话、电子邮件或其他联系方式发生改变的，应自变更之日起______日内以书面形式通知对方，否则，对方按照原来的地址、传真、电话、电子邮件或其他联系方式发出的文件、资料、通知等均视为在前款约定的时间内收讫，由此产生的一切后果，均由另一方自行承担。

第十条　法律适用及争议解决

1. 本协议的订立、效力、变更、解释、履行、终止和由本协议产生或与本协议有关之争议的解决，均适用中华人民共和国法律。

2. 凡因本协议引起的或与本协议有关的一切争议，双方应友好协商解决。如果争议自发生之日起三十日内仍不能得到解决，则任何一方均有权选择以下第______种方式解决：

（1）向______仲裁委员会申请仲裁，按照申请仲裁时该会实施的仲裁规则进行仲裁。

（2）向______人民法院起诉，以诉讼解决争议。

第十一条　协议的生效及其他

1. 本协议的附件为本协议不可分割的一部分；本协议及其附件内空格部分填写的文字与印刷文字具有同等法律效力。

2. 本协议中未尽事宜或出现与本协议相关的其他事宜时，由双方协商解决并另行签订书面补充协议，补充协议与本协议具有同等的法律效力。

3. 本协议自双方法定代表人或授权代表签字或盖章之日起生效，按本协议约定结算并全额支付工程价款、提交地质报告后终止。

4. 本协议一式______份，每方各执______份，报送______省国土资源厅备案______份，具有同等法律效力。

5. 本协议由甲乙双方在中华人民共和国______签署。

（以下无协议正文条款）

甲方：（盖章）	乙方：（盖章）
法定代表人或授权代表：（签字）	法定代表人或授权代表：（签字）
日期：	日期：

四、勘探钻井施工合同

【使用场景】

本范本适用于探矿权人委托具有钻井勘探资质的单位进行井探勘查施工活动的情景。钻探，是指在地质勘探和建筑基础勘查中，用钻机按一定设计角度和方向施工钻孔，通过钻孔采取岩心（或矿心）、岩屑或在孔内下入测试仪器，以探查地下岩层、矿体、油气和地热等的工程。按钻进时是否取岩心（或矿心），可分为取心钻进和不取心钻进，本范本适用于取心钻进的情形。

【法律要点】

1. 什么是地质勘探?

“地质勘探”即通过各种手段、方法对地质进行勘查、探测，确定合适的持力层，根据持力层的地基承载力，确定基础类型，计算基础参数的调查研究活动。其也是在对矿产普查中发现有工业意义的矿床，为查明矿产的质和量，以及开采利用的技术条件，提供矿山建设设计所需要的矿产储量和地质资料，对一定地区内的岩石、地层、构造、矿产、水文、地貌等地质情况进行的调查研究工作。

勘探钻井施工是探矿工程的重要组成部分。在钻进中，主要应用机械的方法破碎岩石，其他物理的或化学的破碎岩石方法尚处于试验研究阶段。按照破碎岩石的外力作用方式可分为冲击钻进、回转钻进、冲击回转钻进、振动钻进和喷射钻进等；按钻进时是否取岩心（或矿心），可分为取心钻进和不取心钻进；按破碎岩石所使用的磨料，又分为硬质合金钻进、钻粒钻进和金刚石钻进等。

钻探是地质勘探的一种重要技术手段，广泛应用于寻找和勘探各种矿产、油气藏、地下水、地热，以及为水利建设、工程建筑和交通设施等提供地质资料。

2. 勘探钻井施工合同应当约定哪些方面的内容?

勘探钻井施工合同是探矿权人委托具有钻井勘探资质的单位进行井探勘查施工时所签署的合同。通常情况下，勘探钻井施工合同应当包括以下内容：项目情况和工程期限、施工与设计变更、工程价格和结算、安全环保责任、违约责任、不可抗力、保密和信息披露、通知、法律适用及争议解决和合同的生效

13943

及其他等。勘探钻井施工合同应当围绕上述相关内容约定双方之间的权利和义务。

关注法天使

【文本正文】

勘探钻井施工合同

立合同人：

甲方：

（名称、统一社会信用代码、住所、法定代表人、职务、委托代理人、身份证号码、通信地址、邮政编码、联系人、电话、传真、账号、电子信箱）

乙方：

（名称、统一社会信用代码、住所、法定代表人、职务、委托代理人、身份证号码、通信地址、邮政编码、联系人、电话、传真、账号、电子信箱）

根据《中华人民共和国矿产资源法》《中华人民共和国合同法》和其他法律法规及政策，甲乙双方经友好协商，本着平等、自愿、有偿、诚实信用的原则，就甲方委托乙方对甲方______（填入探矿权工作区域名称）______矿区勘探钻井工程施工事宜签订本合同。

第一条　项目情况[①]和工程期限

> 条文注解：真实、合法、有效的探矿权证是实施勘探钻井工作的基础和前提，在合同中对此作出明确界定，可以有效防止违法勘查现象的发生。

1. 勘查项目名称为：____________，勘查许可证编号为：____________，地理位置为：____________；勘查区块面积为：______平方公里；勘查矿种为：____________；勘查区块范围坐标为：____________（详见本合同所附矿区范围图）；勘查许可证有效期自______年______月______日至______年______月______日；在本合同签署之日，合作矿权的勘查程度为______（预查／普查／详查／勘探）。

2. 钻井施工地点：____________；地形图：____________；井位设计图：____________；地层构造图：______；井别：______；钻井口数：______；井深结构：______。

3. 施工期限自______年______月______日至______年______月______日止。

4. 在组织钻井工程施工中，如遇下列情况，得顺延工期，双方应及时进行协商，并通过书面形式确定顺延期限：（1）因天灾或人力不能抗拒的原因被迫停工的；（2）因甲方提出变更计划或变更施工图而不能继续施工的；（3）因甲方不能按期提供技术文件、技术图纸和钻井施工条件，被迫停工或不能继续施工的。

第二条　施工与设计变更①

条文注解：勘探施工过程中经常会发生因勘探施工设计变更而需要变更施工的情形，对此明确约定可以避免此类纠纷的发生而出现无法正常施工的情形。

1. 甲方应按时向乙方交付井位设计、完钻井深、层位和完井要求，负责钻井区块的断层分布图；断层数据；小层平面图；构造图和邻井图压力资料数据，并向乙方进行地质和工程技术要求交底。

2. 乙方在开钻前应组织有关人员学习和熟悉各种设计图纸，参加地质设计交底，编制好施工图预算，负责安排钻机运行计划，施工方案，做好一切施工准备。

3. 乙方在组织施工中，应当严格按照施工验收规范、质量检验标准和设计要求组织施工。

4. 在钻井施工中，乙方必须按照技术要求施工，甲方派员监督。任何一方不得随意变更设计，如遇下列情况造成乙方井喷、卡钻等事故和费用增加，应由甲方负担：

（1）钻井施工设计有错误或甲方提供的技术资料与实际不符造成的事故由甲方负责。如乙方及时发现并通知甲方，甲方接到通知后立即（当天）提出修改或变更设计，经双方同意后方可改变施工计划，由此引起的费用增加，由甲方承担，并由甲方赔偿乙方的损失。

（2）钻井施工中如有设计变更，超出原设计标准或加大钻井难度时，需经上级有关部门审批同意，甲乙双方办理有关增加的生产费用手续后方可施工，费用由甲方承担。在设计变更尚未批准前，任何一方不得强行施工。

（3）甲方未尽协助义务给乙方造成损失。

5. 在钻井施工中，由于乙方自身的原因所造成的损失由乙方自行承担。

6. 甲方遇到特殊情况，要求乙提前完成区块钻井任务的，由双方协商解决。乙方因此增加的费用由甲方负担。

第三条　工程价格和结算

1. 工程价格

（1）调整井单价______元／米，合计金额______万元；

（2）开发井单价______元／米，合计金额______万元。

13943

关注法天使

2. 双方同意，按照不同的机型、井别、井深、另加安全风险金来确定承包费用（见附件______）。对承包范围以外的费用，由双方另行协商确定费用。

3. 甲方将勘探施工工程承包给乙方，乙方接受甲方的指导和监督在《勘查许可证》划定的勘查区范围内依法有序施工。承包方式为责权明确全包干承包：即乙方自备机具、自带施工队伍（包括技术人员）自行承担施工过程中发生的各项费用（包括工资福利、保险、安全文明生产技术培训、燃材料动力等费用），按照合同要求组织施工。

4. 本合同生效之日起______日内，甲方应按照双方约定工程费用总额的______%，计______元，一次性拨付给乙方，作为乙方备料及施工费用。待工程完工后，双方一次性结算剩余费用。

5. 乙方在保证工程质量的前提下，提前完成钻井任务，为甲方提前投产创造了条件，增加了经济效益，甲方应按总施工费用的______‰给予乙方奖励。

6. 乙方施工完毕并经甲方（或甲方聘请的监理单位）验收合格后，甲方应及时支付剩余费用。如逾期支付，应向乙方承担违约责任，并赔偿相应的损失。如乙方施工完毕后通知甲方（或甲方聘请的监理单位）验收，而甲方自收到通知之日起超过______日未予验收，则视为工程已经甲方验收合格，甲方不得以此为由拒绝向乙方支付工程款项。

第四条　安全环保责任 [①]

> 条文注解：安全环保责任是探矿权人应当履行的法定义务，在勘探钻井施工过程中对于“安全环保责任”尤其应当重视，探矿权人应当履行其应尽的监督管理义务。

1. 乙方在施工前须制定安全自查自究制度，并进行安全检查。工程施工前______个工作日内，乙方须向甲方提交特种作业人员操作证和负责人安全资格证等有效证件，以备案备查。

2. 乙方应对施工、竣工及闭坑验收整个过程中的安全负责，保持其管辖范围内的施工现场和尚未完工的工程处于安全状态，避免发生人身或设备事故。

3. 乙方应采取一切合理措施在施工过程中保护现场附近的环境，以避免因施工引起污染和其他因素对公众或公众财产等造成伤害或妨碍，并独立承担责任。

4. 当发生人身伤害、设备及环境污染事故时（在乙方施工区域及相关人员），乙方应立即通知甲方现场负责人，同时按照《生产安全事故报告和调查处理条例》的规定上报当地政府或主管部门，协助事故处理并承担相关责任和全部费用。

5. 勘查施工结束后，乙方应当按照国家和地方规划以及生态环境恢复的要求，实行土地复垦，复垦后地表平整且道路畅通的块段要在一年之内种植草皮或栽种树木。

第五条　违约责任

1. 如因甲方变更计划，或提供的资料不准确，或未按期提供勘查、设计资料或工作条件而造成勘查工程的返工、停工、窝工等，甲方应按乙方实际消耗的工作量增加施工费用，并同时顺延勘查工期，具体期限由双方另行协商。

2. 甲方逾期支付勘查费用的，应按约定费用总额______%向乙方支付违约金。

3. 若乙方因设备或人力配置不足、施工进度不能达到要求，在甲方______次督促而乙方仍不能达到要求情况下，甲方有权视情况减少施工费用或解除本合同。

4. 乙方因勘查质量不符引起返工或造成工程损失，应继续完善勘查，并根据造成损失情况承担赔偿责任，甲方可视造成损失大小，减少或不予支付施工费用。

5. 乙方如勘查错误造成工程重大质量事故，除免收受损失部分的勘查费用外，还应按双方约定费用总额的______%向乙方支付违约金。

第六条　不可抗力

1. 任何一方由于不可抗力造成的部分或全部不能履行本合同义务的行为，将不视为违约，但应当在条件允许情况下采取一切必要补救措施以减少因不可抗力造成的损失。

2. 声称受到不可抗力事件影响的一方应尽可能在最短的时间内通过书面形式将不可抗力事件的发生通知另一方，并在该不可抗力事件发生后______日内将经由当地公证机关出具的证明文件或有关政府批文及合同不能履行或者需要延期履行的书面资料通知对方。

3. 不可抗力事件或其影响终止或消除后，双方须立即恢复履行各自在本合同项下的各项义务。如不可抗力及其影响无法终止或消除而致使合同任何一方丧失继续履行合同的能力，则双方可协商解除合同或暂时延迟合同履行，且遭遇不可抗力方无须为此承担责任。但当事人迟延履行后发生不可抗力的，不能免除责任。

第七条　保密和信息披露

1. 合同双方保证对在谈判、磋商、签订、执行本合同过程中所获悉的属于他方的且无法自公开渠道获得的文件、资料以及本合同的内容和履行情况予以保密。在未经甲方授权的情况下不得向任何第三方泄露勘查成果，不得将该地质资料超越协议范围使用或转让。

13943

2. 除了法律法规的规定，或者相关有权政府部门的要求外，未经本合同另一方的同意，任何一方均不得直接或间接地以任何形式披露或者泄露本合同所包含的任何内容以及所涉及的任何交易，但向各自负有保密义务的工作人员和法律顾问披露的除外。任何一方应尽力促使各自的工作人员对本合同所涉及的内容进行严格地保密。

3. 本合同的保密条款为持续性条款，且无论本合同无效、解除、终止均不影响保密条款的延续性和有效性。无论本合同的任一方作为合同当事人的资格和权利是否终止，本合同的任一合同当事人均应遵守本条所约定的保密义务。

第八条　通知

1. 任何与本合同有关的需要送达或给予的通知、合同、同意或其他通信，除双方另有约定外，应按双方当事人在本合同中列明的地址、传真、电话、电子邮件或其他联系方式进行；通过传真、电话、电子邮件发出的任何文件、资料、通知，在发出后即视为收讫。通过邮寄发出的任何文件、资料、通知，在寄出十日后即视为收讫。

2. 任何一方在本合同所列的地址、传真、电话、电子邮件或其他联系方式发生改变的，应自变更之日起______日内以书面形式通知对方，否则，对方按照原来的地址、传真、电话、电子邮件或其他联系方式发出的文件、资料、通知、均视为在前款约定的时间内收讫，由此产生的一切后果，均由另一方自行承担。

第九条　法律适用及争议解决

1. 本合同的订立、效力、变更、解释、履行、终止和由本合同产生或与本合同有关之争议的解决，均适用中华人民共和国法律。

2. 凡因本合同引起的或与本合同有关的一切争议，双方应友好协商解决。如果争议自发生之日起三十日内，仍不能得到解决，则任何一方均有权选择以下第______种方式解决：

（1）向______仲裁委员会申请仲裁，按照申请仲裁时该会实施的仲裁规则进行仲裁。

（2）向______人民法院起诉，以诉讼解决争议。

第十条　合同的生效及其他

1. 本合同的附件为本合同不可分割的一部分；本合同及其附件内空格部分填写的文字与印刷文字具有同等法律效力。

2. 本合同中未尽事宜或出现与本合同相关的其他事宜时，由双方协商解决并另行签订书面补充合同，补充合同与本合同具有同等的法律效力。

3. 本合同自双方法定代表人或授权代表签字或盖章之日起生效。

4. 本合同一式______份，每方各执______份，具有同等法律效力。

5. 本合同由甲乙双方在中华人民共和国______签署。

（以下无合同正文条款）

甲方：（盖章）	乙方：（盖章）
法定代表人或授权代表：（签字）	法定代表人或授权代表：（签字）
日期：	日期：

13943

五、矿产资源勘查监理合同

【使用场景】

本范本适用于探矿权人委托具有相应监理资质的单位对勘查施工作业进行监理的情景。矿产资源勘查工作是一项专业技术活动，在地质勘查中实施监理机制是为了有效地控制地质勘查中的各个环节，保证规划的专业性、保障工程施工的质量、安全和进度，确保能得到最可靠、完整、科学的地质勘查资料。

【法律要点】

1. 什么是矿产资源勘查监理？矿产资源勘查监理的意义是什么？

矿产资源勘查监理是指具有相应资质的监理单位受项目主管部门、投资单位委托，承担矿产地质工程项目的监理和相关咨询服务的活动。监理单位受探矿权人的委托，根据法律法规、工程建设标准、勘查设计文件及合同，在施工阶段对地勘工程质量、造价、进度进行控制，对合同、信息进行管理，对工程建设相关方的关系进行协调，并履行工程安全生产管理法定职责的服务活动。

在矿产资源地质勘查中实施监理机制是为了有效地控制地质勘查中的各个环节，保证规划的专业性、保障工程施工的质量、安全和进度，确保能得到最可靠、完整、科学的地质勘查资料。

2. 矿产资源勘查监理合同应当约定哪些方面的主要内容？

矿产资源勘查监理合同是探矿权人委托具有相应监理资质的单位对勘查施工作业进行监理的协议。该合同应当包括以下主要内容：工作内容及范围、工作时间与工作量、监理费用及支付、委托方的权利和义务、监理方的权利和义务、违约责任、通知、法律适用及争议解决和合同的生效及其他等。矿产资源勘查监理合同应当围绕上述相关内容约定双方之间的权利和义务。

【文本正文】

矿产资源勘查监理合同

立合同人：

甲方：

（名称、统一社会信用代码、住所、法定代表人、职务、委托代理人、身份证号码、通信地址、邮政编码、联系人、电话、传真、账号、电子信箱）

乙方：

（名称、统一社会信用代码、住所、法定代表人、职务、委托代理人、身份证号码、通信地址、邮政编码、联系人、电话、传真、账号、电子信箱）

根据《中华人民共和国矿产资源法》《中华人民共和国合同法》和其他法律法规及政策，甲乙双方经友好协商，本着平等、自愿、有偿、诚信的原则，就甲方委托乙方对______（填入探矿权工作区域名称）______矿区勘查施工监理事宜签订本合同。

第一条　工作内容及范围

1. 勘查项目[①]名称为：____________；勘查许可证编号为：____________；地理位置为：____________；勘查区块面积为：______平方公里；勘查矿种为：____________；勘查区块范围坐标为：____________（详见本合同所附矿区范围图）；勘查许可证有效期自______年______月______日至______年______月______日；在本合同签署之日，合作矿权的勘查程度为____________（预查 / 普查 / 详查 / 勘探）。

> 条文注解：真实、合法、有效的探矿权证是实施勘查施工监理工作的基础，在合同中对此作出明确界定，可以有效防止违法勘查现象的发生。

2. 为对本条第一款所述勘查项目进行初步评价，甲方委托具有资质的勘查单位对该区块矿产资源进行勘查工作（甲方与该单位另行签订委托勘查合同）。为更好开展勘查工作，甲方委托乙方对勘查单位的勘查工作进行监理，乙方同意且愿意接受甲方的委托。

3. 乙方具体工作内容是对____________（填入勘查单位）勘查工作期间开展实地监理、报告编写期间资料整理的规范程度等予以督查。监理范围包括质量控制、进度控制和投资控制等。

13960

关注法天使

4. 乙方按照国土资源部2003年3月1日发布并实施的DZ/T 0213—2002《铅、锌、铜、钨、钼矿产地质勘查规范》和其他有关规范开展监理工作。

第二条　工作时间与工作量

1. 工作期限为______个月。自______年______月______日至______年______月______日止。

2. 具体工作量按照本合同目标矿权的设计方案执行。

第三条　监理费用及支付

1. 双方一致同意确定本合同的监理费用总额为：______万元。

2. 合同签订日支付______万元，剩余______万元于工作结束时一次性全额付清。

第四条　甲方的权利和义务

1. 甲方依据监理合同对乙方的工作进行督促和检查。

2. 如果乙方履行合同不力且严重影响工程进展，甲方有权要求乙方更换人员，若此种情况达到______次时，甲方有权通知乙方解除合同，自解除合同的通知到达乙方时合同解除。

3. 对涉及工程工期、质量、造价等重大问题变更时，应由甲方最后确定并按照国家规定的基建程序办理。

4. 甲方应按时向乙方提供监理工作所需的设备、设施和合同文本、资料、图纸和数据等（见附件______），并按照合同的约定保证乙方责任和权力的统一。

5. 甲方应负责协调工程外部条件及与地方的关系。对于由乙方提交的需由甲方决策的报告、文件等及时作出决定。

6. 按时履行向乙方支付监理费用的义务。

第五条　乙方的权利和义务[①]

> 条文注解：矿产勘查监理工作关系着矿产勘查的成效，对于监理方权利义务的明确是达到督促其勤勉尽责进行工作的重要方面，对此内容需要结合具体的勘查项目予以详细规定。

1. 乙方应当勤勉尽责，按照监理的职业准则履行职责。乙方应根据监理目标的情况，派出监理人员及项目监理机构，相关主要人员的资格和服务条件须经甲方审查同意。

2. 为保证利于监理的有效实施，乙方可在监理期限内对监理人员作出合理调整。若更换现场人员，应代之同等技能的人员，其中主要监理人员的更换需经甲方同意。乙方派驻现场的监理人员应保证连续稳定，保证监理工作的正常进行。

3. 乙方向甲方收取的报酬，是其关于本合同的唯一报酬。乙方及其人员不得接受与本合同有关的或与其承担义务有关的其他津贴、回报等报酬和非直接支付。在监理过程中监理单位如需另行聘请专家咨询或协助，在监理责任以内发生的费用，由乙方承担；超出监理责任并发生的费用，应得甲方书面同意后，由甲方承担费用。

4. 乙方在监理过程中，负有保密义务，不得泄露甲方的任何秘密，亦不得泄露设计、承包等单位提供并声明的秘密。无论本合同无效、解除、终止均不影响此保密条款的延续性和有效性，乙方均应遵守本条所约定的保密义务。

5. 乙方负有按时向甲方提交监理报告的义务。

第六条　违约责任

1. 合同双方一致同意任何一方具有下列任何情况之一项或多项即视为违约：

（1）未能或拒绝按照本合同约定，完全履行任何义务；

（2）无正当理由干涉、阻碍或以其他方式妨碍对方行使本合同约定的权利；

（3）违反约定主张收益；

（4）其他违反本合同条款的作为或因其不作为所造成的违约或既定事实。

2. 任何一方违反本合同的规定，均构成违约，守约方有权立即要求终止本合同的履行并要求违约方按照守约方所遭受的实际经济损失承担相应的赔偿责任。如双方各有违约行为，则根据责任的归属，按双方过错大小各自承担违约责任。

3. 如违约方的行为造成守约方经济及其他方面的损害，守约方可进一步向违约方追索。

第七条　通知

1. 任何与本合同有关的需要送达或给予的通知、合同、同意或其他通信，除双方另有约定外，应按双方当事人在本合同中列明的地址、传真、电话、电子邮件或其他联系方式进行；通过传真、电话、电子邮件发出的任何文件、资料、通知，在发出后即视为收讫。通过邮寄发出的任何文件、资料、通知，在寄出十日后即视为收讫。

2. 任何一方在本合同所列的地址、传真、电话、电子邮件或其他联系方式发生改变的，应自变更之日起______日内以书面形式通知对方，否则，对方按照原来的地址、传真、电话、电子邮件或其他联系方式发出的文件、资料、通知等均视为在前款约定的时间内收讫，由此产生的一切后果，均由另一方自行承担。

第八条　法律适用及争议解决

1. 本合同的订立、效力、变更、解释、履行、终止和由本合同产生或与本

13960

合同有关之争议的解决，均适用中华人民共和国法律。

2. 凡因本合同引起的或与本合同有关的一切争议，双方应友好协商解决。如果争议自发生之日起三十日内仍不能得到解决，则任何一方均有权选择以下第______种方式解决：

（1）向______仲裁委员会申请仲裁，按照申请仲裁时该会实施的仲裁规则进行仲裁。

（2）向______人民法院起诉，以诉讼解决争议。

第九条　合同的生效及其他

1. 本合同的附件为本合同不可分割的一部分；本合同及其附件内空格部分填写的文字与印刷文字具有同等法律效力。

2. 本合同中未尽事宜或出现与本合同相关的其他事宜时，由双方协商解决并另行签订书面补充合同，补充合同与本合同具有同等的法律效力。

3. 本合同自双方法定代表人或授权代表签字或盖章之日起生效。

4. 本合同一式______份，每方各执______份，具有同等法律效力。

5. 本合同由甲乙双方在中华人民共和国______签署。

（以下无合同正文条款）

甲方：（盖章）

法定代表人或授权代表：（签字）

日期：

乙方：（盖章）

法定代表人或授权代表：（签字）

日期：

六、探矿权行政管理合同

【使用场景】

本范本适用于矿政管理机关与探矿权人就探矿权管理约定权利义务的情景。探矿权行政管理是矿政管理机关为实现国家矿产资源所有权益，保护探矿权人的合法权利，促进矿业经济发展，对探矿权从设立到消灭全过程的管理。矿政管理机关与探矿权人可就探矿权管理在法律法规的基础上进一步约定权利义务。

【法律要点】

1. 什么是矿产资源勘查管理？矿产资源勘查管理具有哪些特征？

矿产资源勘查管理是指矿政管理机关为实现国家矿产资源所有权益和保护探矿权人合法权利，对中华人民共和国领域及管理的其他海域内所实施的矿产资源勘查活动依法进行统一登记和管理的活动。在我国，矿产资源属于国家所有，任何单位和个人都无权随意占有或处理。因此任何勘查单位进行矿产资源勘查工作都必须按照国家规定履行勘查登记手续，领取合法的凭证，即勘查许可证，取得探矿权。同时，勘查单位取得探矿权后，即在法律上确定了他们勘查矿产资源的权利和在勘查活动中的地位，使他们正常工作有了法律保证，这就可以充分发挥他们找矿的积极性、主动性。此外，还可以防止各类非法活动侵犯他们合法的探矿权，保障勘查工作顺利进行，保障合法勘查工作不受干扰。

矿产资源勘查管理的本质特征在于：

（1）矿产资源勘查管理是政府行为。中央人民政府和地方各级人民政府授权各级地质矿产行政机关，对我国领域及其管理的领海内的矿产资源勘查活动实施管理。

（2）矿产资源勘查管理是法律行为。政府管理勘查活动必须依法行政。管理机关及其工作人员要对其管理中的违法行为承担法律责任。

（3）矿产资源勘查实行统一的区块登记管理。这是维护矿产资源国家所有权的客观要求。我国《宪法》和《矿产资源法》明确规定矿产资源属于国家所有。国家是中华人民共和国领域和管辖海域内一切矿产资源的所有权主体，其享有所有权的矿产资源种类和范围不受任何限制。实行统一的区块登记管理，体现了国家

13975

作为所有权主体的意志，有利于对矿产资源的勘查、开发进行统一规划、综合勘查、合理利用和综合利用。

2. 矿产资源勘查管理应当遵循哪些基本原则？

矿产资源勘查管理应当遵循以下基本原则：

（1）维护矿产资源国家所有权的原则。国家对矿产资源所有权的实现形式是：通过设立矿业权审批登记和矿产资源勘查、开采许可证制度，授予符合法定资质条件的矿产资源勘查、开采的民事主体以探矿权或采矿权，从而实现国家对矿产资源的占有、使用和处分的权能；通过建立矿产资源有偿使用制度，对矿业权人征收矿产资源补偿费，从而实现国家对矿产资源的经济收益权。矿产资源的勘查管理是维护国家矿产资源所有权的主要任务之一。国家作为矿产资源所有权的主体，意味着任何一个国家机关，不论其地位、作用如何，都不能完全拥有矿产资源所有权人的权能，每个国家机关只能在法律规定的权限内代表国家行使处分和利用矿产资源的权能。矿产资源管理机关及其工作人员要严格依法行政，认真维护国家的矿产资源所有权及其经济权益。

（2）维护矿产资源勘查秩序的原则。随着改革的深入和社会主义市场经济体制的确立，计划经济体制的勘查秩序已成为历史，代之以《矿产资源法》和《矿产资源勘查区块登记管理办法》所确立的符合社会主义市场经济的勘查管理机制。在矿产资源勘查管理中，要认真贯彻执行这些法律、法规，充分维护社会主义市场经济体制下的矿产资源勘查秩序。随着市场经济的深入发展，维护矿产资源的勘查秩序任重道远，需要矿政管理机关及其工作人员依法行政，努力维护我国的矿产资源勘查秩序。

（3）保护勘查主体合法权益的原则。随着矿业经济计划体制的打破和市场体制的确立，勘查主体将向多元化发展，势必要求法律对勘查主体的合法权益给予充分的保护。同时，探矿权作为他物权，其有偿取得和依法转让，决定了探矿权的排他性，要求侵害探矿权的行为要承担法律责任，对探矿权的合法权益给予严格意义上的法律保护。

3. 矿产资源勘查管理包括哪些内容？

矿产资源勘查管理是我国矿政管理的核心内容，是国家地矿行政管理机关为实现国家矿产资源所有权益，保护探矿权人合法权利，对探矿权从申请、审批、授予、转让、延续、变更、到注销全过程的行政管理。

矿产资源勘查管理主要包括以下方面的内容：（1）界定探矿权的时间与空间界限；（2）设定取得探矿权的资格、条件和程序；（3）界定探矿权人的权利与义务；（4）受理探矿权申请、审批并授予探矿权；（5）征收管理探矿权使用费；（6）探矿权转让、延续、变更和注销管理；(7) 管理由国家投资形成矿产地的探矿权转让；(8) 对违法勘查行为进行查处；(9) 保护合法的探矿权等。

4. 什么是探矿权行政合同管理?

矿业权人取得勘查许可证后至勘查开工前，矿政管理机关采取与其签订行政管理合同的方式，加强矿产资源勘查和保护工作。矿政管理机关和矿业权人依法约定在矿山地质环境保护、矿产资源的综合利用与保护、维护矿区群众合法权益等方面的权利义务，并明确相应的法律责任或违约责任。

在探矿权管理中推行行政合同管理：一是有利于在合同中写明双方的权利和义务，让探矿权人明确知道自己应该履行的义务和享受的权利，有利于规范探矿权人勘查行为；二是有利于监管部门可按照合同条款内容，对探矿权人履行义务情况进行监督检查和对违法行为进行处罚；三是有利于减少行政管理中的自由裁量权，保护探矿权人的合法权益；四是有利于弥补法律法规空白和细化法律法规的规定，使探矿权管理既能够顺应经济社会发展形势变化，又更具有可操作性；五是有利于国家加强宏观调控和引导投资方向，如对我国优势矿产勘查，在合同中可以明确规定在开采时要服从国家宏观调控政策。

有的矿政管理机关将行政管理合同约定事项纳入年度检审工作进行严格检查，明确规定，行政管理合同是申请探矿权延续、变更、转让、保留时必须提交的资料之一，探矿权人履行合同的情况，也是矿政管理机关对探矿权延续、变更、保留和转让申请进行审批时需要审查的重要内容。如探矿权人未按照行政管理合同的约定履行相应义务的，将可能无法通过探矿权的年度检查。

关于探矿权行政合同管理，我国具有以下相关的实践：

(1) 原国土资源部《关于进一步规范探矿权管理有关问题的通知》(国土资发〔2009〕200号)①，建立探矿权行政合同管理制度。国土资源部针对探矿权人不按勘查方案实施的问题，发布了《关于进一步规范探矿权管理有关问题的通知》规范过程管理，建立探矿权行政合同管理制度，探索政府在市场经济条件下管理矿业权的新形式，明确双方的权利与义务，强化对探矿权人义务履行的监控。该通知第4条明确规定："登记管理机关可依法以行政合同方式与探矿权人就勘查工作法规规定及相关事宜作出约定，进一步明确双方的责任、权利与义务，对勘查实施方案的实施实行合同管理。"

条文注解：该规定被《国土资源部关于进一步规范矿产资源勘查审批登记管理的通知》(2017年12月14日，国土资规〔2017〕14号)废止。

13975

（2）云南省国土资源厅全面推行矿业权行政管理合同制度。为加强矿产资源管理技术支撑能力建设，强化矿产资源勘查开发的日常管理，全面实施矿业权行政管理合同制度，维护矿业权人的合法权益。同时，增强服务意识，积极为矿业权人勘查开发创造良好的外部环境。把事前预防、事中监管、事后查处有机结合起来，加强对矿业权从设立到灭失的全过程监督管理，严防各类矿产资源违法违规行为的发生。2009 年 3 月 31 日，云南省国土资源厅印发了《云南省探矿权行政管理合同范本》《云南省采矿权行政管理合同范本》《矿产资源勘查承诺书》《矿产资源开采承诺书》，建立了对全省探矿权、采矿权开展合同管理的新机制。合同中明确了矿业权人和县级矿政管理部门双方的权利、责任和义务，以及违约责任和处罚措施等，为矿业权的市场管理建立了新的监督和制约机制，体现了矿产资源开发利用责、权、利的协调统一。

（3）青海省国土资源厅实行探矿权合同管理推进地质找矿。为加强矿产资源勘查工作，规范探矿权人的勘查行为，加快地质勘查进程，制止“圈而不探”“以探代采”等违法行为，青海省国土资源厅于 2011 年 3 月 11 日制定了《青海省探矿权合同管理暂行办法》及《青海省探矿权管理合同书》，以行政合同方式与探矿权人就勘查资金投入、勘查进度要求、成果报告提交及相关事宜作出约定，进一步明确探矿权人的责任、权利与义务；对不履行合同的探矿权人，根据合同约定进行相应的处罚。

【文本正文】

探矿权行政管理合同

立合同人：

甲方：____________省国土资源厅

（名称、住所、法定代表人、职务、委托代理人、身份证号码、通信地址、邮政编码、联系人、电话、传真、账号、电子信箱）

乙方（探矿权人）：

（名称、统一社会信用代码、住所、法定代表人、职务、委托代理人、身份证号码、通信地址、邮政编码、联系人、电话、传真、账号、电子信箱）

为加强矿产资源勘查管理工作，规范矿产勘查行为，维护矿产资源勘查秩序，根据《____________省探矿权合同管理暂行办法》和有关法律法规的规定，甲乙双方经协商一致，本着平等、自愿、诚实信用的原则，订立如下合同：

第一条　勘查项目概况①

条文注解：真实、合法、有效的探矿权证是探矿权行政管理的基础，在合同中对此作出明确界定，可以有效防止违法勘查现象的发生。

1. 探矿权人勘查项目名称为____________；勘查许可证编号为____________；地理位置为：____________；勘查区块面积为：______平方公里；勘查矿种为：____________；勘查区块范围坐标为：____________（详见本合同所附矿区范围图）；勘查许可证有效期自______年______月______日至______年______月______日；在本合同签署之日，合作矿权的勘查程度为____________（预查 / 普查 / 详查 / 勘探）。

2. 乙方通过____________（招标 / 拍卖 / 挂牌 / 协商 / 申请在先）方式取得该探矿权，应（已）缴纳的探矿权价款______万元整（小写：______万元）。

3. 乙方在领取勘查许可证之前缴纳探矿权使用费______元整（小写______元）。

第二条　甲方的权利义务

1. 甲方根据批准的勘查设计，督促乙方投入勘查资金开展勘查工作。

2. 甲方可根据地质勘查工作进展情况及乙方的请求对勘查设计进行调整。

3. 甲方依法维护乙方的合法权益，并保障乙方的权利不受侵犯。

4. 在乙方完全履行合同的前提下，甲方有义务根据法律规定及时为乙方办理探矿权延续、变更、保留及转让等手续。

5. 法律、法规规定的其他权利和义务。

第三条　乙方的权利义务②

条文注解：在探矿权行政管理中，探矿权人依法享有法律所规定的权利，同时也负有较多的法定义务，在此合同中，矿政管理机关可在法律规定基础上进一步约定探矿权人应当履行的义务。

1. 乙方有按照勘查许可证规定的区域、期限、工作对象进行勘查工作的权利。

2. 乙方享有探矿权的收益权和处置权。

3. 勘查期间，矿区实际情况发生重大变化时，经甲方书面同意，乙方有调整勘查设计的权利。

4. 乙方应按照批准的勘查设计、相关规程、规范和技术标准，及时开展地

13975

质勘查工作，保证勘查工作质量。

5. 乙方应当保证勘查资金及时足额到位，并在设计批复规定时间内完成以下勘查资金投入、主要实物工作量并提交年度总结或阶段性成果报告。

（1）勘查工作分______年实施，勘查资金总投入______万元，主要实物工作量主要填写______（钻探、槽探、硐探工作量）。其中：

A.______年勘查资金投入______万元，主要实物工作量______（主要填写钻探、槽探、硐探工作量）。

B.______年勘查资金投入______万元，主要实物工作量______（主要填写钻探、槽探、硐探工作量）。

C.______年勘查资金投入______万元，主要实物工作量______（主要填写钻探、槽探、硐探工作量）。

（2）乙方应于______年______月提交______（预查 / 普查 / 详查 / 勘探）成果报告，且在合同期内每年 10 月 31 日前提交本年度工作总结。

（3）乙方勘查项目在整装勘查区的，应接受整装勘查区牵头单位的技术管理，并根据牵头单位需要提供相关资料。

6. 法律、法规规定的其他权利和义务。

第四条　合同的变更或解除

1. 经双方协商一致并不损害国家和社会公共利益时，可以变更或解除合同；

2. 因不可抗力致使合同不能实现，可以解除合同；

3. 乙方在勘查过程中，违反国家法律、法规时，甲方可以单方解除合同；

4. 合同约定变更、解除的其他情形。

变更或者解除合同的通知、协议，应当采用书面形式。

第五条　合同的终止

1. 勘查许可证到期，且乙方不再申请延续，或者延续申请未获批准的；

2. 乙方依法申请转让探矿权并获得批准、办理勘查许可变更登记的；

3. 合同解除的；

4. 法律、法规规定及合同约定终止的其他情形。

合同终止后，除不可抗力的情形外均不免除乙方为勘查项目所应承担的相关法律责任。

第六条　违约责任[①]

条文注解：虽然我国矿产资源法明确规定探矿权人违反法定义务应当承担的法律责任，但基于本合同的需要矿政管理机关应当与探矿权人就合同所约定义务明确相应的法律责任。

1. 由于乙方自身原因或第三方原因造成合同不能履行或不能完全履行的，乙方应承担违约责任。因第三方原因造成乙方不能履行或不能完全履行合同的，乙方可向第三方追责。

2. 自合同签订之日起 6 个月内未施工的，由省国土资源厅或项目所在地国土资源主管部门提出警告并责令限期开工；一年内未施工的，乙方按项目总费用的 10%缴纳违约金；两年内未施工的，由省国土资源厅收回探矿权。

3. 在合同期内，未按合同约定完成勘查资金投入的：

（1）完成勘查资金投入大于 75%且小于 85%的，乙方按项目总费用的 4%缴纳违约金；完成勘查资金投入大于 50%且小于 75%的，乙方按项目总费用的 6%缴纳违约金；完成勘查资金投入大于 25%且小于 50%的，乙方按项目总费用的 8%缴纳违约金。

（2）完成勘查资金投入小于 25%的，由甲方收回探矿权。

4. 合同到期，完成全部工作量和勘查资金投入，但未能按时提交成果报告的，乙方按项目总费用的 0.5%缴纳违约金，并应限期提交成果报告。

第七条　法律适用及争议解决

1. 本合同的订立、效力、变更、解释、履行、终止和由本合同产生或与本合同有关之争议的解决，均适用中华人民共和国法律。

2. 凡因本合同引起的或与本合同有关的一切争议，双方应友好协商解决。如果争议自发生之日起 30 日内仍不能得到解决，则任何一方均有权向人民法院起诉，以诉讼解决争议。

第八条　合同的生效及其他

1. 本合同的附件为本合同不可分割的一部分；本合同及其附件内空格部分填写的文字与印刷文字具有同等法律效力。

2. 本合同中未尽事宜或出现与本合同相关的其他事宜时，由双方协商解决并另行签订书面补充合同，补充合同与本合同具有同等法律效力。

3. 本合同自双方法定代表人或授权代表签字或盖章之日起生效。探矿权到期后，本合同自行废止。

13975

4. 本合同一式______份，双方各执______份，具有同等法律效力。

5. 本合同由甲乙双方在中华人民共和国______签署。

（以下无合同正文条款）

甲方：（盖章）

法定代表人或授权代表：（签字）

日期：

乙方：（盖章）

法定代表人或授权代表：（签字）

日期：

七、中央地质勘查基金合作勘查投资合同[①]

条文注解：本合同书是国土资源部中央地质勘查基金管理中心根据《中央地质勘查基金（周转金）管理暂行办法》（财建〔2006〕342 号）等有关规定编制的，经国土资源部批准同意，于 2008 年 10 月 15 日发布的版本，其目的是完善中央地质勘查基金运行机制，规范合作各方的勘查投资权益管理。

【使用场景】

本范本适用于中央地质勘查基金用于地质勘查投资的情景。中央地质勘查基金简称中央地勘基金，是指中央财政在一般预算内安排的着重用于国家确定的重点矿种和重点成矿区带前期勘查的专项资金以及探矿权、采矿权价款以折股形式上缴所形成的股权。依据勘查基金来源的不同，本合同适用于中央地质勘查基金。对于地方地质勘查基金投资的情形，不适用于本合同。

【法律要点】

1. 什么是中央地勘基金？设立中央地勘基金的意义是什么？

中央地勘基金，是指中央财政在一般预算内安排的着重用于国家确定的重点矿种和重点成矿区带前期勘查的专项资金以及探矿权、采矿权价款以折股形式上缴所形成的股权。地勘基金的来源包括：（1）中央财政预算安排（含从中央所得的矿产资源补偿费和探矿权采矿权价款中划入部分）；（2）其他资金。地勘基金由财政部、国土资源部共同管理。财政部、国土资源部共同委托地勘基金管理机构负责地勘基金组织实施及日常管理工作。中央地勘基金的主要目标是引导和拉动商业性矿产勘查，缓解国家资源约束；建立地质勘查投入良性循环新机制，保障经济社会的全面协调和可持续发展。

随着我国工业化进程加快，资源消耗随之大幅度增长，特别是石油、铁、铜、铝等大宗重要矿产资源的对外依存度不断提高，资源环境约束相应加剧，已成为制约经济社会发展的重要因素。在当前我国矿产勘查资本市场尚不发育，勘查投入总体不足，地质工作正处于改革过渡阶段的特殊情况下，加大财政对矿产资源勘查的支持力度，由国家出资开展能源和重要矿产资源的前期勘查，适当提高

14933

工作程度，降低商业勘查风险，引导和促进商业性矿产勘查投资，是非常必要的。为此，国务院发布的《关于加强地质工作的决定》（国发〔2006〕4号）明确提出，国家建立地质勘查基金（周转金），着重用于重点矿种和重要成矿区（带）的前期勘查，发挥财政对社会资金的引导作用，建立勘查投入良性循环机制，实现地质找矿重大突破。

2. 国土资源部中央地质勘查基金管理中心是个什么性质的单位?

中央地勘基金由财政部、国土资源部共同负责管理与监督，两部门共同组成中央地勘基金领导小组，作为地勘基金管理的议事机构，协调和指导地勘基金管理的各项工作。在国务院领导的亲自关心下，中央编制委员会办公室以中编办复字〔2007〕50号文批准设立了国土资源部中央地质勘查基金管理中心（以下简称基金管理中心）。基金管理中心为国土资源部直属事业单位，受财政部、国土资源部委托，负责中央地勘基金的组织实施及日常管理工作。基金管理中心财政补助事业编制30名，2007年9月25日挂牌成立。

3. 国土资源部中央地质勘查基金管理中心的工作内容有哪些?

根据中编办复字〔2007〕50号文批复的内容，基金管理中心具有以下四项主要职责：一是组织实施中央地勘基金投资项目的立项、监管、评审验收和成果处置；二是监督、管理国家出资形成的矿业权股权；三是申请登记中央地勘基金独资项目的矿业权；四是研究实施国家矿产资源战略储备制度。

在基金项目组织实施方面，中央地勘基金主要支持重点矿种、重要成矿区（带）的矿产前期勘查，矿种范围以煤、煤层气、铀、铁、铜、铝、铅、锌、锰、镍、钨、锡、钾盐、金等重点矿种为主，适当兼顾国家急需的其他重要矿产，统一部署，整装勘查，综合评价。工作程度原则上控制到普查。在投资方式上，根据矿产勘查项目的不同情况，地勘基金采取全额投资、合作投资两种方式，其中全额投资项目由基金管理中心申请登记矿业权。在运行方式上，地勘基金引入市场机制，实行项目合同制管理，通过合同约定各方的权利、责任和义务。基金项目未取得找矿成果的，地勘基金投资按规定核销。取得找矿成果的，成果收益由中央、地方、合作投资人及项目勘查单位按规定分成，其中中央分成部分主要用于补充地勘基金，实现滚动发展。

在矿业权股权管理方面，由基金管理中心根据财政部、原国土资源部《关于深化探矿权采矿权有偿取得制度改革有关问题的通知》（财建〔2006〕694号）规定，具体负责国家出资形成的矿业权价款折股股权的监督、管理，履行出资人权利，股权收益用于补充地勘基金。

在矿产资源战略储备方面，根据矿产资源供需形势和经济社会发展长远需要，研究实施国家矿产资源战略储备政策，逐步形成重要矿产资源的储备体系，增强国家对矿产资源的宏观调控能力，保障资源供应安全，促进可持续发展。

【文本正文】

中央地质勘查基金合作勘查投资合同

合同编号：中地勘基金合同[______]第______号

勘查项目名称：____________项目勘查

甲方：国土资源部中央地质勘查基金管理中心

乙方（探矿权人）：

本合同于______年______月______日由国土资源部中央地质勘查基金管理中心（以下称“甲方”）和____________公司（以下称“乙方”）共同签署。

鉴于：

1. 乙方已获得了勘查____________地区（以下称为“合作区”）的勘查许可证（合作区的地理坐标位置及勘查许可证复印件详见本合同附件 1），即拥有合作区的原探矿权。

2. 根据本合同，甲方愿意提供资金，对乙方拥有原探矿权的合作区投资进行矿产资源找矿勘查活动（以下简称为“勘查”）；乙方愿意以合作区的原探矿权作价作为与甲方共同对合作区投资勘查的部分或全部初始投资。甲方和乙方愿共同投资、共担风险、共同享有对合作区合作勘查的成果和收益。

3. 双方约定，在合作勘查期间不针对合作区的合作投资勘查活动成立合资企业，而采用双方合同约定的方式合作。但是不排除在以后的合作勘查期间，经双方一致同意后成立合资企业，以针对合作区进行进一步合作勘查活动。

4. 若通过勘查在合作区内取得了具有进一步勘查意义的勘查成果，甲乙双方按本合同约定的比例分享勘查成果和收益。

5. 若通过勘查在合作区内没有取得具有进一步勘查意义的勘查成果，合作区的探矿权按本合同的第七条规定处置。

14933

甲方和乙方通过友好协商，根据中国法律、法规和有关规定，同意签订本合同，本合同及所附附件具有同等法律效力，双方将共同恪守。

第一条　合同双方

1.1　本合同的双方

甲方：国土资源部中央地质勘查基金管理中心，系一家注册事业法人，其法定地址为中华人民共和国北京市西城区月坛北街 2 号月坛大厦 A610 室。

甲方法定代表人：

姓名：______通信地址：______________________________。

乙方：______公司系一家根据中国法律正式注册的公司，法定地址为______________________________。

乙方法定代表人：

姓名：________通信地址：______________________________。

1.2　法定代表人的变更

每一方应有权变更其登记地点和法定代表人，并有义务书面将其新地点、新的法定代表人的姓名和新的法定授权代表人的权限以及相关变更资料送达另一方。若一方未及时地将变更其法定代表人的资料送达另一方，则由此对另一方造成的直接损失，一方应偿付给另一方。

第二条　合作勘查期限

2.1　在本合同下，合作勘查期限是指针对合作区合作勘查的期限。合作勘查期限从双方签订合同之日起开始计算，至最后一个基本勘查阶段届满时终止，除非按第 2.3 条或第 9.1 条的规定得到延长或提前终止。合作勘查期限由一个或若干个基本勘查阶段构成，每个基本勘查阶段通常约定为 12 个月，并在双方同意的勘查方案中明确。

2.2　双方同意，在合作勘查期间，合作项目的任何勘查技术方案和勘查成果报告的审查和批准，均由甲方组织专家委员会实施，并由甲方根据专家委员会的建议负责批准。专家委员会应由甲方在国家范围内选聘行业内具有较高勘查专业水平和公正职业道德的技术和经济专家组成。在审查过程中，专家委员会应给予乙方以充分的机会陈述意见。

2.3　双方同意，对合作区的合作投资勘查期限视勘查进展和勘查成果由甲方按下列规定确定：

2.3.1　经过上个基本勘查阶段的勘查，如果甲方确认已取得勘查成果、达到上一个基本勘查阶段预期目的、有进一步投资勘查必要的，双方应按第六条的规定继续追加勘查投资，直至合作区的勘查工作程度达到普查或必要的详查工作程度，方可认定合作勘查期限届满。

2.3.2　第 2.3.1 项中涉及的普查或详查程度按照国家行业规范的技术标准确定，并由甲方组织的专家委员会审查认定。

2.3.3　经过上个基本勘查阶段的勘查，甲方认为勘查成果未能达到预期目的或没有进一步投资勘查必要的，可停止后续勘查投资，并认定合作勘查期限届满。

2.3.4　在任何一个基本勘查阶段中，如果甲方认为勘查无法达到预期要求，没有进一步勘查必要的，则甲方有权停止投资，合作期限因此届满。

第三条　委托勘查

3.1　［A 选择］：甲方同意委托乙方编制合作区的勘查设计，甲方负责按照第 2.2 条的规定审查和批复；根据甲方批准的勘查设计，勘查资金由甲方单方投入或双方共同投入，乙方同时作为勘查单位一方执行勘查工作任务。

［B 选择］：双方协商同意委托已获得国土资源管理部门认定勘查______级资质的____________勘探公司编制合作区的勘查设计，甲方负责按照第 2.2 条的规定审查和批复；根据甲方批准的勘查设计，甲方单方投入或双方共同投入勘查资金，____________勘探公司作为勘查单位一方执行勘查工作任务。

3.2　甲方应按国家有关规定要求勘查单位提供账户，用于接受和管理使用甲乙方共同投入的勘查资金，并建立专账管理。勘查单位的账户信息为：开户行____________，账号：____________。除非经双方同意，勘查单位不得变更上述账号。本合同授予双方有定期或不定期检查该账户的权利和同等机会，以审查勘查资金的使用是否符合国家有关的财务规定和合作勘查项目的预算规定。

3.3　甲方和勘查单位的责权利由双方共同签署的勘查合同书约定（附件 2）。

第四条　探矿权管理

4.1　本合同约定，乙方拥有的合作区的探矿权称为“原探矿权”；合同签订后，原探矿权变称为“合作探矿权”。

4.2　为了利于管理，合作探矿权不变更其原探矿权持有人名称，仍由乙方持有，但是针对合作探矿权的任何变更及处置（包括转让、抵押、作价投资、坐标范围的变更、转为采矿权等）均须由双方共同协商并达成一致意见后执行；经协商不能达成一致意见的，乙方不得单方处置。

4.3　本合同签订后，甲方应立刻将本合同及其他文件送颁发合作区勘查许可证的发证机关备案，备案内容应明确双方对合作区的勘查投资和对合作探

14933

矿权拥有的权益。备案文件应附有在合作勘查期间，乙方不单方处置合作探矿权的书面承诺。

4.4　乙方按照国家关于矿业权管理的有关规定，负责办理合作探矿权日常手续，相关手续费用由乙方支付，计入合作投资勘查成本。

第五条　双方初始投资及确定权益

5.1　甲方承认乙方在合作区至本合同签署之日前已进行的勘查工作和已取得的成果，并同意该部分勘查工作投入、成果作为原探矿权价值评估的基本要件，并承认：

［A 选择］：由具有国家认定矿业权评估资格的____________评估公司对原探矿权的评估值折算人民币______万元作为原探矿权价值，并纳入乙方对合作区域的初始投资以计算初始投资权益。原探矿权的评估值由本合同所附的____________公司的评估报告（附件 3-1）证实。

［B 选择］：乙方在合作区域至本合同签署之日前的实际投资额计算人民币______万元作为原探矿权价值，并纳入乙方对合作区域的初始投资以计算初始投资权益，实际投资额由省国土资源厅出具的核实报告（附件 3-2）证实。

［C 选择］：双方以合同方式估算原探矿权价值为______万元，并纳入乙方对合作区域的初始投资以计算初始投资权益。

5.2　根据甲方审定的每个基本勘查阶段勘查设计和勘查预算，甲方投入人民币______万元作为其对合作区的初始投资（以下称为“甲方初始投资”）并以此计算甲方初始投资权益。

5.3　乙方在合作勘查期间的任何基本勘查阶段内，都有选择是否以资金方式投资和追加投资合作区勘查的权利，但是在一个或数个基本勘查阶段选择不追加资金投资后，可以申请在下个基本勘查阶段追加投资，在追加投资前应对合作探矿权进行评估。

5.4　本合同签署后的第一个基本勘查阶段内，甲方应完成第 5.2 条约定的勘查资金投入______万元。首期勘查资金应在本合同签署之日起三十个工作日内拨付到按第 3.2 条约定的勘查单位的银行账户，且不得低于年度勘查总投入的 80%，计人民币______万元。以后每个勘查年度追加资金投入的支付方式按此规定执行。

5.5　根据第 5.3 条的约定，本合同签署后的第一个基本勘查阶段内，乙方除以原探矿权评估作价投资外，同时还选择以资金方式投入，乙方应根据第 5.2 条约定的勘查预算，投入勘查资金______万元（以下称为“乙方初始投资”）。首期勘查资金应在本合同签署之日起三十个工作日内拨付到按第 3.2 条约定的勘查单位的银行账户，且不得低于本勘查阶段勘查总投入的80%，计人民币______万元。以后每个基本勘查阶段追加资金投入的支付方式按此规定执行。

5.6　按照第5.1条、第5.2条和第5.5条的规定，甲方完成甲方初始投资后，获得合作探矿权______%的初始投资权益应按下列公式计算：甲方初始投资权益比例＝甲方初始投资/(原探矿权价值＋乙方初始投资＋甲方初始投资)。乙方完成第4.3条规定的事项和第5.5条规定的乙方初始投资后，乙方获得合作探矿权的______%的初始投资权益应按下列公式计算：乙方初始投资权益比例＝（原探矿权价值＋乙方初始投资）/（原探矿权价值＋乙方初始投资＋甲方初始投资）。按照本合同第5.3条的规定，乙方初始投资可以为零投入。

5.7　第5.4条、第5.5条和第5.6条规定双方的勘查资金投入，以基本勘查阶段工作结束后实际投入的数额核定，并以此计算双方投资权益比例。

5.8　[A选择]：鉴于原探矿权的形成含有国家投资______万元，按照国家有关规定应上缴价款计______万元。双方约定，乙方在本合同签署前按照国家规定缴纳价款______万元或转增国家资本金，并将缴费凭据复印件或转增国家资本金批复文件送甲方备案。

[B选择]：鉴于原探矿权的形成含有国家投资______万元，按照国家有关规定应上缴价款计______万元。经征得国土资源管理部门的同意，双方约定，在合作区投资勘查结束并取得收益后，按照国家有关规定，乙方应向国家缴纳原探矿权价款并加计不低于同期银行贷款利率水平的资金占用费，由乙方按照有关规定办理价款缴纳的相关事宜。符合国家有关规定应转增国家资本金的，由乙方负责办理相关转增手续。

第六条　追加投资及调整权益

6.1　双方完成前一个基本勘查阶段投资后，经甲方审核勘查单位提交的阶段性成果报告，认为有进一步勘查工作前景的，双方约定继续追加勘查投资。具体追加投资额度按照本合同（附件4）的规定，在下一个勘查阶段由双方共同签署追加投资合同。同样在以后的每个勘查阶段都可以依照勘查计划需要，按照（附件4）规定的格式共同签署追加投资合同。如乙方在任何阶段不同意追加投资，甲方有权单独追加投资。在甲方做出单独追加投资的决定后，乙方应继续与甲方配合，保证勘查的顺利进行。

6.2　除非出现以下情况，双方应按照第5.6条确定的双方初始权益比例追加勘查资金投资：

6.2.1　经协商，双方同意调整追加勘查投资比例；或

6.2.2　按照第5.3条和第6.1条的规定，乙方选择不追加勘查投资，甲方承担下一个勘查阶段勘查预算全额投资责任。在每个勘查阶段勘查报告和勘查

14933

预算批准后，乙方应在十五个工作日内，将是否追加投资的意愿以书面方式通知甲方。

6.3　双方追加投资后，应调整权益比例。调整后甲方投资权益比例＝（甲方初始投资＋甲方追加投资）/（原探矿权价值＋乙方初始投资＋乙方追加投资＋甲方初始投资＋甲方追加投资）；调整后乙方投资权益比例＝（原探矿权价值＋乙方初始投资＋乙方追加投资）/（原探矿权价值＋乙方初始投资＋乙方追加投资＋甲方初始投资＋甲方追加投资）。在任何勘查阶段，按照第5.3条的规定，乙方的初始投资和追加资金投入可以为零投入。

6.4　在合作勘查期间，在乙方选择在任何基本勘查阶段不追加资金投入或追加资金不足以保持其初始投资权益比例的前提下，双方约定，乙方权益比例随甲方投入增加不断摊薄调整，但乙方最终权益比例不小于15%。当乙方的权益比例被摊薄后降至15%以下时，虽然乙方依据本条可以保持15%的权益比例，但如乙方欲追加资金投入，则乙方应按照实际摊薄后的比例计算乙方追加前的权益。

6.5　双方约定，在合作勘查期限内，甲方须在每个勘查阶段完成第6.1条、第6.2条规定的追加资金投入并获得权益。乙方可在一个或数个勘查阶段不追加资金投入，但其权益应按第6.3条的规定摊薄调整，但是乙方在以前勘查阶段选择不追加资金投入后，若申请恢复追加资金勘查投入，以增加权益比例时，必须先对合作探矿权重新评估，确定合作探矿权价值，在此基础上重新确定甲乙双方对探矿权享有的权益，然后按第6.6条的规定计算双方调整后的投资权益比例。权益重新确定方法为：重新评估后甲方投资权益＝合作探矿权新评估值×评估前甲方投资权益比例；重新评估后乙方投资权益＝合作探矿权新评估值×评估前乙方投资权益比例。评估工作由权益比例高的一方负责组织并委托评估机构。当乙方在申请恢复追加资金勘查投入时，其权益比例已经低于15%时，按第6.4条的规定处理。

6.6　如乙方在以前勘查阶段选择不追加资金投入后，在以后的阶段申请恢复追加勘查资金投入，则双方投资权益比例按如下公式计算调整：调整后甲方投资权益比例＝（重新评估后甲方投资权益＋甲方追加投资）/（探矿权新评估值＋甲方追加投资＋乙方恢复追加投资）；调整后乙方投资权益比例＝（重新评估后乙方投资权益＋乙方恢复追加投资）/（探矿权新评估值＋甲方追加投资＋乙方恢复追加投资）。

6.7　若任何一方在任一基本勘查阶段结束时没有足额支付已经承诺的投资款，则双方的投资权益比例应按实际支付的金额重新调整计算。

6.8　除非甲方同意，乙方恢复追加勘查资金投资后，其对合作探矿权的投资权益不得超过第 5.6 条规定初始投资权益比例。

第七条　合作期满成果处置与权益分配

7.1　按照第 2.3 条的规定，双方针对合作区的合作投资勘查期限届满后，应终止合作投资勘查，并实施清算工作，由甲方审核勘查单位提交的勘查报告。依据双方的初始勘查投资权益比例和历次追加勘查投资后调整的投资权益比例，计算确定双方最终投资权益。在按第 5.6 条确定初始投资权益比例后，如果任何一方都没有追加勘查投资，则初始投资权益比例视为最终投资权益比例；如果任何一方追加投资，则在最后一次追加投资后按第六条规定计算的调整后投资权益比例视为最终投资权益比例。

7.2　本合同授予最终投资权益比例高的一方拥有对合作区勘查成果的处置组织权，包括：委托评估机构评估合作区探矿权价值、向市场发布转让出售公告、接受询问、确定转让价格、与第三方谈判探矿权转让合同等事宜，但是任何的处置准备工作和事实上的处置都须向另一方通报并获得另一方的同意；未获得另一方同意的，拥有处置组织权的一方不得单方执行上述处置，另一方不应不合理地拒绝同意对方组织的探矿权处置活动。拥有处置组织权的一方应将处置的所有资料无保留的向另一方提供。经与另一方协商并得到同意后，可以委托另一方行使本方的权力。

7.3　经甲方审核的勘查成果报告，符合第 2.3.1 条规定的，双方约定按照以下规定处置勘查成果、合作探矿权及分配投资收益：

7.3.1　通过市场方式向第三方转让合作探矿权，并将转让所得收入按各方最终投资权益比例进行分配；但在同等条件和价格下，每一方对另一方在合作区勘查成果和合作探矿权中的权益转让和出售享有优先购买权，并按合同价（以矿业权评估价为底价）转让；

7.3.2　由于市场和技术等原因暂不能及时转让，甲乙双方没有继续勘查投入计划的，经协商取得一致意见后，可暂纳入国家矿产资源战略储备体系托管，待条件成熟时按国家有关规定转让；未取得一致意见的，不同意本条约定的一方须按照第 7.3.1 条的规定购买合作探矿权另一方的权益，或提出可操作的成果处置方案。

7.4　经甲方审核勘查成果报告，符合第 2.3.3 条、第 2.3.4 条规定的，双方约定甲方放弃合作探矿权的权益。

第八条　双方权利义务保证和承诺

8.1　除本合同规定的其他权利义务外，甲方还负有下列权利和责任：

8.1.1　组织专家审查勘查单位编制的勘查设计、年度和总体勘查报告，决定是否批准相关设计和报告；

14933

8.1.2　与勘查单位签订勘查合同，并按工作进度拨付甲方应付的勘查投资经费；

8.1.3　与监理机构签订监理合同，对勘查单位的施工和经费使用等进行监理。监理机构由甲方确定。

8.2　除本合同规定的其它权利义务外，乙方还负有下列责任：

8.2.1　按照甲方的要求，协助甲方履行第 8.1 条责任；

8.2.2　在第 4.2 条和第 4.4 条规定的条件下，办理与合作探矿权管理有关的事宜，包括：国土资源管理机构对合作探矿权的必要年审、报告、付款及勘查投入事宜，以满足保持合作区勘查许可证合法有效的要求；办理与勘查单位、监理机构、工作社区等任何事宜的协调及具体处理，保证勘查合作正常进行的其他有关事宜；

8.2.3　乙方应将在本合同签署之日前合作区的各项地质成果，及其他全部地质资料毫无保留地向甲方提供；

8.2.4　经商议，甲方认为需要乙方协助办理的其他事宜。

8.3　于本合同签署之日起，双方相互声明和保证：

8.3.1　双方依法履行本合同规定的义务和责任；

8.3.2　双方在本合同上签字的代表或代理人已获授权签署本合同，并使本方受本合同约束；

8.3.3　双方签署本合同和履行其在本合同中的义务，都不会与其章程或内部的任何规定有抵触或违背，构成对本合同中的义务的不能履行；

8.3.4　双方没有正在进行的任何诉讼、仲裁、其他法律或行政程序或政府调查，以至任何一方面会影响其签署或履行本合同；

8.3.5　双方已将其所持有的，与合作投资勘查有关的所有资料，都已向另一方披露，而且在本方提供给另一方的上述资料中均无任何具有实质意义的不实或误导性陈述；

8.3.6　双方已作出一切必要的年审、报告、付款及勘查投入，并满足了其他保持合作区勘查许可证合法有效的要求。

8.4　甲方向乙方声明、保证和承诺：

甲方按照第 5.4 条的规定按期完成约定的勘查投入，但是由于国家财政预算拨付的原因，影响勘查资金的按期投入，甲方应向乙方说明，且在这种情况下，只要甲方对勘查阶段约定的勘查资金投入到位后，就视甲方为完成投资义务，甲方有权享有本合同规定的投资权益，无需承担迟延付款的违约责任。在本条的前提下，甲方应在财政预算拨付的三十个工作日内，将应付本期勘查投资资金拨付到勘查单位。

8.5　乙方向甲方声明、保证和承诺：

8.5.1　原探矿权合法有效，没有用于抵押、租赁、承包等，不会因此而损害甲方利益；

8.5.2　原探矿权至本合同签署之日前已投入的勘查工作和已取得的成果真实有效，委托评估机构对原探矿权权益的评估行为合法合规，评估值真实可靠，不会因不实和虚假而损害甲方利益。

8.6　一方应就违反任何上述声明、保证和承诺而引起的一切损失、费用和责任负责，造成另一方损失的应给予赔偿。

第九条　合同的终止

9.1　合同在下列情况发生时终止：

9.2　依据本合同第二条约定的合作勘查期限届满；

9.3　甲方有权根据对勘查成果的判断，按照第 2.3.3 条和第 2.3.4 条的规定向乙方发出书面通知而要求终止本合同；

9.4　合同一方的违约行为对本合同构成实质违约，使得双方的合作无法继续进行，而违约方在收到对方发出的要求对其实质性违约行为做出补救的书面通知后三十日内，没有对其违约行为做出补救的；或

9.5　因不可抗力而导致合同中止履行达到连续 6 个月，任何一方可根据第 13.4 条的规定立即通知另一方终止合同。

第十条　合同终止的影响

10.1　合同终止后，双方应当参照本合同第五条、第六条、第七条的约定来确定合作探矿权、投资收益、勘查成果的分配和比例。

10.2　合同终止后，第七（成果处置）、十一（争议解决）、十二（违约责任）及十四条（适用法律）等条款仍将有效。

10.3　合同终止后，如需清算，则清算费用由双方按最终投资权益比例分摊。

第十一条　争议解决

针对本合同履行产生的争议，应先由双方商议解决，协商不能解决的，依法向甲方所在地人民法院提起诉讼。

第十二条　违约责任

12.1　本合同自签订之日起即对双方具有约束力。除非由于任何不可抗力因素，双方均需全面履行本合同条款。一方不履行本合同或履行本合同不符合

14933

约定条件的，即为违约行为，另一方可要求违约方赔偿损失，并可要求继续履行本合同。若属双方均有违约行为，则由双方按照责任大小分别承担各自违约所引起的责任。

12.2 如本合同按第 9.1.3 条的规定终止，则违约方应赔偿非违约方的损失金额不应低于以下两者中的最高值：（1）非违约方总投资额加上截止合同终止时按中国人民银行公布的同期固定资产投资贷款利率的上限所计算的利息；（2）非违约方届时享有的投资权益，即合同终止时合作探矿权的价值乘以非违约方最终投资权益比例所得的金额。为确认合同终止时合作探矿权的价值，非违约方有权指定评估机构对合作探矿权重新进行评估。评估费用由违约方负担。

12.3 如甲方有充分证据证明乙方将不履行或不如期履行本合同项下义务，则甲方有权中止履行本合同，直至乙方提供担保或者履行本合同。

12.4 本条规定的各项违约救济措施可以累加适用。

第十三条 不可抗力

13.1 “不可抗力”指在本合同签署后发生的、本合同签署时不能预见的、其发生与后果是无法避免或克服的、妨碍任何一方全部或部分履约的所有事件。上述事件包括地震、台风、水灾、火灾、政府或公共机构的行为或不行为、土地所有者或他人阻挡使合作勘查无法实施的情形。政府的行为包括但不限于国家法律法规等发生重大调整等情形。

13.2 任何一方因不可抗力事件的影响无法履行其在本合同项下的义务，不视为违约。

13.3 宣称发生不可抗力的一方应迅速书面通知另一方，并在其后的十五日内提供证明不可抗力发生及其持续时间的足够证据。

13.4 若发生不可抗力事件，双方应立即互相协商，以找到公平的解决办法，并应尽一切合理努力将不可抗力的影响减少到最低限度。若不可抗力的发生或后果对合作勘查造成重大损害，持续时间超过六个月，并且双方没有找到公平的解决办法的，则任何一方可终止本合同，但条件是该方已履行其在本合同第 13.4 条下的义务。

第十四条 适用法律

14.1 本合同的签订解释和履行，以及本合同项下发生的争议，均受当时有效的中华人民共和国法律所约束。

14.2 在本合同生效后，若国家颁布新的法律或法规，或对任何现有法律或法规做出修改、解释，从而使双方在本合同项下的经济利益受到实质性不利影响，双方应立即互相协商，并尽其最大努力，实施一切必要的调整措施以把双方从本合同获得的经济利益维持在各自满意的水平上。若无法实施这些调整，则双方可终止本合同，进行权益处置。

第十五条　其他规定

15.1　本合同的任何修改均须经双方共同协商同意。任何一方向对方发出本合同规定的任何通知或书面信函应以信件邮递或专人送达方式发出，或者以传真或电子邮件发出。一切通知和信函均应发往下列有关地址，直到向另一方发出书面通知更改该地址为止：

甲方：

国土资源部中央地质勘查基金管理中心

地址：北京市西城区月坛北街 2 号，

月坛大厦 A610 室

邮政编码：100045

传真号码：86-10-68085621

电话号码：86-10-68085656

E-mail 地址：

收件人：

乙方：

____________公司

地址：

邮政编码：

传真号码：

电话号码：

E-mail 地址：

收件人：

15.2　以下所列附件为本合同的组成部分，并具有与本合同第一条至第十五条同等的约束力。

附件：

1. 合作区勘查许可证
2. 勘查合同
3. 原探矿权评估报告 / 省国土资源厅核实报告
4. 追加投资合同书

双方正式授权代表已于下文所述的日期在______地区签署本合同。

甲方：国土资源部中央地质勘查

基金管理中心

签署：

姓名：

（盖章）

日期：　　年　　月　　日

乙方：

签署：

姓名：

（盖章）

日期：　　年　　月　　日

14933

八、中央地质勘查基金合作勘查追加投资合同[①]

条文注解：本合同书是国土资源部中央地质勘查基金管理中心根据《中央地质勘查基金（周转金）管理暂行办法》（财建〔2006〕342号）等有关规定编制的，经国土资源部批准同意，于2008年10月15日发布的版本，其目的是完善中央地质勘查基金运行机制，规范合作各方的勘查投资权益管理。

【使用场景】

本范本适用于中央地质勘查基金对于地质勘查工作追加投资的情景。依据勘查基金来源的不同，本合同适用于中央地质勘查基金。对于地方地质勘查基金追加投资的情形，不适用本合同。

【法律要点】

中央地质勘查基金合作勘查追加投资的前提是什么？

在中央地质勘查基金参与合作勘查项目的工作过程中，基于出现了《中央地质勘查基金合作勘查投资合同》中所约定的情形，也即《中央地质勘查基金合作勘查投资合同》中“第2.3.1条经过上个基本勘查阶段的勘查，如果甲方确认已取得勘查成果、达到上一个基本勘查阶段预期目的、有进一步投资勘查必要的”，合同双方根据第六条的规定继续追加勘查投资，直至合作区的勘查工作程度达到普查或必要的详查工作程度，方可认定合作勘查期限届满。

【文本正文】

中央地质勘查基金合作勘查追加投资合同

合同编号：中地勘基金合同[______]第______号

勘查项目名称：____________项目勘查

甲方：国土资源部中央地质勘查基金管理中心

乙方（探矿权人）：

本合同于______年______月______日由国土资源部中央地质勘查基金管理中心（以下称“甲方”）和____________公司（以下称“乙方”）共同签署。

鉴于：

1. 甲乙双方在______年签订的《中央地质勘查基金合作勘查投资合同书》（合同号____________，以下简称“投资合同”），甲方在______年度对____________合作区完成了约定的勘查投资______万元；乙方以合作区原探矿权评估作价______万元，并完成勘查资金投入______万元。由此至本合同签订日止，甲方获得合作区的勘查投资权益______%；乙方获得合作区的勘查投资权益______%。

2. 甲方已审查______年度______月____________勘查单位提交的本合同约定的合作勘查项目____________阶段的勘查报告，认为符合“投资合同”第 2.3.1 条的规定，有进一步投资勘查的必要，双方约定继续追加勘查投资。

3. 根据勘查单位对下一阶段勘查预算建议，双方认为在下阶段工作中针对合作区的勘查投资预算为______万元。

4. [A 选择]：根据“投资合同”第 5.3 条、第六条的约定，乙方选择以资金方式追加勘查投资。

[B 选择]：根据“投资合同”第 5.3 条、第六条的约定，乙方选择不追加勘查投资的权利，约定由甲方完成下阶段勘查预算投资。

现特此达成合同如下：

第一条　追加投资

[A 选择]：按照“投资合同”第 6.2 条的约定，甲方在本年度勘查投资______万元，占总预算的______%，投资完成后获得投资权益______%；乙方在本年度勘查投资______万元，占总预算的______%，投资完成后获得投资权益______%；

[B 选择]：按照“投资合同”第 6.2.2 条的约定，甲方在本年度勘查投资______万元，占总预算的 100%；乙方选择不追加勘查投资。

第二条　权益调整

[A 选择]：双方按照第 1.1 条 [A 选择] 的约定完成出资后，根据“投资合同”第 6.3 条的计算，甲方获得的投资权益为______%，乙方获得的投资权益为______%。

[B 选择]：双方按照第本合同第 1.1 条 [B 选择] 的约定完成出资后，

14934

根据“投资合同”第 6.3 条的计算，甲方获得的投资权益调整为______%，乙方获得的投资权益调整为______%。

第三条　其他约定

3.1　本合同是“投资合同”的补充约定，是投资合同的组成部分，“投资合同”中的其他约定适用本合同。本合同与投资合同的规定有不一致的，以本合同的规定为准。

3.2　本合同一式______份，双方各执______份。

双方正式授权代表已于下文所述的日期在______地签署本合同。

甲方：国土资源部中央地质勘查基金管理中心

签署：

姓名：

（盖章）

日期：______年______月______日

乙方：____________公司

签署：

姓名：

（盖章）

日期：______年______月______日

九、中央地质勘查基金项目勘查合同①

条文注解：本合同书是国土资源部中央地质勘查基金管理中心根据《中央地质勘查基金（周转金）管理暂行办法》（财建〔2006〕342 号）等有关规定编制的，经国土资源部批准同意，于 2009 年 6 月 29 日发布的版本，其目的是落实中央地勘基金勘查项目合同管理制度，保证项目组织实施和成果质量。

【使用场景】

本范本适用于中央地质勘查基金用于地质勘查的情景。依据勘查基金来源的不同，本合同适用于中央地质勘查基金。对于地方地质勘查基金投资的情形，不适用本合同。

【法律要点】

1. 设立中央地质勘查基金的意义是什么？对形成的勘查成果如何处置？

根据财政部、国土资源部《关于印发中央地质勘查基金管理办法的通知》（财建〔2011〕2 号）第 3 条的规定，地勘基金投资应当着力发挥政策调控和分担勘查风险的作用，优先支持国家确定的重点矿种、重要成矿区带的地质找矿工作，引导和拉动社会资金投入矿产资源勘查。地勘基金支持的矿产资源勘查工作程度原则上控制到普查，其中煤炭资源勘查工作程度可以控制到必要的详查。对可以全部由企业投资的商业性矿产资源勘查项目，地勘基金原则上不再投资，不与市场争权，不与企业争利。

该通知第 5 条规定，对于地勘基金全额投资的勘查成果，除国家另有规定外，一律采用市场方式出让矿业权；对于地勘基金与社会资本或其他资金合作投资的勘查成果，可以通过项目合同约定成果处置。

2. 规范中央地质勘查基金项目勘查合同的意义是什么？

《中央地质勘查基金合作勘查投资合同》有利于保证地质勘查项目实施的工程进度、技术质量、勘查成果和经费合理使用，顺利地完成勘查工作。

4494

【文本正文】

中央地质勘查基金项目勘查合同

合同编号：中央地勘基金勘合字[______]第______号

项目名称：____

甲方：国土资源部中央地质勘查基金管理中心

乙方：

合同签订注意事项：

1. 合同编号由国土资源部中央地质勘查基金管理中心填写；

2. 合同份数一式______份；

3. 合同中凡是需要签字的地方均应采用手写体；

4. 由多页构成的合同应盖骑缝章。

甲方：国土资源部中央地质勘查基金管理中心

乙方：____（勘查单位）

为了保证项目实施的工程进度、技术质量、勘查成果和经费合理使用，顺利地完成勘查工作。甲乙双方根据中国法律、法规和有关规定，在平等、自愿、守信的基础上，就____________项目勘查工作有关事宜签订本合同。

第一条　勘查范围、期限及技术质量要求

1. 勘查范围：勘查区坐标及面积见勘查许可证或勘查区预留证明（附件1）。

2. 勘查期限：自______年______月______日至______年______月______日。

3. 技术质量要求：按甲方下达的《中央地质勘查基金项目任务书》（附件2）和通过甲方审查批复的《中央地质勘查基金项目设计书》（附件3）及国家、行业颁布的有关规程、规范执行。

第二条　项目实施、施工方案变更与终止（中止）

1. 项目实施：设计通过审查批复后签订勘查合同，勘查合同签订后野外勘查工作方可开始施工。但是，在保证任务完成的前提下，经甲方同意，并报甲方备案后，可以提前或者推迟施工。

2. 项目施工方案变更：指项目总经费不变的情况下，需要对工作手段、工作量进行调整和变更。

（1）项目调整和变更的程序：由乙方向甲方委托的监理部门提出书面申请报告和工作变更方案（包括变更依据、内容、调整方案和图件），监理部门按照项目变更的权限划分，正式行文批复或上报基金中心并附监理部门意见，由基金中心审批。

（2）乙方必须在项目变更申请报告得到批准后方可实施。

3. 项目终止（中止）

（1）正常终止：乙方通过项目成果验收、结算和提交地质资料汇交凭证，甲方出具项目验收单，并支付给乙方项目的质量保证金后视为项目正常终止，合同自然终止。

（2）不可抗力终止：在项目实施过程中，因不可抗力导致项目无法实施的项目终止。不可抗力导致合同中止履行达到连续 6 个月，任何一方可根据第八条第 1 款第（3）项的规定通知另一方终止项目。

（3）中间中止：项目实施过程中的项目中止和任何一个年度的勘查工作结束（没有必要续作项目）的中止项目。必须编写成果报告并按规定汇交地质资料，同时进行项目清算，按第 2 条第 3 款第 1 项和第 3 条第 2 款规定办理项目终止。

4. 依据项目实施情况和进展，甲方有权提出和决定项目变更、中止，但必须提前 20 个工作日通知乙方，并说明原因。

5. 在勘查工作中发生与项目设计有重大变动时，乙方应及时向甲方或甲方委托的监理机构提出项目变更、中止的建议，该建议必须在项目变更、中止因素发生后 7 个工作日内报告甲方或甲方委托的监理机构。甲方对乙方提出的项目变更、中止的报告应在接到报告之日起的 20 个工作日内给予答复。

第三条　项目经费支付方式及结算

1. 支付方式：本合同约定的项目经费为人民币______万元（大写：______万元），项目经费采用首付款、进度款和质量保证金的方式分阶段进行拨付。

（1）首付款：在勘查合同签订后的 30 个工作日内，甲方按项目年度经费预算总金额的 40%，即人民币______万元（大写：______万元）拨付。

（2）进度款：除 5% 质量保证金外，余款根据项目施工进度、监理报告或年度报告，经甲方审查确认后按甲方规定向乙方拨付。

（3）质量保证金：甲方保留项目经费预算总金额的 5% 作为项目质量保证金，待甲方对全部项目成果验收合格、乙方提交地质资料汇交凭证后 15 个工作日内一次性付清。

4494

2. 经费结算：根据项目野外验收及项目监理报告、甲方及甲方委托的监理机构确认已完成的有效工作量，按财政部、国土资源部《国土资源调查预算标准（地质调查部分）》（2006）进行结算。

第四条　地质资料与成果

1. 地质资料包括项目实施过程中形成的原始资料、实物资料及成果资料。乙方在项目实施过程中所形成的所有地质资料归出资方所有，乙方为项目资料汇交责任单位。

2. 汇交的地质资料应当符合国家地质资料管理部门的有关规定和技术标准。

3. 乙方应在成果报告审查验收意见书下发之日起 3 个月内，向甲方提交项目成果资料纸介质两套和电子文档资料一套。同时，按国家有关规定向国土资源地质资料馆藏机构汇交成果、实物和原始地质资料。

4. 原始资料汇交、实物资料保管：项目完成后按野外验收结束后的补充约定，明确原始资料汇交、实物资料保管的具体事宜。甲方委托乙方保管的原始资料和实物资料，乙方应向甲方提供资料档案目录，甲方有随时查阅的权利。

5. 乙方应对项目所获得的地质资料及最终成果保密。未经甲方书面同意，乙方不得以任何方式或理由向第三方披露或提供，也不得接待他人查阅原始记录、图片和实物等相关资料。依照中国法律、法规或有权机关的要求所进行的披露除外。

第五条　双方权利义务

1. 本合同授予甲方下列权利：

（1）执行《中央地质勘查基金（周转金）管理暂行办法》（以下简称“管理暂行办法”），全程管理项目实施过程的工作进度、工作质量、勘查成果及合理有效使用项目经费等；

（2）执行《中央地质勘查基金（周转金）项目监理暂行办法》（以下简称“项目监理暂行办法”）和《中央地质勘查基金（周转金）项目监理工作要求》（试行）（以下简称“项目监理工作要求（试行）”），组织实施项目的监理工作；

（3）组织专家对项目的设计、工作进程、成果报告进行审查。定期或不定期监督检查项目经费使用情况，审查项目经费使用是否符合国家有关的财务规定和本项目的设计预算规定。不定期检查工作质量并对质量事故进行调查与处理。

2. 本合同约定甲方履行下列义务：

（1）按第 3 条第 1 款项目经费支付方式的约定，按时向乙方拨付项目经费；

（2）对项目实施过程中乙方提出的有关事宜的批复、答复等以书面形式及时通知乙方。项目结束后及时办理决算手续；

（3）对乙方施工的项目进行业务指导。

3. 本合同授予乙方下列权利：

（1）根据批复的设计组织施工，自行完成各项地质勘查工作任务。如确需分包转托外协单位完成的，按照工作内容和条件选择符合资质要求的外协单位，并事先报经甲方同意，在项目设计书中明确承担的工作内容和经费，与外协单位签订分包外协合同，并报甲方备案。外协合同不得与本合同发生抵触，外协费用由乙方与外协单位结算；

（2）通过项目实施形成的相关的勘查新技术、新方法，有权申请专利、申报项目成果奖和在出版的专著、发表的论文中署名，但需经甲方同意，并注明由甲方资助。

4. 本合同约定乙方履行下列义务：

（1）执行管理暂行办法、项目监理暂行办法和项目监理工作要求（试行），以及现行技术与质量标准和规范要求，接受并积极配合甲方和甲方委托的监理机构的监督管理；

（2）严格按项目任务书、审查批复后的项目设计组织开展项目工作，保质保量按时完成目标任务。根据设计书要求，保证项目实施过程中人员、设备要求，满足设计的执行；

（3）遇有突发或需要及时处理的事宜时，应先采取合理措施，防止造成重大经济损失，并及时通知甲方或甲方委托的监理机构，对施工中存在重大质量隐患，可能造成质量事故或已经造成质量事故，应及时告知甲方或甲方委托的监理机构；

（4）编写项目设计、季报、年报、阶段性报告、最终成果报告，项目终止（中止）报告和项目续作申请等。编写新立项目申请探矿权登记的相关材料，协助完成探矿权年检等工作；

（5）保证项目勘查成果资料和原始资料真实有效，不存在损害甲方利益的不实和虚假内容；

（6）解答甲方提出的与项目有关的询问，提供财务、统计、权益等相关资料。保证项目经费合理使用，不截留、挪用或挤占，并接受甲方和甲方委托的监理机构的监督；

（7）项目施工和找矿勘查工作中遇到的技术疑难问题，应向甲方通报；

（8）积极主动与地方政府沟通协调，尽责尽力协调好外部工作环境，按当地相关法律、法规的规定做好勘查区的环境保护，承担项目工作人员的工作安全保障责任。

第六条　违约责任

1. 甲方违约责任

（1）因甲方原因造成乙方停工、返工及合同中止所发生的费用，由甲方负担；

4494

（2）勘查合同签订后，甲方应按第三条第 1 款向乙方支付项目经费，但是由于国家财政预算拨付的原因，影响项目经费的按期投入，甲方应向乙方说明。

2. 乙方违约责任

（1）勘查工作严格按第一条第 1 款约定的勘查范围内实施，如违反上述规定，擅自使用本项目经费投入在勘查区外围或其他地区进行勘查工作，导致的后果及造成的甲方损失由乙方负责；

（2）故意降低质量标准和设计要求，拒不执行有关技术标准、技术要求和质量体系运行中的重大欺骗行为造成质量事故者，除返工费用自理外，还应支付甲方年度项目经费 5% 的违约金；

（3）违反第五条第 4 款第 6 项规定，乙方截留、挪用和挤占项目经费以及随意转拨项目经费，甲方有权要求乙方予以纠正、暂停拨款、并追回各款项，支付违约金直至解除合同，由此造成甲方损失的由乙方负责；

（4）违反第五条第 3 款第 1 项，自行分包或将项目转包给第三方承担，甲方有权要求乙方予以纠正或解除合同，由此造成甲方损失的由乙方负责；

（5）在项目实施过程中，由乙方私自决定、或提出未与甲方协商一致，导致的项目变更、中止，造成甲方直接损失的，乙方应返还甲方已拨付给乙方的全部项目经费，并支付年度项目经费 5% 的违约金；

（6）乙方未能按设计要求保质保量按期完成各项勘查工作，导致项目延期；或因工程质量、甲方验收不符合设计要求的工作内容等原因，导致的返工和损失由乙方负责；

（7）一旦发现乙方提供的勘查成果资料和原始资料有弄虚作假的行为，甲方有权解除勘查合同，追回项目经费，并要求乙方承担项目经费 5%～10% 金额的违约金。

3. 除不可抗力因素外，本合同对双方具有同等约束力。如一方不履行本合同或履行本合同不符合约定条件的，即为违约行为，另一方可要求违约方赔偿损失并继续履行本合同。双方违约时，应由各方按照责任大小分别承担违约所造成的损失。

第七条　适用法律与关联文件

1.《中华人民共和国合同法》及相关法律法规的规定。

2. 本合同涉及的管理文件、规定、技术规范及标准等由下列文件释义：

（1）《中央地质勘查基金（周转金）管理暂行办法》、《中央地质勘查基金（周转金）项目监理暂行办法》和《中央地质勘查基金（周转金）项目监理工作要求》（试行）；

（2）《中央地质勘查基金项目任务书》（附件 2）、《中央地质勘查基金项目设计书》（附件 3）；

（3）中央地质勘查基金项目委托监理合同书、中央地质勘查基金合作勘查投资合同书和中央地质勘查基金追加投资合同书；

（4）财政部、国土资源部《国土资源调查预算标准》（地质调查部分）（2006）；

（5）国家及行业现行相关规范、规定及技术标准。

3. 本合同的签订、解释和履行，以及本合同项下发生的争议，均受当时有效的中华人民共和国法律所约束。

第八条　其他约定

1. 不可抗力："不可抗力" 指在本合同签署时不能预见的、其发生与后果是无法避免或克服的，因而妨碍任何一方全部或部分履约的事件。包括自然灾害、战争、政府、公共机构及土地所有者的行为，导致勘查工作无法实施的事件。

（1）任何一方因不可抗力事件，导致无法履行合同义务的，不应视为违约。

（2）宣称发生不可抗力事件的一方应迅速通知另一方，并在其后的 15 个工作日内提供书面证明不可抗力发生及其持续时间的足够证据。

（3）若发生不可抗力事件，双方应通过协商，找出公平的解决办法，并应尽最大努力将不可抗力造成的损失减少到最低限度。若不可抗力对双方造成重大损害，持续时间超过 6 个月，并且双方没有找到公平的解决办法的，则任何一方均可终止本合同，但条件是该方已履行其在本条下的义务。

（4）乙方因不可抗力，而不能完全履行项目工作时，应报甲方同意后，编写地质报告，做好地质资料汇交和归档工作，进行财务核算，并将剩余的项目经费退还给甲方。由于自然灾害等不可抗拒原因造成的工期延误，由双方协商解决。

2. 在本合同执行过程中，经双方协商同意对本合同部分条款进行修改或补充，应由双方法定代表人或其书面授权的代表人进行协商并补签书面协议，书面协议也是本合同的组成部分。

3. 任何一方向对方发出本合同规定的任何通知或书面信函应以信件邮递或专人送达方式发出，或者以传真或电子邮件发出。一切通知和信函均应发往下列有关地址，直到向另一方发出书面通知更改该地址为止。

4494

甲方：国土资源部中央地质勘查基金管理中心

法定代表人：

开户行：　　　　　　　　　　　　　　账号：

地址：北京市西城区月坛北街2号月坛大厦A座610室（邮政编码：100045）

电话 / 传真：010-68085656 / 010-68085621

E-mail 地址：

联系人：

乙方：　　　　　　　　　　（勘查单位）

法定代表人：

开户行：　　　　　　　　　　　　　　账号：

地址：　　　　　　　　　　　　　　　（邮政编码：　　　）

电话 / 传真：

E-mail 地址：

联系人：

4. 针对本合同履行产生的争议，应先由双方商议解决，协商不能解决的，依法向有管辖权的人民法院提出诉讼。

5. 本合同一式______份，双方各执______份，具有同等效力。

6. 以下所列附件为本合同的组成部分，并具有与本合同同等的约束力。

附件：

1. 勘查许可证或勘查区预留证明

2. 中央地质勘查基金项目任务书

3. 中央地质勘查基金项目设计书

双方正式法定 / 授权代表已于下文所述的日期在______地区签署本合同。本合同双方签字后生效，全部项目勘查工作评审验收、资料归档后失效。

甲方：国土资源部中央地质勘查基金管理中心（盖章）

法定代表人或授权代表：（签字）

日期：　　年　　月　　日

乙方：（盖章）

法定代表人或授权代表：（签字）

日期：　　年　　月　　日

第二类　矿产资源开采类合同

一、采矿权出资合作协议（法人型）

【使用场景】

本范本适用于采矿权法人型合作的情景。根据原国土资源部《矿业权出让转让管理暂行规定》（国土资发〔2000〕309号）的规定，合资合作经营分为设立和不设立合作法人开采矿产资源两种形式。也就是说，就矿业开发合作形式而言，分为法人型合作和契约型合作。依据采矿权投资合作的性质，本合同适用于采矿权作价出资的法人型合作。对于采矿权契约型合作的情形，不适用于本合同。

【法律要点】

同《探矿权出资合作协议（法人型）》的法律要点。

【文本正文】

采矿权出资合作协议（法人型）

立协议人：

甲方：

（名称、统一社会信用代码、住所、法定代表人、职务、委托代理人、身份证号码、通信地址、邮政编码、联系人、电话、传真、账号、电子信箱）

乙方：

（名称、统一社会信用代码、住所、法定代表人、职务、委托代理人、身份证号码、通信地址、邮政编码、联系人、电话、传真、账号、电子信箱）

甲乙双方根据《中华人民共和国矿产资源法》《中华人民共和国合同法》《矿产资源开采登记管理办法》《探矿权采矿权转让管理办法》《矿业权出让转让管理暂行规定》和其他法律法规及政策，经友好协商，本着平等、自愿、有偿、诚实信用的原则，就甲方以<u>　　（填入采矿权名称）　　</u>采矿权（以下简称“合作矿权”）作为出资条件，乙方以现金作为合作条件，共同设立有限责任公司合作开采矿产资源

14017

事宜签订本协议。

第一条　拟设立公司的名称和住所

1. 申请设立的公司名称为：____________有限责任公司（暂定名，以公司登记机关最后核准名称为准，以下简称“公司”）。

2. 公司住所地：______________________________（正式住所以工商登记为准）。

第二条　公司的宗旨、经营范围及经营期限

1. 公司的宗旨为：______________________________。

2. 公司的经营范围为：____________________（以公司登记机关核准的经营范围为准）。

3. 公司的经营期限为：______________________________。

第三条　公司的组织形式

公司系依据《公司法》设立的有限责任公司。公司股东以其出资额为限对公司承担责任，公司以其全部资产对公司债务承担责任。

第四条　出资人的权利和义务

1. 出资人享有以下权利：

（1）共同协商确定公司名称；

（2）参加或委托代表参加股东会并根据出资额行使表决权；

（3）参与制定公司章程；

（4）按照投入公司的资本额占公司注册资本额的比例享有所有者资产权益；

（5）按照出资比例分取红利。公司新增资本时，出资人可以优先认缴出资；

（6）可依据《公司法》和《公司章程》转让其在公司的出资；

（7）如公司不能设立时，在承担发起人义务和责任的前提下，有权收回所认缴的出资；

（8）有权对不履行、不完全履行或不适当履行出资义务的出资人和故意或过失损坏公司利益的出资人提起诉讼，要求其承担相应的法律责任；

（9）公司依法终止后，有依法取得公司的剩余财产分配权；

（10）法律、行政法规及《公司章程》所赋予的其他权利。

2. 出资人负有以下义务和责任：

（1）应当在规定的期限内足额缴纳各自所认缴的出资额；

（2）忠诚于设立中的公司，勤勉尽责地完成公司筹办事务；

（3）以其出资额为限对公司承担责任。股东在公司登记后，不得抽回出资；

（4）应当遵守《公司章程》；

（5）有义务参加出席股东会；

（6）公司所发的出资证明书不得私自交易和抵押，仅作为公司内部分红的依据；

（7）在公司设立过程中，由于出资人的过失致使公司利益受到损害的，应当对公司承担赔偿责任；

（8）公司不能设立时，为设立行为所产生的费用和债务负连带责任；

（9）法律、行政法规及《公司章程》规定应当承担的其他义务。

第五条　注册资本及出资

1. 公司的注册资本为人民币______万元，由立约双方分别以______（现金 / 实物 / 专利 / 土地使用权 / 矿业权）形式出资构成。

2. 甲方以合作矿权[①]作价出资，占公司注册资本总额的______%。合作矿权情况如下：

> 条文注解：合作矿权的真实、合法和有效存续是确保双方合作的关键，因此，对于此部分内容应当逐项予以着重审查，以防止任何瑕疵的出现导致公司无法设立，合作目的无法实现。

（1）合作矿权的采矿许可证编号为：____________（填入编号），审批发证机关为：____________（填入审批发证机关的名称）（以下简称“发证机关”）。采矿许可证复印件见本协议附件______。

（2）合作矿权系甲方通过以下第______种方式获得的：

A. 合作矿权系发证机关以____________（招标 / 拍卖 / 挂牌 / 协商）的方式，于______年______月______日向甲方授予的，甲方______（未 / 已）缴纳采矿权价款；

B. 合作矿权系甲方于______年______月______日通过转让方式，从______受让的。

（3）合作矿权的地理位置为：____________；矿区面积为：______平方公里；开采矿种为：____________；矿区范围坐标为：____________（具体位置见本协议所附矿区范围图）；采矿许可证有效期自______年______月______日至______年______月______日。

（4）甲方____（未 / 已）依法办理了矿产资源储量占用登记，在本协议签署之日，合作矿权所占用的资源 / 储量情况如下：____。

3. 乙方认缴的出资额为______万元，占公司注册资本总额的______%，以现金形式出资。

第六条　缴付出资

1. 公司名称预先核准登记后，到银行开设公司临时账户。乙方应当在公司

14017

临时账户开设后______日内，将货币出资足额存入公司临时账户。

2. 因甲方将以采矿权出资，由立约双方聘请共同认可的评估机构作价评估，① 评估费用____________（由该出资方承担 / 列入公司成立费用）。作价评估工作应于______年______月______日之前完成，并提供评估结果。

条文注解：根据规定对于采矿权价值的评估应当由具有相应资质的矿业权评估机构承担，在进行委托评估时应当注意审查该评估机构是否具备该相应的资质。

3. 立约双方全部缴纳对公司出资后______日内，聘请法定验资机构验资并出具验资证明。

4. 甲方应在本协议签署后______日内，向矿业权登记机关提交办理合作矿权转让审批所需的全部材料。对于其中应由乙方提供的材料，乙方应在本协议签署后______日内提交给甲方。对于矿业权登记机关要求以外的其他材料，甲方应当按照要求及时提供。

5. 甲乙双方应在矿业权登记机关批准本协议后的______日内，共同向工商登记管理机关申请办理公司的设立登记手续。乙方应足额缴纳出资。在公司依法获得工商登记管理机关核发的企业法人营业执照后______日内，甲乙双方应共同向矿业权登记机关申请办理将合作矿权变更登记至公司名下的手续。

6. 立约双方同意，全部出资在公司取得《企业法人营业执照》之前，任何一方不得动用或抽回；在取得《企业法人营业执照》后，上述出资之使用需经公司董事会批准同意，方可用于与公司有关的用途。

7. 在本协议生效后至公司取得《企业法人营业执照》的期间内，如任何一方严重违反本协议，致使本协议的目的不能实现或者履行本协议已成为不可能时，守约方有权解除本协议，收回其出资，并有权向违约方要求因此而遭受的损失。

8. 因设立公司产生的税、费（包括印花税、律师费、验资费、差旅费、因设立公司依法向工商登记管理机关缴纳的费用等），由甲乙双方按照出资比例承担，由公司在设立后分别偿还给甲乙双方。

第七条　筹委会

1. 立约双方同意成立筹委会，负责公司筹建工作。筹委会由______名人员组成，分别为____________，由______负责。筹委会的职权如下：

（1）起草和报送筹建公司所需的各种申请报告和文件资料；

（2）负责公司筹建期间的财务管理；

（3）催缴出资款；

（4）筹备、召开公司成立暨第一次股东会并就公司组建情况向大会报告；

（5）遇有重大问题建议立约双方召开会议进行讨论；

（6）选择会计师事务所、律师事务所等中介机构，协助中介机构进行财务审计、评估、验资、法律文件草拟等工作；

2. 筹委会对公司筹建工作负有诚信和勤勉义务。筹委会为筹建公司而支出的合理费用由立约双方按出资比例分担。

3. 公司取得《企业法人营业执照》后，筹委会工作即自行终止。

第八条　甲方的陈述、保证和承诺[①]

> 条文注解：作为以采矿权作价的出资方对于合作矿权相关情况的陈述、保证和承诺将作为合作项目公司顺利设立的重要保障，也将成为判断其是否违约的重要标准，对此应予以特别注意。

1. 截至本协议签署之日，合作矿权的采矿许可证是真实、合法、有效的；甲方对合作矿权拥有完整、无瑕疵的权利；合作矿权不存在与其他矿权重叠或交叉的情形；与其他矿权不存在现实的或潜在的矿界争议；未设定任何抵押、质押及其他任何限制转让的情形；不存在任何涉及诉讼或被司法、行政程序查封、冻结等限制转让的情况。

2. 甲方已依法缴纳了采矿权使用费、采矿权价款（如需缴纳的话）、资源税、矿产资源补偿费、矿产资源有偿使用费和矿山环境治理恢复保证金。

3. 甲方已按照规定填报了矿产储量表和矿产资源开发利用情况统计报告。

4. 甲方不存在未经审查批准擅自出租、非法承包、转让或与他人合作开采的行为；不存在采用破坏性开采方法开采矿产资源的行为；不存在越界开采的非法行为；甲方遵守了有关法律、法规关于劳动安全、土地复垦和环境保护的规定。

5. 甲方已依法办理采矿用地报批手续；甲方与土地所有人签署的土地使用合同真实、合法、有效；截至本协议签署日，甲方不存在任何违反或可能违反土地使用合同约定的情形，土地使用合同没有被土地所有人依法终止或解除的风险。

6. 合作矿权的出资不存在可能无法获得矿业权登记机关批准的其他情形。

7. 合作矿权转移变更登记至公司名下后，不存在矿业权登记机关可能基于本协议签署前因可归责于甲方的原因或行为而吊销合作矿权的情形。

14017

8. 甲方已完成了签署本协议所需的一切授权、批准（除矿业权审批机关的批准外）、备案等程序；甲方签署本协议，不会违反其公司章程，不会违反其与其他任何第三方签署的合同。

9. 甲方承诺：在本协议签署后，甲方仍将依法履行矿业权人的各项义务，以确保合作矿权的合法、有效存续，并确保合作矿权符合法律、法规、规章及政策规定的转让条件。

第九条　本协议履行期间合作矿权的年检和延续登记事项[①]

> 条文注解：采矿权作为有期限的权利，其是否存在违法行为，能否通过矿政管理机关的年检，和能否顺利通过行政延续许可直接关系着合资项目公司的正常设立，因此，有必要对此内容予以约定，以督促作价出资的采矿权人勤勉尽责地维护矿权，保证合资公司的顺利设立。

1. 在本协议履行期间，合作矿权的年检手续和延续登记手续仍然由甲方依照有关规定办理，但乙方应当给予必要的配合；办理年检和延续登记手续的费用由甲方承担。

2. 在本协议履行期间，甲方未依法办理合作矿权的年检手续和延续登记手续，并致使合作矿权灭失或无法办理转让及变更登记手续的，甲方应按照本协议的约定承担赔偿责任。

第十条　违约责任

1. 任何一方所作的陈述、保证和承诺与实际情况有任何出入或违反了其所作的任何陈述、保证和承诺的，则该方应承担另一方由此所受到的全部损失。

2. 因可归责于甲方的原因，甲方未按照本协议的约定向矿业权登记机关申请办理本协议的审批手续的，逾期超过______日的，乙方有权终止本协议的履行，并要求甲方承担公司注册资本总额的______%的赔偿责任。

3. 在本协议履行期间，甲方未依法办理合作矿权的年检手续和延续登记手续，并致使合作矿权灭失或无法办理转让及变更登记手续的，乙方有权终止本协议的履行，并要求甲方承担公司注册资本总额的______%的赔偿责任。

4. 在本协议履行期间，甲方未履行矿业权人的各项法定义务，致使合作矿权灭失、被吊销，或不符合法律、法规、规章及政策规定的转让条件，从而使得本协议的目的无法实现的，乙方有权终止本协议的履行，并要求甲方承担转让价款总额的______%的赔偿责任。

5. 乙方未按照本协议的约定向公司缴纳出资，并导致公司无法设立的，甲方有权解除本协议，并要求乙方按照公司注册资本总额的______%承担赔偿责任。

6. 公司设立后，因可归责于甲方的原因无法办理将合作矿权变更登记至公司名下的，乙方有权终止本协议，并要求甲方按照公司注册资本总额的______%承担赔偿责任。

7. 公司不能设立时，立约双方对公司设立行为所产生的债务和费用对外承担连带责任（对内由各立约人按出资比例承担）。

8. 出资人在公司设立过程中，故意或过失侵害公司或其他立约人利益的，应向公司或其他出资人承担赔偿责任。

第十一条　本协议未能获得登记管理机关批准时的处理[1]

> 条文注解：在采矿权作价出资的法人型合作中需要变更采矿权主体，根据《矿产资源法》的规定应当履行采矿权转让审批程序，存在无法获得审批通过的可能，因此，有必要对于未能获得审查批准的情形予以约定明确的处理措施。

1. 非因可归责于甲方或乙方的原因，本协议签署后______日内，本协议项下合作矿权的转让申请未能获得矿业权登记机关批准的，本协议终止履行。

2. 因可归责于甲方的原因，合作矿权的转让申请向矿业权登记机关提交后，在本协议签署后的______日内，未能得到批准的，本协议终止履行，有责任的甲方应在本协议终止履行后______日内，按照公司注册资本总额的______%一次性向乙方支付赔偿金。

3. 因可归责于乙方的原因，合作矿权的转让申请向矿业权登记机关提交后，在本协议签署后的______日内，未能得到批准的，本协议终止履行，有责任的乙方应在本协议终止履行后______日内，按照公司注册资本总额的______%一次性向甲方支付赔偿金。

第十二条　通知

1. 任何与本协议有关的需要送达或给予的通知、合同、同意或其他通信，除双方另有约定外，应按双方当事人在本协议中列明的地址、传真、电话、电子邮件或其他联系方式进行；通过传真、电话、电子邮件发出的任何文件、资料、通知，在发出后即视为收讫。通过邮寄发出的任何文件、资料、通知，在寄出十天后即视为收讫。

2. 任何一方在本协议所列的地址、传真、电话、电子邮件或其他联系方式发生改变的，应自变更之日起______日内以书面形式通知对方，否则，对方按照原来的地址、传真、电话、电子邮件或其他联系方式发出的文件、资料、通知等均视为在前款约定的时间内收讫，由此产生的一切后果，均由另一方自行承担。

第十三条　协议的彻底性和完整性

本协议及其附件是缔约双方对合作的最后谅解和一致，其效力高于所有缔约双方及其工作人员、代表在签署日以前以书面或口头形式所达成的合同、承

14017

诺、安排、谅解、陈述和保证等。

第十四条　法律适用及争议解决

1. 本协议的订立、效力、变更、解释、履行、终止和由本协议产生或与本协议有关之争议的解决，均适用中华人民共和国法律。

2. 凡因本协议引起的或与本协议有关的一切争议，双方应友好协商解决。如果争议自发生之日起三十日内仍不能得到解决，则任何一方均有权选择以下第______种方式解决：

（1）向______仲裁委员会申请仲裁，按照申请仲裁时该会实施的仲裁规则进行仲裁。

（2）向______人民法院起诉，以诉讼解决争议。

第十五条　协议的生效及其他

1. 本协议的附件为本协议不可分割的一部分；本协议及其附件内空格部分填写的文字与印刷文字具有同等法律效力。

2. 本协议中未尽事宜或出现与本协议相关的其他事宜时，由双方协商解决并另行签订书面补充协议，补充协议与本协议具有同等的法律效力。

3. 本协议自双方法定代表人或授权代表签字、盖章之日起成立，需要审批的协议内容自合作矿权的转让获得矿业权登记机关批准后生效，① 无赖于审批的内容自协议成立时生效。

> 条文注解：获得矿业权登记机关的批准同意是探矿权转让协议的法定生效要件，应予以特别注意。

4. 本协议一式______份，每方各执______份，具有同等法律效力。

5. 本协议由甲乙双方在中华人民共和国______签署。

（以下无协议正文条款）

甲方：（盖章）	乙方：（盖章）
法定代表人或授权代表：（签字）	法定代表人或授权代表：（签字）
日期：	日期：

二、合作开采协议（契约型）

【使用场景】

本范本适用于采矿权契约型合作的情景。根据原国土资源部《矿业权出让转让管理暂行规定》（国土资发〔2000〕309号）的规定，合资合作经营分为设立和不设立合作法人开采矿产资源两种形式。也就是说，就矿业开发合作形式而言，主要分为法人型合作和契约型合作。依据采矿权投资合作的性质，本合同适用于采矿权契约型合作。对于采矿权作价出资法人型合作的情形，不适用于本合同。

【法律要点】

同《合作勘查协议（契约型）》的法律要点。

【文本正文】

合作开采协议（契约型）

立协议人：

甲方：

（名称、统一社会信用代码、住所、法定代表人、职务、委托代理人、身份证号码、通信地址、邮政编码、联系人、电话、传真、账号、电子信箱）

乙方：

（名称、统一社会信用代码、住所、法定代表人、职务、委托代理人、身份证号码、通信地址、邮政编码、联系人、电话、传真、账号、电子信箱）

甲乙双方根据《中华人民共和国矿产资源法》《中华人民共和国合同法》《矿产资源开采登记管理办法》《探矿权采矿权转让管理办法》《矿业权出让转让管理办法》和其他法律法规及政策，经友好协商，本着平等、自愿、有偿、诚实信用的原则，就甲方以______（填入矿区名称）______采矿权作为合作条件，乙方以现金作为合作条件，合作开采矿产资源事宜签订本协议。

14020

关注法天使

第一条　合作矿权情况①

条文注解：合作矿权的真实、合法和有效存续是确保双方合作的关键，因此，对于此部分内容应当逐项予以着重审查，以防止任何瑕疵的出现导致协议无法履行，合作目的无法实现。

1. 甲方拟作为合作条件提供的本协议项下的采矿权（以下简称“合作矿权”），其采矿许可证编号为：____________（填入编号），审批发证机关为____________（填入审批发证机关的名称）（以下简称“发证机关”）。采矿许可证的复印件见本协议附件______。

2. 合作矿权系甲方通过以下第______种方式获得的：

（1）合作矿权系发证机关以____________（招标 / 拍卖 / 挂牌 / 协商）的方式，于______年______月______日向甲方授予的，甲方______（未 / 已）缴纳采矿权价款；

（2）合作矿权系甲方于______年______月______日通过转让方式，从______受让的，并支付了全部转让价款。

3. 合作矿权的地理位置为：____________；矿区面积为：______平方公里；开采矿种为：____________；矿区范围坐标为：____________（具体位置见本协议所附矿区范围图）；采矿许可证有效期自______年______月______日至______年______月______日。

4. 甲方______（未 / 已）依法办理了矿产资源储量占用登记，在本协议签署之日，合作矿权所占用的资源 / 储量情况如下：____。

5. 本协议项下的合作矿权自获得采矿许可证之日起已满______年。

第二条　合作方式②

条文注解：契约型合作方式是本协议区别于《采矿权出资合作协议》法人型合作的关键，协议双方通过签订协议的方式约定各自在采矿权合作中的权利义务。

1. 甲乙双方采用非法人型、合同型的方式进行合作矿权矿区范围内（以下简称“目标矿区”）矿产资源的合作开采，双方不设立合作矿业企业。

2. 甲方提供本协议项下的合作矿权作为合作条件，乙方提供金额为______万元人民币的现金（以下简称“合作资金”）作为合作条件；甲乙双方按照______：______比例，对本协议项下的合作开采矿产资源所产生的利润享有相应的权益，并承担相应的风险；合作期间，乙方投入的合作资金不能满足本协议项下矿产资源的开采需要的，由双方协商确定需要追加的投资额，并按照前述比例追加投入。如任何一方不能按照该比例追加投入的，而另一方追加投入的，双方同意按照以下方式调整双方在本协议中所享有的权益比例：______：______。

3. 调整后的权益比例，将成为双方在本协议中分配利润、承担风险的依据。如双方均不愿意继续追加投入，致使本协议无法继续履行的，由甲方按照以下约定的计算方式向乙方支付补偿金后，本协议自行终止：____。

4. 双方在合作过程中，如共同认为目标矿区没有继续开采的价值，双方可协商终止本协议，并对合作进行清算。清算后合作资金仍有剩余的，由双方按照届时的权益比例进行分配，对于合作期间发生的债务，亦由双方按照同等比例承担。

第三条　合作款项监管

1. 本协议备案后______日内，甲乙双方应共同向____________银行____________支行（以下简称“开户银行”）申请以甲方名义开立共同监管的合作专户（以下简称“监管账户”），以存储合作资金。因开设监管账户发生的费用，由甲乙双方按照第一条第 2 款第 2 项约定的比例承担。甲乙双方应与开户银行签署资金监管合同（以下简称 “监管合同”），并约定以下事项：

（1）监管账户以甲方的名义开设；

（2）由甲乙双方共同在开户银行各预留一枚各方指定人员的印鉴；

（3）开户银行承诺并保证：

A. 仅受理由甲乙双方共同提出，并附具双方预留印鉴的支付要求；

B. 除非甲乙双方共同以书面形式向其提出撤销、变更预留印鉴要求，否则，银行不得应任何一方的单方要求，撤销或变更甲乙双方或任何一方预留的印鉴；

C. 开户银行应在收到甲乙双方共同提出，并附具双方预留印鉴的支付要求后 24 小时内，完成款项的支付；

D. 银行违反前述义务，给甲乙双方造成损失的，须据实赔偿。

2. 监管账户开立后______日内，乙方应将合作资金支付到监管账户。

3. 监管账户内资金，应经甲乙双方共同书面同意方可使用。监管账户内合作资金的支付手续，由甲乙双方指定的人员共同向监管银行申请办理。

4. 合作开采获得的矿产品的销售价格由双方共同决定，销售收入应即时进入监管账户。

14020

5. 合作期间，甲方因履行采矿权人的法定义务而产生的税、费（因本协议生效以前的原因而产生的费用除外），包括但不限于采矿权使用费、合作矿权延续登记、变更登记费、年检费、资源税、矿产资源补偿费、矿产资源有偿使用费等，均由监管账户内的资金支付。

6. 合作期间，追加投入的资金应当即时进入监管账户。

第四条　协议备案及资料提交

1. 本协议签署后______日内，甲乙双方应共同向具有相应权限的国土资源部门申请办理本协议的备案。

2. 本协议备案后______日内，甲方应将与合作矿权有关的全部地质资料以及合作矿权的采矿权证复印件提交给乙方。

3. 目标矿区范围内矿产资源的开采，应按照经国土资源部门批准的开采设计方案实施。开采设计方案的调整，须经双方共同协商一致，并报国土资源部门批准后方可实施。

第五条　陈述、保证和承诺

1. 甲方的陈述、保证和承诺[①]：

条文注解：作为合作开采中的矿权方对于合作矿权相关情况的陈述、保证和承诺将作为合作协议得以履行进行的重要保障，也将成为判断其是否违约的重要标准，对此应予以特别注意。

（1）截至本协议生效之日，合作矿权的采矿许可证是真实、合法、有效的；甲方对合作矿权拥有完整、无瑕疵的权利；合作矿权不存在与其他矿权重叠或交叉的情形；与其他矿权不存在现实的或潜在的矿界争议；未设定任何抵押、质押及其他任何限制转让的情形；不存在任何涉及诉讼或被司法、行政程序查封、冻结等限制转让的情况。

（2）甲方已依法缴纳了本协议生效以前应当缴纳的采矿权使用费、采矿权价款（如需缴纳的话）、资源税、矿产资源补偿费、矿产资源有偿使用费和矿山环境治理恢复保证金。

（3）甲方已按照规定填报了矿产储量表和矿产资源开发利用情况统计报告。

（4）甲方不存在未经审查批准擅自出租、非法承包、转让或与他人合作开采的行为；不存在采用破坏性开采方法开采矿产资源的行为；不存在越界开采非法行为；甲方遵守了有关法律、法规关于劳动安全、土地复垦和环境保护的规定。

（5）甲方已依法办理了采矿用地报批手续；甲方与土地所有人签署的土地使用合同真实、合法、有效；截至本协议签署之日，甲方不存在任何违反或可能违反土地使用合同的约定的情形，土地使用合同没有被土地所有人依法终止或解除的风险。

（6）合作矿权不存在矿业权登记机关可能基于本协议生效以前因可归责于甲方的原因或行为而吊销合作矿权的情形。

（7）甲方已完成了签署本协议所需的一切授权、批准、备案（除矿业权登记机关的备案外）等程序；甲方签署本协议，不会违反其公司章程，不会违反其与其他任何第三方签署的合同。

（8）甲方承诺：在本协议签署后，甲方仍将依法履行矿业权人的各项义务，以确保合作矿权的合法、有效存续。

2. 乙方的陈述、保证和承诺：

（1）乙方为依法设立并合法有效存续的企业。

（2）乙方已完成了签署本协议所需的一切授权、批准、备案（除矿业权登记机关的备案外）、等程序；乙方受让合作矿权，不会违反其公司章程，不会违反其与其他任何第三方签署的合同。

（3）乙方将按照本协议的约定，履行将合作资金支付到监管账户的义务。

第六条　违约责任

1. 任何一方所作的陈述、保证和承诺与实际情况有任何出入或违反了其所作的任何陈述、保证和承诺的，则该方应承担另一方由此所受到的全部损失。

2. 因任何一方的原因，致使本协议未能在约定的期限内完成备案的，违约的一方应向守约方支付人民币______万元的违约金。逾期超过______日的，守约方有权解除本协议。

3. 甲方未按照本协议的约定，将与合作矿权有关的全部地质资料以及目标矿权的采矿权证复印件提交给乙方的，应向乙方支付______万元人民币的违约金。

4. 因可归责于任何一方的原因，导致无法按照约定的时间申请开立监管账户的，该方应向守约方支付______万元人民币的违约金。逾期超过______日的，守约方有权解除本协议。

5. 乙方未按照本协议约定，将合作资金支付到监管账户的，每逾期一日，应向甲方支付人民币______元的违约金。逾期超过______日的，甲方有权解除本协议。

6. 甲方违反采矿权人的法定义务，导致合作矿权无法通过年检、获得延续登记、被吊销或自动灭失，并致使本协议的目的无法实现的，应赔偿乙方投入的全部合作资金，并按照全部合作资金的______%向乙方支付违约金。

7. 任何一方违反本协议约定的其他义务的，应承担给对方造成的一切损失。

第七条　不可抗力

1. 任何一方由于不可抗力造成的部分或全部不能履行本协议义务的行为，

14020

将不视为违约，但应当在条件允许情况下采取一切必要补救措施以减少因不可抗力造成的损失。

2. 声称受到不可抗力事件影响的一方应尽可能在最短的时间内通过书面形式将不可抗力事件的发生通知另一方，并在该不可抗力事件发生后______日内将经由当地公证机关出具的证明文件或有关政府批文及协议不能履行或者需要延期履行的书面资料通知对方。不可抗力事件消除后，受影响方应尽快向对方发出有关“不可抗力事件”消除的通知。

3. 不可抗力事件或其影响终止或消除后，双方须立即恢复履行各自在本协议项下的各项义务。如不可抗力及其影响无法终止或消除而致使协议任何一方丧失继续履行协议的能力，则双方可协商解除协议或暂时延迟协议履行，且遭遇不可抗力一方无须为此承担责任。当事人迟延履行后发生不可抗力的，不能免除责任。

第八条　通知

1. 任何与本协议有关的需要送达或给予的通知、合同、同意或其他通信，除双方另有约定外，应按双方当事人在本协议中列明的地址、传真、电话、电子邮件或其他联系方式进行；通过传真、电话、电子邮件发出的任何文件、资料、通知，在发出后即视为收讫。通过邮寄发出的任何文件、资料、通知，在寄出十天后即视为收讫。

2. 任何一方在本协议所列的地址、传真、电话、电子邮件或其他联系方式发生改变的，应自变更之日起______日内以书面形式通知对方，否则，对方按照原来的地址、传真、电话、电子邮件或其他联系方式发出的文件、资料、通知等均视为在前款约定的时间内收讫，由此产生的一切后果，均由另一方自行承担。

第九条　法律适用及争议解决

1. 本协议的订立、效力、变更、解释、履行、终止和由本协议产生或与本协议有关之争议的解决，均适用中华人民共和国法律。

2. 凡因本协议引起的或与本协议有关的一切争议，双方应友好协商解决。如果争议自发生之日起三十日内仍不能得到解决，则任何一方均有权选择以下第______种方式解决：

（1）向______仲裁委员会申请仲裁，按照申请仲裁时该会实施的仲裁规则进行仲裁。

（2）向______人民法院起诉，以诉讼解决争议。

第十条　协议的生效及其他

1. 本协议的附件为本协议不可分割的一部分；本协议及其附件内空格部分填写的文字与印刷文字具有同等法律效力。

2. 本协议中未尽事宜或出现与本协议相关的其他事宜时，由双方协商解决并另行签订书面补充协议，补充协议与本协议具有同等的法律效力。

3. 本协议自双方法定代表人或授权代表签字或盖章之日起生效[①]。

> 条文注解：《最高人民法院关于审理矿业权纠纷案件适用法律若干问题的解释》（法释〔2017〕12 号）第 13 条规定："矿业权人与他人合作进行矿产资源勘查开采所签订的合同，当事人请求确认自依法成立之日起生效的，人民法院应予支持。合同中有关矿业权转让的条款适用本解释关于矿业权转让合同的规定。"因此合作开采协议自成立之日起生效，协议的备案并非其生效要件。

4. 本协议一式______份，每方各执______份，国土资源管理部门备案一份，具有同等法律效力。

5. 本协议由甲乙双方在中华人民共和国______签署。

（以下无协议正文条款）

甲方：（盖章）	乙方：（盖章）
法定代表人或授权代表：（签字）	法定代表人或授权代表：（签字）
日期：	日期：

14020

三、采矿权行政管理合同

【使用场景】

本范本适用于矿政管理机关与采矿权人就采矿权管理约定权利义务的情景。采矿权行政管理是矿政管理机关为实现国家矿产资源所有权益、保护采矿权人合法权利的基本要求，对采矿权从有偿设立到采矿权终止全过程的管理。矿政管理机关与采矿权人在法律法规的基础上可就采矿权管理进一步约定权利义务。

【法律要点】

1. 什么是矿产资源开发管理？矿产资源开发管理具有哪些特征？

矿产资源开发管理是指国土资源行政主管部门，为维护国家矿产资源所有权和采矿权人的合法利益，维护矿业秩序，促进矿业发展，对在中华人民共和国领域及其管辖的其他海域内开采矿产资源的行为依法进行管理的活动。

矿产资源开发管理具有以下特征：（1）矿产资源开发管理是行政行为。即中央政府授权国土资源行政主管部门，对矿产资源开发活动实施管理，体现国家对矿产资源管理的意志。（2）矿产资源开发管理是法律行为。即政府管理开采活动必须依法行政，否则，可能因侵犯采矿权人的合法权益而承担法律责任。矿产资源开采管理所依据的法律是《中华人民共和国矿产资源法》《矿产资源开采登记管理办法》（国务院令第 241 号）以及其他相关的法律法规。

2. 矿产资源开发管理应当遵循哪些基本原则？

矿产资源开发管理应当遵循以下基本原则：

（1）维护矿产资源国家所有权原则。国家的矿产资源所有权是自物权，它通过占有、使用、处分和收益来实现。基于所有权这项自物权所产生的采矿权这种他物权的行使，必须接受国家的严格管理，体现国家所有权的意志。因此，在矿产资源开采、审批、发证等环节上必须维护国家的所有权。

（2）采矿权有偿取得原则。采矿权的取得在计划经济条件下靠的是行政手段，在市场经济条件下则必然要求用经济手段来管理。1996 年修订的《中华人民共和国矿产资源法》规定了采矿权的有偿取得，一方面体现了市场经济的客观需要，另一方面体现了国家通过对采矿权使用费和采矿权价款的征收，实现其所有权的经济收益权。

（3）保护采矿权人合法权益原则。计划经济条件下采矿权的行政授予形式缺乏市场竞争性，导致采矿权人的权利义务无法获得相对完善的统一。由于采矿权人吃国家大锅饭，其采矿权的排他性很难得到有效保护。1996 年修订的《中华人民共和国矿产资源法》和《矿产资源开采登记管理办法》（国务院令第 241 号）按照建立社会主义市场经济体制要求，强调采矿权的财产权属性，并实行采矿权有偿取得和依法转让制度，明确采矿权的排他性，并对可能给采矿权造成的侵害规定了明确的法律责任，使采矿权人的权利义务能够达到比较合理的统一。

（4）维护矿产资源开采秩序的原则。在计划经济体制下，矿产资源的开采秩序比较混乱，究其原因：一是采矿权无偿取得，二是没有明确规定采矿权的严格排他性，三是法律对采矿权人的权利保障力度不够，四是侵害采矿权的法律责任制度不完善。1986 年《中华人民共和国矿产资源法》公布时，我国有 70% 的国有矿山、90% 的国务院有关部门直属骨干矿山受到民采的侵入和干扰，存在不同程度的矿业秩序混乱现象。矛盾尖锐的“热点”矿山此起彼伏，滥采乱挖矿产资源的现象较为普遍，非法经营甚至盗窃抢夺、走私贩私矿产品等违法犯罪现象时有发生，引发了一系列矿山安全事故，影响了矿山企业的正常生产，侵害了矿业管理秩序。通过《矿产资源开采登记管理办法》（国务院令第 241 号）的实施，强化了采矿权人依法采矿意识，减少了采矿权属的纠纷，维护了开采秩序，促进了矿业秩序的良性循环。

（5）促进矿业发展的原则。促进矿业发展是立法的根本目标之一。《矿产资源开采登记管理办法》（国务院令第 241 号）规定了采矿权有偿取得的标准和采矿许可证的有效期限，有利于防止长期大面积占地，自己不开展工作，他人也无法开展工作不合理现象的出现；强调了采矿权的排他性，有利于减少采矿权属纠纷；规定明确的法律责任，有利于规范采矿权人的行为等。通过对采矿权人权利义务作出明确规定，鼓励公平竞争，对多渠道吸引资金起到积极推进作用，从而促进矿业经济的发展。

3. 矿产资源开发管理包括哪些方面的内容?

矿产资源开发管理是国土资源行政管理的核心内容，是国家国土资源行政管理机关为实现国家矿产资源所有权，保护采矿权人的合法权利，从采矿权的申请、审批、授予、转让、变更、延续、到采矿权注销全过程的行政管理。

矿产资源开发管理主要包括以下几个方面内容：界定采矿权的时间空间范围；设定取得采矿权的资格、条件和程序；界定采矿权人的权利义务；受理采

14025

矿权申请，审批并授予采矿权；征收管理采矿权使用费；采矿权的转让、延续、变更和注销；管理由国家投资形成的矿产地的采矿权转让；保护合法的采矿权。

关注法天使

4. 签订采矿权行政管理合同的意义是什么？

《采矿权行政管理合同》是矿政管理机关与采矿权人就采矿权管理工作在法律法规的基础上进一步约定权利义务的协议。为把事前预防、事中监管、事后查处有机结合起来，加强对矿业权从设立到灭失的全过程监督管理，严防各类矿产资源违法违规行为发生，所建立的对采矿权开展合同管理的新机制。行政管理合同中明确采矿权人和矿政管理机关双方的权利责任和义务，以及违约责任和处罚措施等，为矿业权的市场管理建立了新的监督和制约机制，体现了矿产资源开发利用责、权、利的协调统一。

【文本正文】

采矿权行政管理合同

立合同人：

甲方：____________国土资源局

（名称、住所、法定代表人、职务、委托代理人、身份证号码、通信地址、邮政编码、联系人、电话、传真、账号、电子信箱）

乙方：

（名称、统一社会信用代码、住所、法定代表人、职务、委托代理人、身份证号码、通信地址、邮政编码、联系人、电话、传真、账号、电子信箱）

为加强矿产资源开采管理工作，规范矿产开采行为，维护矿产资源开采秩序，促进矿业健康发展，根据《____________省探矿权采矿权管理办法》和有关法律法规的规定，甲乙双方经协商一致，本着平等、自愿、诚实信用的原则，订立如下合同：

第一条　开采项目概况①

> 条文注解：真实、合法、有效的采矿权证是采矿权行政管理的基础，在合同中对此作出明确界定，可以有效防止违法开采现象的发生。

1. 乙方开采项目名称为________________；地理位置为：________________；矿区面积

为：______平方公里；开采矿种为：____________；矿区范围坐标为：____________（具体位置见本合同所附矿区范围图）；采矿许可证有效期自______年______月______日至______年______月______日。

2. 乙方通过______（招标/拍卖/挂牌/协议/申请在先）方式取得该采矿权，应______（已）缴纳采矿权价款______万元整（大写______万元）。

3. 乙方在领取采矿许可证之前缴纳采矿权使用费______元整（大写______元）。

第二条　甲方的职责

1. 对乙方的采矿活动进行监督检查；

2. 监督乙方按规定缴纳采矿权价款、采矿权使用费、矿产资源补偿费、矿产资源有偿使用费和缴存矿山地质环境恢复治理保证金；

3. 监督乙方按矿产资源开发利用方案（或开采设计）进行开发；

4. 监督乙方按规定做好矿山地质灾害防治和矿山地质环境恢复治理工作；

5. 监督乙方按规定做好矿产资源储量动态监测工作；

6. 向乙方提供矿产资源法律法规及政策咨询，做好宣传教育工作，公开矿政政务；

7. 协助乙方办理乙方提出的申请事项；

8. 不得批准他人进入乙方矿区内进行采矿活动，维护矿山秩序，保护乙方的合法权益；

9. 甲方按规定返还乙方缴存的矿山地质环境恢复保证金及利息；

10. 对乙方的相关资料依照有关规定做好保密工作；

11. 组织乙方按批准的矿区范围埋设矿区界桩；

12. 对乙方的违法采矿行为实施行政处罚；

13. 其他法定职责。

第三条　乙方的权利

1. 按照采矿许可证的矿区范围、期限、开采矿种进行开采；

2. 按照批准的矿产资源开发利用方案（或开采设计）建设生产，根据矿山建设生产需要，依法申请取得土地使用权，在矿区范围内建设采矿所需的生产和生活设施；

3. 自行销售矿产品，但是国务院规定由指定的单位统一收购的矿产品除外；

4. 依法申请相应的采矿权延续、转让和变更等登记；

5. 对甲方实施的行政处罚不服的，可以依法申请行政复议或提起行政诉讼；

6. 享有法律、法规规定的其他权利。

14025

乙方在行使上述权利时，有关法律规定应当经过批准或者履行其他手续的，应当遵守有关法律的规定。

第四条　乙方的义务①

> 条文注解：在采矿权行政管理中，采矿权人依法享有法律所规定的权利，同时也负有较多的法定义务，在此合同中，矿政管理机关可在法律规定基础上进一步约定采矿权人应当履行的义务。

1. 在批准期限内进行矿山建设或者采矿，向甲方报告建设和采矿进展情况；

2. 按规定缴纳采矿权价款、采矿权使用费、矿产资源补偿费、矿产资源有偿使用费和缴存地质环境恢复治理保证金；

3. 按规定填报矿产储量和矿产资源开发利用情况统计报表，不得漏报瞒报、弄虚作假；

4. 按规定向甲方提交年度检查报告及有关资料；

5. 采矿回采率、贫化率和选矿回收率达到矿产资源开发利用方案（或开采设计）的标准；

6. 有效保护、合理开采、综合利用矿产资源，按照规定履行矿山地质灾害防治和矿山地质环境恢复工作；

7. 妥善处理与矿区群众之间的关系；

8. 法律法规规定的其他义务。

第五条　合同的变更或解除

1. 经双方协商一致并不损害国家和社会公共利益时，可以变更或解除合同；

2. 因不可抗力致使合同不能实现，可以解除合同；

3. 乙方在开采过程中，违反国家法律、法规时，甲方可以单方解除合同；

4. 合同约定变更、解除的其他情形。

变更或者解除合同的通知、协议，应当采用书面形式。

第六条　合同的终止

1. 采矿许可证到期，且乙方不再申请延续，或者延续申请未获批准的；

2. 乙方依法申请转让采矿权并获得批准、办理采矿许可变更登记的；

3. 合同解除的；

4. 法律、法规规定及合同约定终止的其他情形。

合同终止后，除不可抗力的情形外均不免除乙方为开采项目所应承担的相关法律责任。

第七条　违约责任[①]

> 条文注解：虽然我国矿产资源法明确规定了采矿权人违反法定义务应当承担的法律责任，但基于本合同的需要矿政管理机关应当与采矿权人就合同所约定义务明确相应的法律责任。

1. 甲方不按法律规定办理乙方的申请事项，乙方有权要求甲方改正；给乙方造成损失的，应当按照法律规定予以赔偿；

2. 甲方对乙方的相关资料未依照有关规定做好保密工作，造成乙方重大损失的，应当按照法律规定予以赔偿；

3. 因甲方的处罚违法，给乙方造成损失的，应当按照法律规定予以赔偿；

4. 乙方超越批准的矿区范围进行开采的，根据《____________省矿产资源管理条例》第 36 条的规定予以处罚；

5. 乙方未按规定缴纳采矿权使用费和价款的，根据《矿产资源开采登记管理办法》第 21 条的规定予以处罚；

6. 乙方采用破坏性开采方法开采矿产资源的，根据《____________省矿产资源管理条例》第 37 条的规定予以处罚；

7. 未经批准擅自转让采矿权的，根据《矿产资源开采登记管理办法》第 38 条的规定予以处罚；

8. 以承包等方式擅自将采矿权转让给他人进行采矿的，根据《探矿权采矿权转让管理办法》第 15 条的规定予以处罚；

9. 自采矿许可证被吊销之日起 2 年内，乙方不得申请采矿权，也不得通过招标、拍卖、挂牌等方式取得采矿权。

第八条　法律适用及争议解决

1. 本合同的订立、效力、变更、解释、履行、终止和由本合同产生或与本合同有关之争议的解决，均适用中华人民共和国法律。

2. 凡因本合同引起的或与本合同有关的一切争议，双方应友好协商解决。如果争议自发生之日起 30 日内仍不能得到解决，则任何一方均有权向人民法院起诉，以诉讼解决争议。

14025

第九条　合同的生效及其他

1. 本合同的附件为本合同不可分割的一部分；本合同及其附件内空格部分填写的文字与印刷文字具有同等法律效力。

2. 本合同中未尽事宜或出现与本合同相关的其他事宜时，由双方协商解决并另行签订书面补充合同，补充合同与本合同具有同等的法律效力。

3. 本合同自双方法定代表人或授权代表签字或盖章之日起生效。

4. 本合同一式______份，每方各执______份，报州（市）国土资源局、省国土资源厅各一份，具有同等法律效力。

5. 本合同由甲乙双方在中华人民共和国______签署。

（以下无合同正文条款）

甲方：（盖章）	乙方：（盖章）
法定代表人或授权代表：（签字）	法定代表人或授权代表：（签字）
日期：	日期：

四、煤矿建筑安装工程施工合同

【使用场景】

本范本适用于煤矿企业进行煤矿建筑安装工程施工的情景。依据煤矿和非煤矿的划分，本合同适用于煤矿企业建筑安装工程。对于非煤矿企业建筑安装工程的情形，不适用于本合同。

【法律要点】

1. 什么是煤矿建筑安装工程?

煤矿建筑安装工程是以煤炭资源为基础，对煤矿进行资源开采作业的工程。包括地面和地下工程，地面工程主要包括煤矿用机械设备及设施，如选厂、井塔、卷扬机、压风机、通风机等，地下工程包括井巷工程，硐室工程及部分安装工程。

2. 煤矿建筑安装工程施工合同应当包括哪些主要内容?

通常情况下，煤矿建筑安装工程施工合同包括以下方面的内容：工程项目概况，双方责任，工程移交及设备，材料的交接，工程期限管理，施工与设计变更，建筑材料、设备的供应、验收和价差处理，工程监理与安全施工，工程质量与验收，工程价款支付与结算，违约责任，不可抗力，通知，法律适用及争议解决，合同的生效及其他等。煤矿建筑安装工程施工合同应当围绕上述相关内容约定双方之间的权利和义务。

【文本正文】

煤矿建筑安装工程施工合同

立合同人：

发包方（简称“甲方”）：

（名称、统一社会信用代码、住所、法定代表人、职务、委托代理人、身份证号码、通信地址、邮政编码、联系人、电话、传真、账号、电子信箱）

承包方（简称“乙方”）：

（名称、统一社会信用代码、住所、法定代表人、职务、委托代理人、身

14026

份证号码、通信地址、邮政编码、联系人、电话、传真、账号、电子信箱）

甲乙双方根据《中华人民共和国合同法》及相关法律法规的规定，结合本工程具体情况，本着平等自愿、诚实信用的原则，经双方协商一致，签订本合同。

第一条　工程项目概况[①]

条文注解："工程项目概况"是本合同的基础，应当予以明确界定。

1. 工程名称：______________________________。

2. 工程地点：______________________________。

3. 工程内容：______________________（详见甲方安排的施工图）。

4. 工程量：以实际验收工程的工程量为准。

5. 合同总价款：______万元。

6. 合同价款的计价依据：

（1）______年以______文颁发的预算定额（统一基价）；（2）______年以______文颁发的费用标准；（3）______年以______文批复的人工费单价；（4）______年以______地区预算价格；（5）其他：______________________________。

第二条　双方责任

1. 甲方责任

（1）办理工程永久用地的征用和临时用地的租用、青苗树木的赔偿、工程现场障碍物的拆除（包括架空及隐蔽的），并提供有关隐蔽障碍物资料。负责协助乙方办理施工许可证，协助协调工程施工过程中与地方的关系，改善施工环境，保证水、电、路工程的正常使用。

（2）______年______月______日前完成"四通一平"，即通往施工现场的水源、电源、通信线路、运输道路、平整场地；满足施工用水、用电量的需要。负责场外运输道路的维修，安排好现场排水沟流向。

（3）合同签订后______日内提供完整的建筑安装设计说明书及施工图一式______份；施工技术资料（包括工程水文地质资料、水准点和坐标控制点等）______份；______日内提交水准点和坐标控制点，并进行现场校验。

（4）组织乙方、设计单位及有关部门参加施工图交底会审，做好交底会审纪要，在会审后______日内分送有关单位。

（5）负责延伸导线点、中腰线。

（6）按时参加工程的月末验收、中间验收、隐蔽工程验收，负责组织工程的竣工验收，按照国家和行业有关规定及本合同的约定，按时拨付工程价款、办理签证和竣工结算。

（7）指派______同志为甲方驻工地代表，对工程进度、质量、合同履行情况进行监督检查，负责签证和受理各项报表及协商其它有关事宜，及时解决应由甲方解决的问题。

（8）实行监理的工程，甲方委托总监理工程师代行甲方的职责。甲方代表和总监理工程师变更的，甲方应当提前______日通知乙方。

2. 乙方责任

（1）负责施工场地的保卫工作；负责施工区域内的临时道路、临时设施、凿井设施、水电管路的敷设、管理、使用和维修工作。

（2）应于施工前______日内编制施工组织设计或施工方案和工程进度计划，并经甲方确认或提出修改意见（此确认和修改并不免除承包人施工组织设计和工程进度计划本身的缺陷所应承担的责任），并做好各项工程施工准备工作。

（3）严格按照施工图施工，接受甲方对工程进度的检查、监督。工程实际进度与经确认进度计划不符时，应按甲方要求提出改进措施，经甲方确认后执行。

（4）及时向甲方提出隐蔽工程验收通知、竣工验收报告，以及向甲方提出月末验收和中间验收计划；提供月份施工作业计划，材料设备、成品半成品等进场计划（包括月计划、用水、用电计划），月份施工统计报表，工程事故报告等。

（5）工程竣工后，及时清理现场，做到工完场清。在规定的时间内提出完整的竣工验收资料，办理竣工验收手续和提出工程竣工决算。

（6）利用永久建筑和设备建造矿井时，负责建筑物和设备的维修和保养，保证矿井移交时的建筑安装工程质量。凡利用永久建筑和设备所发生的维护和修理费用由乙方承担。

（7）在情况紧急且无法与甲方代表联系时，有责任采取力所能及的一切措施保证人员生命和工程财产的安全，防止事态扩大，并在采取措施后24小时内向甲方代表送交报告。

（8）乙方派______同志为驻工地代表，负责按照有关国家技术规范、标准及施工图组织施工，行使合同约定的权利，履行合同约定的职责。甲方可以与乙方协商，建议更换认为不称职的乙方代表。

第三条　工程移交及设备、材料的交接

1. 甲方应于本合同签订之日起______日内将工程现场及设备进行修复、检

14026

测、验收，确认完好，交付乙方；应于本合同签订之日起______日内向乙方提供如下资料：（1）施工设计图纸两份；（2）测量点记录两份；（3）地质资料两份。

2. 乙方领用的设备、材料按甲方规定办理领用单。工程竣工验收时，乙方将其领用的设备应完好地交还给甲方（双方共同验收）。如有损坏或丢失，应按原价赔偿。

3. 周转使用材料的交接：与工程竣工验收同步进行，将所有周转使用材料均按领用时的规格、尺寸、数量交还给甲方；若有损坏，按本合同规定处理。

4. 单位工程竣工后，乙方向甲方报送如下材料：（1）施工组织设计或方案、设计变更文件；（2）隐蔽工程记录及验收资料______套；（3）工程质量自检、验收资料______套；（4）工程竣工图纸、资料______套；（5）混凝土试验单______套；（6）井巷涌水量实测资料及地质条件变化的实测资料；（7）施工签证单、隐蔽工程验收及其他施工发生的费用记录等有关工程造价增减的合同文书及往来函件或签证；（8）事故处理报告______份。

5. 乙方在井下施工的所有工程全部竣工验收、交接后，乙方应于______日内撤出施工用房，并办理交接；乙方应当承担因自身因素造成办公用房、桌椅损坏的维修费用。

第四条　工程期限管理

1. 工期为______日，自______年______月______日开工，至______年______月______日竣工验收。

2. 确定施工内容后______日内，乙方施工队必须进入施工地点，并保证正常施工；乙方必须确保按照双方约定的单位工程工期和每月进尺计划进行施工。

3. 甲方未能按约定完成“四通一平”、图纸供应不齐全或不及时，供应的材料、设备和工程拨付不及时，以及不可抗力、外部关系等非乙方原因引起的延期开工、中途停工和窝工，经甲方签证后，工期顺延。

4. 因设计变更而增减单位工程量的，按工程量的增减相应顺延或缩短工期。

5. 因乙方施工管理不善或者由乙方责任造成的工程质量返工、事故处理等导致延误工期时，工期不予顺延。

6. 提前或延误交工，每天按工程造价的万分之______支付提前竣工费或承担违约金。

第五条　施工与设计变更[1]

条文注解：安装施工过程中经常会发生因工程设计变更而需要变更施工的情形，对此明确约定可以避免此类纠纷的发生，出现无法进行正常施工的情形。

1. 甲方提供的设计图纸、说明书和有关技术资料，作为施工有效依据，开工前由甲方组织设计交底和三方会审，作出会议纪要，作为施工补充依据，甲乙双方均不得擅自修改。

2. 乙方应按照批准施工图、设计变更、作业规程及甲方代表发出的指令施工，随时接受甲方代表及委派人员的监督和检查。为检查和验收提供便利条件，并按甲方要求进行返修和整改；承担因自身原因造成的返工和整改费用。

3. 施工中如发现设计有错误或不合理之处，双方应及时以书面形式通知对方，由甲方及时会同设计等有关单位研究确定修改意见或变更设计，乙方按修改或变更的设计进行施工。由于设计修改或变更而发生增减费用（包括返工损失、停工、窝工、人员和机械设备调迁，材料构件积压的实际损失、工程量增减变化等）由甲方承担，同时调整合同工期。

4. 乙方在保证工程质量和不降低设计标准的前提下，提出修改设计、修改工艺的合理建议，经设计或有关部门审查，甲方同意采用并实施，应按其节约价值的______%奖励乙方。

5. 甲方如需修改或变更设计，必须由原设计单位作出正式变更通知书或修改图纸，乙方才予实施。重大修改或增加造价时，必须另行协商，在取得投资落实证明、技术资料设计图纸齐全时，乙方才予以实施。

6. 在施工中如发现埋藏古迹、文物等，乙方应立即通知甲方，由甲方报告文物管理机关处理并立即采取补救措施。由此增减的工程量及费用由甲方负责，并相应调整工期。

第六条　建筑材料、设备的供应、验收和价差处理

1. 由甲方供应以下材料、设备（详见附表______）。除此以外的材料、设备由乙方采购。

2. 双方供应的材料、设备应按合同规定按时、按质、按量供应，必须附有产品合格证或质量检验证书。任何一方认为对方提供的材料需要复验的，应允许复验。经复验符合质量要求的，方可用于工程，其复验费由要求复验方承担；不符合质量要求的，不得应用于工程建设，且应按指定时间调离施工现场，复验费用由材料、设备供应方承担。

3. 因材料质量不合格所造成的损失（包括仓库保管费）由材料供应方负责。

4. 根据工程需要，经甲方代表签证，乙方可使用代用材料。因甲方原因使用时，由甲方承担发生的经济支出，因乙方原因使用时，由乙方承担相关费用。

5. 乙方对于甲方所提供的掘进设备应负责日常维修，维修所用材料及配件费用由乙方自负；因乙方原因造成的设备损坏，由乙方按原价赔偿或负责维修并达到原有使用性能；非乙方造成的设备损坏，由甲方负责重新供应。

6. 因材料设备供应不及时造成停工待料时，其停、窝工损失由供货方承担。

14026

第七条　工程监理与安全施工

1. 工程监理

甲方应向乙方通告监理单位及总监名单、监理职责、监理范围。监理单位应向乙方通告监理工程师名单及从事专业。乙方应配合监理单位对建设项目进行监督管理。甲方、乙方及监理单位应建立有效沟通渠道，按照规定方式交换信息。

2. 安全施工

（1）乙方应按煤矿安全法规及有关规定做到安全施工，承担由于自身安全措施不力造成的责任和因此发生的费用，发生重大伤亡事故应按规定立即上报有关部门并通知甲方代表。非乙方责任造成的伤亡事故，由责任方承担责任和有关费用。

（2）甲方有权对乙方施工安全及质量进行检查监督，对乙方现场存在的事故隐患和乙方发生的事故严格按照建设工程质量管理的相关规定予以处理。

（3）在整个合同实施过程中，乙方对现场人员的安全、管理负责，根据工程需要，甲方代表有权要求乙方提供并保持照明、防护、围栏、警告信号等。

（4）乙方必须接受甲方安全、机电等方面检查，遵守有关安全管理制度及安全奖罚条例，机电设备完好率要达到相关规定标准，无条件服从甲方对“三违”现象的制止，并承担安全违章罚款。工作面如发生设备失爆现象应当停工整改。

（5）乙方应当负责安全工作的日常管理工作，涉及矿井重大安全的事项或设备使用不当时，甲方有权进行监督检查，必要时责令乙方停工整顿。

（6）因乙方的原因造成的一切工伤、事故，甲方协助提供事故救援，后果由乙方负责；因乙方原因造成的事故给甲方造成的经济损失及上级管理部门、安全部门的罚款均由乙方承担。由于甲方原因造成的工伤事故，由甲方负责。由于第三方原因造成的工伤事故，由甲方协调解决，所有责任由第三方承担。

第八条　工程质量与验收[1]

条文注解：工程验收是工程施工中确定是否符合施工标准的关键环节，详细约定可避免纠纷的发生。

1. 乙方必须按照施工图纸、说明书和国家颁发的有关规范、规程和标准进行施工，并接受甲方代表和工程监理人员的监督。

2. 甲方应当提出井巷、土建、安装等单位工程要求达到的质量等级（见附表______）。

工程质量标准按照国家或行业的工程质量标准检验。

3. 甲方要求的“创优”工程，工程竣工后，经质量验收达到优质工程，甲方应按工程造价的______%支付优质工程增加费（最高不超过该工程原预算造价的______%）。

4. 乙方在施工中必须遵守下列规定

（1）主要材料、设备、成品、半成品（包括由甲方供应的）必须按有关规定进行抽查复验，对材料改变或代用，必须经原设计单位和甲方同意。

（2）乙方在施工中发生质量事故，应及时报告甲方及监理工程师和工程质量监督站。重大质量事故处理方案应经上级主管部门、设计单位、质量监督站、甲方等单位共同研究，并经甲方和设计单位签证后实施。由此发生的费用支出，由乙方承担，工期不予顺延。

5. 工程验收

（1）月末验收和中间验收。由甲乙双方组织有关单位进行月度验收和中间验收，验收合格后由各方在验收证书上签字。

（2）隐蔽工程验收。乙方必须保证隐蔽工程的质量。乙方应在工程隐蔽前______日书面通知甲方或监理单位参加检验，双方确认工程合格后在工程验收证书上签字，如甲方不能如期派人参加检验，乙方可自行检查验收，做好隐蔽工程验收记录，甲方应予承认。工程隐蔽后若甲方提出复验，乙方应予同意，复验合格，工期相应顺延，其费用应由甲方负担；复验不合格，费用应由乙方负担，工期不予顺延。如乙方未通知甲方而对隐蔽工程自行验收，甲方提出复验，不论合格与否，费用均由乙方负担，工期不予顺延。

(3)竣工验收。乙方在单位工程预计竣工前______日向甲方提出竣工报告及相关图纸、资料，由甲方组织有关单位在______日内验收完毕。验收合格，在验收证书上签字，进行单位工程质量评级并认证。如验收不合格，应分清责任，限期整改，直至达到合格标准。

（4）竣工验收后，乙方应根据有关规定备齐全部竣工资料一式______份，移交甲方。

6. 工程保修。乙方按国家及行业有关规定的保修办法，负责保修。保修期为：土建工程______年；安装工程______年；井巷工程不实行保修。

第九条　工程价款支付与结算[①]

条文注解：工程款项支付应当结合具体的工程量、施工进度和施工质量等因素进行，本部分详细的约定具有较强的可操作性，有助于工程施工的顺利进行和确保工程质量。

14026

工程价款的支付和结算，根据国家制定的基本建设工程价款结算规定执行。

1. 本合同签订后______日内，甲方应按合同总价款的______%支付乙方备料款，计人民币______万元；支付临时设施费______万元；凿井措施费______万元。

2. 甲方收到乙方工程进度月报后必须在______日内按核实工程进度支付进度款，工程进度款支付达到合同总价款的______%时，按规定比例逐步扣回备料款。

3. 工程价款支付达到调整后合同总价款的______%时，不再按照进度付款，工程验收完毕且保修期满工程质量仍然合格时，由甲方将剩余的工程款项连同利息一次性全额支付给乙方。井巷工程办完交工验收后即一次结清。

4. 工程价款结算依据，除计价依据外，还包括：施工组织设计或方案；设计变更文件；隐蔽工程、工程变更、岩石硬度变化、材料代用等签证；井巷涌水量实测资料及地质条件变化的实测资料；价差调整资料；其他有关工程造价增（减）的合同文书往来函件或签证。

5. 凡双方议定本工程中采用的国家有关主管部门省（区、市）政府或授权部门规定的定额（或基价）、费用标准、人工、材料、设备价格等调整时，应对合同价款进行相应调整。

6. 合同价款在下列情况下可作补偿调整：

（1）因甲方原因造成的连续停工______小时以上，乙方必须完成甲方安排的临时工作任务；如因甲方未安排造成窝工，按签证时间以______元 / 工日计算出勤人员的窝工费。

（2）甲方临时安排其他任务时，双方应根据现场实际情况商定施工费用。

7. 本合同价款的结算方式为：____。

8. 乙方在全部工程竣工后______日内，将竣工结算文件送交甲方审查，乙方应负责对审查中的疑问进行解释。甲方在收到文件______日内审查完毕，如到期未提出书面异议，则视为对乙方结算文件没有异议。

第十条　违约责任

1. 乙方违约责任

（1）由于工程质量不符合合同规定导致修理或返工，以及其他乙方责任造成逾期交付的，乙方应当按照合同价款总额的______%向甲方支付赔偿违约金。

（2）合同项下工程在保修期内如发生质量问题，乙方在接到甲方通知后应于______日内进行修理，否则，甲方有权自行或聘请他人修理，由此发生的修理费用由乙方承担。

（3）如乙方在履行本合同时发生转包或分包现象，甲方有权要求乙方立即停止，按照合同价款总额的______%向甲方支付赔偿违约金；如情节严重，则甲方有权单方面终止合同的履行，并有权要求乙方按照合同价款总额的______%支付赔偿违约金。

2. 甲方违约责任

（1）工程中途停建、缓建或者由于设计变更以及设计错误造成的返工，应采取措施弥补或减少损失，除合同工期予以顺延外，并应赔偿乙方由此造成的实际损失。

（2）工程未经验收，甲方即提前使用或擅自动用，由此而发生的质量或其他问题，由甲方承担，乙方不负任何责任。

（3）甲方未按合同约定支付工程款项或其他款项，应向乙方支付延期付款金额每日万分之______的违约金。如因甲方延期支付工程款、代购材料价差款而影响工程进度，造成乙方停工、窝工及其他损失的，除合同工期予以顺延外，还应赔偿乙方由此造成的实际损失。

第十一条　不可抗力

1. 任何一方由于不可抗力造成的部分或全部不能履行本合同义务的行为，将不视为违约，但应当在条件允许情况下采取一切必要补救措施以减少因不可抗力造成的损失。

2. 声称受到不可抗力事件影响的一方应尽可能在最短的时间内通过书面形式将不可抗力事件的发生通知另一方，并在该不可抗力事件发生后______日内将经由当地公证机关出具的证明文件或有关政府批文及合同不能履行或者需要延期履行的书面资料通知对方。不可抗力事件消除后，受影响方应尽快向对方发出有关“不可抗力事件”消除的通知。

3. 不可抗力事件或其影响终止或消除后，双方须立即恢复履行各自在本合同项下的各项义务。如不可抗力及其影响无法终止或消除而致使合同任何一方丧失继续履行合同的能力，则双方可协商解除合同或暂时延迟合同履行，且遭遇不可抗力一方无须为此承担责任。当事人迟延履行后发生不可抗力的，不能免除责任。

第十二条　通知

1. 任何与本合同有关的需要送达或给予的通知、合同、同意或其他通信，除双方另有约定外，应按双方当事人在本合同中列明的地址、传真、电话、电子邮件或其他联系方式进行；通过传真、电话、电子邮件发出的任何文件、资料、通知，在发出后即视为收讫。通过邮寄发出的任何文件、资料、通知，在寄出十天后即视为收讫。

2. 任何一方在本合同所列的地址、传真、电话、电子邮件或其他联系方式发生改变的，应自变更之日起______日内以书面形式通知对方，否则，对方按照原来的地址、传真、电话、电子邮件或其他联系方式发出的文件、资料、通

14026

知等均视为在前款约定的时间内收讫，由此产生的一切后果，均由另一方自行承担。

第十三条　法律适用及争议解决

1. 本合同的订立、效力、变更、解释、履行、终止和由本合同产生或与本合同有关之争议的解决，均适用中华人民共和国法律。

2. 凡因本合同引起的或与本合同有关的一切争议，双方应友好协商解决。如果争议自发生之日起三十日内仍不能得到解决，则任何一方均有权选择以下第______种方式解决：

（1）向______仲裁委员会申请仲裁，按照申请仲裁时该会实施的仲裁规则进行仲裁。

（2）向______人民法院起诉，以诉讼解决争议。

第十四条　合同的生效及其他

1. 本合同的附件为本合同不可分割的一部分；本合同及其附件内空格部分填写的文字与印刷文字具有同等法律效力。

2. 本合同中未尽事宜或出现与本合同相关的其他事宜时，由双方协商解决并另行签订书面补充合同，补充合同与本合同具有同等的法律效力。

3. 本合同自双方法定代表人或授权代表签字或盖章之日起生效，工程竣工验收符合要求，结清工程款后终止。

4. 本合同一式______份，每方各执______份，具有同等法律效力。

5. 本合同由甲乙双方在中华人民共和国______签署。

（以下无合同正文条款）

甲方：（盖章）	乙方：（盖章）
法定代表人或授权代表：（签字）	法定代表人或授权代表：（签字）
日期：	日期：

五、煤矿基建施工安全协议

【使用场景】

本范本适用于煤炭企业进行基础设施工程建设时对安全进行管理的情景。依据煤矿和非煤矿的划分，本合同适用于煤矿企业基建施工的安全管理。对于非煤矿企业基建施工安全管理的情形，不适用本合同。

【法律要点】

1. 什么是煤矿安全？

煤矿安全是一种多因素、多环节、动态复杂的体系工程。煤矿的基建过程中，由于人为操作不当，瓦斯、水灾、火灾、煤尘爆炸、煤与瓦斯突出等都时刻危及井下工人的生命安全，也会让企业出现负增长等。安全生产事关人民生命财产安全和社会的和谐稳定大局，安全生产既是广大煤矿职工和家属的强烈愿望，也是维护人民群众生命安全和根本利益的迫切需要，管生产就要先管安全。

2. 如何做好煤矿现场施工的安全管理？

煤矿基建施工是进行煤矿开采的前提。安全管理是工程建设项目的重要组成部分，特别是在施工现场的安全管理。施工现场是人材机等生产要素的集中地，而且存在诸多的动态因素，如多工种的立体作业、作业环境的随机性、人员机械的流动性和生产设施的临时性。因此，施工现场的管理是安全管理的核心。

在施工现场中，煤矿的通风管理更为突出。由于煤矿在基建的初期，巷道较少且多为岩石结构，通风系统简单，致使这一时期经常出现缺氧窒息、瓦斯突出、燃烧和爆炸等通风瓦斯事故，因而“一通三防”（矿井通风、防瓦斯、防尘和防灭火）的管理工作显得尤为重要。在这一管理工作中，施工方要大力开展排风扇、风筒等通风设施的安装使用和维护工作、负责和协助煤尘与瓦斯突出措施的实施工作，并积极配合通风安全部门对施工现场所进行的“一通三防”安全检查，并对查出的安全隐患积极协助处理，避免事故的发生。

14029

【文本正文】

煤矿基建施工安全协议

关注法天使

立协议人：

项目单位（简称“甲方”）：

（名称、统一社会信用代码、住所、法定代表人、职务、委托代理人、身份证号码、通信地址、邮政编码、联系人、电话、传真、账号、电子信箱）

施工单位（简称“乙方”）：

（名称、统一社会信用代码、住所、法定代表人、职务、委托代理人、身份证号码、通信地址、邮政编码、联系人、电话、传真、账号、电子信箱）

根据《中华人民共和国矿产资源法》《中华人民共和国合同法》和其他法律法规及政策，甲乙双方经友好协商，就______煤矿基建施工安全事宜签订本协议。

第一条　工程概况

1. 工程名称：____。

2. 工程地点：____。

3. 工程施工内容：____。

4. 工程施工范围：甲方将煤矿基建施工工程承包给乙方，乙方接受甲方的指导和监督在《采矿许可证》划定的矿区范围内依法有序施工。

5. 施工期限共______个月，自______年______月______日起至______年______月____日止。

6. 本协议适用于乙方从事施工的场所，即乙方施工现场、办公现场。

第二条　甲方安全管理职责[①]

> 条文注解：在煤矿基建施工中，对于项目单位来讲，除了需要选定具有相应资质的施工单位外，还应当履行相应的监督管理义务。

1. 按照工程施工承发包合同的要求，为乙方提供施工安全管理的方便条件。在开工前向乙方提供矿井设计的安全技术资料和图纸，组织对重要工程设计进行会审，按照要求完成矿井专项安全设计的上报审批工作。

2. 检查督促乙方执行有关安全生产方面的工作规定，对乙方不符合安全文明施工的行为进行制止，要求其予以整改。

3. 履行安全管理职责，及时组织不安全隐患排查，帮助乙方加强安全管理，及时督促乙方处理事故隐患。

4. 承担因自身原因造成事故的经济损失和赔偿义务。

5. 及时向上级相关部门汇报安全生产情况，发生事故时，积极帮助乙方做好抢险救灾工作，并按照规定进行上报，积极配合上级部门和乙方做好事故的调查分析和处理。

第三条　乙方安全管理职责

1. 按照国家法律法规、相关规程和工程施工承发包合同的要求履行义务。接受上级管理部门和甲方的安全监督检查和综合安全管理。

2. 按照煤矿安全的要求，配备各种安全设施和人员，严禁不符合安全设施条件要求的工程施工建设。承担由于自身管理不力、设备设施配备不足或不符合要求而引起的事故损失和造成甲方工程损坏而引起的经济责任。

3. 为甲方和上级部门工作人员进入乙方施工区检查工作，提供方便。承担在执行安全技术措施中，由于乙方原因所造成的人员伤害和设备的全部损失。

4. 在施工过程中，应加强对利用甲方设施（备）的管理，采取有效保护措施，当执行保护措施不力或没有采取保护措施而发生损害时，乙方应承担相应责任。

5. 当发生事故时，乙方应当按照煤矿安全有关规定的要求，采取积极有效措施，进行抢险救灾，并及时按照规定上报事故情况。

第四条　甲方权利和义务

1. 负责贯彻执行有关安全建设的法规制度和上级部门的安全管理制度。依据安全生产法律、法规、规章和规范的规定，结合工程施工承发包合同和施工方案制定安全管理制度，对乙方的安全施工建设活动进行全方位的监督、检查和管理。

2. 监督乙方建立、健全安全管理体系、安全管理制度、施工现场安全事故应急救援预案，完善安全施工条件，确保安全施工。定期和不定期对乙方的施工质量标准、施工工艺和施工场所、办公及生活场所的安全设施进行全面检查。

3. 定期组织召开安全办公会议，对乙方在施工过程中发现的安全问题应及时督促解决。对乙方施工现场存在的重大安全隐患，有权责令停工整改。

4. 享有对乙方承包工程的整个供电系统设备、设施的监督检查权，对检查中发现的安全隐患有权责令停工整改、整顿。

14029

5. 有权要求乙方建立救援体系，落实救援措施。

6. 有义务对乙方开展的安全活动提供帮助，对乙方发生安全事故时提供协助救援服务。

第五条　乙方的权利和义务 ①

> 条文注解：就本协议而言，施工单位在具体施工过程中应根据法律法规和技术标准规范严格履行安全注意义务，协议双方可以在施工单位应尽法定义务基础上进一步约定相应的合同义务。

1. 贯彻、落实有关安全法律、法规和甲方的安全管理制度，建立工程施工安全自保体系，对工程施工范围内的安全建设活动进行落实、检查和管理。

2. 乙方的工程施工项目负责人______是本工程安全第一责任人。

3. 施工前应当编制施工方案，施工条件或工艺变化时应及时补充安全技术措施。严格按照施工合同和施工方案购买施工材料和施工，建立、健全安全管理体系、安全施工制度，完善安全施工条件，确保安全施工。

4. 建立、健全安全施工自我监督检查管理系统，施工现场及要害场所进行定期和不定期检查，配备专职（兼职）安全检查员。

5. 对甲方在检查工程中发现的安全生产方面的隐患要及时解决，不能及时解决处理的，应当落实责任人，按照甲方要求限期整改。

6. 对所辖范围内的施工用电设备和用电安全负责。永久变电所以下自备的配电设备设施必须符合国家有关安全标准，对不符合安全标准的用电设备应当拒绝供电。

7. 从业人员应按有关规定进行岗前培训，经考试合格后方可上岗作业；特殊工种必须按照国家有关规定进行安全作业培训，取得特殊作业工种操作资格后，方可上岗作业；管理人员必须按国家规定，经过培训持证上岗，履行值班、带班制度，确保安全生产。

8. 从业人员必须使用符合国家标准的劳动防护用品，并监督、教育工作人员按照使用规则进行使用，依法参加工伤社会保险，为从业人员缴纳保险费用。

9. 发生安全事故后，安全第一责任人有义务迅速采取措施进行救援，防止事故扩大，减少人员伤亡和财产损失；并及时报告甲方主管领导及有关部门，不准迟报、瞒报或谎报。

10. 有权对施工现场安全工作提出意见和建议，有权拒绝甲方管理人员违反法律、法规的安全指令，对造成后果的违章指令有权检举和控告。

11. 对所辖范围内的安全防护设施的设置、拆除、维护和改造及使用安全负责。安全防护设施应符合国家安全标准和甲方对施工现场整体安全防护的要求。

12. 按时参加甲方召开的安全会议，对会议确定的有关安全问题及时解决。

第六条　施工安全保证金[①]

> 条文注解：保证金的约定可以达到施工单位对其安全义务的重视，此条款在安全协议中较为常见。

甲方预留施工工程总款的______%作为乙方的安全保证金。乙方在施工过程中未发生人身重伤、电网和设备及其他事故的，甲方应于工程竣工验收后将该保证金全额退还乙方。若施工过程中发生下列可归责于乙方的安全事故，甲方有权扣除相应数额的安全保证金：

（1）发生人身死亡事故、电网和设备重大事故，扣除全部安全保证金；

（2）发生人身重伤事故、电网和设备事故，扣除______%的安全保证金；

（3）乙方人员发生违章行为的经济处罚，按处罚规定从安全保证金内扣除。

第七条　违约责任

1. 由于甲方或乙方责任造成对方或第三方的人身伤害、设备损坏等财产损失，由责任方承担相应责任，并赔偿对方或第三方因此造成的全部损失。

2. 乙方存在以下情形时，甲方有权要求停工整改，并承担全部损失：乙方未设置安监人员；未正确、全面执行安全技术措施、施工组织设计；施工人员未掌握本工程项目特点及施工安全措施；用于本工程项目的施工机械、施工器具及安全防护用品不满足施工需要。

3. 乙方使用甲方提供的设施设备、施工器具等造成损坏的，应照价赔偿。

4. 乙方对在施工过程中发生人身伤亡和设备事故有隐瞒行为的，除应接受政府有关部门的处理外，还应当向甲方承担______元至______元/次的违约责任。

5. 发生以下情况停工整顿，因停工造成的违约责任由乙方承担：（1）人身伤亡事故；（2）发生施工机械、生产主设备严重损坏事故；（3）发生火灾事故；（4）发生违章作业、冒险作业不听劝告的；（5）施工现场脏、乱、差，不能满足安全和文明施工要求的。

第八条　通知

1. 任何与本协议有关的需要送达或给予的通知、协议、同意或其他通信，除双方另有约定外，应按双方当事人在本协议中列明的地址、传真、电话、电子邮件或其他联系方式进行；通过传真、电话、电子邮件发出的任何文件、资料、

14029

通知，在发出后即视为收讫。通过邮寄发出的任何文件、资料、通知，在寄出十天后即视为收讫。

2. 任何一方在本协议所列的地址、传真、电话、电子邮件或其他联系方式发生改变的，应自变更之日起______日内以书面形式通知对方，否则，对方按照原来的地址、传真、电话、电子邮件或其他联系方式发出的文件、资料、通知等均视为在前款约定的时间内收讫，由此产生的一切后果，均由另一方自行承担。

第九条　法律适用及争议解决

1. 本协议的订立、效力、变更、解释、履行、终止和由本协议产生或与本协议有关之争议的解决，均适用中华人民共和国法律。

2. 凡因本协议引起的或与本协议有关的一切争议，双方应友好协商解决。如果争议自发生之日起三十日内仍不能得到解决，则任何一方均有权选择以下第______种方式解决：

（1）向______仲裁委员会申请仲裁，按照申请仲裁时该会实施的仲裁规则进行仲裁。

（2）向______人民法院起诉，以诉讼解决争议。

第十条　协议的生效及其他

1. 本协议的附件为本协议不可分割的一部分；本协议及其附件内空格部分填写的文字与印刷文字具有同等法律效力。

2. 本协议中未尽事宜或出现与本协议相关的其他事宜时，由双方协商解决并另行签订书面补充协议，补充协议与本协议具有同等的法律效力。

3. 本协议自双方法定代表人或授权代表签字或盖章之日起生效，工程竣工后自行终止。

4. 本协议一式______份，每方各执______份，具有同等法律效力。

5. 本协议由甲乙双方在中华人民共和国______签署。

（以下无协议正文条款）

甲方：（盖章）	乙方：（盖章）
法定代表人或授权代表：（签字）	法定代表人或授权代表：（签字）
日期：	日期：

六、煤矿土方剥离工程施工合同

【使用场景】

本范本适用于露天煤矿进行开采作业剥离表层土石方的情景。依据煤矿和非煤矿的划分，本合同适用于露天煤矿开采作业的土石方剥离工程施工。对于非煤矿山开采作业的土石方剥离工程施工的情形，不适用于本合同。

【法律要点】

1. 什么是土石方剥离?

就矿山的采矿方式而言，分为剥离法开采和矿井开采。剥离法开采又称为露天矿开采，是把复盖在矿体上部及其周围的浮土和围岩剥去，把废石运到排土场，从敞露的矿体上直接采掘矿石。确定煤矿露天开采境界就要合理确定露天开采的深度、露天底部边界、最终边坡组成要素。煤矿土石方剥离是指将矿石上层的土石挖开并移到别处，使矿石暴露出来。露天煤矿在进行矿山开采时必须对表层的土石方进行剥离，以利于进行煤炭矿产资源的开采施工。

2. 什么是剥采比?

剥离岩土量与采出矿石量的比例称为剥采比。剥采比是露天开采的重要技术经济指标。露天矿开采是把复盖在矿体上部及其周围的浮土和围岩剥去，把废石运到排土场，从敞露的矿体上直接采掘矿石。剥采比的单位可用 m/mt/t、m/t 表示。经济合理剥采比是指露天开采在经济上最大允许的剥采比，它是一个理论上的极限值，是确定露天矿最终境界的重要经济指标的依据。

生产剥采比是编制采掘进度计划的重要指标，采剥总量往往远大于采矿量，不容忽视。矿山管理技术人员的任务是，认识其变化规律，合理安排矿山工程发展程序，保持矿山生产健康有序进行。剥采比是露天开采的重要技术经济指标。无论圈定露天开采境界、确定露天矿生产能力、确定露天矿工程发展程序，都要考虑剥采比的问题。生产剥采比大小决定着采矿设备、人员、地面设施，从而影响投资和生产成本等。在一定地质条件下，生产剥采比变化有其自身的客观规律。矿山管理技术人员的

14030

任务是，认识其变化规律，合理安排矿山工程的发展程序，保持矿山生产的健康有序进行。

【文本正文】

煤矿土方剥离工程施工合同

立合同人：

发包方（简称“甲方”）：

（名称、统一社会信用代码、住所、法定代表人、职务、委托代理人、身份证号码、通信地址、邮政编码、联系人、电话、传真、账号、电子信箱）

承包方（简称“乙方”）：

（名称、统一社会信用代码、住所、法定代表人、职务、委托代理人、身份证号码、通信地址、邮政编码、联系人、电话、传真、账号、电子信箱）

根据《中华人民共和国合同法》和煤炭行业的有关规定，甲乙双方经友好协商，本着平等、自愿、公平、诚信的原则，就煤矿土方剥离工程施工事宜签订本合同。

第一条　工程概况

1. 工程项目名称为___________露天煤矿剥离及装运。

2. 工程地点为：____。

3. 工程内容：按甲方提供的工程设计图纸进行土石方施工。

4. 工程量：总面积____平方公里；概算土方量______亿立方；运距______公里；深度平均约______米。

5. 承包范围：按采矿许可证所载矿区范围内甲方指定的煤矿开采区域______平方公里内。

6. 承包方式：挖运平。

7. 进场时间：______年______月______日。

8. 工程工期：暂定______年。

第二条　承包条件[①]

条文注解：在此类合同中通常存在“机械设备调遣和备料”准备的情形，为防止发包方恶意违约而导致施工方损失的发生，在合同中施工方往往要求对此予以明确约定。

1. 合同生效后甲方给乙方提供本工程有关的文件、技术资料及施工图纸。

2. 在乙方机械设备进场前，由甲方给乙方支付每台______元人民币机械设备调遣费（机械设备台数暂按______台计算）。该款打入乙方在本合同所列账户，待乙方机械设备到达施工现场正常施工一个月后双方结算时由甲方从乙方工程款中扣除。

3. 乙方施工机械设备到达工程地点______日内，甲方按月计划工程量总造价的______%向乙方支付调遣费和临时费用（乙方须提供设备原始发票、合格证、照片等）。

4. 乙方机械设备进入施工现场______日内由甲方按乙方月计划工程量总造价的______%向乙方支付备料款。

第三条　合同价款

1. 工程单价：土石方剥离______元人民币 / 立方。按照开挖面，双方测量为准进行计量。

2. 在施工过程中如遇流沙、岩石爆破等情况由双方商议另行计价。

3. 乙方施工所需的燃料、用电、雷管、炸药、水等由甲方按正常标准供应，费用在乙方次月结算工程款时扣除，以此类推。

第四条　双方的权利义务

（一）甲方的权利义务：

1. 负责提供该露天煤矿符合开采条件的所有合法手续、证明、证件等，如该项目的采矿许可证、煤炭生产许可证、工程开工许可证等，确保工程顺利施工。

2. 办理工程用地的征用和施工设计内规定的临时用地的租用，及草原、树木的赔偿，工程现场障碍物的拆除（包括架空及隐蔽的），并提供有关隐蔽障碍物的相关资料。

3. 协调当地农牧民关系及与工程施工相关政府部门的关系。负责解决施工现场的生活用水、用电，施工通信、运输道路、场地平整，场外运输道路的维修，安排好现场排水沟流向等施工前期的各项准备工作。

4. 组织乙方、设计单位及有关部门参加施工图交底会审，做好交底会审纪要，在会审后______日内分送有关单位。

5. 指派专业人员为驻地代表，对工程安全进度、质量、合同履行等情况进行监督检查，及时解决应由甲方解决的相关问题。对乙方的工程进度、安全质量、现场管理、环水保等进行监控，对不按要求操作的，有权责令乙方停工整改，所发生的费用由乙方承担。

6. 负责制定各项管理目标，下达年、季、月、旬（周）施工计划和材料、设备计划。按时参加工程的日验收、中间验收、隐蔽工程验收，负责组织工程的竣工验收。

14030

7. 有权调整乙方施工的工程范围和工程量，工程范围和工程量的变化不影响合同单价。

8. 按照约定办理施工现场签证和竣工结算，按时拨付工程款项。在拨付工程款项前，有权要求乙方完善材料款、租用设备费用及人员工资的有关手续，必要时有权代扣、代发。

（二）乙方的权利义务

1. 乙方指派代表______负责施工现场的管理及与甲方的联系协调工作。

2. 编制施工设计方案，严格按图纸施工，安全文明施工，确保工程质量。接受监理和甲方指派管理人员的指导、监督和检查，与现场其他单位协调配合。

3. 负责施工区域内临时道路、临时设施、凿井、水电设施的管理和维修工作。负责施工过程中的安全、保卫及治安工作，如遇问题应及时处理和向甲方报告。

4. 及时向甲方提出隐蔽工程验收通知、竣工验收报告，以及向甲方提出月末验收和中间验收计划（包括月计划、用水用电计划）、月施工统计报表、工程施工报告等。

5. 工程竣工后，及时清理现场，做到工完场清，在规定的时间内提出完整的竣工验收资料，办理竣工验收手续和提出工程竣工决算报告。

6. 施工建设的永久建筑和设备，在施工期间由乙方负责维修和保养，保证露天煤矿在移交时建筑安装工程的质量。凡利用永久建筑和设备发生的维修和保养费用由乙方承担。

7. 乙方的施工人员应当具备相应的从业资格证书，特种作业人员应持有特种作业证书，做到持证上岗。乙方应当依法为施工人员办理意外伤害保险并承担相关费用。防范并杜绝人身或财产事故和工程质量事故的发生。

8. 乙方不得将本合同项下的工程向第三方分包或转包，否则甲方有权单方面终止合同，并有权要求乙方承担相应的经济赔偿责任。

第五条　资料移交

1. 在本合同签订之日起______日内，甲方负责向乙方提供完整的露天煤矿剥离、开采设计说明书及施工图纸______份；施工技术资料（包括工程水文地质资料，水准点和坐标控制点等）______份，及有关施工的规定、规程、质量标准和环保规定等______份。

2. 在乙方进场前______个工作日内，甲方应向乙方现场交验开采范围坐标控制点。

3. 在乙方进场后______个工作日内，乙方应将施工方案报甲方审批。

第六条　施工设备的采购及验收

1. 乙方所需开采设备，由乙方按照合同双方所约定的型号、功率等技术参数进行采购。

设备必须有产品合格证或质量检验证书，否则视为不符合质量要求，不得用于施工，甲方有权要求乙方限期将设备运离施工现场。

2. 乙方应积极安排设备的采购、运输等事宜，保证按时、按质、按量到达施工现场（具体工作进度由双方另行协商）。

3. 因机械设备质量不合格造成工期延误、开采量达不到双方约定的，乙方应积极补充合格设备，并承担因此给甲方造成的所有损失。

第七条　安全施工、环境保护和文物保护

1. 乙方应遵守煤炭安全法及建设工程施工安全生产有关规定，做到安全施工，随时接受各级安全检查人员的监督检查。按规定采取措施做好安全防护工作，消除事故隐患。如发生人身伤亡事故应立即通知甲方代表并上报有关部门，承担因其责任造成的各项损失。

2. 乙方应遵守甲方的职业健康安全管理要求，采取有效的职业病防治措施，做好职业病的控制和预防。对施工人员进行职业健康安全教育，提供与职业病危害防护相适应的设备、工具、用具等。按规定为施工现场人员配备安全防护用品，确保施工人员的人身安全。

3. 乙方应遵守政府有关部门对施工场地交通、施工噪声、环境保护与水土保持等的管理规定，执行甲方制定的环境保护措施、管理方案和环保要求，加强从业人员的环保教育，杜绝人为破坏和污染环境及生态系统，严格控制污染源，按规定排放污染物，避免和减少因施工方法不当引起的对环境的污染和破坏。

4. 乙方在施工中如发现文物或有考古研究价值的物品时，应立即保护现场，及时通知甲方和相关部门，并采取妥善措施予以保护，若未按规定采取措施造成的损失由乙方承担。

5. 乙方在动力设备、输电线路、地下管线、易燃易爆、交通要道、高边坡附近施工时，在施工前应向甲方上报安全防护措施，经甲方审批后实施。

6. 若乙方未履行上述条款，发生与此有关的人身伤亡、机械设备受损等安全事故，以及事故引起的经济损失补偿、罚款、索赔、诉讼等责任和费用，由乙方依法承担。上述行为若给甲方带来不良影响，即视为乙方违约，甲方有权单方终止合同。

第八条　工程延期处理

1. 因甲方未能按合同约定完成“四通一平”、设计图纸供应不齐全、不及时，工程款项拨付不及时，及不可抗力、外部关系等非归责于乙方原因而影响工期时，则工期相应顺延。若工程施工中途停工或窝工，经甲方签证后，工期相应顺延。

2. 因可归责于乙方管理不善或工程质量返工、事故处理等耽误工期的，工期不顺延。

14030

第九条　工程质量和验收

1. 乙方应严格按照工程施工图纸、说明书、并结合有关规定、规程和标准进行施工，接受甲方代表和工程监理人员的监督。

2. 甲方要求的单位工程达到的质量等级，以该行业的工程质量标准验收。

3. 乙方在施工中应当遵守下列规定：

（1）主要机械设备型号功率等应按合同规定购买，需要改变或待用时，须经甲方同意。

（2）乙方在施工中发生质量事故，应及时报告甲方和工程质量监督站。重大质量事故处理方案应经主管部门、设计、质量监督站、甲方等单位共同研究，并经甲方和设计单位签证后实施。由此产生费用由乙方承担，同时工期不予顺延。

4. 工程验收：由甲、乙双方组织有关单位进行中间验收和月末验收，验收合格后各方在验收文件上签字认可。

第十条　履约保证金

1. 乙方在本合同签订之前，应向甲方缴纳履约保证金，每个标段为人民币______万元整（标段具体范围为____）。

2. 乙方存在下列情况之一的，甲方有权没收履约保证金：

（1）由于乙方原因造成的顺延工期达______日以上；

（2）因乙方施工质量不合格，返工后仍不合格时；

（3）乙方无力履行或擅自终止合同，将本合同工程分包或转让时。

3. 履约保证金按施工年限返还，每施工期满______年返还______元。以此类推，工程完工验收合格后______日内退还剩余保证金。

4. 此履约保证金为无息返还。

第十一条　工程价款的支付与结算

1. 剥离工程按照甲乙双方共同确认的每月实际工程量进行结算，每月结算____次，每月的______日和月末为结算日，结算币种为人民币。

2. 甲方收到乙方的半月报表及工程进度款申请书后，必须在______日内核实工程量及工程进度款总额，及时按工程进度总额的______%进行结算，剩余______%的月进度款于下次结款日予以结算，以此类推。

3. 工程竣工后，乙方向甲方提供______套完整的竣工资料和结算报告，经甲方审核后，在______日结清全部款项。

4. 工程价款的结算依据，除工程计价依据外，还应包括施工组织设计或方案、设计变更文件、工程变更、岩石硬度变化签证、施工面涌水量实测资料及地质条件变化的实测资料、价差调整资料、其他有关工程造价增（减）的签证。

第十二条　合同的变更、修改、终止及解除①

> 条文注解：此类合同经常会发生工程设计变更而导致施工变更的情形，需要明确约定具体操作方案。

1. 合同的变更与修改

（1）本合同的变更需经双方协商同意。

（2）本合同履行期间，发生特殊情况时，任何一方需变更本合同的，要求变更一方应及时书面通知对方，征得对方同意后，双方在规定的时限内（书面通知发出______日内）签订书面变更合同，该合同将成为本合同不可分割的部分。未经双方签署书面文件，任何一方无权变更本合同，否则，由此造成对方的经济损失，由责任方承担。

（3）本合同及其附件的修改必须经合同双方取得一致意见并签署书面补充合同。

2. 合同的终止与解除

（1）合同履行过程中，如乙方有下列情况之一的，甲方有权单方终止合同履行，扣除履约保证金，要求乙方在______日内退出施工现场，并承担由此引起的一切责任及损失。

包括：①出现重大质量事故；严重违章作业、违法乱纪，给甲方造成重大损失；②在合同期内无力完成任务；③因乙方原因连续两个月施工进度不满足进度要求；④处于自身利益，恶意放弃后续工程施工；⑤不服从甲方管理，且屡教不改；⑥乙方无力管辖其人员，造成罢工、对甲方围攻或进行人身威胁及对甲方声誉造成不良影响等。

（2）本合同履行过程中，如有下列情况之一的，本合同应予以解除：

包括：①双方合意解除本合同；②任何一方违反本合同约定，造成本合同不能履行或不能完全履行且导致合同目的不能实现时，任何守约方有权要求解除合同；③不可抗力事件或其他影响持续超过______日且未达成双方认可的解决方案，任何一方均可通过书面形式通知对方而解除合同；④因国家政策变化而导致本合同无法履行。

第十三条　违约责任

1. 甲方违约责任

（1）甲方未能按约定履行职责，除工期顺延外，还应赔偿由此给乙方造成的经济损失。

14030

（2）如可归责于甲方原因，导致不能正常施工或由于涉及变更以及设计错误造成的返工，施工工期顺延，并应赔偿由此给乙方造成的经济损失。

（3）因甲方原因逾期支付工程款项，施工工期顺延，并应以未付款项每日万分之______向乙方支付延期付款的违约金。如该违约金不足以赔偿乙方各项损失的，甲方还应予赔偿。

2. 乙方违约责任

（1）工程质量不符合合同约定的，乙方应无条件负责返工。由此造成的工期延误，应以需要返工工程量造价款项的万分之______向甲方支付赔偿违约金。

（2）乙方工程承包期间，不得将煤矿剥离工程转包给第三方。甲方一经发现乙方二次转包，有权终止合同，并有权要求乙方承担由此造成的一切经济损失。

3. 如违约方的行为造成守约方经济及其他方面的损害，守约方可进一步向违约方追索。

第十四条　保密和信息披露

1. 合同双方保证对在谈判、磋商、签订、执行本合同过程中所获悉属于他方的且无法自公开渠道获得的文件、资料以及本合同的内容和履行情况予以保密。

2. 除了法律法规的规定，或者相关有权政府部门的要求外，未经本合同另一方的同意，任何一方均不得直接或间接地以任何形式披露或者泄露本合同所包含的任何内容以及所涉及的任何交易，但向各自负有保密义务的工作人员和法律顾问披露的除外。任何一方应尽力促使各自的工作人员对本合同所涉及的内容进行严格地保密。

3. 本合同的保密条款为持续性条款，且无论本合同无效、解除、终止均不影响保密条款的延续性和有效性。无论本合同的任一方作为合同当事人的资格和权利是否终止，本合同的任一合同当事人均应遵守本条所约定的保密义务。

第十五条　不可抗力

1. 任何一方由于不可抗力造成的部分或全部不能履行本合同义务的行为，将不视为违约，但应当在条件允许情况下采取一切必要补救措施以减少因不可抗力造成的损失。

2. 声称受到不可抗力事件影响的一方应尽可能在最短的时间内通过书面形式将不可抗力事件的发生通知另一方，并在该不可抗力事件发生后______日内将经由当地公证机关出具的证明文件或有关政府批文及合同不能履行或者需要延期履行的书面资料通知对方。不可抗力事件消除后，受影响方应尽快向对方发出有关“不可抗力事件”消除的通知。

3. 不可抗力事件或其影响终止或消除后，双方须立即恢复履行各自在本合同项下的各项义务。当事人迟延履行后发生不可抗力的，不能免除责任。

第十六条　通知

1. 任何与本合同有关的需要送达或给予的通知、合同、同意或其他通信，除双方另有约定外，应按双方当事人在本合同中列明的地址、传真、电话、电子邮件或其他联系方式进行；通过传真、电话、电子邮件发出的任何文件、资料、通知，在发出后即视为收讫。通过邮寄发出的任何文件、资料、通知，在寄出十天后即视为收讫。

2. 任何一方在本合同所列的地址、传真、电话、电子邮件或其他联系方式发生改变的，应自变更之日起______日内以书面形式通知对方，否则，对方按照原来的地址、传真、电话、电子邮件或其他联系方式发出的文件、资料、通知等均视为在前款约定的时间内收讫，由此产生的一切后果，均由另一方自行承担。

第十七条　法律适用及争议解决

1. 本合同的订立、效力、变更、解释、履行、终止和由本合同产生或与本合同有关之争议的解决，均适用中华人民共和国法律。

2. 凡因本合同引起的或与本合同有关的一切争议，双方应友好协商解决。如果争议自发生之日起三十日内仍不能得到解决，则任何一方均有权选择以下第______种方式解决：

（1）向______仲裁委员会申请仲裁，按照申请仲裁时该会实施的仲裁规则进行仲裁。

（2）向______人民法院起诉，以诉讼解决争议。

第十八条　合同的生效及其他

1. 本合同的附件为本合同不可分割的一部分；本合同及其附件内空格部分填写的文字与印刷文字具有同等法律效力。

2. 本合同中未尽事宜或出现与本合同相关的其他事宜时，由双方协商解决并另行签订书面补充合同，补充合同与本合同具有同等的法律效力。

3. 本合同自双方法定代表人或授权代表签字或盖章之日起生效。

4. 本合同一式______份，每方各执______份，具有同等法律效力。

5. 本合同由甲乙双方在中华人民共和国______签署。

（以下无合同正文条款）

甲方：（盖章）	乙方：（盖章）
法定代表人或授权代表：（签字）	法定代表人或授权代表：（签字）
日期：	日期：

14030

七、采矿工程设计合同

【使用场景】

本范本适用于矿山施工前和施工期间项目变更对采矿工程进行设计的情景。采矿工程设计是保证矿山安全、正规化作业以及保证施工质量的重要步骤，任何采矿工程在施工前以及施工期间工程项目有变更时，均需作出完整的设计。

【法律要点】

1. 什么是采矿工程？什么是采矿工程设计？

采矿工程是自地壳内或地表开采矿产资源的技术和科学，其实质是一种物料的选择性采集和搬运过程。“采掘加工的主要原料是自然赋存的矿体”是采矿工程与其他工业不同的主要特点之一。在采矿工业中，常常把矿石中未开采的矿石称为原矿石；采出的纯矿石与混入的废石的综合称为采出矿石。

采矿工程设计是保证实现矿山安全、正规化作业以及保证施工高质量的重要步骤，因此，任何采矿工程，在施工前以及施工期间工程项目有变更时，均需作出完整的设计。采矿工程设计内容一般包括采矿场设计、开拓设计，以及提升、运输、通风、供风、排水、供水、充填和剥离等设计，还有其他技措工程设计。采矿工程设计要综合考虑相应的技术条件，还要以降低贫化、损失率，搞好探采结合，降低万吨采掘比，节约原材物料，降低采矿成本为设计准则。

2. 采矿工程设计合同应当包括哪些主要内容？

采矿工程设计合同是矿山施工前和施工期间项目变更需要委托相关有资质单位对施工工程进行设计时所签署的合同。通常情况下，采矿工程设计合同包括以下方面的内容：委托事项及项目地点，设计依据，合同文件的优先次序，项目的规模、阶段、范围及设计内容，委托人向设计人提交的有关资料、文件及时间，设计人向委托人交付的设计文件、份数、地点及时间，设计费用及支付方式，双方责任，保密和信息披露，法律适用及争议解决，合同生效及其他等。采矿工程设计工程施工合同应当围绕上述相关内容约定双方之间的权利和义务。

【文本正文】

采矿工程设计合同

立合同人：

委托人（简称“甲方”）：

（名称、统一社会信用代码、住所、法定代表人、职务、委托代理人、身份证号码、通信地址、邮政编码、联系人、电话、传真、账号、电子信箱）

设计人（简称“乙方”）：

（名称、统一社会信用代码、住所、法定代表人、职务、委托代理人、身份证号码、通信地址、邮政编码、联系人、电话、传真、账号、电子信箱）

根据《中华人民共和国矿产资源法》《中华人民共和国合同法》等法律法规和政策，以及相关技术规范、条例的规定，甲乙双方经友好协商，本着平等、自愿、有偿、诚实信用的原则，就乙方承担甲方____________采矿工程项目设计事宜达成如下合同：

第一条　委托事项及项目地点

1. 甲方委托乙方承担______________________________矿采矿工程项目的设计工作。

2. 工程项目地点位于：____。

第二条　设计依据

1. 甲方提供给乙方的委托书。

2. 甲方提交的基础资料。

3. 乙方采用的主要技术标准是：

（1）《金属非金属地下矿山安全规程》GB 16424—1996；

（2）《有色金属采矿设计规范》YSJ 019—92；

（3）《环境空气质量标准》GB 3095—1996；

（4）《大气污染综合排放标准》GB 16297—1996；

（5）《污水综合排放标准》GB 8978—1996；

（6）《工业企业厂界噪音标准》GB 12348—1996；

（7）《爆破安全规程》GB 6722—2003；

（8）《有色金属选矿厂工艺设计规范》YSJ 014—92；

（9）《选矿厂尾矿设施设计规范》ZBJ 1—1990；

14032

（10）其他现行的国家及行业设计规范。

4. 若工程项目所在地关于采矿工程建设设计相关规定的标准高于本条第 3 款所列的技术标准的，则应当遵照该项目所在地的相关规定。

第三条　合同文件的优先次序

构成本合同的文件可视为是能互相说明的，如果合同文件存在歧义或不一致，则根据如下优先次序判断：

1. 合同书；

2. 甲方要求及委托书。

第四条　项目的规模、阶段、范围及设计内容（根据行业特点填写）

1. 设计规模：采矿生产能力为______万 t/a。

2. 设计阶段：设计阶段分为采矿工程方案设计和施工图设计两个阶段。

3. 设计范围：包括采矿开拓工程、中段运输工程、变配电及柴油发电机工程、给排水工程、压气通风工程、主平洞卸载矿石仓、材料库、办公设施及总图运输工程等施工图设计内容，还包括与主平洞卸载矿石仓紧密衔接的手选抛弃、选矿系统的施工图设计等。

4. 设计内容

（1）采矿设计包括：采矿工程方案设计。

（2）施工图设计包括：采矿工程施工图设计，包括采矿开拓系统、通风系统、压气系统、照明系统、排水系统、运输系统、采矿方法等系统的施工图设计。

第五条　委托人向设计人提交的有关资料、文件及时间[1]

> 条文注解：实践中经常发生委托人不及时提交相关资料、文件，导致设计人无法工作，不能在约定时间内完成工作成果的情形，明确提交材料的具体内容和时间节点可以避免此类纠纷的发生。

委托人应于本合同生效后______日内向设计人提供以下基础资料，并对其真实性、可靠性、准确性负责。基础资料提交包括：

1. 合同签订时，提交设计所需的相关基础资料（包括水文、气象、地形图）；

2. 经储量委员会评审通过的详查地质报告；

3. 工程地质勘察报告；

4. 其他设计所需的相关基础技术资料和订货后的主要设备技术资料。

第六条　设计人向委托人交付的设计文件、份数、地点及时间[①]

条文注解：本条款明确了设计人提交文件的名称、份数、地点和时间，具有较强的可操作性，对于双方最终工作成果的完成约定了具体的操作标准。

1. 合同签订并定金到位后______日内提交采矿工程方案设计，一式______份；采矿方案设计经委托人审查通过后，全面开展采矿工程施工图设计工作，并应于此后______个月内完成全部采矿工程施工图设计任务。期间以施工先后顺序陆续提交采矿工程施工图纸，尤其是______号平洞开拓施工图纸，提交进度以满足现场施工为原则。

2. 设计方向委托方应提交的上述所有设计文件及图纸份数各为______套，提交地点约定为______。

第七条　设计费用及支付方式

1. 双方商定，本合同的设计费用总额为人民币______万元。

2. 本合同生效后______日内，发包人支付设计费用______万元作为定金（合同结算时，定金抵作设计费用）。

3. 设计人提交采矿工程方案设计文件，并经委托人评审认可后______日内，委托人支付设计费用人民币______万元；之后，委托人应按照设计人所完成并提交的施工图工作量比例，分期分批向设计人支付设计费用，待施工图全部完成后，委托人向设计人共支付人民币______万元；剩余款项人民币______万元在工程项目试车正常，投入生产后______日内由委托人一次性支付设计人。

第八条　双方责任

1. 委托人责任

（1）委托人按照本合同第五条规定的内容，在规定的时间内向设计人提交基础资料及文件，并对其完整性、正确性及时限负责。

（2）合同履行期间，委托人要求终止或解除合同，设计人未开始设计工作的，不退还委托人已付定金；已开始设计工作的，委托人应根据设计人已进行的实际工作量支付费用。

（3）委托人应当按照合同规定支付定金，收到定金作为设计人设计开工的标志。未收到定金，设计人有权推迟设计工作的开工时间，且交付文件的时间相应顺延。

（4）委托人应按照本合同规定的金额和支付期限向设计人支付设计费用。每逾期支付一天，应当向设计人承担应支付金额千分之______的逾期违约金。

14032

（5）委托人应为设计人派驻现场工作人员的差旅工作、生活及交通等费用全部负担，并支付人民币______元 / 人每天的补助费，待服务人员离开现场前一次性支付。

（6）设计文件中选用的国家标准图、部标准图及地方标准图由委托人负责解决。

2. 设计人责任

（1）设计人应按照工程项目所在国家的规定和合同约定的技术规范、标准进行设计，按照本合同第六条规定的内容、时间及份数向委托人交付设计文件，并对提交的设计文件的质量负责。

（2）设计合理使用年限为______年。

（3）设计人对设计文件出现的遗漏或错误负责修改或补充。由于设计人设计错误造成工程质量事故损失，设计人除负责采取补救措施外，应免收受损失部分的相应设计费用。

（4）因可归责于设计人的原因，延误了设计文件交付时间，每延误一天，应减收本合同设计费用总额的千分之______。如设计人逾期交付超过______日的，则委托人有权解除本合同，并要求设计人承担一切经济损失。

（5）合同生效后，设计人要求终止或解除合同，设计人应双倍返还委托人已支付的设计费（含定金）。

（6）设计人交付设计文件后，应当按规定参加有关部门的设计审查，并根据审查结论对不超出原定范围的内容做必要调整补充。项目开始施工后，设计人负责向委托人及施工单位进行设计交底、进行现场施工指导、主要工程基槽验收、处理有关设计问题、试车考核和参加竣工验收。

第九条　保密和信息披露

1. 双方均应保护对方的知识产权，未经对方同意，任何一方均不得将对方的资料及文件擅自修改、复制或向第三人转让或用于本合同项目以外的项目。如发生以上情况，泄密方应承担一切由此引起的后果并承担赔偿责任。

2. 本合同保密条款为持续性条款，且无论本合同任一方作为合同当事人的资格和权利是否终止，本合同任一合同当事人均应遵守本条所约定的保密义务。

第十条　法律适用及争议解决

1. 本合同的订立、效力、变更、解释、履行、终止和由本合同产生或与本合同有关之争议的解决，均适用中华人民共和国法律。

2. 凡因本合同引起的或与本合同有关的一切争议，双方应友好协商解决。如果争议自发生之日起三十日内仍不能得到解决，则任何一方均有权选择以下第______种方式解决：

（1）向______仲裁委员会申请仲裁，按照申请仲裁时该会的仲裁规则进行仲裁。

（2）向______人民法院起诉，以诉讼解决争议。

第十一条　合同生效及其他

1. 本合同的附件为本合同不可分割的一部分；本合同及其附件内空格部分填写的文字与印刷文字具有同等法律效力。

2. 发包人要求设计人派专人长期驻扎施工现场，配合、解决采矿过程中的有关问题时，双方应另行签订技术咨询服务合同。

3. 本合同中未尽事宜或出现与本合同相关的其他事宜时，由双方协商解决并另行签订书面补充合同，补充合同与本合同具有同等的法律效力。

4. 本合同自双方法定代表人或授权代表签字或盖章之日起生效，至本合同项目施工安装结束，试车正常投入生产为止。

5. 本合同一式______份，每方各执______份，具有同等法律效力。

6. 本合同由甲乙双方在中华人民共和国______签署。

（以下无合同正文条款）

甲方：（盖章）	乙方：（盖章）
法定代表人或授权代表：（签字）	法定代表人或授权代表：（签字）
日期：	日期：

14032

八、采矿开拓工程生产合同

【使用场景】

本范本适用于矿山企业委托相关单位进行矿床开拓工程的情景。矿床开采包括基建开拓工程和生产采矿工程两大项。本范本适用于上述二者相结合的情形。

【法律要点】

1. 什么是采矿开拓工程?

采矿工程分为煤矿类和非煤矿类。采矿是自地壳内或地表开采矿产资源的技术和科学。一般指金属或非金属矿床的开采，广义的采矿还包括煤和石油的开采及选矿。采矿工程的实质是一种物料的选择性采集和搬运过程。

矿床开采包括基建开拓工程和生产采矿工程两大项。矿山地下开拓要掘进一系列巷道或沟道以通达矿体，建成完整的采矿生产系统，交付生产使用。从地表掘进一系列井巷到达矿体，以建立地表与矿体之间运行人员、设备、材料，以及运送矿石和废石的通路，为进行采掘创造条件，并在这些通路上形成一整套独立完整的提升、运输、通风、排水、供电、供水、供风等系统，这些工程的综合，称为矿床的开拓工程。

2. 采矿开拓工程生产合同应当包括哪些主要内容?

采矿开拓工程生产合同是矿山企业委托相关单位进行矿床开拓工程时所签署的合同。通常情况下，采矿开拓工程生产合同包括以下方面的内容：总则（工程名称、内容及期限、合作方式、施工生产方式），作业范围及内容，生产计划和施工要求（生产计划的制定、生产计划的实施、生产施工要求），项目单位的责任、权利和义务，施工方的责任、权利和义务，安全生产责任，工程质量、出矿质量及安全的验收（验收程序、工程验收、出矿量验收、安全生产验收），工程款项结算，合同的解除和终止，违约责任，不可抗力，通知，法律适用及争议解决，合同的生效及其他等。采矿开拓工程生产合同应当围绕上述相关内容约定双方之间的权利和义务。

【文本正文】

采矿开拓工程生产合同

立合同人：

项目单位（简称“甲方”）：

（名称、统一社会信用代码、住所、法定代表人、职务、委托代理人、身份证号码、通信地址、邮政编码、联系人、电话、传真、账号、电子信箱）

施工方（简称“乙方”）：

（名称、统一社会信用代码、住所、法定代表人、职务、委托代理人、身份证号码、通信地址、邮政编码、联系人、电话、传真、账号、电子信箱）

根据《中华人民共和国矿产资源法》《中华人民共和国合同法》等法律法规和政策，以及相关技术规范、条例的规定，甲乙双方经友好协商，本着平等、自愿、有偿、诚实信用的原则，就乙方承包甲方____________工程施工事宜达成如下合同。

第一条　总则

1. 工程名称、内容及期限

（1）工程名称：____________采拓工程。

（2）工程内容：开拓工程、采准工程、采矿出矿生产。

（3）工程单价和采矿单价见附件______。表中未涉及的工程项目根据实际需要发生的工程量，比照表中同类工程的单价计算。没有同类工程比照的由双方协商解决。除另有明确规定外，施工生产中的设备、材料、制作均含在工程单价内，不再增加其单独的费用计算。

（4）合同有效期______年，自______年______月______日起至______年______月______日止。

2. 合作方式

（1）乙方以包施工、包生产、包设备、包设施、包材料、包人工的大承包形式对甲方项目进行施工生产总承包。

（2）乙方对承包甲方的工程项目不得进行转包或变相转包。乙方在自己内部对承包甲方的工程项目进行目标责任管理，甲方不予干涉，但必须由乙方直接、统一管理。

14033

（3）乙方必须直接负责实施矿山施工生产的行政管理、设备（设施）管理、安全管理、安全教育（培训），不允许“以包代管”。

3. 施工、生产方式

（1）乙方应当按照甲方的生产、施工计划和工程施工设计方案、采矿质量要求以及有关安全技术要求进行工程施工和采矿生产作业。

（2）乙方对甲方的生产、施工计划和工程施工设计方案一经签字，即视为认可，不得自行变更，并负有施工生产责任和安全责任。

第二条　作业范围及内容

1. 乙方应在甲方指定的范围内进行掘进、支护、采矿、运输及相关作业。

2. 工程内容：

乙方在作业范围内的工程内容包括井巷掘进，落矿、放矿、装车、运输、支护、敷设风水管道和照明电路等。其中：

（1）掘进：采区内开采所需要掘进的开拓井巷（含硐室）、采准工程及掘进工作要按计划进行，掘进中遇到矿岩时，应分采、分运，矿石按副产矿石计价。

（2）落矿：落矿作业在矿房中进行，不稳固处要支护；采幅和采高须符合采矿方法的要求，夹石要剔除或留作矿柱，严格避免矿石的损失和贫化。乙方应当按照甲方要求的开采顺序开采，落矿量应按照存窿量和选矿处理能力进行。

（3）乙方负责将矿石运输到井口的装车台，将碴岩运输至废石场。

第三条　生产计划和施工要求[1]

> 条文注解：对于本合同来讲，“生产计划和施工要求”是合同目的得以实现的关键，签约双方可以根据具体情况进行相应的约定。

1. 生产计划的制定

（1）年计划的制定：每年12月底，由甲方向乙方提供下年度生产计划，作为双方下年度施工生产计划的控制依据。

（2）月计划的制定：在保障年度计划顺利完成的前提下，由甲方综合考虑制定月计划。双方在每月各自生产调度会后，及时召开工作协调会，确定次月矿山生产计划、施工计划。

2. 生产计划的实施

（1）由于甲方原因（如设计不及时、指令下达延误等），或由于客观原因（如地质、构造、矿体、不可抗力等），可能造成年生产计划不能如期实施，由甲方负责对生产计划进行调整，乙方无权擅自调整。

（2）由于乙方原因（如人员不足、设备不到位、管理失误、安全事故、安全整改、工程延误等）造成年生产计划不能如期实施，由乙方承担相应经济责任。

3. 生产施工要求

（1）采矿工作要求：按照甲方的质量要求、顺序要求、矿房要求，在保证安全生产条件下进行回采。

（2）生产矿量要求：以月采矿生产计划量为执行标准，以年采矿生产计划量为考核指标。

（3）矿石块度要求：由乙方负责，进入选厂的矿石块度不得超过______×______mm。

（4）矿石质量要求：由乙方负责控制，进入选厂的矿石不得含有废石。

（5）工程施工要求：按照甲方制定的单体工程设计、工程规格、工程量、技术要求和时间要求进行施工。

第四条　甲方的责任、权利和义务

1. 甲方委派矿山管理人员进驻矿山，如有调整，应及时向乙方书面通知。委派人员代表甲方依照有关规定对矿山的采拓施工、生产、计划、质量、安全进行全面监督管理。

2. 负责编制单体采拓工程方案、施工设计，在施工前______日向乙方提供，并在乙方签收后及时下达施工通知。甲方在单体工程设计中应当明确回采量、回采率、贫化率、出矿最低品位等各项技术指标。

3. 保障乙方能够连续施工的基本条件；负责对乙方工程施工、生产进度和质量的检查、验收。协助乙方做好矿山安全生产工作，并有权督促、检查乙方进行安全整改。

4. 负责按月结算工程款项；负责爆破材料的报批和代采购（费用从工程款中扣除）。

5. 乙方在施工中出现违章、违规作业和不符合有关规范和规定要求的质量、技术、安全等问题或将工程转包他人以及不能履行相关义务等违约行为时，甲方有权解除合同。

6. 负责提供工人住房，其他事项由乙方自负（工人用水、用电、取暖煤，生活用品等）。

第五条　乙方的责任、权利和义务

1. 遵守甲方各项管理制度，负责矿山施工、生产、生活的内部管理，自行解决生产生活所需设备、设施、物资材料、人员、运输等。严格按照甲方提供的设计方案和生产计划组织施工，编制施工组织设计（或施工方案），接受并配合甲方管理人员的现场检查、指导。

2. 按照国家有关规定和甲方要求，办理矿山所需的全部特殊工种操作证及

14033

相关证件。按照甲方要求配备必要的采掘及运输设备，提高装备水平和机械化作业程度，最大限度减少井下作业人员的数量，提高效率，保证安全生产。

3. 负责施工范围内采掘工程施工各工序和环节的日常组织和管理，包括风、水、电的供应，凿岩爆破，落矿装渣，运输提升，局部通风，井区排水等工作，承担除甲方提供设备以外的所有采掘工程施工所需的设备、工器具、材料、备件、动力、人工等费用。

4. 对井口堆矿质量负责，不同质量矿石和渣石按甲方要求分类堆放，矿渣分离。负责未拉运矿石的保管工作，不得发生丢失、污染。负责矿房房壁的加固、支护处理，防止围岩废石塌落混入。负责井壁、巷道的加固、支护处理，防止塌方、片帮造成安全事故。

5. 配合甲方在矿山的地测采技术工作和探矿工作，期间所发生的使用人工费用由乙方承担，所发生的大宗材料费用（按市场价计）由甲方承担。

6. 乙方对甲方所下达各项通知书均应签字签收，并负责保障连续施工的基本条件。对甲方违章的通知书，乙方有拒绝的权利，并应及时提出理由和修改意见。

7. 未经甲方同意不得将总承包合同转包或分解后分包给他人，否则视为合同自动解除。

8. 乙方矿山管理人员、技术人员、施工人员的调整和主要设备的更换，应当及时向甲方书面通知。

第六条　安全生产责任

1. 甲方负责督促乙方做好矿山安全管理、安全检查、安全教育等工作，乙方负责矿山安全管理、安全检查、安全教育、安全设施、安全救护等矿山安全工作的具体实施，并建立健全矿山安全保障机构、设备、设施和人员。甲乙双方均应对安全生产各个环节进行检查、把关，最大程度地将安全隐患排除在事故可能发生之前。

2. 乙方应当按照国家有关矿山安全生产法律、法规、条例完善各项工程的安全措施，应当按照有关部门安全检查整改指令进行整改，应当按照甲方提出的合理的安全事故防范措施进行实施落实，以保证安全生产，杜绝重大事故的发生。对甲方下达的符合安全生产规定的有关安全整改通知，乙方应当无条件签收，并付诸于行动。

3. 乙方应当配备齐全并持有资格证书的安全管理人员，建立完整、细致的安全管理制度和实施办法，保证所有特种工持证上岗。乙方应当依照国家法规与下属所有员工签订劳动合同，按有关规定为员工进行相应保险。保险金由乙方负责，若发生伤残亡事故，由乙方负责处理，并承担保险赔付金以外的其他费用。

4. 乙方在施工生产过程中因乙方原因所发生的一切人身事故、工程事故、生产事故、设备事故等均由乙方负责。在必要的情况下，甲方可以协助乙方进行事故的善后处理。因乙方原因发生事故造成有关部门对甲方的经济处罚由乙方承担；因甲方原因发生事故造成有关部门对乙方的经济处罚由甲方承担。

5. 甲方人员下井检查前须通知乙方，并服从乙方现场管理人员的安排。甲方人员下井检查过程中，乙方管理人员应当陪同。因乙方原因造成甲方人员的人身安全由乙方负责。

6. 为保证本合同顺利进行，在签订本合同的同时，乙方应向甲方缴纳______万元的安全生产保证金。如乙方不按规定处理安全事故，甲方有权动用安全保证金支付乙方所应承担的费用。合同期满，如乙方无任何安全事故，则甲方应向乙方退还全部安全保证金。

第七条　工程质量、出矿质量及安全的验收[①]

> 条文注解：如果说“生产计划和施工要求”是属于前期对工程施工的要求和安排，此部分内容则属于对工程施工的把关。

1. 验收程序

（1）每月______日至______日为生产验收时间。

（2）双方共同对工程量、工程质量、出矿量、出矿质量进行验收，并对安全管理、安全施工、安全生产进行系统检查。验收结束后，双方参加验收人员应在验收单上签字确认。

（3）工程验收单、安全检查表一式两份，双方各持一份，作为结算依据。

2. 工程验收

（1）验收标准：依甲方提供图纸和要求，按《冶金矿山井巷工程质量验收标准》执行。

（2）隐蔽工程中间验收，乙方必须在工程隐蔽前______小时书面通知甲方现场签证验收，如甲方人员未及时赶到现场，乙方可视为甲方已认可，做好记录并自行隐蔽。如甲方需揭露检查，抽检的数据与乙方记录相符，费用由甲方承担。如抽检的数据与乙方记录不符，所发生的一切费用均由乙方承担。

（3）对合格工程给予验收，并出具月度工程验收统计报表。对不合格的工程项（如规格不够、平巷坡度超限、天井角度不符合要求等），当月不予验收，乙方负责返工直至合格，合格后在次月一并验收，返工费用乙方自行负责。

（4）乙方未按照甲方要求进行施工所造成工程浪费或报废，不予验收，其费用由乙方自行负责。没有施工通知书的工程不予验收，其费用由乙方自行负责。

14033

（5）超出施工通知书要求规格的工程按照施工通知书规格进行验收，超掘、超挖、超砌部分的费用由乙方自行负责。

（6）由于地质因素等非乙方施工原因造成的超掘、超挖、超砌，应在施工期间向甲方报告，经甲方技术人员书面认定（或工程监理书面认定）后，方可进行验收。

（7）附有安装项目但未安装完成的单项掘进工程，暂按掘进量的______%进行预验收，待安装完工后一次性正式验收。

3. 出矿量验收

（1）以乙方出矿车数折合吨量计算，或以实地测量计算矿量进行生产计划验收，作为甲方月生产计划的控制依据和对乙方生产计划完成与否的验收，但不作为结算依据。

（2）月出矿量以合格的矿石量过磅单数据为准进行验收。

（3）年出矿量验收范围为：上一年 12 月 1 日 ~ 当年 11 月 30 日。年出矿量验收方法为：拉运走的矿石量加 11 月 30 日矿山库存矿石量。

（4）乙方应服从甲方工作安排，确保矿石的损失率和贫化率低于______%。

4. 安全生产验收

安全生产验收随同生产验收一并进行，凡安全检查不合格的工程，待整改合格后再行结算。根据安全整改指令、通知、检查记录需要安全整改的工程，未整改完工前不予验收。

第八条　工程款项结算

1. 工程款的结算

（1）工程量以验收单结算工程费用。如乙方承担采准工程施工费用，工程矿计算在乙方总出矿量中；如甲方承担采准工程施工费用，工程矿则从乙方出矿量中按月扣除。

（2）甲方应依合同约定按时向乙方支付工程款项。在工程款项结算中，甲方有权将其提供的材料、动力（爆破材料、电等）费用从工程款项中扣除。其中，电价和火工材料的单价按当地实际价格予以结算，价格超出部分由甲方承担。

（3）甲方向乙方支付的工程款拔付至工程款项总额的______%时暂停拨付，余下的______%作为工程质量保证金。本工程保修期一年，保修期内不出现质量问题，质保期满后甲方应将质量保修金向乙方予以退还（不包含采矿费用）。

2. 采矿款结算：出矿量以当月矿石拉运到甲方选厂，按过磅实际量结算。由于甲方原因不能将当月矿石运出，按验收出矿量的______%向乙方预结算。由于其他客观原因造成当月矿石不能运出，按验收出矿量的______%给乙方进行预结算。

3. 月结算日为当月______日至次月______日，结算当月工程施工、出矿生产等费用；年结算日为______月______日至次年______月______日，进行当年工程施工、出矿生产等费用的总决算。

4. 结算手续：根据矿山提供的验收单，由有关部门审核，并打印结算单，与乙方结算员核对无误后，提交财务执行。

5. 结算额支付：乙方须出具正式税务发票，并按照甲方财务有关规定执行。

第九条　合同的解除和终止

1. 合同的解除

（1）双方协商一致；

（2）任何一方违约致使合同难以达到预期目的；乙方在施工期限、质量、施工技术等方面违反合同约定时，甲方有权通知乙方解除合同，乙方由此造成的经济损失自行承担。

2. 合同的终止

（1）因双方责任和义务履行完毕而终止；

（2）因地质条件或其他客观原因造成甲方无法正常经营；

（3）因国家政策干预或不可抗力造成甲方不能正常经营；

（4）本合同不因任何一方的合并、分立、重组等而失效，其权利和义务由合并、分立、重组后的企业享有和承担。

第十条　违约责任

1. 凡违反本合同任何条款均属违约，由违约方向守约方支付全部经济损失。

2. 因乙方原因连续______个月不能完成计划生产任务，甲方有权中止或解除合同，由此造成的直接经济损失由乙方负责赔偿。

3. 甲方因故拖延向乙方付款，每拖延一天按欠付款额的______‰向乙方支付滞纳金。但甲乙双方协商约定的延付则不属违约。

4. 乙方因故中止或解除合同，须提前______个月书面通知甲方，甲乙双方暂停结算，待甲方在______个月内寻找新的施工方来接替乙方工作后再行结算。甲方因故需中止或解除合同，须提前______个月书面通知乙方，______个月后，无论甲方是否找到接替方，乙方均可自行撤工，甲方给予乙方结算所有已经形成的、经双方验收合格的工程施工、采矿生产费用。

5. 因自然因素导致生产施工连续停产在______日以内的（包括______日），甲方只承担生产维护费用，不核减产量，不负担乙方工人工资及生活补贴。

14033

超过______日的，予以核减产量。经甲方同意留守的人员，甲方支付生活费，标准为每日______元 / 人。因乙方原因造成的停产，甲方不承担任何费用，并有权追究乙方因此给甲方造成的经济损失。

第十一条　不可抗力

1. 任何一方由于不可抗力造成的部分或全部不能履行本合同义务的行为，将不视为违约，但应当在条件允许情况下采取一切必要补救措施以减少因不可抗力造成的损失。

2. 不可抗力事件或其影响终止或消除后，双方须立即恢复履行各自在本合同项下的各项义务。如不可抗力及其影响无法终止或消除而致使合同任何一方丧失继续履行合同的能力，则双方可协商解除合同或暂时延迟合同履行，且遭遇不可抗力一方无须为此承担责任。当事人迟延履行后发生不可抗力的，不能免除责任。

第十二条　通知

1. 任何与本合同有关的需要送达或给予的通知、合同、同意或其他通信，除双方另有约定外，应按双方当事人在本合同中列明的地址、传真、电话、电子邮件或其他联系方式进行；通过传真、电话、电子邮件发出的任何文件、资料、通知，在发出后即视为收讫。通过邮寄发出的任何文件、资料、通知，在寄出十天后即视为收讫。

2. 任何一方在本合同所列的地址、传真、电话、电子邮件或其他联系方式发生改变的，应自变更之日起______日内以书面形式通知对方，否则，对方按照原来的地址、传真、电话、电子邮件或其他联系方式发出的文件、资料、通知等均视为在前款约定的时间内收讫，由此产生的一切后果，均由另一方自行承担。

第十三条　法律适用及争议解决

1. 本合同的订立、效力、变更、解释、履行、终止和由本合同产生或与本合同有关之争议的解决，均适用中华人民共和国法律。

2. 凡因本合同引起的或与本合同有关的一切争议，双方应友好协商解决。如果争议自发生之日起三十日内仍不能得到解决，则任何一方均有权选择以下第______种方式解决：

（1）向______仲裁委员会申请仲裁，按照申请仲裁时该会实施的仲裁规则进行仲裁。

（2）向______人民法院起诉，以诉讼解决争议。

第十四条　合同的生效及其他

1. 本合同的附件为本合同不可分割的一部分；本合同及其附件内空格部分填写的文字与印刷文字具有同等法律效力。

2. 本合同中未尽事宜或出现与本合同相关的其他事宜时，由双方协商解决并另行签订书面补充合同，补充合同与本合同具有同等的法律效力。

3. 本合同自双方法定代表人或授权代表签字或盖章之日起生效，合同期满同等条件下甲方优先与乙方续订合同。如因故未签订新合同，即仍延续本合同执行。

4. 本合同一式______份，每方各执______份，具有同等法律效力。

5. 本合同由甲乙双方在中华人民共和国______签署。

（以下无合同正文条款）

甲方：（盖章）	乙方：（盖章）
法定代表人或授权代表：（签字）	法定代表人或授权代表：（签字）
日期：	日期：

14033

九、选矿工程设计合同

【使用场景】

本范本适用于选矿厂委托相关单位对选矿工程进行设计的情景。选矿工程是将低品位的矿物进行加工、提纯，主要目的是提高矿物的品位，去除矿物的杂质。选矿工程设计就是对选矿工程进行设计的工作。

【法律要点】

1. 什么是选矿?

选矿是根据矿石中不同矿物的物理、化学性质，把矿石破碎磨细以后，采用重选法、浮选法、磁选法、电选法等方法，将有用矿物与脉石矿物分开，并使各种共生（伴生）的有用矿物尽可能相互分离，除去或降低有害杂质，以获得冶炼或其他工业所需原料的过程。选矿能够使矿物中的有用组分富集，降低冶炼或其他加工过程中燃料、运输的消耗，使低品位的矿石能得到经济利用。选矿试验所获得的数据信息，是进行矿床评价及建厂设计的主要依据。

选矿是整个矿产品生产过程中最重要的环节，是矿业企业的关键部门。一般大型矿业企业都是综合采、选、冶的资源性企业。用物理或化学方法将矿物原料中的有用矿物和无用矿物（通常称脉石）或有害矿物分开，或将多种有用矿物分离开的工艺过程就称为选矿，又称“矿物加工”。在选矿产品中，有用成分富集的称为精矿；无用成分富集的称为尾矿；有用成分的含量介于精矿和尾矿之间，需要进一步处理的称为中矿。其中，金属矿物精矿主要作为冶炼业提取金属的原料；非金属矿物精矿作为其他工业的原材料；煤的精选产品为精煤。

选矿可显著提高矿物原料的质量，减少运输费用，减轻进一步处理的困难，降低处理成本，并可实现矿物原料的综合利用。

2. 选矿的意义是什么?

选矿的意义可从以下三个方面分析：

（1）从技术方面讲，科技和工业的发展对矿物原料质量的要求越来越高，直接开采原矿石往往达不到标准，而将原矿进行选矿加工则可以满足要求。比加，铁矿石中硫和磷含量高时炼出的生铁发脆，此时降低硫磷含量的选矿工序就是必需的；制作磁性材料的铁精粉，有时要求其含硅量低于 0.4%，这样的超级精矿必须经过选矿程序。选矿越来越普遍地成为矿产加工的必要环节。

（2）从经济方面讲，选矿可以给矿山、选厂和冶炼厂带来经济效益。

（3）应用选矿技术还能变废为宝，综合回收各种有价成分。如火力发电厂的废物粉煤灰，堆放占地又造成环境污染，是发电厂的一大优患，而把粉煤灰进行选矿处理可生产出铁矿粉、玻璃微珠和水泥配料等多种有用产品。选矿技术在冶金、煤炭、化工、建材和环保等方面都得到应用，对国民经济的发展意义重大。

3. 选矿工程设计合同应当包括哪些主要内容？

选矿工程设计合同是矿业企业委托相关单位对选矿工程进行设计时所签署的合同。通常情况下，选矿工程设计合同包括以下方面的内容：委托事项及设计依据、基础资料提交与设计工期、设计费用及支付、双方责任、违约责任、保密和信息披露、通知、法律适用及争议解决、合同的生效及其他等。选矿工程设计合同应当围绕上述相关内容约定双方之间的权利和义务。

【文本正文】

选矿工程设计合同

立合同人：

委托人（简称“甲方”）：

（名称、统一社会信用代码、住所、法定代表人、职务、委托代理人、身份证号码、通信地址、邮政编码、联系人、电话、传真、账号、电子信箱）

设计人（简称“乙方”）：

（名称、统一社会信用代码、住所、法定代表人、职务、委托代理人、身份证号码、通信地址、邮政编码、联系人、电话、传真、账号、电子信箱）

根据《中华人民共和国矿产资源法》《中华人民共和国合同法》等法律法规和政策，以及相关技术规范、条例的规定，甲乙双方经友好协商，本着平等、自愿、诚实信用的原则，就乙方承担甲方____________选矿工程设计事宜达成

14034

如下合同。

第一条　委托事项及设计依据

1. 甲方决定委托乙方承担____________选矿工程设计任务。

2. 设计规模及内容

（1）新建生产规模为____________，适当留有发展余地。

（2）内容为选矿试验；工程开发利用方案；工程申请报告；工程初步设计（代可研）和安全专篇；工程施工图设计，包括总平面布置图、土建图、电气仪表图、给排水图、通风图、提升运输图。

3. 依据甲方下达的设计任务委托书和提供的资料及文件，按国家现行的有关标准、规范、规程的要求进行施工设计。

第二条　基础资料提交与设计工期

1. 甲方应于本合同生效后______日内向乙方提供以下基础资料，并对其真实性、可靠性、准确性负责。基础资料提交包括：设计委托书；选矿试验报告和地质报告；选矿厂工程勘查地质报告；1∶500选厂地形图；1∶2000矿区地形图；其他相关设计基础资料等[①]。

条文注解：实践中经常发生委托人不及时提交相关资料、文件，导致设计人无法工作，不能在约定时间内完成工作成果的情形，明确提交材料的具体内容和时间节点可以避免此类纠纷的发生。

2. 乙方应根据甲方提供的基础资料情况，按照与甲方协商的工程周期进行。设计工期为自合同签订并收到甲方设计定金之日起算，设计工期为______个月。

3. 由于甲方不能按时提交基础资料而影响设计进度的，工期自动顺延；由于甲方提供基础资料的错误或有重大变更，造成设计修改或返工时，甲方应补偿设计变更相应费用，工期自动顺延，具体补偿费用和工期顺延时间由双方另行商定。

4. 乙方应于设计完成后向甲方提供______套设计技术资料及图纸。

第三条　设计费用及支付

1. 经双方协商，本合同约定的工程设计费用为______万元（大写：______万元）。

2. 费用支付

（1）合同签订之日起______日内，甲方应向乙方支付定金______万元；

（2）提交选矿试验报告后______日内，甲方应向乙方支付工程设计费用______万元；

提交开发利用方案______日内，甲方应向乙方支付工程设计费用______万元；提交申请报告后______日内，甲方应向乙方支付工程设计费用______万元；提交初步设计（代可研）和安全专篇后______日内，甲方应向乙方支付工程设计费用______万元；提交“三通一平”开挖图和主要设备选型后______日内，甲方应向乙方支付工程设计费用______万元；提交主要设备基础图和料仓等施工图后______日内，甲方应向乙方支付工程设计费用______万元；全部施工图提交后______日内，甲方应向乙方支付工程设计费用______万元。

（3）工程竣工验收后______日内，甲方一次性付清工程设计费余额______万元。

第四条　双方责任

（一）甲方责任

1. 甲方应在规定的时间内向乙方提交相关资料及文件，并对其完整性、正确性及时限性负责，甲方不得要求乙方违反国家有关标准进行设计。

2. 甲方变更委托设计项目、规模、条件或因提交的资料错误或所提交资料作较大修改，以致造成乙方设计需要返工时，双方除需另行协商签订补充协议，重新明确有关条款外，甲方应按乙方所耗工作量向乙方增付设计费用。

3. 甲方应为到现场工作的设计人员提供必要的方便条件。

4. 未经乙方同意，甲方对乙方交付的设计技术资料及图纸不得擅自修改、复制或向第三人转让或用于本合同外的项目，否则，甲方应负法律责任，乙方有权向甲方提出索赔。

5. 甲方应在______个月内将设计图纸、资料报政府有关部门审查。

（二）乙方责任

1. 乙方应按国家技术规范、标准、规程及甲方提出的设计要求进行工程设计，按合同规定的进度要求提交质量合格的设计技术资料及图纸，并对其负责。

2. 除根据甲方特别需要分期分批提供设计施工图外，还需按工程进展周期交付设计技术资料及图纸；乙方向甲方交付工程设计文本及施工图为一式______份。

3. 乙方应保证设计质量，如出现遗漏或错误，应及时采取补救措施，使工程免受损失；一旦造成损失时，双方除协商补救外，并视错误程度，扣罚该子项的部分设计费用。

4. 乙方应当按规定参加有关设计审查及技术交底，并根据审查结论负责对不超过原规定的内容作必要的调整或补充。

5. 乙方应保护甲方的知识产权，不得向第三人泄露、转让甲方的产品、图纸等技术经济资料，如发生以上情况并给甲方造成经济损失，甲方有权向乙方索赔。

14034

6. 在工程建设期间，乙方应根据现场施工进度情况，及时派有关专业人员到现场解决施工中遇到的有关设计技术问题；参加试车、交工验收及竣工验收；甲方应有相应的专业人员配合，以满足生产正常进行。

第五条　违约责任

1. 在本合同履行期间，甲方可随时要求终止或解除合同，但应根据乙方的工作情况向乙方支付相应的设计费用。如乙方设计工作已经开始，则甲方应根据乙方已进行的实际工作量向乙方支付设计费用。在工程设计时间不足该阶段一半时，应当向乙方支付设计费用的______%，工程设计时间超过该阶段一半时，应当向乙方支付该阶段的全部设计费用。

2. 甲方应按照合同约定及时向乙方支付工程设计费用，如甲方逾期付款，应按照拖欠款项每日千分之______向乙方支付违约金。

第六条　保密和信息披露

1. 乙方保证对在谈判、磋商、签订、执行本合同过程中所获悉的属于他方的且无法自公开渠道获得的文件、资料以及本合同的内容和履行情况予以保密。

2. 除了法律法规的规定，或者相关有权政府部门的要求外，未经甲方的同意，不得直接或间接地以任何形式披露或者泄露本合同所包含的任何内容，但向各自负有保密义务的工作人员和法律顾问披露的除外。

3. 本合同的保密条款为持续性条款，且无论本合同无效、解除、终止均不影响保密条款的延续性和有效性。无论本合同的任一方作为合同当事人的资格和权利是否终止，本合同的任一合同当事人均应遵守本条所约定的保密义务。

第七条　通知

1. 任何与本合同有关的需要送达或给予的通知、合同、同意或其他通信，除双方另有约定外，应按双方当事人在本合同中列明的地址、传真、电话、电子邮件或其他联系方式进行；通过传真、电话、电子邮件发出的任何文件、资料、通知，在发出后即视为收讫。通过邮寄发出的任何文件、资料、通知，在寄出十天后即视为收讫。

2. 任何一方在本合同所列的地址、传真、电话、电子邮件或其他联系方式发生改变的，应自变更之日起______日内以书面形式通知对方，否则，对方按照原来的地址、传真、电话、电子邮件或其他联系方式发出的文件、资料、通知等均视为在前款约定的时间内收讫，由此产生的一切后果，均由另一方自行承担。

第八条　法律适用及争议解决

1. 本合同的订立、效力、变更、解释、履行、终止和由本合同产生或与本合同有关之争议的解决，均适用中华人民共和国法律。

2. 凡因本合同引起的或与本合同有关的一切争议，双方应友好协商解决。如果争议自发生之日起三十日内仍不能得到解决，则任何一方均有权选择以下第______种方式解决：

（1）向______仲裁委员会申请仲裁，按照申请仲裁时该会实施的仲裁规则进行仲裁。

（2）向______人民法院起诉，以诉讼解决争议。

第九条　合同的生效及其他

1. 本合同的附件为本合同不可分割的一部分；本合同及其附件内空格部分填写的文字与印刷文字具有同等法律效力。

2. 本合同中未尽事宜或出现与本合同相关的其他事宜时，由双方协商解决并另行签订书面补充合同，补充合同与本合同具有同等的法律效力。

3. 本合同自双方法定代表人或授权代表签字或盖章后成立，在甲方向乙方支付定金后生效。

4. 本合同一式______份，每方各执______份，具有同等法律效力。

5. 本合同由甲乙双方在中华人民共和国______签署。

（以下无合同正文条款）

甲方：（盖章）

法定代表人或授权代表：（签字）

日期：

乙方：（盖章）

法定代表人或授权代表：（签字）

日期：

14034

第三类　矿业权流转类合同

一、探矿权出让合同

【使用场景】

本范本适用于国土资源主管部门向探矿权申请人出让矿业权的情景。根据原国土资源部《矿业权出让转让管理暂行规定》（国土资发〔2000〕309 号）的规定，矿业权出让是指登记管理机关以批准申请、招标、拍卖等方式向矿业权申请人授予矿业权的行为。依据出让标的不同，本合同适用于探矿权出让。对于采矿权出让的情形，不适用于本合同。

【法律要点】

1. 什么是矿业权出让？矿业权出让合同包括哪些主要内容？

矿业权包括探矿权和采矿权。根据原国土资源部《矿业权出让转让管理暂行规定》（国土资发〔2000〕309 号）第 15 条的规定，矿业权出让是指登记管理机关以批准申请、招标、拍卖等方式向矿业权申请人授予矿业权的行为。

原国土资源部《矿业权交易规则》（国土资规〔2017〕7 号）第 2 条规定："矿业权出让是指国土资源主管部门根据矿业权审批权限，以招标、拍卖、挂牌、申请在先、协议等方式依法向探矿权申请人授予探矿权和以招标、拍卖、挂牌、探矿权转采矿权、协议等方式依法向采矿权申请人授予采矿权的行为。"

原国土资源部《矿业权交易规则》（国土资规〔2017〕7 号）第 26 条规定："矿业权出让合同应当包括下列基本内容：（一）出让人、中标人或者竞得人和矿业权交易平台的名称、场所、法定代表人；（二）出让矿业权的简要情况，包括项目名称、矿种、地理位置、拐点范围坐标、面积、资源储量（勘查工作程度）、资源开发利用、开采标高等，以及勘查投入、矿山环境保护及土地复垦要求等；（三）出让矿业权的年限；（四）成交价格、付款期限、要求或者权益实现方式等；（五）申请办理矿业权登记手续的时限及要求；（六）争议解决方式及违约责任；（七）需要约定的其他内容。"

2. 矿业权出让合同何时成立？何时生效？

（1）什么是合同的成立？

合同成立，是指合同当事人就合同主要条款协商一致。所谓协商一致，是

14035

指当事人之间的意思表示一致，也称合意。合同成立是当事人就合同的必要内容达成合意的法律事实。依法成立的合同在当事人之间建立起他们追求的法律关系。在法律上，合同成立被认为是一种客观存在，须具备法定或者约定的构成要素。

（2）合同成立与合同订立的关系是什么？

合同成立与合同订立是不同的法律概念，但两者存在密切联系。合同订立是合同成立的基础和前提，没有合同订立，也就不存在合同成立；合同订立是当事人为订约而进行协商的全过程，而合同成立仅是缔约当事人达成合意的状态；合同订立存在合同成立与不成立两种后果，而合同成立仅是合同订立的积极后果。

合同的成立是合同当事人之间产生权利义务的基础，具有重要作用：首先，合同的成立旨在解决合同是否存在的问题。合同成立是合同订立过程的成功结果。如果合同不成立，或订立失败，不发生具体合同，也就无所谓合同的履行、变更、解除或者终止等问题。其次，合同的成立是认定合同效力的前提条件。只有成立的合同才会发生合同是否有效的问题。最后，合同的成立是区分合同责任和缔约过失责任的根本标志。合同订立过程中，因一方当事人的过失致使合同不成立即订约失败，造成他方损失的，过失方应当承担损害赔偿责任，但因合同关系尚不存在，这种损害赔偿责任只能属于缔约过失责任。只有在合同成立后，因当事人之间存在合同关系，一方违反合同的，才会发生合同的违约责任。

（3）合同成立与合同生效的关系是什么？

《合同法》第 44 条规定："依法成立的合同，自成立时生效。"一般情况下，合同生效与合同成立是一致的，合同成立就产生效力。合同成立是合同双方当事人要约承诺的结果，承诺通知到达要约人时生效，承诺生效时合同成立。

但根据《合同法》的规定，在两种情况下，合同的成立与生效的时间不相一致。一种是附条件或附期限的合同。根据《合同法》第 45 条和第 46 条的规定，当事人可以对合同约定附条件或约定附期限。附生效条件的合同，自条件成就时生效；附解除条件的合同，自条件成就时失效。附生效期限的合同，自期限届至时生效；附终止期限的合同，自期限届满时失效。另一种是法律、行政法规规定应当办理批准、登记等手续才生效的合同。根据《合同法》第 44 条的规定："依法成立的合同，自成立时生效。法律、行政法规规定应当办理批准、登记等手续生效的，依照其规定。"

（4）如何界定矿业权出让合同的成立和生效时间？

根据原国土资源部《探矿权采矿权招标拍卖挂牌管理办法（试行）》（国土资发

〔2003〕197 号）《矿业权交易规则》（国土资规〔2017〕7 号）等关于矿业权出让程序的相关规定，采取“招拍挂”等市场化出让方式的，受让人须与出让人签订矿业权出让合同，经公示无异议，履行支付矿业权出让价款等相关手续后，持成交确认书、出让合同及其他所需材料，向有审批权限的国土资源主管部门申请办理矿业权登记手续，领取勘查许可证或采矿许可证，方能取得矿业权。目前无法律、行政法规规定此种方式中的矿业权出让合同需要经过行政审批才能生效。矿业权出让采用协议出让方式的，原国土资源部曾规定需经由省级国土资源厅或者国土资源部审批，但 2015 年 5 月 10 日国务院明确取消该项非行政许可审批。而且中共中央办公厅、国务院办公厅印发的《矿业权出让制度改革方案》进一步明确指出，要推进矿业权竞争性出让，严格限制矿业权协议出让，调整矿业权审批权限，强化出让监管服务。因此，就矿业权出让合同而言应当适用我国《合同法》第 44 条第 1 款的规定，即自依法成立之日起生效。

最高人民法院认为，人民法院审理矿业权出让合同纠纷案件应当充分保障双方当事人的合法权益。一方面要监督行政机关依法行政，防止发生“黑箱操作”，避免以公用物寻租的情形；另一方面要注意保护自然人、法人和非法人组织的合法产权利益，践行诚实信用、契约严守、契约正义等法律原则。

为此，《最高人民法院关于审理矿业权纠纷案件适用法律若干问题的解释》（法释〔2017〕12 号）第 2 条规定：“县级以上人民政府国土资源主管部门作为出让人与受让人签订的矿业权出让合同，除法律、行政法规另有规定的情形外，当事人请求确认自依法成立之日起生效的，人民法院应予支持。”

3. 如何确定矿业权取得的起始时间？

矿业权自何时设立，受让人何时取得矿业权，往往是矿业权纠纷案件处理过程中首先需要解决的问题。因矿业权出让中涉及出让合同的签订日期、“招拍挂”确认成交日期、矿业权登记日期、许可证签发日期、许可证载明的权利有效起止日期等多个时间节点，应当以何者为准，存在争议。

最高人民法院认为，根据矿产资源法等涉矿法律、法规的规定，矿业权在国土资源主管部门颁发许可证后才设立，许可证是受让人是否拥有矿业权的权利外观，除矿业权保留等特定情况外，通常应当遵循“有证即有权、无证则无权”的确权原则。故在现有法律框架内，矿业权登记与物权法上具有确权意义的不动产登记并不完全一致，此亦是不动产统一登记机构暂未将矿业权登记纳入其中的重要原因。鉴于此，《最高人民法院关于审理矿业权纠纷案件适用法律若干问题的解释》（法释〔2017〕

14035

12 号）将受让人取得矿业权的时间确定为矿产资源勘查许可证或者采矿许可证载明的有效期的起始时间。

矿产资源勘查许可证和采矿许可证均列明有两种矿证的有效期限。《国土资源部关于勘查许可证日期确定问题的复函》（国土资函 228 号）指出：“勘查许可证有效期以勘查许可证证书上载明的日期为准。”《国土资源部关于进一步规范采矿许可证有效期的通知》（国土资发〔2007〕95 号）规定：“采矿许可证有效期应与矿产资源开发利用方案中确定的矿山服务年限相适应。”

因此，《最高人民法院关于审理矿业权纠纷案件适用法律若干问题的解释》（法释〔2017〕12 号）第 3 条第 1 款明确规定：“受让人请求自矿产资源勘查许可证、采矿许可证载明的有效期起始日确认其探矿权、采矿权的，人民法院应予支持。”为明确“矿业权出让合同生效后、矿产资源勘查许可证或者采矿许可证颁发前，经出让人同意已实际占有勘查作业区或者矿区的受让人”的合法权益，该解释第 3 条第 2 款同时规定：“……第三人越界或者以其他方式非法勘查开采，经出让人同意已实际占有勘查作业区或者矿区的受让人，请求第三人承担停止侵害、排除妨碍、赔偿损失等侵权责任的，人民法院应予支持。”

4. 矿业权出让合同双方在哪些情形下享有解除合同的权利？

合同解除，是指在合同有效成立后，当解除条件具备时，因当事人一方或双方的意思表示，使基于合同发生的民事权利义务关系归于消灭的法律行为。合同解除制度有不同的分类，从合同解除事由源于法定还是约定的角度，可以将合同解除分为法定解除与约定解除，其中约定解除又包括约定解除权与合意解除。

《合同法》第 8 条规定：“依法成立的合同，对当事人具有法律约束力。当事人应当按照约定履行自己的义务，不得擅自变更或者解除合同。”第 93 条规定：“当事人协商一致，可以解除合同。当事人可以约定一方解除合同的条件。解除合同的条件成就时，解除权人可以解除合同。”依据上述法律规定，当事人签订合同之后应当遵循诚实信用原则根据合同约定履行义务，不得随意变更或者解除合同。如当事人要求解除合同，第一种情形是经双方协商一致解除，第二种情形是根据合同约定的解除条件解除合同。在无法经过双方合意或者依合同约定解除合同的情况下，对符合法定解除情形的，当事人可以根据《合同法》第 94 条之规定请求法定解除，即“有下列情形之一的，当事人可以解除合同：（一）因不可抗力致使不能实现合同目的；（二）在履行期限届满之前，当事人一方明确表示或者以自己的行为表明不履行主要债务；（三）当事人一方迟延履行主要债务，经催告后在合理期限内仍未履行；（四）当事人一方迟延履行债务或者有其他违约行为致使不能实现合同目的；（五）法律规定的其他情形。”

为有效解决在订立矿业权出让合同的目的不能达到时，出让合同的存在已不具有实质意义，使守约方能够从已被严重违反的合同中解脱出来，及时消除或减少因对方违约所造成的损失，《最高人民法院关于审理矿业权纠纷案件适用法律若干问题的解释》（法释〔2017〕12 号）第 4 条明确规定了出让人和受让人双方分别有权解除合同的不同情形：

（1）为解决出让人未按照出让合同约定履行“移交勘查作业区或者矿区、颁发矿产资源勘查许可证或者采矿许可证”的主要义务时，受让人的权利行使问题，解释规定在此情形下“受让人请求解除出让合同的，人民法院应予支持”。

（2）为解决矿业权人严重违反水土保持、土地复垦、环境保护等公法上的义务，和被吊销矿业权证及未按约定支付矿业权出让价款时，出让人的权利行使问题，解释规定在此类情形下“出让人请求解除出让合同的，人民法院应予支持。”

即受让人勘查开采矿产资源未达到国土资源主管部门批准的矿山地质环境保护与治理恢复方案要求，在国土资源主管部门规定的期限内拒不改正，或者因违反法律法规被吊销矿产资源勘查许可证、采矿许可证，或者未按照出让合同的约定支付矿业权出让价款，出让人请求解除出让合同的，人民法院应予支持。

【文本正文】

探矿权出让合同

立合同人：

出让人：____________国土资源厅（局）

（名称、住所、法定代表人、职务、委托代理人、身份证号码、通信地址、邮政编码、联系人、电话、传真、账号、电子信箱）

受让人：

（名称、统一社会信用代码、住所、法定代表人、职务、委托代理人、身份证号码、通信地址、邮政编码、联系人、电话、传真、账号、电子信箱）

根据《中华人民共和国矿产资源法》《中华人民共和国合同法》《矿产资源

14035

勘查区块登记管理办法》《矿业权出让转让管理暂定规定》《探矿权采矿权招标拍卖挂牌出让管理办法（试行）》等法律、法规和规章的规定，立约双方本着平等、自愿、诚实信用的原则，订立本合同。

第一条　出让探矿权的基本情况

1. 出让人向受让人出让的探矿权名称为：____________，位于____________，矿区范围由____________个拐点圈定，拐点坐标为____________（具体位置见本合同所附矿区范围图）；勘查区域面积为______平方公里；勘查矿种为______________________________。

2. 出让人根据法律的授权出让探矿权，矿产资源的所有权属中华人民共和国。本合同出让的探矿权，不包括埋藏物、文物、矿产资源所依附的土地使用权及其他物权。

3. 本合同出让的探矿权为受让人于______年______月______日以______（招标 / 拍卖 / 挂牌 / 协商 / 申请在先）的方式取得。

4. 本合同出让探矿权的出让期限为______年，自______年______月______日至______年______月______日。如本合同约定探矿权出让起止日期与出让人向受让人颁发的勘查许可证上记载的探矿权出让期限（有效期）的起止日期不一致的，以勘查许可证的记载为准①。但出让年限保持不变。

条文注解：矿业权自何时设立，受让人何时取得矿业权，往往存在争议，根据《最高人民法院关于审理矿业权纠纷案件适用法律若干问题的解释》（法释〔2017〕12 号）第 3 条第 1 款的规定："受让人请求自矿产资源勘查许可证、采矿许可证载明的有效期起始日确认其探矿权、采矿权的，人民法院应予支持。"

第二条　出让价款及支付方式

1. 本次探矿权出让价款总额为人民币______元（大写：人民币______元）。该出让价款不包括探矿权使用费、探矿权登记费等其他未载明的费用。

出让人的开户银行及账号如下：

银行名称：____________；账号：____________；单位：____________。

出让人银行、账号如有变更，应在变更后______日内，以书面形式通知受让人，由于出让人未及时通知而造成误期付款所引起的任何延迟收费，受让人均不承担违约责任。

2. 受让人按以下第______种方式向出让人支付探矿权出让价款，受让人在参与探矿权招拍挂时已支付的保证金可在付款时抵作出让价款。[①]

> 条文注解：根据2017年4月13日国务院《关于印发矿产资源权益金制度改革方案的通知》（国发〔2017〕29号）的规定，在矿业权出让环节，将探矿权采矿权价款调整为矿业权出让收益。矿业权价款是国家将其出资勘查形成的探明矿产地出让给矿业权人，按规定向矿业权人收取的价款，是国家投资收益的体现。而“矿业权出让收益”则是体现所有者权益（自然资源权益）的收益。二者存在较大的区别。（下同）

（1）由受让人在签订本合同之日起______日内，一次性全部缴清。

（2）按以下时间和金额分期向出让人支付探矿权出让价款：

A. 在______年______月______日前支付人民币______元（大写：人民币______元）；

B. 在______年______月______日前支付人民币______元（大写：人民币______元）；

……

3. 分期支付探矿权出让价款的，受让人在支付第二期及以后各期探矿权出让价款时，应自第一期款项约定付款日的次日起，按照中国人民银行同期同类贷款一年期基准利率向出让人支付利息。利息按日计算（日利率＝年利率除以365）。

4. 受让人除应向出让人支付本合同约定的探矿权出让价款外，还应向出让人支付第一个勘探年度的探矿权使用费人民币______元。

第三条　双方的权利义务

（一）出让人的权利和义务

1. 出让人应当按照法律规定为受让人办理探矿权的设立、变更、延续、保留和注销。

2. 出让人有权对受让人的勘查工作、环境保护及其他应履行的法定义务进行监督管理。

3. 出让人应当对受让人要求保密的申请登记资料及财务报表等予以保密。

4. 出让人保护受让人依法取得的探矿权。在特殊情况下，如根据公共利益或者矿产资源规划的要求需要提前收回探矿权的，出让人应当依照法定程序报批，并给予受让人相应的补偿。探矿权被提前收回的，本合同解除。

5. 出让人保留对本合同探矿权的规划调整权，受让人应按调整后规划执行。如受让人因规划调整后不愿意继续履行本合同的，可以解除合同，并有权要求按有关规定予以补偿。

（二）受让人的权利和义务

1. 受让人有权按照《中华人民共和国矿产资源法》《矿产资源勘查登记管

14035

理办法》等法律法规的规定依法进行勘查施工工作，严格按照勘查实施方案进行施工。有权禁止任何单位和个人在勘查许可证规定的作业区内进行勘查或采矿。

2. 受让人应当在______年______月______日之前开始勘查作业，并在开始勘查工作时向勘查区域所在的县国土资源局报告开工情况。不能按期开工的，应当提前30日向出让人提出延期开工申请，但延期开工时间最长不得超过自领取勘查许可证之日起6个月。自领取勘查许可证之日起超过6个月不开工的，视为受让人无偿放弃探矿权。

3. 除按经批准的探矿工程施工获得矿产品外，受让人不得擅自持勘查许可证进行采矿活动；不得将探矿权出租、承包给他人进行采矿；不得损害、破坏自然生态环境或设施。因勘查活动使国家或他人遭受损失的，受让人应负责赔偿。勘查实施方案发生重大改变的，受让人应当停止作业，向出让人申请对方案的改变组织审查，经批准后方可继续作业。

4. 对矿区范围内的矿产资源，受让人必须委托具有资质的单位编制开发利用方案和矿山地质环境影响评价报告，采用科学的勘查方法，依法合理利用矿产资源，最大限度地保护当地生态及地质环境。

5. 受让人在勘查作业过程中，涉及使用土地、林木、安全生产、土地复垦、环境保护、道路、“三废”存放及处理等事项时，应当按照有关法律、法规的规定办理相关手续，发生的费用由受让人承担。

6. 受让人在探矿过程中发现安全生产隐患、地质灾害隐患或造成地质环境破坏的，应立即停止作业，及时向当地人民政府及有关主管部门报告，做好勘查区域安全隐患整改及地质环境治理工作。

7. 受让人在勘查作业时，发现具有重大科学文化价值的地质现象以及文物古迹时，应当立即停止施工，对现场加以保护并及时报告出让人。

8. 在勘查许可证有效期内变更勘查单位的，受让人应按规定向出让人申请办理变更登记。受让人未另行签订勘查合同并向出让人申请办理变更登记的，出让人有权暂扣或者委托勘查区块所在市县国土资源行政主管部门暂扣勘查许可证。

9. 受让人应当按照规定履行缴纳探矿权价款、探矿权使用费等税费的义务。

10. 受让人依法有权优先取得勘查作业区内新发现矿种的探矿权及勘查作业区内矿产资源的采矿权。

11. 普查阶段的勘查实施方案不得设计和实施坑探等井巷工程，详查及其以上勘查阶段确需使用井巷工程的，应当编制井巷工程设计，并按照安全生产监督管理部门的要求办理批准手续；勘查作业完毕时，受让人应及时封堵、回填勘查作业遗留的井、硐或者采取其他措施，消除安全隐患。

12. 受让人应依法向出让人提交年度报告。出让人及勘查区块所在市、县国土资源行政主管部门开展探矿权年检或者需要调查勘查投入、勘查工作进展情况的，受让人应如实报告并提供有关资料，不得虚报、瞒报，不得拒绝检查。

13. 受让人应依法向国土资源主管部门汇交矿产资源勘查成果档案资料。

第四条　受让人应当承担的可能风险

受让人应当承担下列可能存在的风险：

1. 在勘查许可证划定的勘查区块和有效期限内，未找到可供开采的矿产资源；

2. 在勘查许可证划定的勘查区块和有效期限内，探明的矿产资源未能达到国家规定的最低开采规模；

3. 国家产业政策或者矿产资源规划调整的影响；

4. 标的瑕疵的影响；

5. 包括但不限于安全、环境保护等要求，对特定探矿手段、选矿方法的限制；

6. 不可抗力的影响。

第五条　探矿权的设立、变更、延续、保留和注销

1. 受让人在按本合同约定全部支付或首次支付出让价款和第一个勘查年度的探矿使用费之日起30日内，持本合同和探矿权出让价款、第一个勘查年度的探矿权使用费的支付凭证、勘查实施方案、营业执照等，向出让人申请办理探矿权登记手续，领取《勘查许可证》。

2. 出让人应当在受理探矿权登记或延续登记申请之日起40日内，依法为受让人办理探矿权登记或延续，颁发或换发勘查许可证。

3. 分期支付出让价款的受让人，出让人向其颁发有效期与每次付款期限一致的勘查许可证。受让人未按本合同约定时间及金额支付出让价款及利息的，出让人不予受理该勘查许可证的延续登记，探矿权由出让人无偿收回。

4. 勘查许可证有效期内，受让人扩大或缩小勘查区块范围、改变勘查工作对象、变更勘查单位、经批准转让探矿权、受让人改变名称或者地址的，应当向出让人申请变更登记。

5. 本合同约定的探矿权出让期限即将届满，受让人需要继续勘查的，应在期限届满的30日以前向出让人申请办理延续登记手续，每次延续时间不得超过2年。在延续出让期限内，本合同继续有效。但受让人应按照相关规定核减

14035

相应的勘查区块面积。

6. 在本合同约定的探矿权出让期限届满的30日以前，受让人没有提出延续登记申请，或者虽然提出延续登记申请，但延续登记申请不符合规定，从而未获出让人批准的，受让人应当在探矿权出让期限届满后20日内，办理探矿权注销登记，探矿权由出让人收回。

7. 受让人在勘查许可证有效期内探明可供开采的矿体后，经批准可以申请保留探矿权。保留探矿权的期限最长不超过2年，需要延长保留期的，可以申请延长2次，每次不超过2年，保留探矿权的范围为可供开采的矿体范围。

8. 探矿权出让期限届满或本合同终止履行时，受让人应及时封堵、回填、拆除探矿作业形成的井、硐、巷道等，采取措施消除安全隐患，并按法律法规的要求承担恢复矿区地质环境和生态环境的责任。受让人在合理期限内不履行以上义务的，出让人有权采取相应措施消除安全隐患，恢复矿区地质环境和生态环境，因此所产生的费用由受让人全部承担。

第六条　探矿权转让和抵押

1. 受让人在按照本合同约定支付了探矿权出让价款，并取得勘查许可证后，有权依法将本合同项下的探矿权转让（包括出售、作价出资、合作、重组改制等，下同）和抵押。但抵押的期限不得超过本合同项下探矿权剩余的有效期限。

2. 受让人将探矿权转让、抵押的，应遵循国家法律、法规、部门规章等相关规定和本合同的约定。以探矿权抵押的，抵押双方应当在抵押合同签订之日起20日内，持相关资料到出让人处申请办理抵押备案手续。转让探矿权的，双方应当在转让合同签订之日起20日内，持相关资料到有权审批探矿权转让的机关处申请办理转让审批手续。

3. 受让人采取分期付款方式向出让人支付探矿权出让价款的，在转让探矿权之前，应向出让人付清全部探矿权出让价款。

4. 受让人将探矿权转让后，本合同约定的关于受让人的权利、义务随之转移至新的受让人。转让后探矿权的有效期为本合同约定的剩余年限。

5. 受让人将探矿权转让、抵押的，依附于探矿权的其他资产可以一并转让、抵押，但这类资产必须与探矿权分开单独作价。

第七条　陈述、保证和承诺

1. 受让人保证在参与探矿权招拍挂时提供的资格证明材料是真实、合法、有效的。受让人营业执照上所记载的注册资金已按时足额缴纳，不存在虚假出资或抽逃出资的情况。

2. 受让人承诺将全面履行矿产资源法律、法规、规章所赋予探矿权人的法定义务。

3. 出让人保证在探矿权招拍挂时所提供的资料是真实的，不存任何虚假陈述、误导和重大遗漏。

4. 出让人具有将探矿权出让给受让人的相应权限，且该探矿权区块范围内不存在重复、交叉登记矿业权的情形。

第八条　合同的变更、解除及终止

1. 有下列情形之一的，可以变更或者解除合同：

（1）合同双方协商一致的；

（2）因不可抗力致使合同目的不能实现或者部分不能实现的；

（3）受让人在勘查过程中违反国家法律、法规、规章规定义务，被吊销勘查许可证的；

（4）合同约定变更、解除的其他情形。

2. 变更或者解除合同的通知、合同，应当采用书面形式。

3. 有下列情形之一的，合同终止：

（1）勘查许可证到期，受让人不再申请延续探矿权，或者延续探矿权申请因不符合法律、法规、规章的规定未获批准的；

（2）受让人依法申请转让探矿权并获得批准，办理了勘查许可证变更登记的；

（3）受让人按照规定申请勘查区块范围内的采矿权，且经出让人批准，并下达了“划定矿区范围批复”的；

（4）按本合同约定解除合同的；

（5）法律、法规规定及合同约定终止的其他情形。

第九条　违约责任

1. 受让人应按本合同约定按时支付探矿权出让价款。受让人未按时支付探矿权出让价款的，每延期一日按应付未付金额的______%向出让人支付违约金。延期付款超过______日的，出让人有权解除本合同，收回探矿权，受让人已支付的保证金不予返还。如果受让人已支付的保证金不足以赔偿因违约给出让人造成的经济损失（包括但不限于出让人为再次出让的价款低于本合同约定出让价款的差额部分等），出让人还有权要求受让人予以赔偿。

2. 受让人按合同约定支付了探矿权出让价款的，出让人必须按合同的约定按时办理探矿权登记手续，颁发勘查许可证。出让人未按时办理探矿权登记手续的，每延期一日应当按受让人已经支付的探矿权出让价款的______%向受让

14035

人支付违约金。延期办理超过______日的，受让人有权解除合同，并要求出让人双倍返还保证金，退还已支付的探矿权出让价款。如果出让人双倍返还的保证金不足以赔偿因违约给受让人造成的经济损失（包括但不限于受让人为获得此次探矿权所支付的费用等），受让人还有权要求出让人予以赔偿。

3. 受让人逾期不办理探矿权登记手续，视为自行放弃探矿权，出让人有权对本合同约定的探矿权再行出让或以其他方式处理。

4. 受让人应当按照合同约定的期限开始勘查作业。自领取勘查许可证之日起超过 6 个月未开工的，视为受让人自行放弃探矿权，出让人可以无偿收回探矿权。但因不可抗力造成开工延迟的除外。

5. 出让人应当尊重和维护受让人依法取得的探矿权，并依其职权或会同协调有关部门保障受让人正常的工作秩序。因出让人的过失致使受让人未能按期取得本合同项下的探矿权或合法探矿权益受到侵害的，受让人有权依法获得赔偿。

6. 任何一方违反本合同项下所作的陈述和保证的，应承担由此给对方造成的一切损失。

第十条　通知

1. 任何与本合同有关的需要送达或给予的通知、合同、同意或其他通信，除双方另有约定外，应按双方当事人在本合同中列明的地址、传真、电话、电子邮件或其他联系方式进行；通过传真、电话、电子邮件发出的任何文件、资料、通知，在发出后即视为收讫。通过邮寄发出的任何文件、资料、通知，在寄出十天后即视为收讫。

2. 任何一方在本合同所列的地址、传真、电话、电子邮件或其他联系方式发生改变的，应自变更之日起______日内以书面形式通知对方，否则，对方按照原来的地址、传真、电话、电子邮件或其他联系方式发出的文件、资料、通知等均视为在前款约定的时间内收讫，由此产生的一切后果，均由另一方自行承担。

第十一条　法律适用及争议解决

1. 本合同的订立、效力、变更、解释、履行、终止和由本合同产生或与本合同有关之争议的解决，均适用中华人民共和国法律。

2. 凡因本合同引起的或与本合同有关的一切争议，双方应友好协商解决。如果争议自发生之日起三十日内仍不能得到解决，则任何一方均有权选择以下第______种方式解决：

（1）向______仲裁委员会申请仲裁，按照申请仲裁时该会实施的仲裁规则进行仲裁。

（2）向______人民法院起诉，以诉讼解决争议。

第十二条　合同生效及其他

1. 本合同于双方当事人签字或盖章之日起生效，[①]但合同约定的受让人成为探矿权人之后的有关条款自出让人颁发勘查许可证之日起正式生效。

> 条文注解：根据《最高人民法院关于审理矿业权纠纷案件适用法律若干问题的解释》（法释〔2017〕12号）第2条的规定，除法律、行政法规另有规定的情形外，探矿权出让合同自依法成立之日起生效。

2. 受让人违反法律、法规、规章的，出让人及勘查区块所在市、县国土资源行政主管部门有权依法对受让人实施行政处罚。

3. 本合同中未尽事宜或出现与本合同相关的其他事宜时，由双方协商解决并另行签订书面补充合同，补充合同与本合同具有同等的法律效力。

4. 合同正本一式______份，合同当事人各执______份，市、县国土资源行政主管部门各备案______份（跨行政区域的增加份数）。各份正本及其附件具有同等法律效力。

5. 受让人在提交探矿权申请登记资料时，应当附具合同正本一份。

6. 本合同由立约双方在中华人民共和国______签署。

（以下无合同正文条款）

出让人：国土资源厅（局）	受让人：
法定代表人或授权代表：	法定代表人或授权代表：
日期：	日期：

14035

二、采矿权出让合同

【使用场景】

本范本适用于国土资源主管部门向采矿权申请人出让矿业权的情景。原国土资源部《矿业权出让转让管理暂行规定》（国土资发〔2000〕309 号）规定，矿业权出让是指登记管理机关以批准申请、招标、拍卖等方式向矿业权申请人授予矿业权的行为。依据出让标的不同，本合同适用于采矿权出让。对于探矿权出让的情形，不适用于本合同。

【法律要点】

1. 为什么说国土资源部门是探矿权采矿权招拍挂出让的唯一主管部门?

根据《矿产资源法》《矿产资源勘查区块登记管理办法》（国务院令第 240 号）《矿产资源开采登记管理办法》（国务院令第 241 号）以及国务院办公厅《关于印发国土资源部职能配置、内设机构和人员编制规定的通知》（国办发〔1998〕47 号）的规定，国土资源部主管全国矿产资源勘查开采管理工作，各级国土资源主管部门按照职责分工的要求，分别负责本行政区内的矿产资源管理工作。国务院发布的《探矿权采矿权转让管理办法》（国务院令第 242 号）也明确指出，国务院地质矿产主管部门和省（区、市）人民政府地质矿产主管部门是探矿权采矿权转让的审批管理机关。依照上述规定可见，只有国土资源部和县级以上人民政府国土资源主管部门才有权依法组织实施探矿权采矿权招拍挂出让活动，其他任何部门和单位的出让行为都是非法和无效的。

2. 未取得矿业权签订将矿产资源交由他人勘查开采的合同是否有效?

《矿产资源法》第 42 条规定："买卖、出租或者以其他形式转让矿产资源的，没收违法所得，处以罚款。"原国土资源部办公厅于 2006 年 9 月 12 日发布的《关于立即制止农村基层组织擅自"出卖"矿产资源的紧急通知》（国土资电发〔2006〕38 号）明确指出："矿产资源属于国家所有，不因其所依附的土地的所有权或者使用权的不同而改变。依照矿产资源法规，农村基层组织以村集体的名义擅自'出卖'矿产资源是严重的违法行为，直接导致了非法开采和乱采滥挖。凡发现本辖区内有从村基层组织擅自'出卖'矿产资源行为的，要立即依法进行查处，发现一起处理一起，坚决制止此类情况的发生。"因此，村委会虽然依法享有其辖区内的土地所有权或土地使用权，但其并不因此而当然享有依附于该土地的矿产资源所有权，矿产资源的所有权依法只能属于国家所有。

矿产资源的稀缺性、耗竭性、不可再生性等特性，决定了矿产资源开发利用必须走可持续发展的道路。无证勘查开采，违反矿产资源勘查开采许可管理制度，严重侵犯国家矿产资源所有权，导致国家调控、监管矿业市场的目的落空，须予以否定。《最高人民法院关于审理矿业权纠纷案件适用法律若干问题的解释》（法释〔2017〕12 号）第 5 条规定："未取得矿产资源勘查许可证、采矿许可证，签订合同将矿产资源交由他人勘查开采的，人民法院应依法认定合同无效。"

【文本正文】

采矿权出让合同

立合同人：

出让人：____________国土资源厅（局）

（名称、住所、法定代表人、职务、委托代理人、身份证号码、通信地址、邮政编码、联系人、电话、传真、账号、电子信箱）

受让人：

（名称、统一社会信用代码、住所、法定代表人、职务、委托代理人、身份证号码、通信地址、邮政编码、联系人、电话、传真、账号、电子信箱）

根据《中华人民共和国矿产资源法》《中华人民共和国合同法》《矿产资源开采登记管理办法》《矿业权出让转让管理暂行规定》《探矿权采矿权招标拍卖挂牌出让管理办法（试行）》等法律、法规和规章的规定，当事人双方本着平等、自愿、有偿、诚实信用的原则，订立本合同。

第一条　出让采矿权的基本情况

1. 出让人向受让人出让的采矿权名称为：____________，位于____________，矿区范围由____________个拐点圈定，拐点坐标为______（具体位置见本合同所附矿区范围图）；矿区面积为______平方公里，开采深度为______米至______米标高。

2. 出让人根据法律的授权出让采矿权，矿产资源的所有权属中华人民共和国。本合同出让的采矿权，不包括埋藏物、文物、矿产资源所依附的土地使用

14036

权及其他物权。

3. 本合同出让的采矿权为受让人于______年______月______日以______（招标 / 拍卖 / 挂牌 / 协商 / 申请在先）的方式取得。

4. 本合同出让采矿权的出让期限为______年，自______年______月______日至______年______月______日。如本合同约定采矿权出让起始日期与出让人向受让人颁发的采矿许可证上记载的采矿权出让期限（有效期）的起始日期不一致的，以采矿许可证记载为准。[1]但出让年限保持不变。

> 条文注解：矿业权自何时设立，受让人何时取得矿业权，往往存在争议，根据《最高人民法院关于审理矿业权纠纷案件适用法律若干问题的解释》（法释〔2017〕12 号）第 3 条第 1 款的规定："受让人请求自矿产资源勘查许可证、采矿许可证载明的有效期起始日确认其探矿权、采矿权的，人民法院应予支持。"

5. 本合同项下出让矿产资源开采主矿种为______，开采方式为______开采，开采方法为______法。根据经评审备案的矿产资源储量报告，本合同项下出让的资源可采储量为______吨。根据批准的矿产资源开发利用方案及开采范围内矿产资源储量，本合同项下出让矿山的服务年限为______年，矿山生产规模为______吨 / 年。

6. 出让人同意在______年______月______日前将出让的采矿权范围内的地质勘查报告交付给受让人。该地质勘查报告等相关报告均由具有相应资质的机构出具，并经主管部门评审确认，但仍然存在不可预测的风险，受让人在受让前已仔细阅读并愿意承担相应的风险。

第二条　出让价款[2]及支付方式

> 条文注解：根据 2017 年 4 月 13 日国务院《关于印发矿产资源权益金制度改革方案的通知》（国发〔2017〕29 号）的规定，在矿业权出让环节，将探矿权采矿权价款调整为矿业权出让收益。矿业权价款是国家将其出资勘查形成的探明矿产地出让给矿业权人，按规定向矿业权人收取的价款，是国家投资收益的体现。而"矿业权出让收益"则是体现所有者权益（自然资源权益）的收益。二者存在较大的区别。（下同）

1. 本次采矿权出让价款为人民币______元（大写：人民币______元）。该出让价款不包含采矿权使用费、矿产资源补偿费、采矿权办证登记费等其他未载明费用。

出让人的开户银行及账号如下：

银行名称：____________；账号：____________；单位：____________。

出让人银行、账号如有变更，应在变更后______日内，以书面形式通知受让人，由于出让人未及时通知而造成误期付款所引起的任何延迟收费，受让人均不承担违约责任。

2. 受让人按以下第______种方式向出让人支付上述出让价款，受让人在参与采矿权招拍挂时已支付的保证金可在付款时抵作出让价款。

（1）由受让人在签订本合同之日起______日内，一次性全部缴清。

（2）按以下时间和金额分期向出让人支付采矿权出让价款：

A. 在______年______月______日前支付人民币______元（大写：人民币______元）；

B. 在______年______月______日前支付人民币______元（大写：人民币______元）；

……

3. 分期支付采矿权出让价款的，受让人在支付第二期及以后各期采矿权出让价款时，应自第一期款项约定付款日的次日起，按照中国人民银行同期同类贷款一年期基准利率向出让人支付利息。利息按日计算（日利率 = 年利率除以 365）。

4. 受让人除应向出让人支付本合同第二条第一款所约定的采矿权出让价款外，还应当向出让人支付第一个开采年度的采矿权使用费人民币______万元、矿产资源有偿使用费人民币______万元，并向出让人缴存矿山地质环境恢复治理保证金人民币______万元。

第三条　双方的权利和义务

（一）出让人的权利和义务

1. 出让人在收到受让人缴纳的采矿权价款后的______日内向受让人移交《____________矿普查地质报告》及《____________矿普查地质报告评审意见书》。

2. 出让人在收到受让人提交的完整齐全的采矿权申请登记资料后，40 日内依法向受让人颁发采矿许可证，并按规定收取登记费和采矿权使用费。

3. 出让人保护受让人依法取得的采矿权。在特殊情况下，根据社会公共利益需要提前收回采矿权的，出让人应当依照法定程序报批，并给予受让人相应的补偿。采矿权被提前收回的，本合同解除。

4. 出让人保留对本合同采矿权的规划调整权，原矿产资源规划如有修改，受让人应按调整后的规划执行。如受让人因规划调整后不愿意继续履行本合同的，可以解除合同，并有权要求按有关规定予以补偿。

5. 出让人有权对受让人合理开发利用矿产资源、保护环境及其他应当履行的法定义务等情况依法进行监督检查。

6. 出让人特别提示：采矿投资风险较大，出让人代表国家出让的是采矿的

14036

权利，因有关矿体的规模、形态、储量、品位等可能与实际开采有一定的差距。对此，出让人不承担任何责任。

（二）受让人的权利和义务

1. 本合同签订后______日内，双方应当按照附件《矿区范围图》所标示坐标到实地验明各拐点界桩。受让人应当妥善保护界桩，不得擅自改动，界桩遭到破坏或移动时，受让人应当立即向出让人提出书面报告，申请复界测量，恢复界桩。

2. 受让人在本合同出让的采矿矿区范围内开采矿产资源应当符合以下要求：

（1）具有经国土资源主管部门审查同意的矿产资源开发利用方案，以及按照此方案制定的矿山设计方案。

（2）具有开采矿产资源的环境影响评价报告批准文件；具有矿山自然生态环境保护与治理方案，并按照此方案进行施工。

（3）严格按经批准的矿产资源开发利用方案规定的矿区范围、开采矿种、开采方式和方法、矿山生产规模组织生产，确保矿产资源合理、有效利用，确保矿山安全生产。

（4）开采回收率、采矿贫化率、选矿回收率等指标应符合国家的有关规定。

（5）其他要求。

3. 受让人同意在______年______月______日之前完成矿山基建，动工开采矿产资源。不能按期开工的，应当提前30日向出让人提出延期开工申请，但延期开工时间最长不得超过自领取采矿许可证之日起6个月。自领取采矿许可证之日起超过6个月不开工的，视为受让人无偿放弃采矿权。

4. 受让人必须主动接受出让人的监督管理，主动向出让人提交年度报告。受让人必须严格按照经批准的矿产资源开发利用方案规定的矿区范围、开采矿种、矿山生产规模、开采方式、开采方法组织生产，依法合理利用矿产资源，确保矿山安全生产，依法保护当地的生态及地质环境。

5. 受让人在开采期间，应当依法缴纳矿产资源补偿费、采矿权使用费、资源税及法律、法规规定的其他税费。

6. 受让人在矿山建设和矿产资源开发利用中，涉及使用土地、山林、道路、“三废”存放及处理等事项时，应当按照有关法律、法规规定办理相关手续。

7. 受让人在采矿作业时，发现具有重大科学文化价值的地质现象以及文物古迹时，应当立即停止施工，对现场加以保护并及时报告出让人和相关部门。

8. 受让人应依法合理开发利用矿产资源，不得损害、破坏自然生态环境或设施。受让人在采矿过程中发现安全生产隐患、地质灾害隐患或造成地质环境破坏的，应立即停止生产，及时向当地政府及有关主管部门报告，做好矿山安全隐患整改及地质环境治理。

9. 受让人应依照相关规定履行矿山地质环境恢复治理的义务。因开采矿产资源使国家或他人遭受损失的，受让人应当负责赔偿。受让人向出让人缴存的矿山地质环境恢复治理保证金由出让人按照相关规定进行管理。

10. 在出让期限内，受让人需要改变矿产资源开发利用方案和矿山自然生态环境保护与治理方案进行施工的，应依法办理变更申请，经批准后办理采矿权变更登记或备案手续。

第四条　采矿权的设立、变更、延续和注销

1. 受让人在按本合同约定首次支付或全部支付出让价款、采矿权使用费、矿产资源有偿使用费，并缴存矿山地质环境恢复治理保证金之日起 30 日内，持本合同和采矿权出让价款、采矿权使用费、矿产资源有偿使用费的支付或缴费凭证、矿山地质环境恢复治理保证金的缴存凭证、矿产资源开发利用方案、矿产自然生态环境保护与治理方案、环境影响评价报告批准文件、营业执照，向出让人申请办理采矿权登记手续，领取采矿许可证。

2. 分期支付出让价款的受让人，出让人向其颁发有效期与每次付款期限一致的采矿许可证。受让人未按照本合同约定时间及金额支付出让价款及利息的，出让人不予受理该采矿许可证的延续登记，采矿权由出让人无偿收回。

3. 出让人应当在受理采矿权登记及延续申请之日起 40 日内，依法为受让人办理采矿权登记和延续，颁发或重新换发采矿许可证。

4. 在采矿许可证有效期内，有扩大或者缩小矿区范围、变更主要开采矿种、变更开采方式、变更企业名称、经批准转让采矿权等情形发生时，受让人应向出让人申请变更登记。

5. 本合同约定的采矿权出让期限即将届满，受让人需要继续开采的，应当在期限届满日的 180 日前向出让人提出延续申请。除社会公共利益需要收回采矿权的，出让人应当在不低于市场价的条件下优先予以批准。经出让人同意受让人继续开采的，受让人须与出让人重新签订采矿权出让合同，依法办理采矿权有偿出让手续，支付采矿权出让价款。受让人未完全履行法定义务或存在违反《矿产资源法》及其他法律、法规的情形，采矿权出让机关有权不批准受让人的申请。

6. 在本合同约定的采矿权出让期限届满日的 180 日以前，受让人未依法申请采矿延续登记，或者申请采矿延续登记未获批准的，采矿许可证自行废止，出让人有权无偿收回该采矿权，受让人应依照法律规定进行土地复垦，并办理采矿权注销登记等手续。出让人有权要求受让人移动和拆除采矿区范围内的依

14036

附物。

7. 采矿权出让期限届满或本合同终止履行时，受让人应及时封堵、回填、拆除采矿作业形成的井、硐、巷道等，采取措施消除安全隐患，并按法律法规要求承担恢复矿区地质环境和生态环境的责任。受让人在合理的期限内不履行以上义务的，出让人有权采取相应措施消除安全隐患，恢复矿区地质环境和生态环境，因此所产生的费用由受让人全部承担。

第五条 采矿权的转让、抵押和出租

1. 受让人在按照本合同约定支付了采矿权出让价款，并取得采矿许可证后，有权依照法律、法规、规章、政策的规定，将本合同项下的采矿权转让（包括出售、作价出资、合作、重组改制等，下同）、出租、抵押。但出租、抵押的有效期不得超过本合同项下采矿许可证载明的有效期。

2. 受让人将采矿权转让、出租、抵押的，应当遵循国家法律、法规、部门规章等的相关规定和本合同的约定。出租、抵押采矿权的，出租、抵押双方应当在相应的合同签订之日起 20 日内，持相关资料到出让人处申请办理出租手续或抵押备案手续。转让采矿权的，双方应当在转让合同签订之日起 20 日内，持相关资料到有权审批采矿权转让的机关申请办理转让审批手续。

3. 受让人采取分期付款方式向出让人支付采矿权出让价款的，在转让采矿权之前，应当向出让人付清全部采矿权出让价款。

4. 受让人将采矿权转让后，本合同约定的关于受让人的权利、义务随之转移至新的受让人。转让后采矿权的有效期为本合同约定的剩余年限。

5. 受让人将采矿权转让、出租、抵押的，依附于采矿权的其他资产可以一并转让、出租、抵押，但这类资产必须与采矿权分开单独作价。

6. 受让人不得将采矿权以承包等方式转让给他人开采经营。

第六条 陈述、保证和承诺

1. 受让人保证在参与采矿权招拍挂时提供的资格证明材料是真实、合法、有效的。受让人营业执照上所记载的注册资金已按时足额缴纳，不存在虚假出资或抽逃出资的情况。

2. 受让人承诺将全面履行矿产资源法律、法规、规章所赋予采矿权人的法定义务。

3. 出让人保证在采矿权招拍挂时所提供的资料是真实的，不存在任何虚假陈述、误导和重大遗漏。

4. 出让人具有将采矿权出让给受让人的相应权限，且该采矿权区块范围内不存在重复、交叉登记矿业权的情形。

第七条　合同的变更、解除及终止

1. 有下列情形之一的，可以变更或者解除合同：

（1）合同双方协商一致的；

（2）因不可抗力致使合同目的不能实现或者部分不能实现的；

（3）受让人在采矿过程中违反国家法律、法规，被吊销《采矿许可证》的；

（4）合同约定变更、解除的其他情形。

2. 变更或者解除合同的通知、合同，应当采用书面形式。

3. 有下列情形之一的，合同终止：

（1）采矿许可证到期，受让人不再申请延续采矿权，或者延续采矿权申请未获批准的；

（2）受让人依法申请转让采矿权并获得批准，办理了采矿许可证变更登记的；

（3）按本合同约定解除合同的；

（4）法律法规规定及合同约定终止的其他情形。

第八条　违约责任

1. 受让人应按照本合同约定按时支付采矿权出让价款。受让人未按时支付采矿权出让价款的，每延期一日按应付未付金额的______%。向出让人支付违约金。延期付款超过______日的，出让人有权解除本合同，收回采矿权，受让人已支付的定金（或保证金）不予返还。如果受让人已支付的定金（或保证金）不足以赔偿因其违约给出让人造成的经济损失（包括但不限于出让人为组织此次采矿出让所支付的费用、该采矿权再次出让的价款低于本合同约定的出让价款的差额部分等），出让人仍有权要求受让人予以赔偿。

2. 受让人逾期不办理采矿权登记手续，视为放弃采矿权，所交保证金及已交采矿权价款出让人不予退还。

3. 受让人按合同约定支付了采矿权出让价款的，出让人必须按照合同约定按时办理采矿登记手续，颁发采矿许可证。出让人未按时办理采矿登记手续的，每延期一日应当按受让人已经支付的采矿权出让价款的______%。向受让人支付违约金。延期办理超过______日的，受让人有权解除合同，并要求出让人双倍返还保证金，退还已经支付的采矿权出让价款。如果出让人双倍返还的保证金不足以赔偿因违约给受让人造成的经济损失（包括但不限于受让人为获得此次采矿权所支付的费用等），受让人仍有权要求出让人予以赔偿。

14036

4. 出让人未按时移交本合同规定的资源储量普查地质成果资料或在收到受

让人缴纳的采矿权价款及完整齐全的采矿权申请登记资料，不按时颁发采矿许可证的，以及交付的采矿权未能达到合同约定条件的，应依法承担违约责任，赔偿受让人的直接损失。

5. 受让人应按合同约定期限开工。自领取采矿许可证之日起超过 6 个月未开工的，视为受让人自行放弃采矿权，出让人可无偿收回采矿权。但因不可抗力造成开工延迟的除外。

6. 出让人应当尊重和维护受让人依法取得的采矿权，并依其职权或会同协调有关部门保障受让人正常的生产秩序。因出让人的过失致使受让人未按期取得采矿权或延期占用采矿权，造成受让人合法采矿权益受到侵害的，本合同出让的采矿权有效期限应相应延迟。

7. 任何一方违反本合同项下所作的陈述和保证的，应承担由此给对方造成的一切损失。

第九条　通知

1. 任何与本合同有关的需要送达或给予的通知、合同、同意或其他通信，除双方另有约定外，应按双方当事人在本合同中列明的地址、传真、电话、电子邮件或其他联系方式进行；通过传真、电话、电子邮件发出的任何文件、资料、通知，在发出后即视为收讫。通过邮寄发出的任何文件、资料、通知，在寄出十天后即视为收讫。

2. 任何一方在本合同所列的地址、传真、电话、电子邮件或其他联系方式发生改变的，应自变更之日起______日内以书面形式通知对方，否则，对方按照原来的地址、传真、电话、电子邮件或其他联系方式发出的文件、资料、通知等均视为在前款约定的时间内收讫，由此产生的一切后果，均由另一方自行承担。

第十条　法律适用及争议解决

1. 本合同的订立、效力、变更、解释、履行、终止和由本合同产生或与本合同有关之争议的解决，均适用中华人民共和国法律。

2. 凡因本合同引起的或与本合同有关的一切争议，双方应友好协商解决。如果争议自发生之日起三十日内仍不能得到解决，则任何一方均有权选择以下第______种方式解决：

（1）向______仲裁委员会申请仲裁，按照申请仲裁时该会实施的仲裁规则进行仲裁。

（2）向______人民法院起诉，以诉讼解决争议。

第十一条　合同生效及其他

1. 本合同于双方当事人签字或盖章之日起生效，[①] 但合同约定的受让人成为采矿权人之后的有关条款自出让人颁发采矿许可证之日起正式生效。

条文注解：根据《最高人民法院关于审理矿业权纠纷案件适用法律若干问题的解释》（法释〔2017〕12 号）第 2 条的规定，除法律、行政法规另有规定的情形外，探矿权出让合同自依法成立之日起生效。

2. 受让人违反法律法规、部门规章和地方性法规的，出让人及矿区所在市、县国土资源行政主管部门有权依法对受让人实施行政处罚。

3. 本合同中未尽事宜或出现与本合同相关的其他事宜时，由双方协商解决并另行签订书面补充合同，补充合同与本合同具有同等的法律效力。

4. 本合同正本一式______份，合同当事人各执______份，市、县国土资源行政主管部门各备案______份（跨行政区域的增加份数）。各份正本及其附件具有同等法律效力。

5. 受让人在提交采矿权申请登记资料时，应当附具合同正本一份。

6. 本合同由立约双方在中华人民共和国______签署。

（以下无合同正文条款）

出让人：国土资源厅（局）　　　　受让人：

法定代表人或授权代表：　　　　法定代表人或授权代表：

日期：　　　　日期：

14036

三、探矿权转让合同

【使用场景】

本范本适用于探矿权人转让探矿权的情景。探矿权转让属于探矿权变更的一种形式，即探矿权主体的变更，意味着在国家矿政管理部门的监督之下，将探矿权有偿转让。依据转让标的不同，本合同适用于探矿权转让。对于采矿权转让的情形，不适用于本合同。

【法律要点】

1. 什么是探矿权转让？

探矿权转让是指探矿权人在完成规定的最低勘查投入之后，经依法批准，将探矿权转让给其他享有合法探矿资质的法人、自然人和其他组织的行为。探矿权转让属于探矿权变更的一种形式，即探矿权主体的变更。实现探矿权转让必须符合下列三个基本条件：转让人必须已经依法取得探矿权；受让人具备法律规定的资质条件；转让需经依法批准，并办理探矿权变更登记。

2. 探矿权转让应当具备哪些条件？

根据《探矿权采矿权转让管理办法》（国务院令第 242 号）第 5 条的规定，转让探矿权应同时具备下列条件：

（1）自颁发勘查许可证之日起满 2 年，或者在勘查作业区内发现可供进一步勘查或者开采的矿产资源。该规定属于探矿权转让的时间条件。自领取勘查许可证成为探矿权人之日起，勘查活动必须进行两个勘查年度以上，或者在勘查许可证划定的勘查作业区内发现了经国土资源主管部门审查认定为可供进一步勘查或开采的矿产资源。二者必居其一，其转让才有可能被批准。前者规定的时间条件是为了防止探矿权人自领取勘查许可证之日起就炒卖探矿权的情况发生。后者规定的时间条件是因为发现一个可供进一步勘查或者开采的矿产地是无法用年度限制的。勘查活动是高风险高收益的活动，很大程度上存在有“射幸”的因素，可能十年、几十年也找不到一个可供进一步勘查或开采的矿产地，也可能在几个月、半年或一年内就可找到一个可供进一步勘查或开采的矿产地。在勘查许可证有效期内及其划定的勘查作业区内一旦发现可供进一步勘查或开采的矿产地时，由于探矿权人的自身原因，如资金、技术或设备等无力进行进一步勘查或开采活动时，便可申请转让探矿权。

（2）完成规定的最低勘查投入。探矿权人在其勘查许可证有效期内及其划定的勘查作业区范围内，没有发现可供进一步勘查或开采的矿产资源拟转让探矿权时，在时间上不仅仅是要求自领取勘查许可证之日起必须满两个勘查年度，在这两个勘查年度之内不仅要进行勘查工作，还必须完成《矿产资源勘查区块登记管理办法》（国务院令第240号）第17条所规定的最低勘查投入，即第一个勘查年度，每平方公里不低于2000元；第二个勘查年度，每平方公里不低于5000元；从第三个勘查年度起，每个勘查年度每平方公里不低于10000元。

（3）探矿权属无争议。探矿权是限制性物权，是由矿产资源国家所有权派生出来的他物权。探矿权人仅享有对矿产资源进行勘查的权利。此外，探矿权也是用益物权，正因这一本质决定了探矿权具有严格的排他性，符合物权法的“一物一权主义”，即在同一勘查作业区内不能同时存在两个以上探矿权，它应是无瑕疵、无争议的权利。

（4）按照国家有关规定已经缴纳探矿权使用费、探矿权价款。探矿权人应当履行相应的法定义务。按照《矿产资源勘查区块登记管理办法》（国务院令第240号）的规定，向国家缴纳探矿权使用费、探矿权价款，是已领取勘查许可证的探矿权人应当履行的一项法定义务。拟转让探矿权的转让人，必须全面履行这一法定义务。

（5）国务院国土资源主管部门规定的其他条件。这是对国务院国土资源主管部门的一种授权，也是一种弹性规定。探矿权转让审批过程中，可能需要对探矿权的转让条件作进一步规定。这一授权条款表明除国务院国土资源主管部门外，任何部门都不能给探矿权转让增加新的条件。这一规定有利于防止滥用职权，妨碍探矿权的正常转让。

另外，原国土资源部《关于进一步规范矿产资源勘查审批登记管理的通知》（国土资规〔2017〕14号）在“三、严格探矿权变更审批管理”中规定：“（十四）以申请在先、招标、拍卖、挂牌方式取得的非油气探矿权申请变更主体，应当持有探矿权满2年，或者持有探矿权满1年且提交经资源储量评审备案的普查及以上地质报告。以协议方式取得的非油气探矿权申请变更主体，应当持有探矿权满10年；未满10年的，按协议出让探矿权的要件要求及程序办理。（十五）申请变更探矿权主体的，转让人和受让人应当一并向登记管理机关提交变更申请。勘查许可证剩余有效期不足6个月的，申请人（受让人）可以同时申请办理延续。”

14037

3. 矿业权转让与矿业权转让合同的关系是什么?

矿业权直接转让又称为矿业权出售，以矿业权出售转让矿业权是矿业权转让的通常形式。矿业权出售的经济关系实质是矿业权人与新矿业权人之间的买卖关系。矿业权的买卖与民法上的一般买卖行为有着本质的不同，一般意义上的买卖行为是将财产的所有权由出卖人转移给购买人，而矿业权的出售则只是转移矿产资源的开发经营权，所有权仍属于国家所有。

矿业权转让与矿业权转让合同系两个不同的法律概念。矿业权转让人与受让人基于共同的真实意思表示签订矿业权转让合同，合同成立后，经审批管理机关批准后生效，双方办理矿业权变更登记，矿业权主体变更为受让人，成为新的矿业权人，双方完成矿业权转让的行为。矿业权转让合同是矿业权转让的前提和基础，矿业权转让是矿业权转让合同的结果，但并不是必然结果。矿业权转让合同的成立且生效并不必然发生矿业权主体的变更，而转让矿业权双方必须签订矿业权转让合同，就矿业权转让达成一致的意思表示。

4. 矿业权转让申请未经批准能否变更矿业权?

根据《合同法》第 44 条、国务院《探矿权采矿权转让管理办法》（国务院令第 242 号）第 10 条和原国土资源部《矿业权出让转让管理暂行规定》（国土资发〔2000〕309 号）第 46 条的规定，为了实现国家对于矿产资源开发秩序的管制利益，矿业权转让申请被批准之日起，转让合同生效。最高人民法院《关于适用〈中华人民共和国合同法〉若干问题的解释（一）》（法释〔1999〕19 号）第 9 条规定："依照合同法第四十四条第二款的规定，法律、行政法规规定合同应当办理批准手续，或者办理批准、登记等手续才生效，在一审法庭辩论终结前当事人仍未办理批准手续的，或者仍未办理批准、登记手续的，人民法院应当认定该合同未生效……"因此，未经审批机关批准同意的矿业权转让合同属于未生效合同。

无效合同是自始无效、绝对无效、当然无效，而未生效合同在获得批准前效力处于不确定状态：最终可能有效，也可能无效。在应报批而未报批的情况下，可以通过履行报批手续而使合同趋于有效，此点有别于无效合同的确定无效。

《最高人民法院关于审理矿业权纠纷案件适用法律若干问题的解释》（法释〔2017〕12 号）第 6 条规定："矿业权转让合同自依法成立之日起具有法律约束力。矿业权转让申请未经国土资源主管部门批准，受让人请求转让人办理矿业权变更登记手续的，人民法院不予支持。当事人仅以矿业权转让申请未经国土资源主管部门批准为由请求确认转让合同无效的，人民法院不予支持。"最高人民法院认为，矿业权转让未经国土资源主管部门批准，当事人不能凭转让合同办理矿业权变更登记，但并不意味着转让合同不具有任何法律效力，更不应认定合同无效。已经依法成立的矿业权转让合同，对当事人具有法律约束力。

5. 矿业权转让合同未生效对报批义务和协助报批义务是否有影响？

未生效合同虽处于中间性质的效力状态，但当事双方均负有积极促成合同生效的报批义务。否则，负有报批义务的当事人完全可以待价而沽，视行情而作出是否报批的决定——报批对自己有利的，就去报批；反之，则不去报批。就其结果而言，只能使不诚信的当事人因其不诚信行为而获得了利益，不符合法律精神。

为推动程序继续进行，避免法院判决陷入无法执行的尴尬境地，促成合同全面生效，必须有相应的司法补救措施跟进，当义务人怠于履行或不履行报批义务时，可以转化为间接履行或履行替代，即由受让人自行办理相关审批手续。《最高人民法院关于适用〈中华人民共和国合同法〉若干问题的解释（二）》（法释〔2009〕5 号）第 8 条规定：“依照法律、行政法规的规定经批准或者登记才能生效的合同成立后，有义务办理申请批准或者申请登记等手续的一方当事人未按照法律规定或者合同约定办理申请批准或者未申请登记的，属于合同法第四十二条第（三）项规定的‘其他违背诚实信用原则的行为’，人民法院可以根据案件的具体情况和相对人的请求，判决相对人自己办理有关手续；对方当事人对由此产生的费用和给相对人造成的实际损失，应当承担损害赔偿责任。”

矿产资源是人类生存和经济社会可持续发展的重要物质基础。矿业权的转让审批，是国家规范矿业权有序流转，实现矿产资源科学保护、合理开发的重要制度。裁判机关在审理中应当严格依照法律规定，认定转让合同因未经审批而未生效，判令矿权转让交易双方按照各自义务办理矿业权转让报批手续，积极促使合同生效，维护矿业权市场的交易秩序，符合合同法鼓励交易、创造财富的原则。

《最高人民法院关于审理矿业权纠纷案件适用法律若干问题的解释》（法释〔2017〕12 号）第 7 条规定：“矿业权转让合同依法成立后，在不具有法定无效情形下，受让人请求转让人履行报批义务或者转让人请求受让人履行协助报批义务的，人民法院应予支持，但法律上或者事实上不具备履行条件的除外。人民法院可以依据案件事实和受让人的请求，判决受让人代为办理报批手续，转让人应当履行协助义务，并承担由此产生的费用。”

最高人民法院认为，矿业权转让合同自依法成立之日起具有法律约束力，当事人应当遵照“有约必守”的原则，依约履行自己的义务，包括办理报批或者协助报批义务；非依法律规定或当事人约定，不得擅自变更或者解除合同。当事人一方请求另一方履行报批或者协助报批义务，人民法院原则上应予支持。

14037

6. 矿业权转让人不履行报批义务时受让人是否有权解除合同？

矿业权转让合同依法成立后即具有法律约束力，受让人得依合同约定请求转让人履行报批义务。报批义务是促成矿业权转让合同完全生效并得以继续履行的基础，转让人无正当理由拒不履行报批义务的，必将导致转让矿业权的合同目的不能实现，受让人依据《合同法》第 94 条第 4 项的规定享有合同解除权。转让合同因转让人拒不履行报批义务而解除的，原则上应适用《合同法》第 97 条规定，受让人有权请求转让人返还已付转让款及利息、赔偿损失。就此种情形下损失赔偿的性质及范围而言，因报批义务既是转让人应承担的法定义务，也是合同义务的重要组成部分，转让人无正当理由拒不履行该义务，应当承担相应的违约责任，而非一般的缔约过失责任。此种制度设计，既能够在合同法基本原理范围内得到合理解释，也有利于填补缔约过失责任范围限于信赖利益保护之不足，有利于惩戒恶意毁约行为，保护诚信守约人的利益，实现实质正义。

最高人民法院认为，转让人无正当理由拒不履行报批义务的，受让人有权解除转让合同并要求转让人承担违约责任。《最高人民法院关于审理矿业权纠纷案件适用法律若干问题的解释》（法释〔2017〕12 号）第 8 条规定："矿业权转让合同依法成立后，转让人无正当理由拒不履行报批义务，受让人请求解除合同、返还已付转让款及利息，并由转让人承担违约责任的，人民法院应予支持。"

7. 矿业权转让申请未获批准致使转让合同被解除的如何处理？

合同解除的本质在于解除合同的形式拘束力。在未生效合同场合，此时合同已经具有形式拘束力，尚未具备实质效力，但仍不妨碍当事人解除合同。《合同法》第 97 条规定："合同解除后，尚未履行的，终止履行；已经履行的，根据履行情况和合同性质，当事人可以要求恢复原状、采取其他补救措施，并有权要求赔偿损失。"合同解除的后果包括：一是有无溯及力问题，二是损害赔偿问题。关于溯及力问题。矿业权转让合同属于非继续性合同，故合同解除具有溯及力，因此，合同解除后尚未履行的，固然终止履行；已经履行的，也要恢复原状，过错方应赔偿对方因此受到的损失；双方均有过错的，应各自承担相应的责任。

矿业权转让申请虽报请国土资源主管部门审批，但未获准许的，矿业权转让合同丧失完全生效的可能，亦无继续履行必要。当事人有权解除合同，因该合同取得的财产，应当予以返还，过错方应赔偿无过错方的损失。为此，《最高人民法院关于审理矿业权纠纷案件适用法律若干问题的解释》（法释〔2017〕12 号）第 10 条规定："国土资源主管部门不予批准矿业权转让申请致使矿业权转让合同被解除，受让人请求返还已付转让款及利息，采矿权人请求受让人返还获得的矿产品及收益，或者探矿权人请求受让人返还勘查资料和勘查中回收的矿产品及收益的，人民法院应予支持，但受让人可请求扣除相关的成本费用。”

8. 矿业权人存在一矿二卖时受让人享有哪些权利?

违约责任即违反合同的民事责任，是指合同当事人一方不履行合同义务或者履行合同义务不符合约定时，依照法律规定或者合同约定所应当承担的法律责任。违约责任与合同义务有密切联系。合同义务是违约责任产生的前提，违约责任是合同义务不履行的结果。合同当事人不履行或者不适当履行合同义务应当承担继续履行、采取补救措施、赔偿损失等法律责任。违约责任制度不仅可以促使合同当事人自觉全面地履行合同义务，起到避免和减少违约行为发生的预防性作用，而且在发生违约时，通过追究违约方的违约责任，使守约方的损失得到补偿，对合同当事人和整个社会交易活动的稳定发展具有重要意义。

为了有效惩治一矿二卖的严重不诚信行为，《最高人民法院关于审理矿业权纠纷案件适用法律若干问题的解释》（法释〔2017〕12 号）第 11 条明确规定："矿业权转让合同依法成立后、国土资源主管部门批准前，矿业权人又将矿业权转让给第三人并经国土资源主管部门批准、登记，受让人请求解除转让合同、返还已付转让款及利息，并由矿业权人承担违约责任的，人民法院应予支持。"

【文本正文】

探矿权转让合同

立合同人：

转让人（简称"甲方"）：

（名称、统一社会信用代码、住所、法定代表人、职务、委托代理人、身份证号码、通信地址、邮政编码、联系人、电话、传真、账号、电子信箱）

受让人（简称"乙方"）：

（名称、统一社会信用代码、住所、法定代表人、职务、委托代理人、身份证号码、通信地址、邮政编码、联系人、电话、传真、账号、电子信箱）

甲乙双方根据《中华人民共和国矿产资源法》《中华人民共和国合同法》《中华人民共和国矿产资源法实施细则》《矿产资源勘查区块登记管理办法》《探矿

14037

关注法天使

权采矿权转让管理办法》《矿业权出让转让管理暂行规定》和其他法律法规及政策，经友好协商，本着平等、自愿、有偿、诚信的原则，就甲方向乙方转让____________（填入探矿权工作区域名称）探矿权一事签订本合同。

第一条 目标矿权及转让方式

1. 甲方向乙方转让的本合同项下的探矿权（以下简称目标矿权），其勘查许可证编号为：____________（填入编号），审批发证机关为____________（填入审批发证机关的名称）（以下简称发证机关）。勘查许可证的复印件见本合同附件______。

2. 目标矿权系发证机关以______（招标 / 拍卖 / 挂牌 / 合同 / 申请在先）的方式，于______年______月______日向甲方授予的，甲方______（未 / 已）缴纳探矿权价款[1]。

条文注解：根据2017年4月13日《国务院关于印发矿产资源权益金制度改革方案的通知》（国发〔2017〕29号）的规定，在矿业权出让环节，将探矿权采矿权价款调整为矿业权出让收益。矿业权价款是国家将其出资勘查形成的探明矿产地出让给矿业权人，按规定向矿业权人收取的价款，是国家投资收益的体现。而“矿业权出让收益”则是体现所有者权益（自然资源权益）的收益。二者存在较大的区别。（下同）

3. 目标矿权的地理位置为：____________；勘查区块面积为：______平方公里；勘查矿种为：____________；勘查区块范围坐标为：____________（具体位置见本合同所附矿区范围图）。

4. 目标矿权的勘查许可证有效期自______年______月______日至______年______月______日。

5. 在本合同签署之日，目标矿种的勘查程度为______（预查 / 普查 / 详查 / 勘探）。本合同项下的目标矿权自获得勘查许可证之日起已满二年，或已取得储量报告及评审备案证明。

6. 目标矿权将采用以下第______种转让方式：

（1）甲方将目标矿权转移至乙方名下，由乙方在领取勘查许可证后继续进行勘查；

（2）甲方将目标矿权转让给乙方的同时，申请目标矿权勘查范围内的采矿权，由乙方直接领取采矿许可证。

第二条 转让价格及支付条件

1. 基于本合同约定的各项条件，本合同项下目标矿权的转让价格为¥______万元（大写：人民币______万元）。甲方的开户银行及账号如下：

开户银行：____________；单位：____________；账号：____________。

甲方银行、账号如有变更，应在变更后______日内，以书面形式通知乙方，由于甲方未及时通知此类变更而造成误期付款所引起的任何延迟收费，乙方均不承担违约责任。

2. 本合同签署后______日内，甲方应向乙方交付目标矿权的勘查许可证正本原件，并立即停止勘查活动。乙方在收到目标矿权勘查许可证原件后，应当向甲方出具收据，并于当日向甲方支付转让价款总额______%，即¥______万元（大写：人民币______万元）的预付款。

3. 在采取第一条第 6 款项下第 1 种转让方式的情况下，乙方应在以下条件全部满足后______日内，再向甲方支付转让价格______%的转让价款：

（1）目标矿权的转让获得矿业权登记管理机关的同意或批准；

（2）依法设立的矿业权交易机构出具了矿业权交易鉴证文件；

（3）甲方履行了本合同第三条第 3 款约定的全部义务。

在采取第一条第 6 款项下第 2 种转让方式的情况下，乙方应当在以下条件全部满足后的______日内，向甲方支付全部转让价款：

（1）目标矿权的转让获得审批机关的同意或批准；

（2）登记机关向乙方下达了“划定矿区范围批复”；

（3）甲方履行了本合同第 3 条第 3 款约定的全部义务。

4. 在采取第一条第 6 款项下第 1 种转让方式的情况下，乙方应在获得矿业权登记管理机关核发的勘查许可证之日或在矿业权登记管理机关批准目标矿权转让后______日内（以先到者为准）向甲方付清其余的全部转让价款。

5. 甲方在收取乙方款项当日，向乙方提供收款收据，在收到探矿权转让全部款项当日，向乙方提供全额税务发票。

第三条　目标矿权的转让审批及登记[①]

> 条文注解：根据国务院《探矿权采矿权转让管理办法》（国务院令第 242 号）的规定，矿业权转让申请被批准之日起，转让合同生效。因此，关于转让审批的相关约定在转让合同中极为关键。

1. 在采用本合同第一条第 6 款项下第 1 种转让方式的情况下，甲方在收到乙方支付的预付款后______日内，向矿业权登记管理机关提交办理目标矿权转让审批所需的全部材料。对于其中由乙方提供的材料，乙方应在本合同签署

14037

后______日内提交给甲方。对于矿业权登记管理机关要求的其他材料，甲乙双方应当按照要求及时提供。

2. 在采用本合同第一条第6款项下第2种转让方式的情况下，甲方在收到乙方支付的预付款后______日内，向矿业权登记管理机关提交办理目标矿权转让审批所需的全部材料。对于其中应由乙方提供的材料，乙方应在本合同签署后______日内提交给甲方。对于矿业权登记管理机关要求的其他材料，甲乙双方应按照要求及时提供。

3. 矿业权登记管理机关批准甲方向乙方转让探矿权的，在依法设立的矿业权交易机构出具矿业权交易鉴证文件后，如甲方需按评估备案结果补交探矿权价款（不同于探矿权转让价款）的，应按照登记机关的要求补交探矿权价款。同时，甲方应向矿业权交易机构缴纳规定的费用，并将缴费发票复印件交付给乙方。甲方还应当在矿业权登记管理机关批准目标矿权的转让之日起______日内，向乙方移交该目标矿权勘查区块范围内的全部地质资料。

4. 在采用本合同第一条第6款项下第1种转让方式的情况下，在甲方履行了本条第3款项下约定的义务，且乙方又向甲方支付了转让价格______%的转让价款后______日内，乙方应向矿业权登记管理机关提交相关材料，申请办理探矿权变更登记手续。因可归责于乙方的原因逾期未办理的，由此产生的一切不利后果均由乙方自行承担。在乙方申请办理目标矿权变更登记的过程中，甲方有义务提供必要的协助。

5. 在采用本合同第一条第6款项下第2种转让方式的情况下，乙方应在矿区预留期限（包括矿区预留期限届满后乙方申请延长的期间）内完成办理采矿权登记所需的各项前期工作，并申请采矿权登记。逾期未能完成的，由此产生的一切不利后果均由乙方自行承担。同时，在矿业权登记管理机关向乙方下达了“划定矿区范围批复”后，对于乙方能否获得采矿权登记，并获得采矿许可证，甲方不承担任何责任；乙方不能获得采矿许可证的，无权要求甲方退还已经支付的探矿权转让价款。

第四条　目标矿权的转让未能获得批准时的处理①

> 条文注解：在探矿权转让中需要变更探矿权主体，根据规定应当履行探矿权转让审批程序，存在无法获得审批通过的可能，因此，有必要对于未能获得审查批准的情形约定明确的处理措施。

1. 非因可归责于甲方或乙方的原因，目标矿权的转让申请向矿业权登记管理机关提交后，在本合同签署后______日内未能得到矿业权登记管理机关或依法设立的矿业权交易机构的受理，或未能得到矿业权登记管理机关的批准时，本合同终止履行。甲方应在本合同终止履行后______日内，向乙方退还全部预付款，并按照中国人民银行发布的同期同类贷款基准利率向乙方支付预付款的利息。

2. 因可归责于甲方的原因，目标矿权的转让申请向矿业权登记机关提交后，在本合同签署后的______日内，未能得到矿业权登记机关或依法设立的矿业权交易机构的受理，或未能获得矿业权登记机关的批准的，本合同终止履行。甲方应在本合同终止履行后______日内，向乙方退还全部预付款，并按照目标矿权转让价款总额的______%向乙方支付赔偿金。

3. 因可归责于乙方的原因，目标矿权的转让申请向矿业权登记机关提交后，在本合同签署后的______日内，未能得到矿业权登记机关或依法设立的矿业权交易机构的受理，或未能获得矿业权登记机关的批准的，本合同终止履行。乙方应在本合同终止履行后______日内，按照目标矿权转让价款总额的______%向甲方支付赔偿金。

第五条　陈述、保证和承诺

1. 甲方陈述、保证和承诺[①]

> 条文注解：作为探矿权转让的矿权方对于合作矿权相关情况的陈述、保证和承诺是探矿权转让得以顺利进行的重要保障，也将成为判断矿权方是否违约的重要标准，对此应予以特别注意。

（1）自本合同签署之日至目标矿权变更登记完成之前（或登记管理机关向乙方下达“划定矿区范围批复”之前），目标矿权的勘查许可证是真实、合法、有效的；甲方对于目标矿权拥有完整、无瑕疵的权利；目标矿权不存在与其他矿权重叠或交叉的情形；与其他矿权不存在现实的或潜在的矿界争议；目标矿权未设定任何抵押、质押及其他任何限制转让的情形；不存在任何涉及诉讼或被司法、行政程序查封、冻结等限制转让的情况；

（2）甲方已依法缴纳了探矿权使用费和探矿权价款（如需缴纳的话）；

（3）甲方领取勘查许可证已满两年或已经取得了储量报告及评审备案证明；

（4）甲方已按照批准的勘查设计组织施工，勘查施工作业符合国家的勘查标准和规范，各类实物工作量已完成______%以上并提交了真实、完整的勘查报告；

（5）甲方已完成了法定的最低勘查投入；

14037

（6）甲方不存在无故停工 6 个月以上的情况；不存在持勘查许可证采矿、非法承包、出租、转让、与他人合作开采等违法行为；

（7）甲方已按照有关规定汇交矿产资源勘查成果档案资料，不存在伪造地质资料或者在地质资料汇交中弄虚作假的行为；甲方在合同签订后，经过______省国土资源主管部门批准生效后______日内向乙方移交该矿区范围内的全部地质资料；

（8）甲方已依法办理了勘查用地审批手续；甲方与土地所有人签署的土地使用合同真实、合法、有效；自本合同签署之日至目标矿权变更登记完成之前（或登记管理机关向乙方下达“划定矿区范围批复”之前），甲方没有违反，也不会违反土地使用合同的约定，土地使用合同没有，也不会被土地所有人依法终止或解除；

（9）目标矿权的转让不存在可能无法获得矿业权登记管理机关批准的其他情形；目标矿权转让完成后，不存在矿业权登记管理机关可能基于目标矿权转让前因可归责于甲方的原因或行为而吊销目标矿权的情形；

（10）甲方已完成了转让目标矿权所需的一切授权、批准（除矿业权审批机关的批准外）、备案等程序；甲方转让目标矿权，不会违反其公司章程，不会违反其与其他任何第三方所签署的合同；

（11）探矿权变更前甲方应履行而未履行的义务和应承担而未承担的法律责任仍由甲方依法承担；

（12）甲方承诺：自本合同签署之日至目标矿权变更登记完成（或登记管理机关向乙方下达“划定矿区范围批复”之前），甲方仍将依法履行矿业权人的各项义务，以确保目标矿权的合法、有效续存，并确保目标矿权符合法律、法规、规章及政策规定的转让条件。

2. 乙方的陈述、保证和承诺

（1）乙方为依法设立的企业，具备受让目标矿权的资格条件；

（2）乙方已完成了受让目标矿权所需的一切授权、批准（除矿业权登记管理机关的批准外）、备案等程序；乙方受让目标矿权，不会违反其公司章程，不会违反其与其他任何第三方所签署的合同；

（3）乙方将按照本合同的约定向甲方履行支付探矿权转让价款的义务；

（4）乙方声明：合同签订前，已详细阅读了该探矿权的所有技术资料，并经过实地踏勘考察，同时也对该矿权周边的自然环境和社会环境条件做了充分的调查和论证。乙方承诺受让该矿权后发生的一切风险均由乙方承担。

第六条　交易税费的承担

1. 因委托矿业权交易机构进行本合同项下目标矿权转让交易而应当缴纳的交易手续费，由甲方和乙方各承担一半。

2. 除本条所述交易手续费以外的其他因目标矿权的转让而需缴纳的税费，由甲乙双方按照规定分别予以承担和缴纳。

3. 截至本合同签订之前，依照法律规定及政府规章应由甲方缴纳的各种税费，由甲方承担并在办理过程中及时缴纳。

第七条　本合同履行期间目标矿权的年检和延续

1. 在本合同履行期间，目标矿权的年检手续和延续登记手续仍然由甲方依照有关规定办理，但乙方应当给予必要的配合；办理年检和延续登记手续的费用由甲方承担。

2. 在本合同履行期间，甲方未依法办理目标矿权的年检手续和延续登记手续，并致使目标矿权灭失或无法办理转让及变更登记手续的，甲方应按照本合同的约定承担赔偿责任[①]。

> 条文注解：探矿权作为有期限的权利，其是否存在违法行为，能否通过矿政管理机关的年检和能否顺利通过行政延续许可直接关系着探矿权转让的正常运行，因此，有必要对此内容予以约定，以督促探矿权人勤勉尽责地维护矿权，保证探矿权转让的顺利进行。

第八条　违约责任[②]

> 条文注解：在探矿权转让过程中，存在较多的不确定因素，有客观的、有可归责于转让方的、有可归责于受让方的、还有政策法规等因素均可能造成探矿权转让无法实现，有必要结合不同的情形设计不同的违约处理措施，以免在纠纷产生时无章可循。

1. 任何一方所作的陈述、保证和承诺与实际情况有任何出入或违反了其所作的任何陈述、保证和承诺的，则该方应承担另一方由此所受到的全部损失。

2. 乙方未按照本合同第 2 条第 2 款的约定向甲方支付预付款，且逾期超过______日的，甲方有权终止本合同的履行，要求乙方返还目标矿权勘查许可证原件，并有权要求乙方承担目标矿权转让价款总额______%的赔偿责任。

3. 乙方未按照本合同的约定，向甲方支付转让价款的，每逾期 1 日应向甲方支付应付未付金额______%的违约金，逾期超过______日，且目标矿权尚未完成变更登记的，甲方有权解除合同。

14037

4. 甲方未按照本合同第 2 条第 2 款约定向乙方交付目标矿权勘查许可证原件，且逾期超过______日的，乙方有权终止本合同的履行，并要求甲方承担目标矿权转让价款总额______%的赔偿责任。

5. 乙方按照合同约定支付转让价款的，甲方必须按照合同约定，按时提供该矿区范围内的全部地质资料，并协助乙方办理相关手续。由于甲方未按时提供探矿权的全部资料而致使乙方办理延期的，每日以已支付转让价款的______‰向乙方给付违约金，导致乙方延期交付上述资料超过______日的，乙方有权解除合同，要求甲方退还已经支付的转让价款，并要求甲方承担转让价款总额______%的赔偿责任。

6. 因可归责于甲方的原因，甲方未按照本合同第 3 条的约定，向矿业权登记管理机关申请办理目标矿权的转让审批及登记手续的，逾期超过______日的，乙方有权终止本合同的履行，要求甲方返还预付款，并要求甲方承担转让价款总额______%的赔偿责任。

7. 在本合同履行期间，甲方未依法办理目标矿权的年检手续和延续登记手续，并致使目标矿权灭失或无法办理转让及变更登记手续的，乙方有权终止本合同履行，要求甲方返还预付款，并要求甲方承担转让价款总额______%的赔偿责任。

8. 在本合同履行期间，甲方未履行矿业权人的各项法定义务，致使目标矿权灭失、被吊销，或不符合法律、法规、规章及政策规定的转让条件，从而使得本合同的目的无法实现的，乙方有权终止本合同的履行，要求甲方返还预付款项，并要求甲方承担转让价款总额的______%的赔偿责任。

第九条　保密和信息披露

1. 合同双方保证对在谈判、磋商、签订、执行本合同过程中所获悉属于他方的且无法自公开渠道获得的文件、资料以及本合同的内容和履行情况予以保密。

2. 除了法律法规的规定，或者相关有权政府部门的要求外，未经本合同另一方的同意，任何一方均不得直接或间接地以任何形式披露或者泄露本合同所包含的任何内容以及所涉及的任何交易，但向各自负有保密义务的工作人员和法律顾问披露的除外。任何一方应尽力促使各自的工作人员对本合同所涉及的内容进行严格地保密。

3. 本合同的保密条款为持续性条款，且无论本合同无效、解除、终止均不影响保密条款的延续性和有效性。无论本合同的任一方作为合同当事人的资格和权利是否终止，本合同的任一合同当事人均应遵守本条所约定的保密义务。

第十条　合同的彻底性和完整性

本合同及其附件是缔约双方对合作的最后谅解和一致，其效力高于所有缔约双方及其工作人员、代表在签署日以前以书面或口头形式所达成的合同、承诺、安排、谅解、陈述和保证等。

第十一条　通知

1. 任何与本合同有关的需要送达或给予的通知、合同、同意或其他通信，除双方另有约定外，应按双方当事人在本合同中列明的地址、传真、电话、电子邮件或其他联系方式进行；通过传真、电话、电子邮件发出的任何文件、资料、通知，在发出后即视为收讫。通过邮寄发出的任何文件、资料、通知，在寄出十天后即视为收讫。

2. 合同任何一方在本合同所列的地址、传真、电话、电子邮件或其他联系方式发生改变的，应自变更之日起______日内以书面形式通知对方，否则，对方按照原来的地址、传真、电话、电子邮件或其他联系方式发出的文件、资料、通知等均视为在前款约定的时间内收讫，由此产生的一切后果，均由另一方自行承担。

第十二条　局部无效

本合同的各项条款和条件均为可独立履行的。如果本合同的任何一项条款因不符合有关法律、法规和规范性文件的规定，而被有权机关认定为无效时，甲乙双方应立即协商并拟订新的条款来取代该被认定为无效的条款。尽管如此，除该被认定为无效的条款外，本合同的其他各款仍将继续全面有效，双方仍应继续履行本合同。

第十三条　法律适用及争议解决

1. 本合同的订立、效力、变更、解释、履行、终止和由本合同产生或与本合同有关之争议的解决，均适用中华人民共和国法律。

2. 凡因本合同引起的或与本合同有关的一切争议，双方应友好协商解决。如果争议自发生之日起三十日内仍不能得到解决，则任何一方均有权选择以下第______种方式解决：

（1）向______仲裁委员会申请仲裁，按照申请仲裁时该会实施的仲裁规则进行仲裁。

（2）向______人民法院起诉，以诉讼解决争议。

第十四条　合同的生效及其他

1. 本合同的附件为本合同不可分割的一部分；本合同及其附件内空格部分填写的文字与印刷文字具有同等法律效力。

2. 本合同的未尽事宜或出现与本合同相关的其他事宜时，由双方协商解决并另行签订书面补充合同，补充合同与本合同具有同等的法律效力。

3. 本合同自双方法定代表人或授权代表签字、盖章之日起成立，需要审批

14037

的合同内容自目标矿权的转让获得矿业权登记机关批准后生效，[1] 无须依赖于审批的内容自合同成立时生效。

条文注解：根据国务院《探矿权采矿权转让管理办法》（国务院令第 242 号）第 10 条的规定，矿业权转让申请被批准之日起，转让合同生效，这是探矿权转让合同得以生效的法定要件。

4. 本合同一式______份，每方各执______份，其余______份仅限于办理过户手续之用，具有同等法律效力。

5. 本合同由甲乙双方在中华人民共和国______签署。

（以下无合同正文条款）

甲方：（盖章）	乙方：（盖章）
法定代表人或授权代表：（签字）	法定代表人或授权代表：（签字）
日期：	日期：

四、采矿权转让合同

【使用场景】

本范本适用于采矿权人转让采矿权的情景。采矿权转让属于采矿权变更的一种形式，即采矿权主体的变更，意味着在国家矿政管理部门的监督之下，将采矿权有偿转让。依据转让标的不同，本合同适用于采矿权转让。对于探矿权转让的情形，不适用于本合同。

【法律要点】

1. 什么是采矿权转让？

采矿权转让，是指已取得采矿权的矿山企业，因企业合并、分立，与他人合资、合作经营，或者因企业资产出售以及其他变更企业资产产权的情形而需要变更采矿权主体，经审批管理机关依法批准将采矿权转让他人开采的行为。

根据原国土资源部《关于完善矿产资源开采审批登记管理有关事项的通知》（国土资规〔2017〕16 号）第 17 项的规定：有下列情形之一的采矿权不得办理转让变更登记：1. 采矿权部分转让变更的；2. 同一矿业权人存在重叠的矿业权单独转让变更的；3. 采矿权处于抵押备案状态且未经抵押权人同意的；4. 未按要求缴纳出让收益（价款）等费用，未完成矿山地质环境恢复治理义务的；5. 采矿权被国土资源主管部门立案查处，或法院、公安、监察等机关通知不得转让变更的。除母公司与全资子公司之间的采矿权转让变更外，以协议出让方式取得的采矿权未满 10 年不得转让变更，确需转让变更的，按协议出让采矿权要件要求及程序办理。

2. 转让采矿权应当具备哪些条件？

根据《中华人民共和国矿产资源法》《探矿权采矿权转让管理办法》（国务院令第 242 号）及《矿业权出让转让管理暂行规定》（国土资发〔2000〕309 号）等法律法规的规定，采矿权人转让采矿权应当同时具备下列条件：

（1）矿山企业投入采矿生产满 1 年。采矿申请人领取采矿许可证后，因与他人合资、合作进行采矿而设立新企业的，可不受投入采矿生产满 1 年的

14039

限制。已取得采矿权的矿山企业，欲转让其采矿权时，必须自领取采矿许可证之日起按照矿山设计和生产规模进行采矿生产满 12 个月，否则其采矿权转让申请，审批管理机关不予受理。这是对采矿权转让时间上的一个基本要求。这就要求采矿权人必须进行大量资金投入。此规定可以有效地防止采矿权人自领取采矿许可证之日起不投入、不生产就进行采矿权炒卖情形的发生。

（2）采矿权属无争议。欲转让的采矿权必须是无争议的完全的采矿权。采矿权是对特定矿产资源享有开采并收益的独占性、排他性权利，严格遵守物权理论中的“一物一权主义”。采矿权主体必须明确，如果采矿权主体不明确，归属尚存争议，此类采矿权则不允许转让。“采矿权属无争议”的规定之目的是防止采矿权人倒卖牟利情况的发生，切实保护采矿权人的合法权益。

（3）按照国家有关规定已经缴纳采矿权使用费、采矿权价款、矿产资源补偿费和资源税。按照矿产资源法律法规的规定，向国家缴纳采矿权使用费、采矿权价款、矿产资源补偿费和资源税，是已经取得采矿许可证的采矿权人应当履行的法定义务。欲转让采矿权的矿山企业，必须按照规定的期限、数额不折不扣地缴纳采矿权价款、采矿权使用费、矿产资源补偿费和资源税。对法律、法规规定应当缴纳而不缴纳采矿权使用费、采矿权价款、矿产资源补偿费和资源税的采矿权转让申请，审批管理机关不予受理和审批。此项规定之目的是保护国家作为矿产资源所有权人的利益，防止国有资产被侵害和流失。

（4）采矿权的受让人，应当符合《矿产资源开采登记管理办法》（国务院令第 241 号）规定的采矿权申请人条件。《矿产资源开采登记管理办法》（国务院令第 241 号）第 5 条第 1 款第 2 项规定，采矿权申请人申请办理采矿许可证时，应当向登记管理机关提交采矿权申请人资质条件的证明。所谓采矿权申请人的资质条件，主要是指采矿权申请人能独立承担民事责任，履行民事义务的能力，即具有与所开采矿产资源相适应的资金、技术和装备条件。《矿业权出让转让管理暂行规定》（国土资发〔2000〕309 号）第 19 条规定，矿业权申请人应是出资人或由出资人设立的法人，采矿权申请人应为企业法人，个体采矿的应依法设立个人独资企业。凡不符合法定条件的，不得成为采矿权转让的受让人。

（5）转让国家出资勘查形成矿产地的采矿权，应由采矿权人委托评估机构进行采矿权评估。评估机构应是国务院地质矿产主管部门会同国务院国有资产管理部门认定的评估机构，评估结果应由国务院地质矿产主管部门确认。[①]

> 条文注解：根据《国务院关于修改部分行政法规的决定》（2014 年 7 月 29 日，国务院令第 653 号）的规定，《探矿权采矿权转让管理办法》第 9 条第 2 款“探矿权、采矿权转让的评估工作，由国务院地质矿产主管部门会同国务院国有资产管理部门认定的评估机构进行；评估结果由国务院地质矿产主管部门确认”修改为“国家出资勘查形成的探矿权、采矿权价款，由具有矿业权评估资质的评估机构进行评估；评估报告报探矿权、采矿权登记管理机关备案”。

（6）国务院地质矿产主管部门规定的其他条件。转让采矿权还须符合国务院地质矿产主管部门规定的其他条件。这是一种授权性规定。在采矿权转让审批过程中可能会遇到一些预想不到的情况，为了使采矿权转让顺利进行，保护国家利益，保护采矿权转让人和受让人的合法权益，需要规定一些新的条件加以限制。

3. 已成立的矿业权转让合同是否具有法律约束力？

就矿业权转让合同而言，矿业权人作为转让人与受让人就拟交易矿业权的转让方式、转让价格、付款方式、变更过户、违约责任等主要条款达成一致，双方当事人在书面转让合同上签字或者盖章时，合同即告成立。合同成立后对当事人是否具有法律约束力尚需进一步审查合同是否依法成立，即判断合同是否具有适法性，只有合法有效成立的合同才对当事人产生法律约束力。

合同效力有形式拘束力与实质效力之分，形式拘束力意指当事人不能任意撤销、变更甚至解除合同的效力，实质效力则是指基于合同本身而在当事人间发生的权利义务关系。合同的形式拘束力源于合同的成立，而实质效力则源于合同的生效。《合同法》第 8 条关于“依法成立的合同，对当事人具有法律约束力”的规定中并没有除外情形。也就是说，合同只要成立，就具有形式拘束力，任何一方当事人均不得擅自撤销、变更或解除。就此而言，合同解除仅与合同成立相关，而与合同是否生效并无必然联系。

尽管在国土资源部门批准矿业权转让申请前，根据《探矿权采矿权转让管理办法》（国务院令第 242 号）第 10 条的规定，矿业权转让合同尚未“生效”，但若认定此时的合同不具有任何效力、对当事人不具有法律约束力，则当事人即有正当理由拒绝履行报批或者协助报批义务，合同也将永远不会“生效”，依法成立的合同也就失去了其签订的意义，对已依约履行先期义务、诚信守约一方当事人将造成极大的利益失衡，并助长恶意悔约和不诚信行为的不断发生。为此，《最高人民法院关于审理矿业权纠纷案件适用法律若干问题的解释》（法释〔2017〕12 号）第 6 条规定：“矿业权

14039

转让合同自依法成立之日起具有法律约束力。”可见，即便在法律、行政法规规定合同应当办理审批后才生效，但依法成立的合同对当事人已经产生了法律约束力。

4. 如何确定矿业权转让合同的生效时间？

我国《合同法》第44条规定：“依法成立的合同，自成立时生效。法律、行政法规规定应当办理批准、登记等手续生效的，依照其规定。”《探矿权采矿权转让管理办法》（国务院令第242号）第10条规定：“批准转让的。转让合同自批准之日起生效。”《最高人民法院关于适用〈中华人民共和国合同法〉若干问题的解释（一）》（法释〔1999〕19号）第9条规定：“法律、行政法规规定合同应当办理批准手续或者办理批准登记手续才生效。在一审法庭辩论终结前当事人仍未办理批准手续的，或者仍未办理批准、登记手续的。人民法院应当认定该合同未生效；法律、行政法规规定合同应当办理登记手续。但未规定登记后生效的，当事人未办理登记手续不影响合同的效力，合同标的物所有权及其他物权不能转移。”

根据上述规定，矿业权转让合同自转让申请被审批管理机关批准之日起生效，具有法律效力。矿业权转让合同在转让申请未被审批登记管理机关批准之前，仅具有形式约束力，不具有实质效力。实践中，矿业权转让合同双方当事人往往出于规避行政主管部门的监管和逃避相关税费的目的，不办理矿业权转让批准登记手续。对此，应当认定矿业权转让合同（或合同条款）未生效，矿业权当然不发生转移，也不能对抗第三人。

5. 国有矿山企业转让采矿权有什么特殊规定？

为了保护国家利益，防止国有资产流失，国有矿山企业转让采矿权不得自行做主，必须征得本企业主管部门的同意，并符合《探矿权采矿权转让管理办法》（国务院令第242号）第6条的规定。作为采矿权审批管理机关，在审批国有矿山企业采矿权转让申请时，除要求其必须同时具备《探矿权采矿权转让管理办法》（国务院令第242号）第6条所规定条件外，还必须要求国有矿山企业出具其上级企业主管部门同意其采矿权转让的批准文件，否则不予受理和审批。

【文本正文】

采矿权转让合同

立合同人：

转让人（简称“甲方”）：

（名称、统一社会信用代码、住所、法定代表人、职务、委托代理人、身份证号码、

通信地址、邮政编码、联系人、电话、传真、账号、电子信箱）

受让人（简称“乙方”）：

（名称、统一社会信用代码、住所、法定代表人、职务、委托代理人、身份证号码、通信地址、邮政编码、联系人、电话、传真、账号、电子信箱）

甲乙双方根据《中华人民共和国矿产资源法》《中华人民共和国合同法》《中华人民共和国矿产资源法实施细则》《矿产资源开采登记管理办法》《探矿权采矿权转让管理办法》《矿业权出让转让管理暂行规定》和其他法律法规及政策，经友好协商，本着平等、自愿、有偿、诚信的原则，就甲方向乙方转让______（填入采矿权名称）采矿权一事签订本合同。

第一条　目标矿权及转让方式

1. 甲方向乙方转让的本合同项下的采矿权（以下简称“目标矿权”），其采矿许可证编号为：____________（填入编号），审批发证机关为____________（填入审批发证机关的名称）（以下简称“发证机关”）。采矿许可证的复印件见本合同附件______。

2. 目标矿权系甲方通过______（招标 / 拍卖 / 挂牌 / 协商 / 申请在先 / 探转采 / 转让）的方式，于______年______月______日依法获得的。

3. 目标矿权的地理位置为：____________；矿区面积为：______平方公里；开采矿种为：____________；矿区范围坐标为：____________（具体位置见本合同所附矿区范围图）。

4. 目标矿权的采矿许可证有效期自______年______月______日至______年______月______日。

5. 甲方______（未 / 已）依法办理了储量占用登记，在本合同签署之日，目标矿权所占用的资源 / 储量情况如下____。

6. 甲方已经投入采矿满 1 年，现甲方拟将目标矿权转让并变更登记至乙方名下，由乙方在领取采矿许可证后继续进行开采。

第二条　转让价格及支付条件

1. 基于本合同约定的各项条件，本合同项下目标矿权的转让价格为￥______万元（大写：人民币______万元）。此费用不包括地质环境保证金、采矿权使用费和矿产资源补偿费、采矿权登记费等。甲方的开户银行及账号如下：

开户银行：______________；单位：______________；账号：______________。

14039

2. 本合同签署后______日内，甲方应向乙方交付目标矿权采矿许可证正本原件，乙方在收到目标矿权采矿许可证原件后，应向甲方出具收据，并于当日向甲方支付转让价款总额______%，即￥______万元（大写：人民币______万元）的预付款。

3. 乙方应在以下条件全部满足后______内，再向甲方支付转让价款总额______%的转让价款；乙方向甲方支付的第2条第2款项下的预付款抵作转让价款：

（1）目标矿权的转让获得矿业权登记管理机关的同意或批准；

（2）依法设立的矿业权交易机构出具了矿业权交易鉴证文件；

（3）甲方履行了本合同第3条第2款约定的全部义务。

4. 乙方应自获得矿业权登记管理机关核发的采矿许可证之日后______日内或矿业权登记管理机关批准目标矿权转让后______日内（以先到者为准）向甲方付清其余的全部转让价款。

第三条　目标矿权的转让审批及登记 [1]

> 条文注解：根据国务院《探矿权采矿权转让管理办法》（国务院令第242号）的规定，矿业权转让申请被批准之日起，转让合同生效。因此，转让审批相关约定在矿业权转让合同中极为关键。

1. 甲方应当在收到乙方支付的预付款后______日内，向矿业权登记管理机关提交办理目标矿权转让审批所需的全部材料。对于其中应由乙方提供的材料，乙方应当在本合同签署后______日内提交给甲方。对于矿业权登记机关要求的其他材料，甲方应按要求及时提供。

2. 矿业权登记管理机关同意甲方向乙方转让采矿权的，在依法设立的矿业权交易机构出具矿业权交易鉴证文件后，如甲方需按评估备案结果补交采矿权价款（不同于采矿权转让价款）的，应按照登记机关的要求补交采矿权价款。同时，甲方应向矿业权交易机构缴纳规定的费用，并将缴费发票复印件交付给乙方。甲方还应在矿业权登记管理机关批准目标矿权的转让之日起______日内，向乙方移交该目标矿权矿区范围内的全部地质资料。

3. 在甲方履行了本合同第3条第2款的约定义务，且乙方又向甲方支付了转让价款总额______%的款项后______日内，乙方应向矿业权登记机关提交相关材料，申请办理采矿权变更登记手续。因可归责于乙方的原因逾期未办理的，由此产生的一切不利后果均由乙方承担。

第四条　目标矿权的转让未能获得批准时的处理①

> 条文注解：在采矿权转让中需要变更采矿权主体，根据规定应当履行采矿权转让审批程序，存在无法获得审批通过的可能，因此，有必要对于未能获得审查批准的情形约定明确的处理措施。

1. 非因可归责于甲方或乙方的原因，目标矿权的转让申请向矿业权登记管理机关提交后，在本合同签署后______日内未能得到矿业权登记管理机关或依法设立的矿业权交易机构的受理，或未能获得矿业权登记管理机关的批准时，本合同终止履行。甲方应在本合同终止履行后______日内，向乙方退还全部预付款，并按照中国人民银行发布的同期同类贷款基准利率向乙方支付预付款的利息。

2. 因可归责于甲方的原因，目标矿权的转让申请向矿业权登记机关提交后，在本合同签署后的______日内，未能得到矿业权登记机关或依法设立的矿业权交易机构的受理，或未能获得矿业权登记机关的批准的，本合同终止履行。甲方应在本合同终止履行后______日内，向乙方退还全部预付款，并按照目标矿权转让价款总额的______%向乙方支付赔偿金。

3. 因可归责于乙方原因，目标矿权的转让申请向矿业权登记机关提交后，在本合同签署后的______日内，未能得到矿业权登记机关或依法设立的矿业权交易机构受理，或未能获得矿业权登记机关的批准的，本合同终止履行。乙方应在本合同终止履行后______日内，按照目标矿权转让价款总额的______%向甲方支付赔偿金。

第五条　陈述、保证和承诺

1. 甲方的陈述、保证和承诺：②

> 条文注解：作为采矿权转让的矿权方对于合作矿权相关情况的陈述、保证和承诺是采矿权转让得以顺利进行的重要保障，也将成为判断其是否违约的重要标准，对此应予以特别注意。

（1）自本合同签署日之至目标矿权变更登记完成之前，目标矿权的采矿许可证是真实、合法、有效的；甲方对目标矿权拥有完整、无瑕疵的权利；目标矿权不存在与其他矿权重叠或交叉的情形；目标矿权与其他矿权不存在现实的或潜在的矿界争议；目标矿权未设定任何抵押、质押及其他任何限制转让的情形；目标矿权不存在任何涉及诉讼或被司法、行政程序查封、冻结等限制转让的情况；

（2）甲方已依法缴纳了采矿权使用费、采矿权价款（如需缴纳的话）、资

14039

源税、矿产资源补偿费、矿产资源有偿使用费，并缴存了矿山环境治理恢复保证金；

（3）甲方已按照规定填报了矿产储量表和矿产资源开发利用情况统计报告；

（4）甲方不存在未经审查批准擅自出租、非法承包、转让或与他人合作开采的行为；不存在采用破坏性开采方法开采矿产资源的行为；不存在越界开采的非法行为；甲方严格遵守了有关法律、法规关于劳动安全、土地复垦和环境保护的规定；

（5）甲方已依法办理了采矿用地报批手续；甲方与土地所有人签署的土地使用合同真实、合法、有效；自本合同签署之日至目标矿权变更登记完成之前，甲方没有违反，也不会违反土地使用合同的约定，土地使用合同没有也不会被土地所有人依法终止或解除；

（6）目标矿权的转让不存在可能无法获得矿业权登记管理机关批准的其他情形；

（7）目标矿权转让完成后，不存在矿业权登记管理机关可能基于目标矿权转让前因可归责于甲方的原因或行为而吊销目标矿权的情形；

（8）甲方已完成了转让目标矿权所需的一切授权、批准（除矿业权审批机关的批准外）、备案等程序；甲方转让目标矿权，不会违反其公司章程，不会违反其与其他任何第三方签署的合同；

（9）采矿权变更前甲方应履行而未履行的义务和应承担而未承担的法律责任仍由甲方依法承担；

（10）甲方承诺：在本合同签署后，甲方仍将依法履行矿业权人的各项义务，以确保目标矿权合法、有效存续，并确保目标矿权符合法律、法规、规章及政策规定的转让条件。

2. 乙方的陈述、保证和承诺：

（1）乙方为依法设立的企业，具备受让目标矿权的资格条件；

（2）乙方已完成了受让目标矿权所需的一切授权、批准（除矿业权登记管理机关的批准外）、备案等程序；乙方受让目标矿权，不会违反其公司章程，不会违反其与其他任何第三方签署的合同；

（3）乙方将按照本合同的约定向甲方履行支付目标矿权转让价款的义务；

（4）乙方声明：合同签订前，已详细阅读了该采矿权的所有技术资料，并经过实地踏勘考察，同时也对该矿权周边的自然环境和社会环境条件做了充分的调查和论证。乙方承诺受让该矿权后发生的一切风险均由乙方承担。

第六条　交易税费的承担

1. 因委托矿业权交易机构进行本合同项下目标矿权转让交易而应当缴纳的交易手续

费，由甲方和乙方各承担一半。

2. 除本条所述交易手续费以外的其他因目标矿权的转让而需缴纳的税费，由甲乙双方按照规定分别予以承担和缴纳。

第七条　本合同履行期间目标矿权的年检和延续

1. 在本合同履行期间，目标矿权的年检手续和延续登记手续仍然由甲方依照有关规定办理，但乙方应当给予必要的配合；办理年检和延续登记手续的费用由甲方承担。

2. 在本合同履行期间，甲方未依法办理目标矿权的年检手续和延续登记手续，并致使目标矿权灭失或无法办理转让及变更登记手续的，甲方应按照本合同的约定承担赔偿责任。[①]

> 条文注解：采矿权作为有期限的权利，其是否存在违法行为，能否通过矿政管理机关的年检，和能否顺利通过行政延续许可直接关系着采矿权转让的进行，因此，有必要对此内容予以约定，以督促采矿权人勤勉尽责地维护矿权，保证采矿权转让的顺利进行。

第八条　违约责任[②]

> 条文注解：在采矿权转让过程中，存在较多的不确定因素，有客观的、有可归责于转让方的、有可归责于受让方的、还有政策法规等因素均可能造成采矿权转让无法实现，有必要结合不同的情形设计不同的违约处理措施，以免在纠纷产生时无章可循。

1. 任何一方所作的陈述、保证和承诺与实际情况有任何出入或违反了其所作的任何陈述、保证和承诺的，则该方应承担另一方由此所受到的全部损失。

2. 乙方未按照本合同第 2 条第 2 款的约定向甲方支付预付款，且逾期超过______日的，甲方有权终止本合同的履行，要求乙方返还目标矿权采矿许可证原件，并要求乙方承担转让价款总额______%的赔偿责任。

3. 乙方未按照本合同的约定，向甲方支付转让价款的，每逾期 1 日应向甲方支付应付未付金额______%的违约金，逾期超过______日，且目标矿权尚未完成变更登记的，甲方有权解除合同。

4. 甲方未按本合同第 2 条第 2 款约定向乙方交付目标矿权采矿许可证原件，且逾期超过______日的，乙方有权终止本合同的履行，并要求甲方承担转让价款总额______%的赔偿责任。

5. 乙方按照合同约定支付转让价款的，甲方必须按照合同约定，按时提

14039

供该矿区范围内的全部地质资料，并协助乙方办理相关手续。由于甲方未按时提供采矿权的全部资料而致使乙方办理延期的，每日以已支付转让价款的______‰向乙方给付违约金，导致乙方延期交付上述资料超过______日的，乙方有权解除合同，要求甲方退还已经支付的转让价款，并要求甲方承担转让价款总额______%的赔偿责任。

6. 因可归责于甲方的原因，甲方未按照本合同第 3 条的约定，向矿业权登记管理机关申请办理目标矿权的转让审批及登记手续的，逾期超过______日的，乙方有权终止本合同的履行，要求甲方返还预付款，并要求甲方承担转让价款总额______%的赔偿责任。

7. 在本合同履行期间，甲方未依法办理目标矿权的年检手续和延续登记手续，并致使目标矿权灭失或无法办理转让及变更登记手续的，乙方有权终止本合同履行，要求甲方返还预付款，并要求甲方承担转让价款总额______%的赔偿责任。

8. 在本合同履行期间，甲方未履行矿业权人的各项法定义务，致使目标矿权灭失、被吊销，或不符合法律、法规、规章及政策规定的转让条件，从而使得本合同的目的无法实现的，乙方有权终止本合同的履行，要求甲方返还预付款项，并要求甲方承担转让价款总额______%的赔偿责任。

第九条　保密和信息披露

1. 合同双方保证对在谈判、磋商、签订、执行本合同过程中所获悉的属于他方的且无法自公开渠道获得的文件、资料以及本合同内容和履行情况予以保密。

2. 除了法律法规的规定，或者相关有权政府部门的要求外，未经本合同另一方的同意，任何一方均不得直接或间接地以任何形式披露或者泄露本合同所包含的任何内容以及所涉及的任何交易，但向各自负有保密义务的工作人员和法律顾问披露的除外。任何一方应尽力促使各自的工作人员对本合同所涉及的内容进行严格地保密。

3. 本合同的保密条款为持续性条款，且无论本合同无效、解除、终止均不影响保密条款的延续性和有效性。无论本合同的任一方作为合同当事人的资格和权利是否终止，本合同的任一合同当事人均应遵守本条所约定的保密义务。

第十条　合同的彻底性和完整性

本合同及其附件是缔约双方对合作的最后谅解和一致，其效力高于所有缔约双方及其工作人员、代表在签署日以前以书面或口头形式所达成的合同、承诺、安排、谅解、陈述和保证等。

第十一条　通知

1. 任何与本合同有关的需要送达或给予的通知、合同、同意或其他通信，除双方另有约定外，应按双方当事人在本合同中列明的地址、传真、电话、电子邮件或其他联系方式进行；通过传真、电话、电子邮件发出的任何文件、资料、通知，在发出后即视为收讫。通过邮寄发出的任何文件、资料、通知，在寄出十天后即视为收讫。

2. 任何一方在本合同所列的地址、传真、电话、电子邮件或其他联系方式发生改变的，应自变更之日起______日内以书面形式通知对方，否则，对方按照原来的地址、传真、电话、电子邮件或其他联系方式发出的文件、资料、通知等均视为在前款约定的时间内收讫，由此产生的一切后果，均由另一方自行承担。

第十二条　局部无效

本合同的各项条款和条件均为可独立履行的。如果本合同的任何一项条款因不符合有关法律、法规和规范性文件的规定，而被有权机关认定为无效时，甲乙双方应立即协商并拟订新的条款来取代该被认定为无效的条款。尽管如此，除该被认定为无效的条款外，本合同的其他各款仍将继续全面有效，双方仍应继续履行本合同。

第十三条　法律适用及争议解决

1. 本合同的订立、效力、变更、解释、履行、终止和由本合同产生或与本合同有关之争议的解决，均适用中华人民共和国法律。

2. 凡因本合同引起的或与本合同有关的一切争议，双方应友好协商解决。如果争议自发生之日起三十日内仍不能得到解决，则任何一方均有权选择以下第______种方式解决：

（1）向______仲裁委员会申请仲裁，按照申请仲裁时该会实施的仲裁规则进行仲裁。

（2）向______人民法院起诉，以诉讼解决争议。

第十四条　合同的生效及其他

1. 本合同的附件为本合同不可分割的一部分；本合同及其附件内空格部分填写的文字与印刷文字具有同等法律效力。

2. 本合同中未尽事宜或出现与本合同相关的其他事宜时，由双方协商解决并另行签订书面补充合同，补充合同与本合同具有同等的法律效力。

3. 本合同自双方法定代表人或授权代表签字、盖章之日起成立，需要审批的合同内容自目标矿权的转让获得矿业权登记机关批准后生效，[1] 无赖于审批的内容自合同成立时生效。

14039

条文注解：根据国务院《探矿权采矿权转让管理办法》（国务院令第 242 号）第 10 条的规定，矿业权转让申请被批准之日起，转让合同生效。这是矿业权转让合同得以生效的法定要件。

4. 本合同一式______份，每方各执______份，其余______份仅限于办理过户手续之用，具有同等法律效力。

5. 本合同由甲乙双方在中华人民共和国______签署。

（以下无合同正文条款）

甲方：（盖章）
法定代表人或授权代表：（签字）
日期：

乙方：（盖章）
法定代表人或授权代表：（签字）
日期：

五、探矿权抵押合同

【使用场景】

本范本适用于探矿权人向债权人提供担保的情景。依据矿业权的分类，本合同适用于探矿权抵押。对于采矿权抵押的情形，不适用于本合同。

【法律要点】

1. 什么是矿业权抵押?

原国土资源部《矿业权出让转让管理暂行规定》(国土资发〔2000〕309 号)第 55 条规定："矿业权抵押是指矿业权人依照有关法律作为债务人以其拥有的矿业权在不转移占有的前提下，向债权人提供担保的行为。以矿业权作为抵押的债务人为抵押人，债权人为抵押权人，提供担保的矿业权为抵押物。"

2014 年 7 月 16 日，原国土资源部下发《关于停止执行〈关于印发《矿业权出让转让管理暂行规定》的通知〉第五十五条规定的通知》(国土资发〔2014〕89 号)指出：根据《中华人民共和国物权法》《中华人民共和国担保法》的有关规定，为保证财产权人依法行使抵押权，现停止执行《关于印发〈矿业权出让转让管理暂行规定〉的通知》(国土资发〔2000〕309 号)第 55 条规定。

《矿业权出让转让管理暂行规定》(国土资发〔2000〕309 号)第 55 条停止执行的意义和目的，主要是为了与《物权法》《担保法》等法律法规中有关抵押的规定保持一致，恢复财产抵押的法定范围，这意味着矿业权人既可以用矿业权的债务设定抵押，也可以作为第三方，将该矿业权抵押给债权人。

对于探矿权能否设定抵押的问题，不能一概而论。我们知道，具备明确的或可供评估确定的价值，同时具备可执行性，就是适格的抵押物；对于采矿权和已进行到探明可供开采的矿产地阶段的探矿权来说，应该是可以的；但比如对于在勘查空白区刚取得、还未进行任何勘探投入，或虽有投入、但尚未进行到能确定该勘查区是否具备可供经济利用的矿产资源阶段的探矿权而言，进行抵押则是不合适的。因为这时的探矿权之价值尚无法确定，即使在已有一定勘查投资、物化劳动的情况下，

14040

也不能证明其必定有可供经济利用的矿产资源。

2. 申请矿业权抵押应当具备哪些条件?

根据《矿业权出让转让管理暂行规定》（国土资发〔2000〕309 号）第 36 条第 2 款，“矿业权的出租、抵押，按照矿业权转让的条件和程序进行管理，由原发证机关审查批准”的规定，办理矿业权抵押应当同时符合下列条件：(1) 矿业权符合转让条件，在矿业权的存续期间；(2) 无矿权争议和违反矿产资源法律法规的行为；(3) 抵押人所担保的债权，不超出其抵押的矿业权价值；将矿业权价值大于所担保的债权余额部分再次抵押的，不超出余额部分；(4) 抵押人所担保的债务履行期限，不得超过矿业权出让合同约定的期限减去原矿业权人已经使用期限后的剩余期限；(5) 抵押国家出资形成的矿业权，其矿权价值的评估机构是由国务院国土资源主管部门会同国务院国有资产管理部门认定的评估机构[1]；(6) 国有矿山在抵押前，已征得矿山企业主管部门的许可；国有矿山在抵押时，已拥有国有资产管理部门的批准文件；(7) 在签订抵押合同时，应当报经国土资源主管部门进行审批登记。这样规定的目的是充分发挥政府主管部门的监管职能，防止借“抵押”为名变相倒卖矿业权牟利的现象发生。

条文注解：根据《国务院关于修改部分行政法规的决定》（2014 年 7 月 29 日，国务院令第 653 号）的规定，《探矿权采矿权转让管理办法》第 9 条第 2 款“探矿权、采矿权转让的评估工作，由国务院地质矿产主管部门会同国务院国有资产管理部门认定的评估机构进行；评估结果由国务院地质矿产主管部门确认”修改为“国家出资勘查形成的探矿权、采矿权价款，由具有矿业权评估资质的评估机构进行评估；评估报告报探矿权、采矿权登记管理机关备案”。

原国土资源部《关于进一步完善采矿权登记管理有关问题的通知》（国土资发〔2011〕14 号）规定，[2] 予以备案的采矿权抵押申请应当具备以下条件：(1) 矿业权价款已按规定缴清；(2) 采矿权权属无争议；(3) 采矿权未被法定机关扣压、查封；(4) 采矿权抵押期没有超过采矿许可证有效期；(5) 采矿权未处于抵押备案状态或债权人间就受偿关系达成协议。符合抵押备案条件的，登记管理机关出具抵押备案的通知，通知内容包括：抵押期限、采矿权转让和抵押实现的条件及抵押备案解除的条件等相关事项；并就抵押双方对标的物价值认定自行承担全部责任、采矿权人因违反矿产资源法律法规受罚后果自负等予以告知。

条文注解：该规定被原国土资源部《关于完善矿产资源开采审批登记管理有关事项的通知》（2017 年 12 月 29 日，国土资规〔2017〕16 号）废止。

3. 签订矿业权抵押合同应当注意哪些事项?

根据《矿业权出让转让管理暂行规定》(国土资发〔2000〕309号)及相关法律法规的规定，签订矿业权抵押合同应当注意以下事项：

(1)债权人要求抵押人提供抵押物价值的，抵押人应委托评估机构评估抵押物。

(2)矿业权设定抵押，矿业权人应持抵押合同和矿业权许可证到原发证机关办理备案手续。原国土资源部《关于进一步完善采矿权登记管理有关问题的通知》(国土资发〔2011〕14号)指出，采矿权抵押合同解除后20个工作日内，采矿权人应持抵押双方签署的抵押备案解除申请书及原备案文件到原抵押备案机关申请抵押备案解除。

(3)债务人不履行债务时，债权人有权申请实现抵押权，并从处置的矿业权所得中依法受偿。新的矿业权申请人应当符合国家规定的资质条件，当事人应当依法办理矿业权转让变更登记手续。

(4)矿业权人被吊销矿权许可证时，由此产生的后果由债务人承担。

4. 矿业权抵押合同何时生效?

矿产资源属于不动产范畴，矿业权适用不动产法律法规的调整原则，基于《物权法》第15条关于债权合同与不动产物权变动相区分的规定，矿业权抵押合同应自成立时生效。《最高人民法院关于审理矿业权纠纷案件适用法律若干问题的解释》(法释〔2017〕12号)第14条规定：“矿业权人为担保自己或者他人债务的履行，将矿业权抵押给债权人的，抵押合同自依法成立之日起生效，但法律、行政法规规定不得抵押的除外。当事人仅以未经主管部门批准或者登记、备案为由请求确认抵押合同无效的，人民法院不予支持。”

就矿业权抵押合同的效力而言，虽然原国土资源部《矿业权出让转让管理暂行规定》(国土资发〔2000〕309号)第57条规定抵押合同签订后要报请国土资源主管部门备案，但并未明确非经备案不生效力；根据《物权法》第15条及《最高人民法院关于适用〈中华人民共和国合同法〉若干问题的解释(一)》(法释〔1999〕19号)第9条的规定，矿业权抵押合同应自依法成立之日起生效，未办理登记备案不影响其效力。

5. 如何确定探矿权抵押权的设立时间?如何认识主管部门的备案手续?

原国土资源部于1999年发布实施的《探矿权采矿权评估管理暂行办法》(国土资发〔1999〕75号)第5条第2款规定，以探矿权、采矿权设定抵押的，应经登记管理机关审查登记。而同样是国土资源部于2000年发布的《矿业权出让转让管理暂行规定》(国土资发〔2000〕309号)第57条则规定，矿

14040

业权设定抵押时，矿业权人应持抵押合同和矿业权许可证到原发证机关办理备案手续。2011 年 1 月 20 日国土资源部《关于进一步完善采矿权登记管理有关问题的通知》（国土资发〔2011〕14 号）第 28 条规定，采矿权人申请抵押备案的，应向登记管理机关提交以下资料……到原登记管理机关办理备案手续，符合规定的，登记管理机关向抵押双方出具备案证明。因此，在实务中不免存在我国矿业权抵押采取的是登记制还是备案制的争议。根据新法优于旧法的原理，矿业权抵押应当实行备案制。但是，备案制却与《物权法》规定的不动产物权登记制度相违背。

根据《最高人民法院关于适用〈中华人民共和国担保法〉若干问题的解释》（法释〔2000〕44 号）第 59 条规定：当事人办理抵押物登记手续时，因登记部门的原因致使其无法办理抵押物登记，抵押人向债权人交付权利凭证的，可以认定债权人对该财产有优先受偿权。“采矿权抵押备案”与前条所说的“抵押物登记”是否相同？从实践操作来看，采矿权抵押备案实质上是一个审批程序，办理采矿权抵押备案不仅要提交申请表，还要经过相关部门的审批方能办理；而《担保法》所规定的抵押登记并不是一个审批程序，而只是一个告知程序。

基于目前现状，且由于现行法律、行政法规并未明确规定矿业权抵押的登记机构，国务院《不动产登记暂行条例》（国务院令第 656 号）亦未将矿业权抵押权列入不动产统一登记范围。最高人民法院认为，实践中，国土资源主管部门根据相关规定为抵押当事人办理的抵押备案，就其所具备的权利公示、公信效果而言，与不动产登记并无实质区别。为顺利解决矿业权抵押争议、维护交易安全和秩序，可将国土资源主管部门办理的抵押备案视为登记，作为矿业权抵押权法定登记机构确定前的过渡措施。

为此，《最高人民法院关于审理矿业权纠纷案件适用法律若干问题的解释》（法释〔2017〕12 号）第 15 条规定：“当事人请求确认矿业权之抵押权自依法登记时设立的，人民法院应予支持。颁发矿产资源勘查许可证或者采矿许可证的国土资源主管部门根据相关规定办理的矿业权抵押备案手续，视为前款规定的登记。”

6. 人民法院是否有权拍卖、变卖矿业权或者裁定以矿业权抵债？

根据《最高人民法院关于审理矿业权纠纷案件适用法律若干问题的解释》（法释〔2017〕12 号）第 16 条的规定：“债务人不履行到期债务或者发生当事人约定的实现抵押权的情形，抵押权人依据民事诉讼法第一百九十六条、第一百九十七条规定申请实现抵押权的，人民法院可以拍卖、变卖矿业权或者裁定以矿业权抵债，但矿业权竞买人、受让人应具备相应的资质条件。”

关于抵押权的实现问题，最高人民法院法释〔2017〕12号解释规定，人民法院可以拍卖、变卖矿业权或者裁定以矿业权抵债，但人民法院在作出上述处理前应就矿业权竞买人、受让人是否具备相应的资质条件进行审查，实现了司法与行政的有效衔接。这些规定解决了实践中的迫切需求，对矿业权人开展融资活动、保护矿业权人合法权益、有效处理相关法律纠纷具有重要作用。

对于矿业权因抵押人被兼并重组、矿床被压覆等原因灭失的，根据最高人民法院法释〔2017〕12号第17条规定：“矿业权抵押期间因抵押人被兼并重组或者矿床被压覆等原因导致矿业权全部或者部分灭失，抵押权人请求就抵押人因此获得的保险金、赔偿金或者补偿金等款项优先受偿或者将该款项予以提存的，人民法院应予支持。”

【文本正文】

探矿权抵押合同

立合同人：

抵押权人（简称“甲方”）：

（名称、统一社会信用代码、住所、法定代表人、职务、委托代理人、身份证号码、通信地址、邮政编码、联系人、电话、传真、账号、电子信箱）

抵押人（简称“乙方”）：

（名称、统一社会信用代码、住所、法定代表人、职务、委托代理人、身份证号码、通信地址、邮政编码、联系人、电话、传真、账号、电子信箱）

鉴于：

甲乙双方于______年______月______日签署了编号为____________的《借款合同》（以下简称“借款合同”），为保障甲方在该合同项下债权的安全，双方根据《中华人民共和国物权法》《中华人民共和国担保法》《探矿权采矿权转让管理办法》《矿业权出让转让管理暂行规定》和其他法律法规及政策的规定，经友好协商，就乙方以其合法拥有的探矿权____________（填入探矿权名称）____________向甲方设定抵押担保一事订立本合同。

14040

关注法天使

第一条　抵押物[1]

条文注解：抵押矿权的真实、合法和有效存续是确保抵押权的关键，因此，对于此部分内容应当逐项予以审查，以防止抵押矿权任何瑕疵的出现导致抵押目的无法实现。

1. 乙方向甲方设定抵押的本合同项下的探矿权（以下简称“抵押物”），其勘查许可证编号为：____________（填入编号），审批发证机关为____________（填入审批发证机关的名称）（以下简称“发证机关”）。勘查许可证的复印件见本合同附件______。

2. 抵押物系发证机关以______（招标 / 拍卖 / 挂牌 / 协议 / 申请在先）的方式，于______年______月______日向乙方授予的，乙方______（未 / 已）缴纳探矿权价款。

3. 抵押物的地理位置为：____________；勘查区块面积为______平方公里；勘查矿种为：____________；勘查区块范围坐标为：____________（具体位置见本合同所附矿区范围图）。

4. 抵押物的勘查许可证有效期自______年______月______日至______年______月______日。

5. 在本合同签署之日，抵押物的勘查程度为____________（预查 / 普查 / 详查 / 勘探）。抵押物的勘查情况报告见本合同附件______。本合同项下的抵押物______（未 / 已）办理储量评审备案手续（如已办理，可将备案证明作为本合同附件之一）。

6. 抵押物的评估价值：人民币______万元整。目标矿权的价值评估报告原件见本合同附件______。

第二条　担保的债权

1. 本合同项下被担保的主债权为借款合同项下的借款本金。

2. 本合同所称“到期（届满）”包括主债务履行期届满和甲方宣布提前到期的情形。

3. 抵押担保的债权范围包括但不限于借款合同项下的借款本金、利息、罚息、复利、违约金、损害赔偿金，以及甲方为实现抵押权而发生的诉讼费、财产保全费、律师费、评估费、执行费、拍卖费等其他相关费用。本合同有约定具体数额的按照约定，没有约定的依照相关单位出具给甲方的收款票据为准。

4. 本合同项下的抵押权的效力及于勘查区块范围内的探矿工程、设施。

5. 甲方对抵押物享有第一顺位的优先受偿权，其行使本合同项下的权利时无须首先或同时向借款人或其他担保人追索，而可按法律规定从处置抵押物所得价款中优先受偿。

第三条　抵押合同备案[①]

条文注解：由于现行法律、行政法规并未明确规定矿业权抵押的登记机构，国务院《不动产登记暂行条例》（国务院令第656号）亦未将矿业权抵押权列入不动产统一登记范围。《最高人民法院关于审理矿业权纠纷案件适用法律若干问题的解释》（法释〔2017〕12号）第15条规定："当事人请求确认矿业权之抵押权自依法登记时设立的，人民法院应予支持。颁发矿产资源勘查许可证或者采矿许可证的国土资源主管部门根据相关规定办理的矿业权抵押备案手续，视为前款规定的登记。"

1. 本合同签订后______日内，甲乙双方共同向发证机关提交办理抵押备案所需的全部材料。

2. 因办理抵押备案所发生的一切费用均由乙方承担。

第四条　乙方的陈述、保证和承诺[②]

条文注解：作为探矿权人对于抵押矿权相关情况的陈述、保证和承诺是抵押合同得以顺利履行的重要保障，也将成为判断矿权人是否违约的重要标准，对此应予以特别注意。

1. 乙方向甲方陈述、保证并承诺，截至抵押备案之日：

（1）抵押物的勘查许可证是真实、合法、有效的；乙方对抵押物享有完整、无瑕疵的权利；抵押物不存在与其他矿权重叠或交叉的情形；与其他矿权不存在现实的或潜在的矿界争议；抵押物上未设定任何抵押、质押；不存在任何涉及诉讼或被司法、行政程序查封、冻结的情况；

（2）乙方已依法缴纳了当期的探矿权使用费和探矿权价款；

（3）乙方已按照批准的勘查设计组织施工，勘查施工作业符合国家的相关标准和规范；乙方已完成了当期的法定最低勘查投入；

（4）乙方不存在无故停工6个月以上的情况；不存在持勘查许可证采矿、非法承包、出租、转让、与他人合作开采等行为；

（5）乙方领取勘查许可证已满两年，或已在勘查作业区可供进一步勘查或者开采的矿产资源；

（6）乙方已按照有关规定汇交矿产资源勘查成果资料，不存在伪造地质资料或者在地质资料汇交中弄虚作假的行为；

（7）乙方已依法办理了勘查用地报批手续，并付清了所需税费；乙方与土

14040

地权利人签署的土地使用合同真实、合法、有效；乙方不存在任何违反或可能违反土地使用合同约定的情形，土地使用合同没有被权利人依法终止或解除风险；

（8）抵押备案完成后，不存在发证机关可能基于抵押备案之前因可归责于乙方的原因或行为而吊销抵押物的勘查许可证的情形；

（9）乙方已完成了抵押所需的一切授权、批准（除发证机关的批准外）等程序；乙方设定本合同项下的抵押，不会违反其公司章程，不会违反其与其他任何第三方签署的合同。

2. 乙方承诺：在抵押备案完成后，乙方仍将依法履行矿业权人的各项义务，以确保抵押物的合法、有效存续，并确保抵押物始终符合法律、法规、规章及政策规定的转让条件。

第五条　乙方的报告义务[①]

条文注解：在抵押权成立后，抵押权人应对探矿权人进行全方位的监管，以防范应对各类安全事故风险和经营风险。虽然对生产安全风险的防范涉及诸多因素，但作为抵押权人可通过主动的过程监督，要求探矿权人履行报告义务，密切关注矿业权人的经营行为，特别是加大对抵押人安全指标的考核，是可以避免一定风险的。

1. 抵押期间，乙方应每月向甲方提交一份书面报告（以下简称“定期报告”），该报告应包括但不限于以下内容：

（1）乙方的生产和销售情况；

（2）贷款资金的使用情况；

（3）抵押物的勘查投入、进度、程度、成果和前景；

（4）乙方履行安全生产及环境保护义务的各项情况；

（5）与抵押物有关的各项税、费的缴纳和支付情况；

（6）可能导致抵押物不能通过年检或延续登记的各种因素、情况（如有）。

2. 抵押期间，除本合同本条第一款所述的定期报告外，甲方还有权随时要求乙方提供与抵押物有关的各种情况的临时报告（以下简称“临时报告”）。乙方应在收到甲方的该等书面要求后______日内向甲方提供临时报告。

3. 抵押期间，抵押物存在以下情形之一的，乙方应及时向甲方作出口头或书面报告：

（1）无论何种原因，抵押物的价值可能或者已经发生实质性贬损的；

（2）抵押物难以通过年度检查或获得延续登记的；

（3）抵押物可能或者已经被国土资源部门注销或吊销的；

4. 抵押期间，乙方拟转让抵押物的，需事先向甲方提交书面报告，该书面报告应载明拟受让人姓名 / 名称、拟转让的价格和条件。未经甲方书面同意，乙方不得转让抵押物。

第六条　违约责任

1. 乙方所作的陈述、保证和承诺与实际情况有任何出入，或乙方违反其所作任何陈述、保证和承诺或本合同第五条项下的报告义务的，甲方有权宣布贷款提前到期，就抵押物行使抵押权，并要求乙方承担由此给甲方造成的一切经济损失。

2. 抵押期间，乙方违反或未履行其法定义务，致使抵押物不能通过年度检查、获得延续登记，或被国土资源部门依法注销或吊销的，甲方有权宣布贷款提前到期，并要求乙方承担由此给其造成的一切经济损失。

第七条　抵押权的实现

1. 借款合同项下的债务履行期届满（包括因借款人违约或 / 及抵押人违反陈述与保证、特别约定事项等导致债务被宣布提前到期的），甲方未受清偿时，或者发生法律、法规、规章规定的甲方有权处分抵押物的情况时，甲乙双方可依法协商共同委托______矿业权交易中心将抵押物进行拍卖或变卖，并以拍卖、变卖所得价款优先清偿甲方的债权；双方不能协商一致的，甲方有权请求有管辖权的人民法院依法对抵押物进行拍卖、变卖，并优先受偿。

2. 因本条所发生的费用均由抵押人承担，抵押权人有权从其处分抵押物所获的款项中直接划收。

第八条　通知

1. 任何与本合同有关的需要送达或给予的通知、合同、同意或其他通信，除双方另有约定外，应按双方当事人在本合同中列明的地址、传真、电话、电子邮件或其他联系方式进行；通过传真、电话、电子邮件发出的任何文件、资料、通知，在发出后即视为收讫。通过邮寄发出的任何文件、资料、通知，在寄出十天后即视为收讫。

2. 任何一方在本合同所列的地址、传真、电话、电子邮件或其他联系方式发生改变的，应自变更之日起______日内以书面形式通知对方，否则，对方按照原来的地址、传真、电话、电子邮件或其他联系方式发出的文件、资料、通知等均视为在前款约定的时间内收讫，由此产生的一切后果，均由另一方自行承担。

第九条　法律适用及争议解决

1. 本合同的订立、效力、变更、解释、履行、终止和由本合同产生或与本合同有关之争议的解决，均适用中华人民共和国法律。

2. 凡因本合同引起的或与本合同有关的一切争议，双方应友好协商解决。

14040

如果争议自发生之日起三十日内仍不能得到解决，则任何一方均有权选择以下第______种方式解决：

（1）向______仲裁委员会申请仲裁，按照申请仲裁时该会实施的仲裁规则进行仲裁。

（2）向______人民法院起诉，以诉讼解决争议。

第十条　合同的生效及其他

1. 本合同的附件为本合同不可分割的一部分；本合同及其附件内空格部分填写的文字与印刷文字具有同等法律效力。

2. 本合同中未尽事宜或出现与本合同相关的其他事宜时，由双方协商解决并另行签订书面补充合同，补充合同与本合同具有同等的法律效力。

3. 本合同自双方法定代表人或授权代表签字、盖章之日起成立并生效。

4. 本合同一式______份，每方各执______份，其余______份仅限于办理抵押备案手续之用，具有同等法律效力。

5. 本合同由甲乙双方在中华人民共和国______签署。

（以下无合同正文条款）

甲方：（盖章）	乙方：（盖章）
法定代表人或授权代表：（签字）	法定代表人或授权代表：（签字）
日期：	日期：

六、采矿权抵押合同

【使用场景】

本范本适用于采矿权人向债权人提供担保的情景。依据矿业权的分类，本合同适用于采矿权抵押。对于探矿权抵押的情形，不适用于本合同。

【法律要点】

1. 办理采矿权抵押登记需要申报哪些资料?

原国土资源部《关于进一步完善采矿权登记管理有关问题的通知》（国土资发〔2011〕14 号）[1] 规定，采矿权人申请抵押备案的，应当向登记管理机关提交以下资料：(1) 抵押备案申请书；(2) 抵押合同；(3) 贷款合同；(4) 采矿权有偿取得（处置）凭证；(5) 采矿许可证（复印件）等相关要件。到原登记管理机关办理备案手续，符合规定的，登记管理机关向抵押双方出具备案证明。

条文注解：该规定被国土资源部《关于完善矿产资源开采审批登记管理有关事项的通知》（2017 年 12 月 29 日，国土资规〔2017〕16 号）废止，但目前尚没有新的相关规定。

2. 如何办理矿业权抵押?

原国土资源部《矿业权出让转让管理暂行规定》（国土资发〔2000〕309 号）第 36 条第 2 款规定："矿业权的出租、抵押，按照矿业权转让的条件和程序进行管理，由原发证机关审查批准。"第 57 条规定："矿业权设定抵押时，矿业权人应持抵押合同和矿业权许可证到原发证机关办理备案手续。矿业权抵押解除后 20 日内，矿业权人应书面告知原发证机关。"第 63 条规定："违反有关法律和本规定所设定的矿业权抵押无效。"

矿业权抵押，对于抵押权人的资质，法律并无特殊限制，除对抵押人有一定的条件限制外，仅是规定要按照矿业权转让的条件和程序进行管理，由抵押人持抵押合同和矿业权许可证到原发证机关办理抵押备案手续，也即抵押物须符合《探矿权采矿权转让管理办法》（国务院令第 242 号）第 5 条和第 6 条规定的转让条件，方可进行抵押登记。在办理矿业权抵押中还应注意，必须符合《中华人民共和

14041

国担保法》的相关规定，矿业权许可证在有效期内、矿业权属无争议以及法律、法规规定的其他条件；债权人要求抵押人提供抵押物价值的，抵押人应委托评估机构评估抵押物。《中华人民共和国矿产资源法实施细则》（国务院令第 152 号）第 42 条规定，若非法用矿业权作抵押的，将面临抵押合同无效和 5000 元以下罚款直至吊销证照的行政法律责任。

3. 已经出租的采矿权能否设置抵押权?

原国土资源部《矿业权出让转让管理暂行规定》（国土资发〔2000〕309 号）第 50 条规定："出租国家出资勘查形成的采矿权的，应按照采矿权转让的规定进行评估、确认，采矿权价款按有关规定进行处置。已出租的采矿权不得出售、合资、合作、上市和设定抵押。"因此，已出租的采矿权是不允许设定抵押的。

4. 矿业权抵押存在哪些法律风险?

矿业权抵押作为一种新型抵押方式，在实际操作中具有与建设用地使用权、建筑物、机器设备抵押等常规财产抵押迥异的法律风险。一般而言，影响矿业权抵押权实现的因素主要包括：矿业权与生产设施设备等财产权、经营权混同而导致的重复抵押；矿业权评估不当导致的财产价值失衡；矿业权价款未缴清导致的抵押登记被撤销；抵押人提供资料不实导致矿业权证照被吊销；抵押人履约能力欠缺致使抵押合同妨碍；抵押人恶意违约致损；政策禁限；事故责任；其他潜在风险等。为避免上述风险，抵押权人除了高度审慎，注重抵押物本身的效力和矿业权交易的审批备案手续，尽量掌握有据可查的抵押主体资信状况和履约能力以及由第三方提供的履约担保，还应切实建立专业律师等中介机构的审查程序。

（1）矿业权自身存在瑕疵的风险

矿业权自身存在瑕疵造成的风险是指，由于矿业管理体制不完善及矿业登记制度不健全，矿业权证的取得存在重大瑕疵，存在被发证机关吊销的风险。在接受矿业权作为抵押标的物，签订抵押合同之前，应对矿业权进行认真细致的审查。一是审查矿业权许可证的有效性和有效年限。包括矿业权人、法定代表人、地址、矿种、矿区面积、已开采储量及后续可开采储量、批准使用年限、年度审查情况等。二是了解矿业权的权属及资费缴纳情况。矿业权权属有无争议，是否存在共有以及转让受限等情形，是否存在出租或先行抵押等不允许的抵押情况；矿业权使用费及矿业权价款是否按规定足额缴纳；矿产资源补偿费是否足额缴纳；资源税是否足额缴纳。若上述方面存在问题，应要求矿业权人补充整改，消除瑕疵。

（2）矿业权抵押期限问题的风险

采矿权抵押贷款一般为固定资产贷款，期限至少在一年以上，甚至更长时间。《矿产资源开采登记管理办法》（国务院令第241号）规定，大型以上的矿山，采矿权许可证有效期最长为30年，中型为20年，小型最长为10年。采矿许可证的有效期满，采矿权人还可以办理延续登记手续。而有些关于矿业权抵押的地方性规定，如《甘肃省国土资源厅矿业权抵押备案管理暂行办法》中“采矿权抵押期原则上不超过一年”的规定，显然不能满足商业银行作为抵押权人的需要。最高人民法院《关于适用〈中华人民共和国担保法〉若干问题的解释》（法释〔2000〕44号）第58条规定：“因登记部门的原因致使抵押物进行连续登记的，抵押物第一次登记的日期，视为抵押登记的日期，并依次确定抵押权的顺序”。第59条规定：“当事人办理抵押物登记手续时，因登记部门的原因致使其无法办理抵押物登记，抵押人向债权人交付权利凭证的，可以认定债权人对该财产有优先受偿权。但是，未办理抵押物登记的，不得对抗第三人”。因此，商业银行作为债权人按上述规定办理抵押登记时只能进行连续登记，这不仅增加抵押成本，而且极易造成抵押权落空。

（3）矿业权抵押价值的评估和递减风险

一般而言，抵押物的确定主要考虑抵押物的适用性、变现能力、抵押物价值的变动趋势等相关因素，但是作为采矿权抵押而言其抵押率却不易确定。一是采矿权抵押本身的价值不易确定，无法准确计量。采矿权抵押一般要求抵押人就采矿权的价值委托有资质的评估机构进行评估。选择评估机构，要审查其营业执照的范围是否包含矿业权评估；是否具备国土资源部门签发的《探矿权采矿权评估资格证书》并进行了年检；并应通过多种信息渠道了解该评估机构的诚信状况、评估能力。抵押权人应在专业评估机构评估价值的基础上，实地勘查鉴别评估价值的合理性与真实性，采取收益途径、成本途径和市场途径等多种方法反复计算矿业权价值，确保资产评估的质量。二是采矿权随着采矿生产活动的深入，抵押物的价值随之递减，无法准确予以界定。不动产以其不可移动、易于保管、难以灭失且具有良好的保值性、增值性而成为抵押资产首选的评估对象。抵押贷款资产评估除遵循资产评估的独立性、客观性和科学性等原则外，安全性和真实性则更为重要。矿业权抵押后，矿产资源被继续开采利用的事实恰恰违背了抵押贷款评估中最应当予以注意的安全性原则。此问题可通过计算矿山的可采储量以及矿石的选、冶性能，一定程度上缓解上述矛盾，减少债权人的损失。

（4）矿业权未通过年检的风险

《矿产资源勘查区块登记管理办法》（国务院令第240号）第10条规定，勘查许可证有效期最长为3年；石油、天然气勘查许可证的有效期最长为7年。需要延长勘查工作时间的，探矿权人应当在勘查许可证有效期届满的30日前，

14041

到登记管理机关办理延续登记手续，每次延续时间不得超过2年。探矿权人逾期不办理延续登记手续的，勘查许可证自行废止。石油、天然气滚动勘探开发的采矿许可证有效期最长为15年；但是，探明储量的区块应当申请办理采矿许可证。

《矿产资源开采登记管理办法》（国务院令第241号）第7条规定，采矿许可证有效期，按照矿山建设规模确定：大型以上的，采矿许可证有效期最长为30年；中型的，采矿许可证有效期最长为20年；小型的，采矿许可证有效期最长为10年。采矿许可证有效期满，需要继续采矿的，采矿权人应当在采矿许可证有效期届满的30日前，到登记管理机关办理延续登记手续。采矿权人逾期不办理延续登记手续的，采矿许可证自行废止。

《矿业权出让转让管理暂行规定》（国土资发〔2000〕309号）第58条第2款规定，采矿权人被吊销许可证时，由此产生的后果由债务人承担。

因此，矿业权这种用益物权存在一定的使用期限，其使用期限的长短一般是由出让人和受让人根据具体的情况予以约定。矿业权许可证实行年检制度，矿业权年度检查是矿业权管理机关管理探矿权和采矿权的重要手段之一，通过年检制度依法监督检查矿业权人有无超越行使权利、不履行义务的行为。年检，是对矿业权使用过程的监督管理，而并非是矿业权的变更。如果因矿业权使用不当而导致吊销，其后果则要由原矿业权人承担，当然也包括抵押损失。

（5）采矿企业的生产安全风险

矿产开采，特别是小型矿山的开采属于高危作业，一旦发生安全事故将面临被吊销采矿权证的风险，直接影响抵押权的实现。为有效防范安全风险，抵押权人应选择制度健全、设施设备完备、安全管理及从业人员齐全的采矿企业。在抵押权成立前，抵押权人应对采矿企业进行安全评估。一方面，通过安监、矿管等部门调查了解其以往的安全生产记录；另一方面，对其生产安全情况进行实地调查，重点核实是否具备安全生产许可证；是否配备安检员、安监员、瓦斯员、放炮员，“四员”是否具备“特种作业人员上岗证”，企业人员是否经过安全生产全员培训，是否具备从业资格；调查企业各项安全生产规章制度是否健全、责任是否落实；生产及安全防范的各种硬件设施是否达到规定的各项指标要求。

在抵押权成立后，抵押权人应对采矿企业进行全方位的监管，以防范应对各类安全事故风险和经营风险。一是指派专门的客户经理或成立监管小组，对企业进行资金、物质、账务的全方位、多角度监管，尤其要密切关注其安全生产情况。二是与国土、安监、矿管等部门建立合作机制，共享企业的安全管理和生产经营信息，实行共同监管。三是建立风险补偿机制，如要求企业专户存入一定数量的风险保证金，督促其办理安全事故保险、财产保险和为矿工办理人身保险等。四是加强对抵押所涉矿种行业的研究，储备部分相关优质企业备用，以便需实现抵押权时采矿权能够顺利流转，抵押债权能顺利实现。虽然对生产安全风险的防范涉及诸多因素，但作为抵押权人可通过主动的过程监督，密切关注矿业权人的经营行为，特别是加大对抵押人安全指标的考核，是可以避免一定风险的。

（6）矿业权被注销或吊销的风险

矿业权注销和吊销是矿业权终止的形式，如果抵押的矿业权被注销或吊销，将直接影响到抵押权人权利的实现。根据现行矿业法律、法规和规章的规定，矿业权人可能被吊销许可证的情形主要包括以下方面：①未经审批管理机关批准，擅自转让探矿权、采矿权的；②以承包等方式擅自将采矿权转给他人进行采矿的；③超越批准的矿区范围采矿，经责令拒不退回本矿区范围内开采，造成矿产资源破坏的；④探矿权人未完成最低勘查投入，经责令限期改正而未改正，且情节严重的；⑤已经领取勘查许可证的勘查项目，满6个月未开始施工，或者施工后无故停止勘查工作满6个月，且情节严重的；⑥不按期缴纳矿业权使用费，被责令限期缴纳后，逾期仍不缴纳的；⑦采矿权人采取伪报矿种，隐匿产量、销售数量，或者伪报销售价格、实际开采回采率等手段，不缴或者少缴矿产资源补偿费，情节严重的；⑧不依法提交年度报告、拒绝接受监督检查或者弄虚作假，情节严重的。

虽然原国土资源部《矿业权出让转让管理暂行规定》（国土资发〔2000〕309号）第58条第1款规定："债务人不履行债务时，债权人有权申请实现抵押权，并从处置的矿业权所得中依法受偿。"但该条第2款紧接着规定："采矿权人被吊销许可证时，由此产生的后果由债务人承担。"在矿业权人因发生上述法定情形而被吊销许可证后，矿业权抵押权人面临的风险不仅仅是丧失优先受偿权，甚至还将因抵押人丧失了矿业权这一重要资产而导致债权人的债权落空。我国现行矿业法律、法规是将授予矿业市场准入资格的行政许可证同矿业权这一独立的用益物权不加区分地捆绑在一起的。这种将行政特许权同物权混为一谈的不合法理的做法，必然导致在采矿许可证这一市场准入资格被吊销后，矿业权人所享有的用益物权也随之被"吊销"的法律后果。

5. 采矿权到期后尚未获批延续是否会导致所附抵押权消灭？

采矿权为用益物权，具有一定的存续性。采矿权到期后，虽然抵押人已经就该采矿权申请延续，但是国土资源主管部门尚未批准，在延续审批登记完成之前，抵押人不得从事任何采矿活动，故超出采矿权存续期限时所附之抵押权

14041

将因到期而无法对采矿权行使抵押权（所涉采矿权上设立的抵押权已消灭）。

最高人民法院在“上海浦东发展银行股份有限公司贵阳分行、贵阳金昌精密铸造有限公司金融借款合同纠纷案”［（2017）最高法民终971号］一案中认为：“采矿权为用益物权，采矿权人依法对矿产资源享有占有、使用和收益的权利。采矿权在一定期限内存续，而本案所涉采矿权许可期限至2015年3月到期，虽然金昌公司已经就该采矿权申请延续，但是国土资源主管部门尚未批准，在延续审批登记完成之前，金昌公司不得从事任何采矿活动。故在此期间，金昌公司就罗甸县凤亭乡仁矿铁矿矿产资源并不享有使用和收益的权利。如果国土资源主管部门最终审批同意上述采矿权延续申请，则金昌公司可以继续享有对罗甸县凤亭乡仁矿铁矿矿产资源使用和收益的权利。故金昌公司目前对罗甸县凤亭乡仁矿铁矿矿产资源享有财产性权益，该权益具有财产价值，但并非采矿权。”

【文本正文】

采矿权抵押合同

立合同人：

抵押权人（简称“甲方”）：

（名称、统一社会信用代码、住所、法定代表人、职务、委托代理人、身份证号码、通信地址、邮政编码、联系人、电话、传真、账号、电子信箱）

抵押人（简称“乙方”）：

（名称、统一社会信用代码、住所、法定代表人、职务、委托代理人、身份证号码、通信地址、邮政编码、联系人、电话、传真、账号、电子信箱）

鉴于：

甲乙双方于______年______月______日签署了编号为____________的《借款合同》（以下简称“借款合同”），为保障甲方在该合同项下债权的安全，双方根据《中华人民共和国物权法》《中华人民共和国担保法》《探矿权采矿权转让管理办法》《矿业权出让转让管理暂行规定》和其他法律法规及政策的规定，经友好协商，就乙方以其合法拥有的采矿权______（填入采矿权名称）______向甲方设定抵押担保一事订立本合同。

第一条　抵押物①

条文注解：抵押矿权的真实、合法和有效存续是确保抵押权的关键，因此，对于此部分内容应当逐项予以审查，以防止抵押矿权任何瑕疵的出现导致抵押目的无法实现。

1. 乙方向甲方设定抵押的本合同项下的采矿权（以下简称“抵押物”），其采矿许可证编号为：____________（填入编号），审批发证机关为____________（填入审批发证机关的名称）（以下简称“发证机关”）。采矿许可证的复印件见本合同附件______。

2. 抵押物系乙方通过____________（招标 / 拍卖 / 挂牌 / 合同 / 探转采 / 转让）的方式，于______年______月______日依法获得的，乙方____________（未 / 已）缴纳采矿权价款。

3. 抵押物的矿区地理位置为：____________；矿区面积为______平方公里；开采矿种为：____________；矿区范围坐标为：____________（具体位置见本合同所附矿区范围图）；抵押物的生产规模为____________。

4. 抵押物的采矿许可证有效期自______年______月______日至______年______月______日。

5. 截至______年______月______日，抵押物占有且经备案的资源储量情况如下____________；在本合同签署之日，目标矿权所占用的资源 / 储量情况如下____________。

6. 抵押物的评估价值为：人民币______万元整。抵押物的评估报告原件见本合同附件______。

第二条　担保的债权

1. 本合同项下被担保的主债权为借款合同项下的借款本金。

2. 本合同所称“到期（届满）”包括主债务履行期届满和甲方宣布提前到期的情形。

3. 抵押担保范围包括但不限于本合同项下的借款本金、利息、罚息、复利、违约金、损害赔偿金，以及甲方为实现抵押权而发生的诉讼费、财产保全费、律师费、评估费、执行费、拍卖费等其他相关费用。

4. 本合同抵押权的效力及于矿区范围内的全部基础设施和地上附着物。

5. 甲方对抵押物享有第一顺位的优先受偿权，其行使本合同项下的权利时无须首先或同时向借款人或其他担保人追索，而可按法律规定从处置抵押物所得价款中优先受偿。

14041

218 - 219

第三条　抵押合同的备案[1]

> 条文注解：由于现行法律、行政法规并未明确规定矿业权抵押的登记机构，国务院《不动产登记暂行条例》（国务院令第656号）亦未将矿业权抵押权列入不动产统一登记范围。《最高人民法院关于审理矿业权纠纷案件适用法律若干问题的解释》（法释〔2017〕12号）第15条规定："当事人请求确认矿业权之抵押权自依法登记时设立的，人民法院应予支持。颁发矿产资源勘查许可证或者采矿许可证的国土资源主管部门根据相关规定办理的矿业权抵押备案手续，视为前款规定的登记。"

1. 本合同签订后______日内，甲乙双方共同向发证机关提交办理抵押备案所需的全部材料。

2. 因办理抵押备案所发生的一切费用均由乙方承担。

第四条　乙方的陈述、保证和承诺[2]

> 条文注解：作为采矿权人对于抵押矿权相关情况的陈述、保证和承诺是抵押合同得以顺利履行的重要保障，也将成为判断其是否违约的重要标准，对此应予以特别注意。

1. 乙方向甲方陈述、保证并承诺，截至抵押备案之日：

（1）抵押物采矿许可证是真实、合法、有效的；乙方对抵押物拥有完整无瑕疵的权利；抵押物不存在与其他矿权重叠或交叉的情形；抵押物与其他矿权不存在现实的或潜在的矿界争议；抵押物上未设定任何抵押、质押；不存在任何涉及诉讼或被司法、行政程序查封、冻结的情况；

（2）乙方已依法缴纳了采矿权使用费、采矿权价款（若需要的话）、资源税、矿产资源补偿费和矿山环境治理恢复保证金；

（3）乙方不存在采用破坏性开采方法开采矿产资源的行为；不存在越界开采的非法行为；不存在未经审查批准擅自出租、非法承包、转让或与他人合作开采的行为；

（4）乙方遵守了有关法律法规关于劳动安全、土地复垦和环境保护的规定；

（5）乙方已按照规定填报了矿产储量表和矿产资源开发利用情况统计报告；

（6）乙方已依法办理了采矿用地报批手续，并付清了所需税费；乙方与土地权利人签署的土地使用合同真实、合法、有效；乙方不存在任何违反或可能违反土地使用合同约定的情形，土地使用合同没有被权利人依法终止或解除风险；

（7）抵押备案完成后，不存在发证机关可能基于抵押备案前因可归责于乙方的原因或行为而吊销抵押物采矿许可证的情形；

（8）乙方已完成签署本合同所需一切授权、批准（除发证机关的批准外）等程序；乙方设定本合同项下的抵押，不会违反其公司章程，不会违反其与其他任何第三方签署的合同。

2. 乙方承诺：在本合同签署后，乙方仍将依法履行矿业权人的各项义务，以确保抵押物的合法、有效存续，并确保抵押物始终符合法律、法规、规章及政策规定的转让条件。

第五条　乙方的报告义务①

> 条文注解：在抵押权成立后，抵押权人应对探矿权人进行全方位的监管，以防范应对各类安全事故风险和经营风险。虽然对生产安全风险的防范涉及诸多因素，但作为抵押权人可通过主动的过程监督，要求探矿权人履行报告义务，密切关注矿业权人的经营行为，特别是加大对抵押人安全指标的考核，是可以避免一定风险的。

1. 抵押期间，乙方应每______个月向甲方提交一份书面报告（以下简称“定期报告”），该报告应包括但不限于以下内容：

（1）乙方的生产和销售情况；

（2）贷款资金的使用情况；

（3）抵押物矿区的开采情况、矿产品的销售情况；

（4）乙方履行安全生产及环境保护义务的各项情况；

（5）与抵押物有关的各项税、费的缴纳和支付情况；

（6）可能导致抵押物不能通过年检或延续登记的各种因素、情况（如有）。

2. 抵押期间，除本合同本条第 1 款所述的定期报告外，甲方还有权随时要求乙方提供与抵押物有关的各种情况的临时报告（以下简称“临时报告”）。乙方应在收到甲方的该等书面要求后______日内向甲方提供临时报告。

3. 抵押期间，抵押物存在以下情形之一的，乙方应及时向甲方作出口头或书面报告：

（1）无论何种原因，抵押物的价值可能或者已经发生实质性贬损的；

（2）抵押物难以通过年度检查或获得延续登记的；

（3）抵押物可能或者已经被国土资源部门注销或吊销的。

4. 抵押期间，乙方拟转让抵押物的，需事先向甲方提交书面报告，该书面报告应载明拟受让人姓名 / 名称、拟转让的价格和条件。未经甲方书面同意，乙方不得转让抵押物。

14041

第六条　违约责任

1. 乙方所作的陈述、保证和承诺与实际情况有任何出入，或乙方违反其所作任何陈述、保证和承诺或本合同第五条项下的报告义务的，甲方有权宣布贷款提前到期，就抵押物行使抵押权，并要求乙方承担由此给甲方造成的一切经济损失。

2. 抵押期间，乙方违反或未履行其法定义务，致使抵押物不能通过年度检查、获得延续登记，或被国土资源部门依法注销或吊销的，甲方有权宣布贷款提前到期，并要求乙方承担由此给其造成的一切经济损失。

第七条　抵押权的实现

1. 借款合同项下的债务履行期届满（包括因借款人违约或 / 及抵押人违反陈述与保证、特别约定事项等导致债务被宣布提前到期的），甲方未受清偿时，或者发生法律、法规、规章规定的甲方有权处分抵押物的情况时，甲乙双方可共同协商或由甲方单方委托______矿业权交易中心将抵押物进行拍卖或变卖，并以拍卖、变卖所得的价款优先清偿甲方的债权。

2. 因本条所发生的费用均由抵押人承担，抵押权人有权从其处分抵押物所获的款项中直接划收。

第八条　通知

1. 任何与本合同有关的需要送达或给予的通知、合同、同意或其他通信，除双方另有约定外，应按双方当事人在本合同中列明的地址、传真、电话、电子邮件或其他联系方式进行；通过传真、电话、电子邮件发出的任何文件、资料、通知，在发出后即视为收讫。通过邮寄发出的任何文件、资料、通知，在寄出十天后即视为收讫。

2. 任何一方在本合同所列的地址、传真、电话、电子邮件或其他联系方式发生改变的，应自变更之日起______日内以书面形式通知对方，否则，对方按照原来的地址、传真、电话、电子邮件或其他联系方式发出的文件、资料、通知等均视为在前款约定的时间内收讫，由此产生的一切后果，均由另一方自行承担。

第九条　法律适用及争议解决

1. 本合同的订立、效力、变更、解释、履行、终止和由本合同产生或与本合同有关之争议的解决，均适用中华人民共和国法律。

2. 凡因本合同引起的或与本合同有关的一切争议，双方应友好协商解决。如果争议自发生之日起三十日内仍不能得到解决，则任何一方均有权选择以下第______种方式解决：

（1）向______仲裁委员会申请仲裁，按照申请仲裁时该会实施的仲裁规则进行仲裁。

（2）向______人民法院起诉，以诉讼解决争议。

第十条　合同的生效及其他

1. 本合同的附件为本合同不可分割的一部分；本合同及其附件内空格部分填写的文字与印刷文字具有同等法律效力。

2. 本合同中未尽事宜或出现与本合同相关的其他事宜时，由双方协商解决并另行签订书面补充合同，补充合同与本合同具有同等的法律效力。

3. 本合同自双方法定代表人或授权代表签字、盖章之日起成立并生效。

4. 本合同一式______份，每方各执______份，其余______份仅限于办理抵押备案手续之用，具有同等法律效力。

5. 本合同由甲乙双方在中华人民共和国______签署。

（以下无合同正文条款）

甲方：（盖章）

法定代表人或授权代表：（签字）

日期：

乙方：（盖章）

法定代表人或授权代表：（签字）

日期：

14041

七、采矿权出租合同

【使用场景】

本范本适用于采矿权人将矿业权出租给他人的情景。采矿权是用益物权，其使用和收益具有相当长时间的稳定性，虽然采矿权所对应的矿产资源随着矿产采掘的深入越来越少，但并没有改变采矿权的性质，因此，采矿权可以成为租赁物。

【法律要点】

1. 什么是矿业权出租？矿业权出租具有哪些特征？

根据原国土资源部《矿业权出让转让管理暂行规定》（国土资发〔2000〕309号）的规定，矿业权出租是指矿业权人作为出租人将矿业权租赁给承租人，并向承租人收取租金的行为。矿业权是用益物权，矿业权的使用和收益具有相当长时间的稳定性，虽然矿业权所对应的矿产资源随着矿产采掘的深入越来越少，但并没有改变矿业权的性质，因此，矿业权可以成为租赁物。

与一般租赁相比，矿业权出租具有如下特征：（1）承租人具有一定的资质限制，且出租人与承租人之间有特定的对应关系；（2）承租人使用采矿权的收益——矿产品全部或大部分归承租人所有；（3）采矿权承租人支付的租金与矿产品的价值具有相当性；（4）采矿权承租人通过货币资本投入获得报酬；（5）矿产资源价值和矿业权价值的不可分性决定了矿业权出租合同终止后，承租人不可能返还原物。因此，就租赁合同终止后承租人须向出租人返还原物的法律特征而言，采矿权租赁不同于传统意义上的租赁而存在明显差异。

2. 矿业权出租合同包括哪些主要内容？

矿业权出租合同是指矿业权人作为出租人与承租人签订的以矿业权租赁为内容的约定双方权利义务关系的协议。采矿权人申请出租采矿权应当首先与承租人签订采矿权租赁合同。根据原国土资源部《矿业权出让转让管理暂行规定》（国土资发〔2000〕309号）第52条的规定："矿业权租赁合同应包括以下主要内容：（一）出租人、承租人的名称、法定代表人的姓名、注册地址或住所；（二）租赁矿业权的名称、许可证号、发证机关、有效期、矿业权范围坐标、面积、矿种；（三）租赁期限、用途；（四）租金数额，交纳方式；（五）租赁双方的权利和义务；（六）合同生效期限；（七）争议解决方式；（八）违约责任。”另外，根据第 53 条的规定，矿业权承租人不得再行转租矿业权。

3. 如何界定矿业权租赁合同的生效时间?

矿业权人作为用益物权人，有依法处分自己财产的权利和自由。矿业权租赁是不同于矿业权转让的流转方式，实践中大量存在。矿业权人在不转移矿业权权属的情况下将矿业权的部分权能让渡给他人享用并收取租金，承租人支付对价而有限制地行使矿产资源勘查开采权并因此获取收益，不具有天然的目的非法性，不宜当然将其视为矿业权的变相转让或者非法倒卖牟利，并径直以“合法形式掩盖非法目的”为由认定无效，也不宜以未经批准为由认定其具有合同效力瑕疵。

关于矿业权租赁合同效力认定的争议，主要来自对《矿产资源法》第 6 条、第 42 条，《矿产资源法实施细则》（国务院令第 152 号）第 42 条第 3 项，《探矿权采矿权转让管理办法》（国务院令第 242 号）第 15 条等规定的理解适用问题。鉴于上述法律、法规并没有明确规定若违反则合同无效，《物权法》第 15 条也将债权合同效力与不动产物权变动作了区分处理；且按照文义解释规则，上述法律法规的规制重点是以出租方式擅自转让矿产资源的行为，而非对矿业权租赁方式的一律禁止。实际上，1986 年颁布实施的《矿产资源法》第 3 条第 4 款曾明确规定：“采矿权不得买卖、出租，不得用作抵押”，并在原第 42 条第 2 款规定了罚则：买卖、出租采矿权或者将采矿权用作抵押的，没收违法所得，处以罚款，吊销采矿许可证。

因此，最高人民法院认为，1996 年修改矿产资源法时，上述内容均予以删除，显示了矿产资源法修改的立法趋向。故目前涉及矿业权出租的法律规范不宜认定为《最高人民法院关于适用〈中华人民共和国合同法〉若干问题的解释（二）》（法释〔2009〕5 号）第 14 条规定的效力性强制性规定，不构成矿业权租赁合同无效的法定依据。在不属于以租赁方式擅自转让矿业权的情况下，矿业权租赁合同应自依法成立之日起生效。为此，《最高人民法院关于审理矿业权纠纷案件适用法律若干问题的解释》（法释〔2017〕12 号）第 12 条规定，当事人请求确认矿业权租赁合同自依法成立之日起生效的，人民法院应予支持。

4. 为何矿业权人仅收取租金不履行法定义务的租赁合同无效?

因矿业权兼具民事物权和行政许可的双重属性，矿业权纠纷案件审理除涉及私权利益的保障之外，还存在司法权对行政权的合理尊重。矿业权租赁与矿业权转让系不同的流转方式，其中最主要的区别就是矿业权租赁并不变更矿业权的主体，无须办理矿业权的变更登记，但矿业权人依然负有监控矿山合法经

14042

营的义务，履行安全生产、水土保持、环境保护等法定职责，并承担相应法律责任，租赁期满还存在依约收回矿业权的问题。人民法院应对当事人根据实际情况选择的流转方式给予必要的尊重，不宜一律将矿业权租赁直接认定为矿业权转让。

关于以租赁方式擅自转让矿业权的合同认定问题，人民法院应结合具体案情，重点审查当事人是否约定矿业权人仅收取租金，放弃矿山管理，不再履行矿业权人安全生产、生态环境修复等法定义务，不承担相应的法律责任等情形。

最高人民法院认为，当事人若在选择租赁形式的同时，在租赁合同中约定矿业权人仅收取租金，放弃对矿山的管理，不再履行其法定义务、不再承担相应法律责任，则构成变相转让采矿权的行为，具有明显规避国土资源主管部门行政监管和审批许可，逃避国家相关税费缴纳的意图。为体现司法对于国土资源主管部门依法行政的尊重和支持，根据《合同法》第 52 条第 3 项"以合法形式掩盖非法目的"以及第 5 项"损害社会公共利益"的规定，应认定此类合同无效，以引导当事人选择合法合规的矿业权流转方式，维护正常的矿业权流转秩序，保障矿业权交易的安全。

为此，《最高人民法院关于审理矿业权纠纷案件适用法律若干问题的解释》（法释〔2017〕12 号）第 12 条第 2 款规定："矿业权租赁合同约定矿业权人仅收取租金，放弃矿山管理，不履行安全生产、生态环境修复等法定义务，不承担相应法律责任的，人民法院应依法认定合同无效。"

5. 签订矿业权租赁合同应当注意哪些事项?

根据原国土资源部《矿业权出让转让管理暂行规定》(国土资发〔2000〕309 号)的规定，签订矿业权租赁合同应当注意以下事项：

（1）采矿权租赁应注意合同法关于租期最多不得超过 20 年的特别规定。《合同法》第 214 条第 1 款规定，租赁期限不得超过 20 年。超过 20 年的，超过部分无效。由于采矿证许可开采是有期限的，采矿权租赁合同约定的租赁期限不能超过采矿许可证的期限，超过许可证期限的，超过部分无效。但是若采矿权证到期后，采矿权人又办理了延续手续，则在新的许可期限内，租赁合同仍然有效。

（2）采矿权承租人不得再行转租采矿权。

（3）采矿权承粗人在矿产资源开采过程中，需要改变开采方式和主矿种的，必须由出租人报经登记管理机关批准并办理相应的变更登记手续。

（4）采矿权人被依法吊销采矿许可证时，由此产生的后果由责任方承担。

（5）租赁关系终止后的 20 日内，出租人应向登记管理机关申请办理注销出租手续。

【文本正文】

采矿权出租合同

立合同人：

出租人（简称“甲方”）：

（名称、统一社会信用代码、住所、法定代表人、职务、委托代理人、身份证号码、通信地址、邮政编码、联系人、电话、传真、账号、电子信箱）

承租人（简称“乙方”）：

（名称、统一社会信用代码、住所、法定代表人、职务、委托代理人、身份证号码、通信地址、邮政编码、联系人、电话、传真、账号、电子信箱）

甲乙双方根据《中华人民共和国矿产资源法》《中华人民共和国合同法》《探矿权采矿权转让管理办法》《矿业权出让转让管理暂行规定》和其他法律法规及政策的规定，经友好协商，本着平等、自愿、有偿、诚信的原则，就甲方向乙方出租____________（填入采矿权名称）采矿权事宜签订本合同。

第一条　目标矿权的基本状况[1]及租赁期限

条文注解：合作矿权的真实、合法和有效存续是确保采矿权出租的关键，因此，对于此部分内容应当逐项予以着重审查，以防止任何瑕疵的出现导致出租合同无法履行，合作目的无法实现。

1. 甲方向乙方出租的本合同项下的采矿权（以下简称“目标矿权”），其采矿许可证编号为：____________（填入编号），审批发证机关为____________（填入审批发证机关的名称）（以下简称“发证机关”）。采矿许可证的复印件见本合同附件______。

2. 目标矿权系甲方通过____________（招标 / 拍卖 / 挂牌 / 合同 / 探转采 / 转让）的方式，于______年______月______日依法获得的。

3. 目标矿权的地理位置为：____________；矿区面积为______平方公里；开采矿种为：____________；矿区范围坐标为：____________（具体位置见本合同所附矿区范围图）；目标矿权的采矿许可证有效期自______年______月______日至______年______月______日。

14042

4. 截至______年______月______日，目标矿权占有且经备案的资源储量情况如下____________；在本合同签署之日，目标矿权所占用的资源/储量情况如下____________。根据经批准的矿产资源开发利用方案和矿山设计方案，目标矿权项下的矿山生产规模为______吨/年。

5. 甲方拟将目标矿权出租给乙方，由乙方在本合同约定的租赁期内继续进行采矿。甲方在租赁期内继续承担采矿权人应当承担的法定职责和义务。

6. 租赁期限为______年，自______年______月______日起至______年______月______日止。

第二条　租金及支付

1. 基于本合同约定的各项条件，本合同项下目标矿权的租金为每年______万元（大写：人民币______万元）。合同期内的租金总额为______万元（大写：人民币______万元）。

2. 本合同签署后______日内，乙方应当向甲方支付租金总额______%（______万元）的保证金。在合同履行期内，该保证金不充抵乙方每年应付的租金。待合同履行完毕或终止时，未发生乙方需要向甲方支付赔偿金情形的，甲方在合同履行完毕或终止后______日内将该保证金不计利息退还给乙方。

3. 乙方应在本合同生效后______日内，向甲方支付第一年的租金。之后，乙方应在每年的合同生效对应日前向甲方支付下一年度的租金。

第三条　目标矿权的地质资料提交

甲方应在本合同签订且收到乙方支付的保证金后______日内，向乙方提供该目标矿权矿区范围内的全部地质资料的复印件。

第四条　陈述、保证和承诺

1. 甲方的陈述、保证和承诺[①]：

> 条文注解：作为矿权出租方对于所出租矿权相关情况的陈述、保证和承诺是出租合同能否顺利履行的重要保障，也将成为判断矿权方是否违约的重要标准，对此应予以特别注意。

（1）截至本合同签署之日，目标矿权的采矿许可证是真实、合法、有效的；甲方对目标矿权拥有完整、无瑕疵的权利；目标矿权不存在与其他矿权重叠或交叉的情形；与其他矿权不存在现实的或潜在的矿界争议；目标矿权未设定任何抵押、质押；不存在任何涉及诉讼或被司法、行政程序查封、冻结的情况；

（2）甲方已依法缴纳了采矿权使用费、采矿权价款（如需缴纳的话）、资源税、矿产资源补偿费和矿山环境治理恢复保证金；

（3）甲方不存在采用破坏性开采方法开采矿产资源的行为；不存在越界开采的非法行为；不存在未经审查批准擅自出租、非法承包、出租或与他人合作开采的行为；

（4）甲方遵守了法律、法规关于劳动安全、土地复垦和环境保护的规定；

（5）甲方已按照规定填报了矿产储量表和矿产资源开发利用情况统计报告；

（6）甲方已依法办理采矿用地报批手续；甲方与土地所有人签署的土地使用合同真实、合法、有效；截至本合同签署之日，甲方不存在任何违反或可能违反土地使用合同约定的情形，土地使用合同没有被所有人依法终止或解除风险；

（7）甲方已完成出租目标矿权所需的一切授权、批准（除发证机关的批准外）、备案等程序；甲方出租目标矿权，不会违反其公司章程，不会违反其与其他任何第三方签署的合同；

（8）甲方承诺：在本合同履行期间，甲方将依法履行矿业权人的各项义务，以确保目标矿权的合法、有效存续，并确保目标矿权符合法律、法规、规章及政策规定的开采条件。

2. 乙方的陈述、保证和承诺：

（1）乙方为依法设立的企业，具备承租目标矿权的资格条件；

（2）乙方已完成承租目标矿权所需的一切授权、批准（除发证机关的批准外）、备案等程序；乙方承租目标矿权不会违反其公司章程，不会违反其与其他任何第三方签署的合同；

（3）乙方将按照本合同的约定，履行支付目标矿权出租价款的义务。

第五条　交易税费的承担

因目标矿权出租而需缴纳的税费，由甲乙双方按照有关规定分别予以承担和缴纳。

第六条　本合同履行期间目标矿权的年检和延续

1. 在本合同履行期间，目标矿权的年检手续和延续登记手续由甲方依照有关规定办理，但乙方应当给予必要的配合；办理年检手续和延续登记手续的费用由甲方承担；

14042

2. 在本合同履行期间，甲方未依法办理目标矿权的年检手续和延续登记手

关注法天使

续，并导致目标矿权灭失的，甲方应按照本合同的约定承担赔偿责任[1]。

> 条文注解：矿业权作为有期限的权利，其是否存在违法行为，能否通过矿政管理机关的年检，和能否顺利通过行政延续许可直接关系着出租合同的正常履行，因此，有必要对此内容予以约定，以督促出租方的矿业权人勤勉尽责地维护矿权，保证出租行为的正常进行。

第七条　违约责任[2]

> 条文注解：在矿权出租过程中，存在较多的不确定因素，有客观的、有可归责于出租方的、还有可归责于承租方的因素均可能造成出租行为无法正常进行，应当结合不同情形设计不同的违约处理措施，以免在纠纷产生时无章可循。

1. 任何一方所作的陈述、保证和承诺与实际情况有任何出入或违反了其所作的任何陈述、保证和承诺的，则该方应承担另一方由此所受到的全部损失。

2. 乙方未按照本合同的约定向甲方支付保证金，且逾期超过______日的，甲方有权终止本合同的履行，并要求乙方承担租金总额______%的赔偿责任。

3. 在本合同履行期间，甲方未履行矿业权人的各项法定义务，致使目标矿权灭失、被吊销，或不符合法律、法规、规章及政策规定的出租条件，从而使得本合同的目的无法实现的，乙方有权终止本合同的履行，要求甲方返还保证金，并要求甲方承担租金总额______%的赔偿责任。

4. 乙方未按照本合同的约定向甲方支付租金的，每逾期一日应向甲方支付应付未付金额______%的违约金；逾期超过______日，甲方有权解除本合同，并要求乙方按租金总额的______%承担赔偿责任。

5. 乙方在租赁目标矿权期间，未按照经批准的矿产资源开发利用方案、矿山设计方案及本合同约定的矿山生产规模进行开采，擅自扩大开采范围和开采规模的，甲方有权立即解除本合同，并要求乙方按租金总额的______%承担赔偿责任。如该约定的赔偿金数额小于乙方因违规开采所获得的利益的，甲方有权要求乙方对此差额部分继续进行赔偿。

6. 乙方如发生本合同本条第5款约定的违约情形，或者因乙方违反安全生产、劳动保护、环境保护等国家规定，导致目标矿权灭失、被吊销或者甲方被有关部门实施其他行政处罚的，乙方须承担由此给甲方造成的一切直接和间接损失。

第八条　保密和信息披露

1. 合同双方保证对在谈判、磋商、签订、执行本合同过程中所获悉属于他方的且无法自公开渠道获得的文件、资料以及本合同的内容和履行情况予以保密。

2. 除了法律法规的规定，或者相关有权政府部门的要求外，未经本合同另一方的同意，任何一方均不得直接或间接地以任何形式披露或者泄露本合同所包含的任何内容以及所涉及的任何交易，但向各自负有保密义务的工作人员和法律顾问披露的除外。任何一方应尽力促使各自的工作人员对本合同所涉及的内容进行严格地保密。

3. 本合同的保密条款为持续性条款，且无论本合同无效、解除、终止均不影响保密条款的延续性和有效性。无论本合同的任一方作为合同当事人的资格和权利是否终止，本合同的任一合同当事人均应遵守本条所约定的保密义务。

第九条　通知

1. 任何与本合同有关的需要送达或给予的通知、合同、同意或其他通信，除双方另有约定外，应按双方当事人在本合同中列明的地址、传真、电话、电子邮件或其他联系方式进行；通过传真、电话、电子邮件发出的任何文件、资料、通知，在发出后即视为收讫。通过邮寄发出的任何文件、资料、通知，在寄出十天后即视为收讫。

2. 任何一方在本合同所列的地址、传真、电话、电子邮件或其他联系方式发生改变的，应自变更之日起______日内以书面形式通知对方，否则，对方按照原来的地址、传真、电话、电子邮件或其他联系方式发出的文件、资料、通知等均视为在前款约定的时间内收讫，由此产生的一切后果，均由另一方自行承担。

第十条　法律适用及争议解决

1. 本合同的订立、效力、变更、解释、履行、终止和由本合同产生或与本合同有关之争议的解决，均适用中华人民共和国法律。

2. 凡因本合同引起的或与本合同有关的一切争议，双方应友好协商解决。如果争议自发生之日起三十日内仍不能得到解决，则任何一方均有权选择以下第______种方式解决：

（1）向______仲裁委员会申请仲裁，按照申请仲裁时该会实施的仲裁规则进行仲裁。

（2）向______人民法院起诉，以诉讼解决争议。

第十一条　合同的生效及其他

1. 本合同的附件为本合同不可分割的一部分；本合同及其附件内空格部分填写的文字与印刷文字具有同等法律效力。

14042

2. 本合同中未尽事宜或出现与本合同相关的其他事宜时，由双方协商解决并另行签订书面补充合同，补充合同与本合同具有同等的法律效力。

3. 本合同自双方法定代表人或授权代表签字、盖章之日起成立并生效。

4. 本合同一式______份，每方各执______份，其余______份仅限于办理出租备案手续之用，具有同等法律效力。

5. 本合同由甲乙双方在中华人民共和国______签署。

（以下无合同正文条款）

甲方：（盖章）

法定代表人或授权代表：（签字）

日期：

乙方：（盖章）

法定代表人或授权代表：（签字）

日期：

八、采矿权承包合同

【使用场景】

本范本适用于采矿权人将采矿权承包给其他主体实施采矿的情景。矿业权承包是不同于矿业权转让的流转方式。采矿权承包的发包方是采矿权人（矿山企业），承包的标的是采矿权。在采矿权承包合同中，承包人以劳动投入（体力或脑力劳动）的方式获得收益，承包人对采矿权并不享有任何独占的收益权利。

【法律要点】

1. 矿业权承包与矿山企业承包经营的区别?

国务院于1988年颁布的《全民所有制工业企业承包经营责任制暂行条例》规定：承包经营，是指在保证企业的所有制性质不变的基础上，按照所有权与经营权分立的原则，通过订立合同确定财产所有者与承包方的责权利关系，使企业自主经营、自负盈亏的经营方式。根据该规定可以看出，承包经营法律关系的主体是企业所有者和承包人，客体是被承包企业。在当前大量产生的企业承包经营中，发包人只能是企业的投资人或股东，企业则是承包合同的标的。

根据《探矿权采矿权转让管理办法》（国务院令第242号）“以承包等方式擅自将采矿权转给他人进行开采”以及原国土资源部《矿业权出让转让管理暂行规定》（国土资发〔2000〕309号）“采矿权人不得将采矿权以承包等方式转给他人开采、经营”的规定，采矿权承包的发包方是采矿权人（矿山企业），承包的标的是采矿权。可见，矿山企业承包仅是经营管理方式的变更，企业的法律地位没有改变、采矿权主体没有变更，承包人以矿山企业名义利用企业的开采条件经营，以企业的名义缴纳税费，对外仍由企业承担民事责任，而采矿权承包则可能存在涉及采矿权的转让和采矿权主体的变更。事实上，立法和产业政策上禁止的是以“承包”形式非法转让矿业权，而非禁止矿业权承包本身。

2. 矿业权承包经营效力的适法性审查因素有哪些?

一般而言，矿业权承包可合法存续的底线是不构成“变相的矿业权转让”。

14043

对此，有观点认为，在司法实务中审查矿业权承包合同的效力应当考虑下列因素：应是采矿任务的承包，而非采矿权的承包；承包人对矿产品不得享有所有权及处分权；发包人不得脱离对矿山企业的日常管理；有关矿产品的生产、经营、销售、调运、过磅、货款结算等均需以发包人的名义进行并在实际上受发包人控制，不得以承包人名义直接实施上述各行为；不得给承包人授予对矿业权的再处分权；不得将被承包矿山企业的法定代表人职务授予承包人担任；不得将承包期限设定为永久性；不得授权承包人对矿山企业的原股权结构享有直接进行变更登记的权利。凡违反其中的一项或多项，即可判定该承包合同有变相转让采矿权之嫌疑。

需要注意的是，不能简单地把名称为“采矿承包合同”的“承包”与“以承包等方式将采矿权转给他人开采经营”的“承包”完全混同。即不能仅以当事人签订合同的名称判断合同性质，重在根据合同内容判断合同是否属于承包合同。判断民事法律行为的性质应当按照实质重于形式的方法来定性，根据合同内容全面分析当事人之间的权利与义务，进而把握该民事法律行为的本质属性。

3. 如何界定矿业权承包合同的生效时间?

矿业权人作为用益物权人，有依法处分自己财产的权利和自由。矿业权承包是不同于矿业权转让的流转方式，实践中大量存在。矿业权人在不转移矿业权权属的情况下将矿业权的部分权能让渡给他人享用并收取承包费，承包人支付对价而有限制地行使矿产资源勘查开采权并因此获取收益，不具有天然的目的非法性，不宜当然将其视为矿业权变相转让或者非法倒卖牟利，并径直以“合法形式掩盖非法目的”为由认定无效，也不宜以未经批准为由认定其具有合同效力瑕疵。

关于矿业权承包合同效力认定的争议，主要来自对《矿产资源法》第 6 条、第 42 条，《矿产资源法实施细则》（国务院令第 152 号）第 42 条第 3 项，《探矿权采矿权转让管理办法》（国务院令第 242 号）第 15 条等规定的理解适用问题。鉴于上述法律、法规并没有明确规定若违反则合同无效，《物权法》第 15 条也将债权合同效力与不动产物权变动作了区分处理；且按照文义解释规则，上述法律法规的规制重点是以承包方式擅自转让矿产资源的行为，而非对矿业权承包方式的一律禁止。

最高人民法院认为，目前涉及矿业权承包的法律规范不宜认定为《最高人民法院关于适用〈中华人民共和国合同法〉若干问题的解释（二）》（法释〔2009〕5 号）第 14 条规定的效力性强制性规定，不构成矿业权承包合同无效的法定依据。在不属于以承包方式擅自转让矿业权的情况下，矿业权承包合同应自依法成立之日起生效。

为此，《最高人民法院关于审理矿业权纠纷案件适用法律若干问题的解释》（法释〔2017〕12号）第12条规定，当事人请求确认矿业权承包合同自依法成立之日起生效的，人民法院应予支持。

4. 为何矿业权人仅收取承包费不履行法定义务的承包合同无效?

因矿业权兼具民事物权和行政许可两重属性，矿业权纠纷案件的审理除涉及私权利益的保障之外，还存在司法权对行政权的合理尊重。矿业权承包与矿业权转让系不同的流转方式，其中最主要的区别就是矿业权承包并不变更矿业权的主体，无须办理矿业权的变更登记，但矿业权人依然负有监控矿山合法经营的义务，履行安全生产、水土保持、环境保护等法定职责，并承担相应的法律责任，承包期满还存在依约收回矿业权的问题。人民法院应对当事人根据实际情况选择的流转方式给予必要的尊重，不宜一律将矿业权承包直接认定为矿业权转让。

最高人民法院认为，当事人若在选择承包形式的同时，在承包合同中约定矿业权人仅收取承包费，放弃对矿山的管理，不再履行其法定义务、不再承担相应法律责任，则构成变相转让采矿权的行为，具有明显规避国土资源主管部门行政监管和审批许可，逃避国家相关税费缴纳的意图。为体现司法对于国土资源主管部门依法行政的尊重和支持，根据《合同法》第52条第3项“以合法形式掩盖非法目的”以及第5项“损害社会公共利益”的规定，应认定此类合同无效，以引导当事人选择合法合规的矿业权流转方式，维护正常的矿业权流转秩序，保障矿业权交易安全。为此，《最高人民法院关于审理矿业权纠纷案件适用法律若干问题的解释》（法释〔2017〕12号）第12条第2款规定，矿业权承包合同约定矿业权人仅收取承包费，放弃矿山管理，不履行安全生产、生态环境修复等法定义务，不承担相应法律责任的，人民法院应依法认定合同无效。

【文本正文】

采矿权承包合同

立合同人：

采矿权人（简称“甲方”）：

（名称、统一社会信用代码、住所、法定代表人、职务、委托代理人、身份证号码、通信地址、邮政编码、联系人、电话、传真、账号、电子信箱）

14043

承包人（简称“乙方”）：

（名称、统一社会信用代码、住所、法定代表人、职务、委托代理人、身份证号码、通信地址、邮政编码、联系人、电话、传真、账号、电子信箱）

甲方为规范矿山生产、合理开发矿产资源，本着科学管理原则，依据《中华人民共和国矿产资源法》及《中华人民共和国合同法》的有关规定，将矿区内矿体开拓及采矿工程承包给乙方，经双方共同协商，达成如下协议。

第一条　目标矿权的基本状况及承包期限

1. 甲方向乙方发包的本合同项下的采矿权（以下简称“目标矿权”），其采矿许可证编号为：____________（填入编号），审批发证机关为____________（填入审批发证机关的名称）（以下简称“发证机关”）。采矿许可证的复印件见本合同附件______。

2. 目标矿权系甲方通过______（招标/拍卖/挂牌/合同/探转采/转让）的方式，于______年______月______日依法获得的。

3. 目标矿权的地理位置为：____________；矿区面积为______平方公里；开采矿种为：____________；矿区范围坐标为：____________（具体位置见本合同所附矿区范围图）；目标矿权的采矿许可证有效期自______年______月______日至______年______月______日。

4. 截至______年______月______日，目标矿权占有且经备案的资源储量情况如下____________；在本合同签署之日，目标矿权所占用的资源/储量情况如下____________。根据经批准的矿产资源开发利用方案和矿山设计方案，目标矿权项下的矿山生产规模为______吨/年。

5. 甲方拟将目标矿权承包给乙方，由乙方在本合同约定的承包期内继续进行采矿。甲方在承包期限内继续承担采矿权人应当承担的法定职责和义务。

6. 承包期限为______年，自______年______月______日起至______年______月______日止。

第二条　承采项目范围、价格和结算

1. 乙方承采范围为甲方采矿许可证范围内的井工开采，包括合同约定范围内的基建、井建、开拓工程、穿脉巷道、沿脉巷道、行人天井、通风井采准工程、采矿工程项目等全部生产系统。

2. 矿石承采价格为______元/吨，其中矿石数量以扣杂后的矿石净吨数为准。该价格为承采大包的综合单价，涵盖了基建、开拓工程投入、采掘生产费用、辅助生产费用、提升、运输、通风、排水等设施设备的投资、安装维护及摊销、保险、利润、税金及合同包含的所有风险、责任等各项应有的费用。

3. 每月结账日为______日下午______时，按双方签字磅单为准，并结合技术、质量、经济指标考核。经财务审核后付款，乙方提供完税发票，次月______日前结清。

第三条　质量指标

1. 乙方应严格按照批准的采矿方法进行开采，乙方开采需满足采矿回采率 85% 以上，贫化率 15% 以下，损失率小于 5%，出矿品位以井下圈定与地表测试相结合确定各井口出矿品位以作考核指标。

2. 乙方应保证所完成的掘进工程项目质量，其断面尺寸、形状、支护、设备安装等必须按照国家《井巷施工及验收规范、设备安装规范》进行施工及验收。

第四条　陈述、保证和承诺

1. 甲方的陈述、保证和承诺：

（1）截至本合同签署之日，目标矿权的采矿许可证是真实、合法、有效的；甲方对目标矿权拥有完整、无瑕疵的权利；目标矿权不存在与其他矿权重叠或交叉的情形；与其他矿权不存在现实的或潜在的矿界争议；目标矿权未设定任何抵押、质押；不存在任何涉及诉讼或被司法、行政程序查封、冻结的情况；

（2）甲方已依法缴纳了采矿权使用费、采矿权价款（如需缴纳的话）、资源税、矿产资源补偿费和矿山环境治理恢复保证金；

（3）甲方不存在采用破坏性开采方法开采矿产资源的行为；不存在越界开采的非法行为；不存在未经审查批准擅自出租、非法承包、出租或与他人合作开采的行为；

（4）甲方遵守了法律、法规关于劳动安全、土地复垦和环境保护的规定；

（5）甲方已按照规定填报了矿产储量表和矿产资源开发利用情况统计报告；

（6）甲方已依法办理采矿用地报批手续；甲方与土地所有人签署的土地使用合同真实、合法、有效；截至本合同签署日，甲方不存在任何违反或可能违反土地使用合同约定的情形，土地使用合同没有被所有人依法终止或解除的风险；

（7）甲方已完成承包目标矿权所需的一切授权、批准（除发证机关的批准外）、备案等程序；甲方承包目标矿权，不会违反其公司章程，不会违反其与其他任何第三方签署的合同；

（8）甲方承诺：在本合同履行期间，甲方将依法履行矿业权人的各项义务，以确保目标矿权的合法、有效存续，并确保目标矿权符合法律、法规、规章及

14043

政策规定的开采条件。

2. 乙方的陈述、保证和承诺：

（1）乙方为依法设立的企业，具备承包目标矿权的资格条件；

（2）乙方已完成承包目标矿权所需的一切授权、批准（除发证机关的批准外）、备案等程序；乙方承包目标矿权不会违反其公司章程，不会违反其与其他任何第三方签署的合同；

（3）乙方将按照本合同的约定，履行支付目标矿权承包金的义务。

第五条　甲方的权利和义务

1. 负责工业场地的征用及场区总电源供给，以及协调好外部环境。

2. 负责协调公安部门提供矿山开采用火工材料的供应，为各矿点指派工作人员，负责火工材料的计划、支领、使用、管理。其费用全部由乙方承担。

3. 从井口料场装运乙方所采全部合格铁矿石，按合同约定价格及时间支付乙方矿石款。

4. 甲方有权按国家有关法规及企业需要对乙方进行规范化管理，对乙方掘进、采矿进行监督，如发现在开采过程中乙方存在重大欺骗、不负责任、不按本合同约定的行为，有权终止合同并责令乙方赔偿损失。

5. 对乙方在生产过程中主产品以外的副产品享有所有权及处置权，并无需为此副产品向乙方支付费用，确需支付的，双方另行协商。

6. 甲方派员定期检查矿山生产工作，包括安全、工程质量、进度情况。

第六条　乙方的权利及义务

1. 按照国家对非煤矿山安全生产的要求，正规设计，正规施工，达到安全生产条件，通过安全评价，确保安全生产。

2. 自行投入采矿生产所需设备，生产所需的所有原材料，并支付人工费、电费、火工材料费等相关费用。

3. 一次性向甲方交纳风险保证金人民币______万元整（大写______万元整），双方合作结束时，乙方有权收回剩余款项。

4. 有权自行招用采矿人员，向甲方如实提供其个人信息。其工资及保险由乙方支付，无正当理由不许拖欠、克扣工人工资。乙方如更换采矿人员，应及时通知甲方，否则由此产生的一切后果由乙方承担。

5. 在生产过程中必须服从甲方的技术指导和监督管理，矿山建设方案、开拓、回采方案必须交甲方审定，审定后方可实施。同时必须按照设计施工，按照国家《井巷验收规范》进行验收，中途变更设计必须经甲方批准同意。否则由此造成的损失由乙方负责。

6. 合理使用甲方提供的生产设施，并负责维修与保养，相关费用自行承担。

7. 按时完成甲方规定的生产任务（不可抗力除外），及时向甲方通报生产情况，承采权严禁转包或转租他人。

8. 负责将矿石提升到地表料场，负有看管、维护责任。

第七条　奖惩措施

1. 乙方所采铁矿石必须全部交给甲方，不得盗卖他人，若发现外运、外卖，处罚如下：第一次罚款______万元；第二次罚款______万元；发现第三次，罚没所有风险抵押金，并收回承采权，解除承采合同。

2. 甲方根据各矿井实际情况以书面形式按月下达生产作业任务书，乙方必须按时完成公司下达的生产任务及各项技术经济指标，杜绝短期行为，确保稳产、高产。若无法按时完成生产任务，将按照生产任务协议书约定方式进行处罚。

3. 甲方装运矿石时对矿堆进行综合取样，出矿品位若低于核定的考核指标，则每降低一个品位，该批次矿石单价降低______元 / 吨。若品位低于______%，甲方有权不付矿石款另行处理。

4. 甲方技术部定期核实各井口的采矿回采率，贫化率、损失率，根据超标情况罚款______元至______元。

5. 生产进入正常后依据生产任务和技术经济指标，制定相应的奖罚机制。

第八条　安全及经济责任

1. 加强安全管理，坚持“安全第一，预防为主”的方针，做到事故为零，各承采单位的主要负责人是安全第一责任者，指定专人或兼职具体负责安全工作。

2. 甲方负责组织人员对乙方采矿安全予以监督、检查、管理，对乙方违章作业予以处罚，对不安全隐患责令整改，经复查无整改或整改不合格的，甲方有权责令乙方停产。

3. 乙负责为采矿工人投保，保额为______万元 / 人（附带医疗险______元）保险费由乙方全部负责。

4. 乙方在生产过程中应确保安全生产，及时发放劳保用品（费用乙方承担），若出现伤亡事故，全部责任由乙方承担。如该事故原因是由于乙方的重大过失或相关人员违反操作规程造成的，甲方视情节对乙方处以______元至______元的罚款。

14043

第九条　本合同履行期间目标矿权的年检和延续

1. 在本合同履行期间，目标矿权的年检和延续登记手续由甲方依照有关规定办理，但乙方应当给予必要配合；办理年检和延续登记手续的费用由甲方承担；

2. 在本合同履行期间，甲方未依法办理目标矿权的年检手续和延续登记手续，并导致目标矿权灭失的，甲方应按照本合同的约定承担赔偿责任。

第十条　违约责任

1. 任何一方所作的陈述、保证和承诺与实际情况有任何出入或违反了其所作的任何陈述、保证和承诺的，则该方应承担另一方由此所受到的全部损失。

2. 乙方未按照本合同约定向甲方支付保证金，且逾期超过______日的，甲方有权终止本合同履行，并要求乙方承担以______为基数的______%的赔偿责任。

3. 在本合同履行期间，甲方未履行矿业权人的各项法定义务，致使目标矿权灭失、被吊销，或不符合法律、法规、规章及政策规定的发包条件，从而使得本合同的目的无法实现的，乙方有权终止本合同履行，要求甲方返还保证金，并要求甲方承担以______为基数的______%的赔偿责任。

4. 乙方未按照本合同的约定向甲方支付承包金的，每逾期一日应向甲方支付应付未付金额______%的违约金；逾期超过______日，甲方有权解除本合同，并要求乙方按______为基数的______%承担赔偿责任。

5. 乙方在承包目标矿权期间，未按照经批准的矿产资源开发利用方案、矿山设计方案及本合同约定的矿山生产规模进行开采，擅自扩大开采范围和开采规模的，甲方有权立即解除本合同，并要求乙方以______为基数的______%承担赔偿责任。如该约定的赔偿金数额小于乙方因违规开采所获得的利益的，甲方有权要求乙方对此差额部分继续进行赔偿。

6. 乙方如发生本合同本条第五款约定违约情形，或者因乙方违反安全生产、劳动保护、环境保护等国家规定，导致目标矿权灭失、被吊销或者甲方被有关部门实施其他行政处罚的，乙方须承担由此给甲方造成的一切直接和间接损失。

第十一条　保密和信息披露

1. 合同双方保证对在谈判、磋商、签订、执行本合同过程中所获悉属于他方的且无法自公开渠道获得的文件、资料以及本合同的内容和履行情况予以保密。

2. 除了法律法规的规定，或者相关有权政府部门的要求外，未经本合同另一方的同意，任何一方均不得直接或间接地以任何形式披露或者泄露本合同所包含的任何内容以及所涉及的任何交易，但向各自负有保密义务的工作人员和法律顾问披露的除外。任何一方应尽力促使各自的工作人员对本合同所涉及的内容进行严格地保密。

3. 本合同的保密条款为持续性条款，且无论本合同无效、解除、终止均不影响保密条款的延续性和有效性。无论本合同的任一方作为合同当事人的资格和权利是否终止，本合同的任一合同当事人均应遵守本条所约定的保密义务。

第十二条　通知

1. 任何与本合同有关的需要送达或给予的通知、合同、同意或其他通信，除双方另有约定外，应按双方当事人在本合同中列明的地址、传真、电话、电子邮件或其他联系方式进行；通过传真、电话、电子邮件发出的任何文件、资料、通知，在发出后即视为收讫。通过邮寄发出的任何文件、资料、通知，在寄出十天后即视为收讫。

2. 任何一方在本合同所列的地址、传真、电话、电子邮件或其他联系方式发生改变的，应自变更之日起______日内以书面形式通知对方，否则，对方按照原来的地址、传真、电话、电子邮件或其他联系方式发出的文件、资料、通知等均视为在前款约定的时间内收讫，由此产生的一切后果，均由另一方自行承担。

第十三条　法律适用及争议解决

1. 本合同的订立、效力、变更、解释、履行、终止和由本合同产生或与本合同有关之争议的解决，均适用中华人民共和国法律。

2. 凡因本合同引起的或与本合同有关的一切争议，双方应友好协商解决。如果争议自发生之日起三十日内仍不能得到解决，则任何一方均有权选择以下第______种方式解决：

（1）向______仲裁委员会申请仲裁，按照申请仲裁时该会实施的仲裁规则进行仲裁。

（2）向______人民法院起诉，以诉讼解决争议。

第十四条　合同的生效及其他

1. 本合同的附件为本合同不可分割的一部分；本合同及其附件内空格部分填写的文字与印刷文字具有同等法律效力。

2. 本合同中未尽事宜或出现与本合同相关的其他事宜时，由双方协商解决并另行签订书面补充合同，补充合同与本合同具有同等的法律效力。

3. 本合同自双方法定代表人或授权代表签字、盖章之日起成立并生效。

4. 本合同一式______份，每方各执______份，其余______份仅限于办理抵

14043

押备案手续之用，具有同等法律效力。

5. 本合同由甲乙双方在中华人民共和国______签署。

（以下无合同正文条款）

甲方：（盖章）

法定代表人或授权代表：（签字）

日期：

乙方：（盖章）

法定代表人或授权代表：（签字）

日期：

第四类　矿业购销类合同

一、矿产品销售合同

【使用场景】

本范本适用于矿业企业对外销售矿产品的情景。矿产品销售的实质是一种矿产品买卖行为，其不同于一般买卖合同的是，其销售的标的是矿产品。本合同适用于除煤炭、铁矿石、金精粉等特殊矿产品之外的情形。对于煤炭、铁矿石、金精粉等特殊矿产品销售的情形，不适用于本合同。

【法律要点】

1. 什么是矿产品?

根据原地质矿产部关于对《要求对〈矿产资源法〉第四十一条作出立法解释的请示》的复函（1991 年 8 月 22 日）规定："《矿产资源法》中所规定的矿产品，是指矿山企业或勘查单位通过实施一系列勘探、开拓、采矿、选矿等生产工程，将天然的矿产资源开采、选矿后，脱离了自然状态的产品，如块矿、粉矿、矿石等。矿山企业或勘查单位经选矿厂选出的精矿也是矿产品中的一部分。"

2. 什么是矿产资源?

根据《矿产资源法实施细则》（国务院令第 152 号）第 2 条的规定，矿产资源是指由地质作用形成的，具有利用价值的，呈固态、液态、气态的自然资源。据此规定可见，将一种自然资源定义为矿产资源，必须具备两个要件：一是必须由地质作用形成的；二是必须在当前的技术和经济条件下可以被开发利用。

其中："由地质作用形成"中的"地质作用"，是指由自然动力引起使地壳组成物质、地壳构造、地表形态等不断的变化和形成的作用。资源开发利用，是指人类利用一些工具或智慧将发现的可以为人们服务的物质、能量、生命体、智慧进行加工、改造或利用进而为人类服务的行为。

3. 矿产品销售应当注意哪些事项?

矿产品销售的实质是一种矿产品买卖行为，其不同于一般买卖合同的是，其销售的标的是矿产品。矿产品作为一种商品，和其他商品的销售有很多共同

14044

关注法天使

之处，如买卖双方需签订买卖合同，确定产品价格、产品数量、交货数量、日期，以及违约责任的确立，赔偿等。矿产品与其他商品的不同之处，在于在多数情况下很难从外观上确定它的质量，以及精确的数量。这些都要通过检测和分析才能确定，如水分、金属品位、伴生金属品位、杂质含量等，所有这些都确定了才能最终确定该批矿产品的价格和价值。

通常情况下，矿产品销售应当注意以下几点：（1）买卖双方要诚信、公平。（2）各种检测如水分、重量，均需双方在场。（3）取样时要双方认可，有足够的代表性。（4）矿产品销往大冶炼厂时，取样、检斤，以及样品分析，往往以大厂为准。这时销售人员应随车前往。以便监督取样的代表性，检测的准确性，以及样品的分析情况。（5）最终取出的化验分析样品要一式三份，双方各执一份，第三份封存，待某方对分析结果有异议时交由仲裁处理。（6）生产除主要金属外，对伴生有价金属和有害杂质也要经常分析，积累数据，做到销售时心中有数。（7）平时密切关注与己有关的矿产品价格波动。关注伴生金属的计价和有害杂质扣款的政策变化以及趋势，以便随时调节生产指标。实现最大经济效益。

【文本正文】

矿产品销售合同

立合同人：

买受方（简称“甲方”）：

（名称、统一社会信用代码、住所、法定代表人、职务、委托代理人、身份证号码、通信地址、邮政编码、联系人、电话、传真、账号、电子信箱）

出卖方（简称“乙方”）：

（名称、统一社会信用代码、住所、法定代表人、职务、委托代理人、身份证号码、通信地址、邮政编码、联系人、电话、传真、账号、电子信箱）

根据《中华人民共和国合同法》的规定，经甲乙双方充分协商，本着平等、自愿、有偿、诚实信用的原则，就乙方向甲方销售矿产品事宜特订立本合同。

第一条　产品的名称、品种、规格和质量

1. 产品的名称、品种、规格：____

____（应注明产品的牌号或商标）。

2. 产品的技术标准（包括质量要求），按下列第______项执行①：

> 条文注解：产品的技术和质量标准是评判产品是否合格的关键，具体明确的约定有利于合同完全顺利履行。

（1）按国家标准执行；

（2）无国家标准而有部颁标准的，按部颁标准执行；

（3）无国家和部颁标准的，按企业标准执行；

（4）没有上述标准的，或虽有上述标准，但买受方有特殊要求的，按甲乙双方在合同中商定的技术条件、样品或补充的技术要求执行。

（在合同中写明执行的标准代号、编号和标准名称。具体规定提出质量异议的条件和时间；实行抽样检验质量的产品，合同中应注明采用的抽样标准或抽验方法和比例；在商定技术条件后需要封存样品的，应由当事人双方共同封存，分别保管，做检验的依据。）

第二条　产品的数量、计量单位和计量方法

1. 产品的数量：____。

2. 计量单位、计量方法：____。

（国家或主管部门有计量方法规定的，按国家或主管部门的规定执行；国家或主管部门无规定的，由甲乙双方商定。）

3. 产品交货数量正负尾差、合理磅差和在途自然减（增）量规定及计算方法：

____。

第三条　产品的包装标准和包装物的供应与回收

____。

（产品的包装，国家或业务主管部门有技术规定的，按技术规定执行；国家与业务主管部门无技术规定的，由甲乙双方商定。产品的包装物，除国家规定由甲方供应的以外，应由乙方负责供应。可以多次使用的包装物，应按有关主管部门制定的包装物回收办法执行；有关主管部门无规定的，由甲乙双方商定包装物回收办法，作为合同附件。产品的包装费用，除国家另有规定外，不得向甲方另外收取。如果甲方有特殊要求的，双方应当在合同中商定，其包装费超过原定标准的，超过部分由甲方负担；其包装费低于原定标准的，相应降低产品价格。）

14044

第四条　产品的交货单位、交货方法、运输方式、到货地点

1. 产品的交货单位____。

2. 交货方法，按下列第______项执行：

（1）乙方送货（国家主管部门规定有送货办法的，按规定的办法执行；没有规定送货办法的，按双方合同约定执行）；

（2）乙方代运（乙方代办运输，应考虑甲方的要求，商定合理的运输路线和运输工具）；

（3）甲方自提自运。

3. 运输方式：____。

4. 到货地点和接货单位（或接货人）_____________________________________。

（甲方如要求变更到货地点或接货人，应在合同规定的交货期限前______日通知乙方；必须由甲方派人押送的，应在合同中明确规定；甲乙双方对产品的运输和装卸，应按有关规定与运输部门办理交换手续，作出记录，双方签字，明确甲、乙方和运输部门的责任。）

第五条　产品的交（提）货期限

____。

（规定送货或代运的产品的交货日期，以甲方发运产品时承运部门签发的戳记日期为准，当事人另有约定者，从其约定；合同规定甲方自提产品的交货日期，以乙方按合同规定通知的提货日期为准。乙方的提货通知中，应给予甲方必要的途中时间，实际交货或提货日期早于或迟于合同规定的日期，应视为提前或逾期交货或提货。）

第六条　产品的价格与货款的结算

1. 产品的价格，按下列第______项执行：

（1）按国家定价执行；

（2）应由国家定价而尚无定价的产品，按物价主管部门的批准价执行；

（3）不属于国家定价的产品，或因对产品有特殊技术要求需要提高或降低的，按甲乙双方的商定价执行。

（执行国家定价的，在合同规定的交货或提货期内，遇国家调整价格时，按交货时的价格执行。逾期交货的，遇价格上涨时，按原价执行；遇价格下降时，按新价执行。逾期提货或逾期付款的，遇价格上涨时，按新价格执行；遇价格下降时，按原价执行。执行浮动价和协商定价的，按合同规定的价格执行。）

2. 产品货款的结算：产品的货款、实际支付的运输费和其他费用的结算，按照中国人民银行结算办法的规定办理。

（用托收承付方式结算的，合同中应注明验单付款或验货付款。验货付款的承付期限一般为______日，从运输部门向收货单位发出提货通知的次日起算。凡当事人在合同中约定缩短或延长验货期限的，应当在托收凭证上写明，银行从其规定。）

第七条　验收方法

____。

（合同应明确规定：1. 验收时间；2. 验收手段；3. 验收标准；4. 由谁负责验收和试验；5. 在验收中发生纠纷后，由哪一级产品质量主管监督检查机关负责处理等。）

第八条　对产品提出异议的时间和办法[①]

条文注解：本条款约定对于产品接收方提出了验收的合同义务，避免了产品接收方无限期拒绝验收或者在较长期限后才提出质量问题，避免了纠纷的发生，有助于交易的顺利进行。

1. 甲方在验收中，如果发现产品的品种、型号、规格和质量不合规定，应在______日内向乙方提出书面异议；在托收承付期内，甲方有权拒付不符合规定部分产品的货款。

2. 如甲方未按规定期限提出书面异议的，视为交付产品符合合同规定。

3. 甲方因使用、保管、保养不善等造成产品质量下降的，不得提出异议。

4. 乙方在接到甲方书面异议后，应在______日内负责处理，否则，即视为默认甲方提出的异议和处理意见。

（甲方提出的书面异议中，应说明合同号、运单号、车或船只、发货和到货日期；说明不符合规定的产品名称、型号、规格、标志、牌号、批号、合格证或质量保证书号、数量、包装、检验方法、检验情况和检验证明等，提出不符合规定的产品的处理意见。）

第九条　违约责任

1. 甲方的违约责任

（1）甲方中途退货，应向乙方偿付退货部分货款______%的违约金。

（2）甲方未按合同规定的时间和要求提供应交付的技术资料或包装物的，除交货日期顺延外，应按照中国人民银行有关逾期付款的规定，按顺延交货部分货款计算，向乙方偿付顺延交货的违约金；如果不能提供的，按中途退货处理。

（3）甲方自提产品未按乙方通知的日期或合同规定的日期提货的，应比照中国人民银行有关逾期付款的规定，按逾期提货部分货款总值计算，向乙方偿付逾期提货的违约金，并承担乙方实际支付的代为保管的费用。

14044

（4）甲方逾期付款的，应按照中国人民银行有关逾期付款的规定向乙方偿付逾期付款的违约金。

（5）甲方违反合同规定拒绝接货的，应当承担由此造成的所有经济损失。

（6）甲方如错填到货地点或接货人，或对乙方提出错误异议，应承担乙方因此所造成的各项损失。

2. 乙方的违约责任

（1）乙方不能交货的，应向甲方偿付不能交货部分货款的______%的违约金。

（2）乙方交付产品的品种、型号、规格、质量不符合规定的，若甲方同意接收，则按质论价；如果甲方不予接收的，应根据产品的具体情况，由乙方负责包换，并承担调换或退货而支付的实际费用。乙方不能调换的，按不能交货处理。

（3）乙方因产品包装不符合同规定，必须返修或重新包装的，乙方应负责返修或重新包装，并承担支付的费用。甲方不要求返修或重新包装而要求赔偿损失的，乙方应当偿付甲方该不合格包装物低于合格包装物价值的部分。因包装不符合规定造成货物损坏或灭失的，乙方应当负责赔偿。

（4）乙方逾期交货的，应比照中国人民银行逾期付款的规定，按逾期交货部分货款计算，向甲方偿付逾期交货的违约金，并承担甲方因此所受的各项损失。

（5）乙方提前交货的产品、多交产品和品种、型号、规格、质量不符合同规定的产品，甲方在代管期内实际支付保管费用以及非因甲方保管不善而发生的损失，应当由乙方承担。

（6）产品错发到货地点或接货人的，乙方除应负责按照合同规定正确履行发货义务外，还应承担甲方因此多支付的一切实际费用和逾期交货的违约金。乙方未经甲方同意，单方面改变运输路线和运输工具的，应当承担由此增加的费用。

（7）乙方提前交货的，甲方接货后，仍可按合同规定的交货时间付款；合同规定自提的，甲方可拒绝提前予以提货。乙方逾期交货的，应在发货前与甲方协商，甲方仍需要的，乙方应照数补交，并负逾期交货责任；甲方不再需要的，应当在接到乙方通知后______日内通知乙方，办理解除合同手续，逾期不答复的，视为同意发货。

第十条　不可抗力

1. 任何一方由于不可抗力造成的部分或全部不能履行本合同义务的行为，将不视为违约，但应当在条件允许情况下采取一切必要补救措施以减少因不可抗力造成的损失。

2. 声称受到不可抗力事件影响的一方应尽可能在最短的时间内通过书面形式将不

可抗力事件的发生通知另一方，并在该不可抗力事件发生后______日内将经由当地公证机关出具的证明文件或有关政府批文及合同不能履行或者需要延期履行的书面资料通知对方。不可抗力事件消除后，受影响方应尽快向对方发出有关“不可抗力事件”消除的通知。

3. 不可抗力事件或其影响终止或消除后，双方须立即恢复履行各自在本合同项下的各项义务。如不可抗力及其影响无法终止或消除而致使合同任何一方丧失继续履行合同的能力，则双方可协商解除合同或暂时延迟合同履行，且遭遇不可抗力一方无须为此承担责任。当事人迟延履行后发生不可抗力的，不能免除责任。

第十一条　通知

1. 任何与本合同有关的需要送达或给予的通知、合同、同意或其他通信，除双方另有约定外，应按双方当事人在本合同中列明的地址、传真、电话、电子邮件或其他联系方式进行；通过传真、电话、电子邮件发出的任何文件、资料、通知，在发出后即视为收讫。通过邮寄发出的任何文件、资料、通知，在寄出十天后即视为收讫。

2. 任何一方在本合同所列的地址、传真、电话、电子邮件或其他联系方式发生改变的，应自变更之日起______日内以书面形式通知对方，否则，对方按照原来的地址、传真、电话、电子邮件或其他联系方式发出的文件、资料、通知等均视为在前款约定的时间内收讫，由此产生的一切后果，均由另一方自行承担。

第十二条　法律适用及争议解决

1. 本合同的订立、效力、变更、解释、履行、终止和由本合同产生或与本合同有关之争议的解决，均适用中华人民共和国法律。

2. 凡因本合同引起的或与本合同有关的一切争议，双方应友好协商解决。如果争议自发生之日起三十日内仍不能得到解决，则任何一方均有权选择以下第______种方式解决：

（1）向______仲裁委员会申请仲裁，按照申请仲裁时该会实施的仲裁规则进行仲裁。

（2）向______人民法院起诉，以诉讼解决争议。

第十三条　合同的生效及其他

1. 本合同的附件为本合同不可分割的一部分；本合同及其附件内空格部分填写的文字与印刷文字具有同等法律效力。

2. 本合同中未尽事宜或出现与本合同相关的其他事宜时，由双方协商解决并另行签订书面补充合同，补充合同与本合同具有同等的法律效力。

3. 本合同自双方法定代表人或授权代表签字或盖章之日起生效。

14044

4. 本合同一式______份，每方各执______份，具有同等法律效力。

5. 本合同由甲乙双方在中华人民共和国______签署。

（以下无合同正文条款）

甲方：（盖章）

法定代表人或授权代表：（签字）

日期：

乙方：（盖章）

法定代表人或授权代表：（签字）

日期：

二、煤炭购销合同

【使用场景】

本范本适用于煤炭企业对外销售煤炭的情景。煤炭销售的实质是一种煤炭买卖行为，其不同于一般买卖合同的是，其买卖的标的是煤炭。

【法律要点】

1. 什么是煤炭询价采购?

煤炭的询价采购是一项复杂的系统任务，从明确询价任务，制定询价实施方案，联系供应商，到最后的确定供煤商和签订合同都需要经过很多环节。在这中间，任何环节之间的衔接出现问题，都会影响到整个询价采购活动的进程。

对于每次的询价采购，根据询价采购任务，都需要单列询价采购明细表和组织方案，把具体工作明确到人到时，做到一目了然，心中有底，使相关人员各负其责，确保询价采购活动能够顺畅、有序地进行，并备有切实可行的防范预案。

2. 煤炭销售合同签订应当注意哪些事项?

通常情况下，签订煤炭销售合同应当注意以下事项：

（1）审查承运人主体的运输资格和合同履行能力

包括运输资质、运输工具的安全、紧急突发处理方案、信誉等，了解这些有利于实现货运合同的目的，同时保障托运人的货物财产安全。

（2）托运人注意事项

①托运人关于承运人的主体资格和履行合同能力进行必要的审查和了解，才能确定对方是否具备承运资质和保障货物安全到达目的地的能力。

②托运人应对托运单填写内容的真实性和正确性负责。因为托运人填交的货物托运单经承运人接受，并由承运人填发货运单后，货物运输合同即告成立。

③托运人必须在托运的货件上标明发站、到站和托运人、收货人的单位、姓名和地址，按照国家规定标明包装储运指示标志。

④在运输过程中必须有专人监护货物，应由托运人指派押运员押运。押运

14046

员对货物的安全负责，并遵守运输有关规定，承运人应协助押运员完成押运任务。

⑤托运货物内不得夹带国家禁止运输、限制运输物品和危险物品。

⑥如实申报货物的真实和运输条件，要求包装符合运输安全的要求等。

（3）承运人注意事项

①承运人承运货物时，应对托运人填交的托运单进行查核，并有权在必要时会同托运人开箱进行安全检查。

②承运人应按照货运单上填明地点，按约定期限将货物运达到货地点。货物错运到货地点，应无偿运至货运单上规定的到货地点，如逾期运到，应当承担逾期运到的责任。

③承运人应按照通常的或者约定的路线将货物运送至约定的地点。通常的运输路线一般是指班列或者班轮运输，有固定的航次、班次、时间，固定的到达地，托运人随时可以办理运输手续。

④承运人应于货物运达到货地点后二十四小时内向收货人发出到货通知。

⑤承运人应按照货运单交付货物。交付时，发现货物灭失、短少、变质、污染、损坏时，应会同收货人查明情况，并填写货运事故记录。

⑥货物从发出提货通知的次日起，经过三十日无人提取时，承运人应及时与托运人联系征求处理意见；再经过三十日，仍无人提取或托运人未提出处理意见，承运人有权将该货物作为无法交付货物，按运输规则处理。

⑦承运人应采取切实有效的措施，保证货物在运输中的安全，完整、完好的将货物交付给收货人。保证货物运输的安全，防止事故和损失的发生。

⑧从事公共运输的承运人不得拒绝托运人通常、合理的运输要求。

（4）收货人的义务

收货人应及时凭提货证明到指定地点提取货物。

（5）货损赔偿方面

①赔偿额的计算

对于货物的毁损、灭失的赔偿额，当事人有约定的，按照其约定；没有约定或者约定不明确，依照法律的规定仍不能确定的，按照交付或者应当交付时货物到达地的市场价格计算。法律、行政法规对赔偿额的计算方法和赔偿限额另有规定的，依照其规定。

②限额赔偿

注意在民航、铁路、汽车、海上和水路五种运输方式中，公路和水路货物运输没有明确的限额赔偿规定，其他三种都是限额赔偿。因此，水运货物运输合同当事人亦可以就货物的损失赔偿事先进行约定，以便于及时处理损害赔偿。

③保价运输

双方应在合同中明确保价运输，承运人按价值承运，就应当按价值赔偿；按重量承运，就应按重量赔偿。重量赔偿的原则是按重量乘以每单位重量赔偿额计算出赔偿总额；价值赔偿是以托运人声明价值为赔偿基础。

（6）承运人的免责条件

承运人能证明货物的毁损、灭失是因为不可抗力、货物本身的自然性质或者合理损耗以及托运人、收货人的过错造成的，不承担损害赔偿责任。

【文本正文】

煤炭购销合同

立合同人：

买受方（甲方）：

（名称、统一社会信用代码、住所、法定代表人、职务、委托代理人、身份证号码、通信地址、邮政编码、联系人、电话、传真、账号、电子信箱）

出卖方（乙方）：

（名称、统一社会信用代码、住所、法定代表人、职务、委托代理人、身份证号码、通信地址、邮政编码、联系人、电话、传真、账号、电子信箱）

第一条　交货时间及数量、原煤产地

____。

第二条　交货地点

____。

第三条　煤炭运输时间

______________________________________。

第四条　质量要求[①]

条文注解：质量要求是评判产品是否合格的关键，具体明确的约定有利于合同的完全顺利履行。

14046

（以__________为准）

1. 收到基低位发热值：____;

2. 挥发分：____;

3. 全水分：____;

4. 含硫量：____;

5. 焦渣特性：____;

6. 灰分：____;

7. 粒度：____。

第五条　价格及金额

乙方煤炭达到第四条要求，在 5000kcal/kg 的基础上，定价为______元 / 吨。高于 5000kcal/kg 的价格见本合同第 7 条第 4 款。

第六条　煤炭检验[①]

条文注解：煤炭质量的优劣需要借助于检测结果，对于检测过程和结果具有可操作性的约定可以有效避免争议的发生。

1. 煤炭检验数据以______为准。

2. 煤炭到货后，须先由甲方中心化验室到乙方存货点（或车内）取样化验。如达到第四条质量要求，甲方通知乙方进煤______吨进行试烧。如煤炭适合甲方炉型则继续履行合同。如不适合甲方炉型则中止该批合同，乙方损失自负。

3. 乙方批量供煤过程

（1）汽车运输。甲方每______吨化验一次，连续两次不合格，甲方有权中止履行合同，全部责任由乙方自行负责。

（2）火车运输到站后甲方负责到火车站取样化验，确定是否接收，运输中每______吨化验一次，连续两次不合格，甲方有权中止履行合同，全部责任由乙方自行负责。

4. 在取样化验过程中，甲方安排中心化验室、热源部、物资供应部人员参加，乙方安排人员参加，取样完毕后，按要求填写入场煤炭取样会签单。

5. 在进煤过程中，如发现乙方明显掺假作弊，甲方有权单方面终止履行合同。甲方中心化验室有权单独取作弊部分煤炭予以化验，并将化验结果作为该批次的结账依据，由此造成的损失全部由乙方承担。

第七条　奖罚措施

1. 合同签定之日，乙方应向甲方交纳______万元的合同保证金（甲方尚欠煤炭款的除外）。

2. 乙方严格按照甲方进煤计划和本合同有关质量要求供货，因供货不及时或未达到本合同有关质量要求给甲方生产造成的一切损失，由乙方承担，所交纳的保证金甲方有权不再退还（或从尚欠煤炭款中扣除）。

3. 全水分大于______%的部分，按比例扣除重量。

4. 乙方供应煤炭的基低位发热值在4901~5000kcal/kg的，甲方有权按照______元/吨予以扣减；在4801~4900kcal/kg的，按照______元/吨扣减；低于4800kcal/kg的，甲方有权拒绝接受，对于甲方已入库部分按热值与吨煤产气量理论值折算扣款。

5. 乙方供应煤炭的基低位发热值在5000~5500kcal/kg的，每增加100kcal/kg，甲方同意在原约定价格的基础上增加______元/吨；在5500~5800kcal/kg的，发热量每增加100kcal/kg，在原价格基础上增加______元/吨；大于5800kcal/kg的，价格不再上调。

6. 含硫量在指标要求范围内每高于0.1%，在原价格基础上按______元/吨下调。

7. 挥发分在指标要求范围内每降低1%，在原价格基础上按______元/吨下调。

第八条　数量计量

以甲方地中衡称量为准，双方共同监磅。如需委托第三方称重，需由甲乙双方共同监磅，并在过磅单上签字。

第九条　付款方式及时间

全部接货并验收合格后，乙方按要求出具发票，甲方在______个工作日内付清货款。

第十条　违约责任

1. 合同双方一致同意任何一方具有下列任何情况之一项或多项即视为违约：

（1）未能或拒绝按照本合同约定，完全履行任何义务；

（2）无正当理由干涉、阻碍或以其他方式妨碍对方行使本合同约定的权利；

（3）违反约定主张收益；

（4）其他违反本合同条款的作为或因其不作为所造成的违约或既定事实。

2. 任何一方违反本合同的规定，均构成违约，守约方有权立即要求终止本合同的履行并要求违约方按照守约方所遭受的实际经济损失承担相应的赔偿责任。如双方各有违约行为，则根据责任的归属，按双方过错大小各自承担违约责任。

14046

3. 如违约方的行为造成守约方经济及其他方面的损害，守约方可进一步向违约方追索。

第十一条　不可抗力

1. 任何一方由于不可抗力造成的部分或全部不能履行本合同义务的行为，将不视为违约，但应当在条件允许情况下采取一切必要补救措施以减少因不可抗力造成的损失。

2. 声称受到不可抗力事件影响的一方应尽可能在最短的时间内通过书面形式将不可抗力事件的发生通知另一方，并在该不可抗力事件发生后______日内将经由当地公证机关出具的证明文件或有关政府批文及合同不能履行或者需要延期履行的书面资料通知对方。不可抗力事件消除后，受影响方应尽快向对方发出有关“不可抗力事件”消除的通知。

3. 不可抗力事件或其影响终止或消除后，双方须立即恢复履行各自在本合同项下的各项义务。如不可抗力及其影响无法终止或消除而致使合同任何一方丧失继续履行合同的能力，则双方可协商解除合同或暂时延迟合同履行，且遭遇不可抗力一方无须为此承担责任。当事人迟延履行后发生不可抗力的，不能免除责任。

第十二条　通知

1. 任何与本合同有关的需要送达或给予的通知、合同、同意或其他通信，除双方另有约定外，应按双方当事人在本合同中列明的地址、传真、电话、电子邮件或其他联系方式进行；通过传真、电话、电子邮件发出的任何文件、资料、通知，在发出后即视为收讫。通过邮寄发出的任何文件、资料、通知，在寄出十天后即视为收讫。

2. 任何一方在本合同所列的地址、传真、电话、电子邮件或其他联系方式发生改变的，应自变更之日起______日内以书面形式通知对方，否则，对方按照原来的地址、传真、电话、电子邮件或其他联系方式发出的文件、资料、通知等均视为在前款约定的时间内收讫，由此产生的一切后果，均由另一方自行承担。

第十三条　法律适用及争议解决

1. 本合同的订立、效力、变更、解释、履行、终止和由本合同产生或与本合同有关之争议的解决，均适用中华人民共和国法律。

2. 凡因本合同引起的或与本合同有关的一切争议，双方应友好协商解决。如果争议自发生之日起三十日内仍不能得到解决，则任何一方均有权选择以下第______种方式解决：

（1）向______仲裁委员会申请仲裁，按照申请仲裁时该会实施的仲裁规则进行仲裁。

（2）向______人民法院起诉，以诉讼解决争议。

第十四条　合同的生效及其他

1. 本合同的附件为本合同不可分割的一部分；本合同及其附件内空格部分填写的文字与印刷文字具有同等法律效力。

2. 本合同中未尽事宜或出现与本合同相关的其他事宜时，由双方协商解决并另行签订书面补充合同，补充合同与本合同具有同等的法律效力。

3. 本合同自双方法定代表人或授权代表签字或盖章之日起生效。

4. 本合同一式______份，每方各执______份，具有同等法律效力。

5. 本合同由甲乙双方在中华人民共和国______签署。

（以下无合同正文条款）

甲方：（盖章）
法定代表人或授权代表：（签字）
日期：

乙方：（盖章）
法定代表人或授权代表：（签字）
日期：

14046

三、煤炭质量检测委托合同

【使用场景】

本范本适用于委托进行煤炭质量检测的情景。煤炭质量的高低，不仅关系到用煤单位的使用效果和产品质量，而且也关系到煤炭企业的声誉和经济效益。

【法律要点】

1. 什么是煤炭质量？什么是煤炭化验？

煤炭质量是指煤炭产品在自身的形成和开采、加工过程中所具有的、能够满足不同用户需求的特征或特性的总和。根据煤炭产品质量特性和用途，一般煤炭质量可用一定的质量指标（或标准）来表示。如按煤的工业分析，可用煤的固定碳、挥发分、灰分和水分等指标来表示；按煤的元素分析，可用煤中碳（C）、氢（H）、氧（n）、氮（N）、硫（S）、磷（P）及微量元素含量的多少来表示；按煤的工艺性质，煤炭质量又可用煤的发热量、煤的黏结性来表示。煤炭质量的高低，不仅关系到用煤单位的使用效果和产品质量，而且也关系到煤炭企业的声誉和经济效益，甚至还影响到国民经济的发展规模和水平。

煤炭化验包括煤炭采样、缩分、破碎、制样、煤炭的化验等。煤炭化验是由研发的新一代检测煤炭各元素指标含量的仪器。主要检测项目：全硫、发热量、煤的水分（全水分、分析水）、灰分、挥发分、固定碳、碳、氢、灰熔融性、炉渣含碳量、焦煤、石油焦、型煤等相关项目测定。

2. 煤炭质量的基本指标有哪些？

煤炭质量的基本指标总共有12项，包括水分（M）、灰分（A）、挥发分（V）、固定碳含量（FC）、全硫（St）、发热量（Q）、胶质层最大厚度（Y）、黏结指数（G）、煤灰熔融性温度（灰熔点）、哈氏可磨指数（HGI）、吉氏流动度（ddpm）、坩埚膨胀序数（CSN）。

煤的水分分为两种，一是内在水分（Minh），是由植物变成煤时所含的水分；二是外水（Mf），是在开采、运输等过程中附在煤表面和裂隙中的水分。全水分是煤的外在水分和内在水分总和。一般来讲，煤的变质程度越大，内在水分越低。褐煤、长焰煤内在水分普遍较高，贫煤、无烟煤内在水分较低。

3. 炼焦煤的各项质量指标检验标准有哪些?

对于炼焦煤的各项质量指标的检验，我国已经制定相应的检验标准，具体对应关系如下：

（1）灰分：煤的工业分析测定方法（GB/T 212—2008）

（2）挥发分：煤的工业分析测定方法（GB/T 212—2008）

（3）黏结指数：烟煤黏结指数测定方法（GB/T 5447—1997）

（4）胶质层厚度：烟煤胶质层指数测定方法（GB/T 479—2000）

（5）全硫：煤中全硫的测定方法（GB/T 214—1996）

（6）全水分：煤中全水分的测定方法（GB/T 211—2017）

（7）发热量：煤发热量的测定方法（GB/T 213—2003）

【文本正文】

煤炭质量检测委托合同

立合同人：

委托方（简称“甲方”）：

（名称、统一社会信用代码、住所、法定代表人、职务、委托代理人、身份证号码、通信地址、邮政编码、联系人、电话、传真、账号、电子信箱）

受托方（简称“乙方”）：

（名称、统一社会信用代码、住所、法定代表人、职务、委托代理人、身份证号码、通信地址、邮政编码、联系人、电话、传真、账号、电子信箱）

根据《中华人民共和国合同法》和《中华人民共和国煤炭法》及相关法律法规的规定，甲乙双方本着平等、自愿、诚实信用的原则，经充分友好协商，就甲方委托乙方进行煤炭质量检测相关事宜，达成如下合同条款。

第一条　委托事项

为维护甲方利益，确保所购燃煤质量，鉴于甲方受设备技术等条件的限制，无法自行开展煤质检测工作，特委托乙方代理煤炭质量检测。

第二条　乙方检测项目

乙方按照国家标准负责检验下列项目：煤的工业分析；煤的全水分测定；

14048

煤的全硫测定；煤的发热量测定。若甲方要求其他项目检测的，则应当另行协商检测费用。

第三条　合同期限与检测费用

1. 自本合同签订之日起至______年______月______日止，共______个月内甲方应至少需向乙方提供煤炭样______只。乙方在收到每只煤炭样后应向甲方出具相应收据。

2. 甲乙双方经协商一致确定，此______只煤炭样的检测费用一次性收取______元（或按只收取，分______次收取），若超出______只煤炭样则另行收费。

第四条　煤样的采集和运送

甲方负责煤炭样的采集和运送，如委托乙方采样则甲方应按实际开支另行支付采样费。

第五条　检验报告出具

1. 乙方承检甲方送检的煤样，仅对来样负责，检验报告以______方式告知。

2. 乙方收到样品后，保证在______日之内出具检验报告。

3. 乙方在合同有效期内应向甲方无偿提供技术咨询。

第六条　违约责任

1. 合同双方一致同意任何一方具有下列任何情况之一项或多项即视为违约：

（1）未能或拒绝按照本合同约定，完全履行任何义务；

（2）无正当理由干涉、阻碍或以其他方式妨碍对方行使本合同约定的权利；

（3）违反约定主张权益；

（4）其他违反本合同条款的作为或因其不作为所造成的违约或既定事实。

2. 任何一方违反本合同的规定，均构成违约，守约方有权立即要求终止本合同的履行并要求违约方按照守约方所遭受的实际经济损失承担相应赔偿责任。如双方各有违约行为，则根据责任的归属，按双方过错大小各自承担违约责任。

3. 如违约方的行为造成守约方经济及其他方面的损害，守约方可进一步向违约方追索。

第七条　通知

1. 任何与本合同有关的需要送达或给予的通知、合同、同意或其他通信，除双方另有约定外，应按双方当事人在本合同中列明的地址、传真、电话、电子邮件或其他联系方式进行；通过传真、电话、电子邮件发出的任何文件、资料、通知，在发出后即视为收讫。通过邮寄发出的任何文件、资料、通知，在寄出十天后即视为收讫。

2. 任何一方在本合同所列的地址、传真、电话、电子邮件或其他联系方式发生改变的，应自变更之日起______日内以书面形式通知对方，否则，对方按照原来的地址、传真、电话、电子邮件或其他联系方式发出的文件、资料、通知等均视为在前款约定的时间内收讫，由此产生的一切后果，均由另一方自行承担。

第八条　法律适用及争议解决

1. 本合同的订立、效力、变更、解释、履行、终止和由本合同产生或与本合同有关之争议的解决，均适用中华人民共和国法律。

2. 凡因本合同引起的或与本合同有关的一切争议，双方应友好协商解决。如果争议自发生之日起三十日内仍不能得到解决，则任何一方均有权选择以下第______种方式解决：

（1）向______仲裁委员会申请仲裁，按照申请仲裁时该会实施的仲裁规则进行仲裁。

（2）向______人民法院起诉，以诉讼解决争议。

第九条　合同的生效及其他

1. 本合同空格部分填写的文字与印刷文字具有同等法律效力。

2. 本合同中未尽事宜或出现与本合同相关的其他事宜时，由双方协商解决并另行签订书面补充合同，补充合同与本合同具有同等的法律效力。

3. 本合同自双方法定代表人或授权代表签字或盖章之日起生效。

4. 本合同一式______份，每方各执______份，具有同等法律效力。

5. 本合同由甲乙双方在中华人民共和国______签署。

（以下无合同正文条款）

甲方：（盖章）　　　　　　　　乙方：（盖章）

法定代表人或授权代表：（签字）　　法定代表人或授权代表：（签字）

日期：　　　　　　　　　　　　日期：

14048

四、煤炭销售中介合同

【使用场景】

本范本适用于进行煤炭销售时存在中介第三方的情景。煤炭买卖中介活动是通过第三方协调进行的，该合同属于广义上的服务合同。

【法律要点】

1. 什么是中介？

所谓中介，从词面上来看，就是指“在中间起媒介作用”。从一般意义上讲，中介活动系指中介人（自然人或法人）居间帮助甲、乙双方达成某项协议 / 契约 / 合同的活动。在中介过程中，牵涉中介人与委托方（甲、乙方或双方）签约、发布、寻找委托方合作者、协调甲、乙方签约、帮助完成签约和追索并获得报酬等活动。中介人的任务是为委托方找到合作者，扮演了临时协调人的角色，而不是甲、乙任何一方渴望之实质性合作伙伴角色或买者和卖者的角色。

2. 什么是中介服务合同？中介服务合同具有哪些法律特征？

中介服务合同是指在经济活动中，一方为促成他方交易而从事居间、行纪或委托等中介业务，他方为此支付佣金的协议。办理中介业务的一方为中介人（经纪人），另一方为委托人。

中介服务合同是中介活动进行的基础，是商品经济社会中民事主体委托他人为自己进行经济交往和各种民事活动，以满足生产经营和日常生活需要的法律手段。因此，它的适用范围非常广泛，内容也多种多样。

概括起来，中介服务合同具有如下法律特征：

（1）中介人向委托人提供的不是物，也不是某项工作成果，而是服务行为本身。因此，中介合同的标的不是物，而是体现一定物质利益的行为，包括居间、行纪、代理行为等。

（2）中介合同实质上是传统民法上居间合同、行纪合同、委托合同的总称，因此，其形式是多种多样的，既可以是单纯的居间、行纪或委托合同，也可以是三者的结合。中介人与委托人应根据自己提供或需要的服务性质来决定签订何种中介合同，以适用不同的法律规定，明确各自的权利义务。

（3）中介合同往往会涉及合同主体以外的第三人

这一特征是由订立中介合同的目的决定的，中介人与委托人订立中介合同的目的在于通过中介人的劳动，促使委托人与第三人进行交易，中介人为了委托人的利益，或是周旋于委托人与第三人之间，为其提供订约机会，充当订约媒介，或是以委托人的名义代其与第三人签订合同，或是以自己的名义与第三人签订合同，办理购销、寄售等动产买卖或其他交易事项。

（4）有偿与无偿服务的区别

在现代市场经济条件下，中介人为委托人提供中介服务的目的往往是收取佣金，所以中介服务合同多为有偿合同，但委托合同可以是有偿的，也可以是无偿的，因此，中介服务合同既可以是有偿的，也可以是无偿的。

（5）诺成与不要式的区别

中介服务合同自双方当事人达成合意时起即成立，无须以一定物的交付或一定行为的完成为要件；订立合同也无须遵循固定的形式，当事人可以自由选择口头形式、书面形式或者其他形式。

3. 煤炭销售中介合同应当包括哪些主要内容？

煤炭销售中介合同是煤炭企业在委托他人进行煤炭中介服务销售时所签署的合同。通常情况下，煤炭销售中介合同应当包括以下主要内容：（1）当事人姓名或者名称、住所；（2）中介服务项目的名称、内容、要求和标准；（3）合同履行期限；（4）收费金额和支付方式、时间；（5）违约责任和纠纷解决方式；（6）当事人约定的其他内容。煤炭销售中介合同应当围绕上述相关内容约定双方之间的权利和义务。

【文本正文】

煤炭销售中介合同

立合同人：

销售方（简称“甲方”）：

（名称、统一社会信用代码、住所、法定代表人、职务、委托代理人、身份证号码、通信地址、邮政编码、联系人、电话、传真、账号、电子信箱）

中介方（简称“乙方”）：

14050

（名称、统一社会信用代码、住所、法定代表人、职务、委托代理人、身份证号码、通信地址、邮政编码、联系人、电话、传真、账号、电子信箱）

根据《中华人民共和国合同法》的有关规定并参照煤炭行业的惯例，甲乙双方就共同合作煤炭销售事宜达成如下合同条款：

第一条　委托事项

1. 乙方为甲方办理煤炭销售中介事务。

2. 甲方委托乙方所办理的事项不得另行委托第三方办理。

3. 乙方不得向甲方及经办人做任何形式的关于中介行为结果的承诺；甲方对乙方关于有关业务的分析预测不得理解为作出了这种承诺。

第二条　委托权限和期限

1. 为乙方办理书面委托书，授权乙方有权代为接受货物或款项。

2. 委托代理期限为______年，自______年______月______日至______年______月______日止。委托事项及权限不得擅自变更或终止。

第三条　甲方的权利和义务

1. 有权询问了解乙方中介事务的进展情况，为提高效率，可提前与乙方预约。

2. 不得做出不利于中介事项的行为。

3. 甲方的财务会计等相关账务应定期向乙方通报并接受乙方的核查。

4. 按照约定向乙方支付中介费用。

第四条　乙方的权利和义务

1. 在不耽误本合同中介事项的前提下，有权从事其他业务活动。

2. 如发现甲方歪曲事实，弄虚作假，捏造证据，有权终止合同履行，所收费不予退还。

3. 如甲方未按期支付中介费用，乙方有权终止合同履行，全部责任由甲方承担。

4. 勤勉尽责地履行本合同项下的中介义务。综合运用知识和技能与社会资源，包括但不限于对煤炭市场的分析，对相关业务处理在程序上或实体上最佳渠道及方案的选择。

第五条　中介报酬和费用承担[1]

条文注解：中介报酬和费用承担是中介合同的关键条款，明确的具有可操作性的关于中介报酬的约定和费用承担分配是避免此类合同纠纷的关键。

1. 乙方的中介报酬以煤炭的销售量为准，每吨向乙方提取人民币______元的中介费用。煤炭的销售量为甲方在本合同期间销售的所有合同煤炭数量（包括书面销售合同的数量和事实合同的销售数量）。该中介费用不包括本条第 3 款应当由甲方另行承担的费用。

2. 甲方应在销售合同（或事实合同）签订之日起______日内向乙方支付中介费用。如乙方通过努力将煤炭销售价格在______元 / 吨的基础上有所提高，则煤炭销售提高的部分的收益按照______的标准由甲方向乙方另行支付。甲方与第三方一经签订销售合同，就视为乙方中介行为成功，如因质量等问题发生退货等相关纠纷则与乙方无关。

3. 乙方的食宿、交通、文印、工商查询等必要费用由甲方另行承担。

第六条　违约责任

1. 任何一方违反本合同的规定，均构成违约，守约方有权立即要求终止本合同的履行并要求违约方按照守约方所遭受的实际经济损失承担相应的赔偿责任。如双方各有违约行为，则根据责任的归属，按双方过错大小各自承担违约责任。

2. 甲方的财务会计等相关账务如拒绝乙方核查导致中介合同的数量无法核实可以推定为甲方应向乙方支付的中介费用为人民币______万元。如甲方未能按期支付中介费用的，每逾期一天按中介费用总额的______%支付违约金。

3. 如违约方的行为造成守约方经济及其他方面的损害，守约方可进一步向违约方追索。

第七条　保密和信息披露

1. 合同双方保证对在谈判、磋商、签订、执行本合同过程中所获悉的属于他方的且无法自公开渠道获得的文件、资料以及本合同内容和履行情况予以保密。

2. 除了法律法规的规定，或者相关有权政府部门的要求外，未经本合同另一方的同意，任何一方均不得直接或间接地以任何形式披露或者泄露本合同所包含的任何内容以及所涉及的任何交易，但向各自负有保密义务的工作人员和法律顾问披露的除外。任何一方应尽力促使各自的工作人员对本合同所涉及的内容进行严格地保密。

3. 本合同的保密条款为持续性条款，且无论本合同无效、解除、终止均不影响保密条款的延续性和有效性。无论本合同的任一方作为合同当事人的资格和权利是否终止，本合同的任一合同当事人均应遵守本条所约定的保密义务。

第八条　通知

1. 任何与本合同有关的需要送达或给予的通知、合同、同意或其他通信，除双方另有约定外，应按双方当事人在本合同中列明的地址、传真、电话、电子邮件或其他联系方式进行；通过传真、电话、电子邮件发出的任何文件、资料、

14050

通知，在发出后即视为收讫。通过邮寄发出的任何文件、资料、通知，在寄出十天后即视为收讫。

2. 任何一方在本合同所列的地址、传真、电话、电子邮件或其他联系方式发生改变的，应自变更之日起______日内以书面形式通知对方，否则，对方按照原来的地址、传真、电话、电子邮件或其他联系方式发出的文件、资料、通知等均视为在前款约定的时间内收讫，由此产生的一切后果，均由另一方自行承担。

第九条　法律适用及争议解决

1. 本合同的订立、效力、变更、解释、履行、终止和由本合同产生或与本合同有关之争议的解决，均适用中华人民共和国法律。

2. 凡因本合同引起的或与本合同有关的一切争议，双方应友好协商解决。如果争议自发生之日起三十日内仍不能得到解决，则任何一方均有权选择以下第______种方式解决：

（1）向______仲裁委员会申请仲裁，按照申请仲裁时该会实施的仲裁规则进行仲裁。

（2）向______人民法院起诉，以诉讼解决争议。

第十条　合同的生效及其他

1. 本合同的附件为本合同不可分割的一部分；本合同及其附件内空格部分填写的文字与印刷文字具有同等法律效力。

2. 本合同中未尽事宜或出现与本合同相关的其他事宜时，由双方协商解决并另行签订书面补充合同，补充合同与本合同具有同等的法律效力。

3. 本合同自双方法定代表人或授权代表签字或盖章之日起生效。

4. 本合同一式______份，每方各执______份，具有同等法律效力。

5. 本合同由甲乙双方在中华人民共和国______签署。

（以下无合同正文条款）

甲方：（盖章）	乙方：（盖章）
法定代表人或授权代表：（签字）	法定代表人或授权代表：（签字）
日期：	日期：

五、煤矿机电产品买卖合同

【使用场景】

本范本适用于煤矿企业购买煤矿所用机电产品的情景。煤矿机械、电气设备和设施是煤矿企业生产的基础。依据煤矿和非煤矿的划分，本合同适用于煤矿企业采购机电产品。对于非煤矿企业的情形，不适用于本合同。

【法律要点】

1. 煤矿机电产品包括哪些方面?

煤矿机械、电气设备和设施是煤矿生产的基础。井工开采的煤矿机电设备主要包括提升设备、通风设备、压风设备、压力设备、排水设备、采掘设备、支护设备、运输设备、供电及电气设备、安全监测监控及瓦斯抽放设备。

2. 煤矿机电产品买卖合同应当包括哪些主要内容?

煤矿机电产品买卖合同是煤矿企业购买煤矿所用机电产品时所签署的合同。通常情况下，煤矿机电产品买卖合同应当包括以下主要内容：合同标的、数量、价格等，质量标准及质量保证期，防爆检验合格证号，验收方法及期限，运杂费用及包装费用承担，运输方式及交（提）货地点，违约责任，通知，法律适用及争议解决，合同的生效及其他等。煤矿机电产品买卖合同应当围绕上述相关内容约定双方之间的权利和义务。

【文本正文】

煤矿机电产品买卖合同

立合同人：

买受方（简称“甲方”）：

（名称、统一社会信用代码、住所、法定代表人、职务、委托代理人、身份证号码、通信地址、邮政编码、联系人、电话、传真、账号、电子信箱）

出卖方（简称“乙方”）：

（名称、统一社会信用代码、住所、法定代表人、职务、委托代理人、身

14051

份证号码、通信地址、邮政编码、联系人、电话、传真、账号、电子信箱）

第一条　合同标的、数量、价格等

	设备（配件）名称	计量单位	数量	交货期	合同单价（万元）	主辅机型号规格	总价
订货单位							
供货单位							

第二条　质量标准[①]**及质量保证期**

条文注解：产品质量标准是评判产品是否合格的关键，具体明确的约定有利于合同的完全顺利履行。

____。

第三条　防爆检验合格证号

____。

第四条　验收方法及期限

____。

第五条　运杂费用及包装费用承担

____。

第六条　运输方式及交（提）货地点

____。

第七条　违约责任

1. 合同双方一致同意任何一方具有下列任何情况之一项或多项即视为违约：

（1）任何一方未能或拒绝按照本合同约定完全履行任何义务；

（2）任何一方无正当理由干涉、阻碍或以其他方式妨碍对方行使本合同约定的权利；

（3）任何一方违反约定主张权益；

（4）任何一方其他违反本合同条款的作为或因其不作为所造成的违约或既定事实。

2. 任何一方违反本合同规定，均构成违约，守约方有权立即要求终止本合同的履行并要求违约方按照守约方所遭受的实际经济损失承担相应的赔偿责任。如双方各有违约行为，则根据责任的归属，按双方过错大小各自承担违约责任。

3. 如违约方的行为造成守约方经济及其他方面的损害，守约方可进一步向违约方追索。

第八条　通知

1. 任何与本合同有关的需要送达或给予的通知、合同、同意或其他通信，除双方另有约定外，应按双方当事人在本合同中列明的地址、传真、电话、电子邮件或其他联系方式进行；通过传真、电话、电子邮件发出的任何文件、资料、通知，在发出后即视为收讫。通过邮寄发出的任何文件、资料、通知，在寄出十天后即视为收讫。

2. 任何一方在本合同所列的地址、传真、电话、电子邮件或其他联系方式发生改变的，应自变更之日起______日内以书面形式通知对方，否则，对方按照原来的地址、传真、电话、电子邮件或其他联系方式发出的文件、资料、通知等均视为在前款约定的时间内收讫，由此产生的一切后果，均由另一方自行承担。

第九条　法律适用及争议解决

1. 本合同的订立、效力、变更、解释、履行、终止和由本合同产生或与本合同有关之争议的解决，均适用中华人民共和国法律。

2. 凡因本合同引起的或与本合同有关的一切争议，双方应友好协商解决。如果争议自发生之日起三十日内仍不能得到解决，则任何一方均有权选择以下第______种方式解决：

（1）向______仲裁委员会申请仲裁，按照申请仲裁时该会实施的仲裁规则进行仲裁。

（2）向______人民法院起诉，以诉讼解决争议。

第十条　合同的生效及其他

1. 本合同的附件为本合同不可分割的一部分；本合同及其附件内空格部分填写的文字与印刷文字具有同等法律效力。

2. 本合同中未尽事宜或出现与本合同相关的其他事宜时，由双方协商解决并另行签订书面补充合同，补充合同与本合同具有同等的法律效力。

3. 本合同自双方法定代表人或授权代表签字或盖章之日起生效。

4. 本合同一式______份，每方各执______份，具有同等法律效力。

5. 本合同由甲乙双方在中华人民共和国______签署。

（以下无合同正文条款）

甲方：（盖章）　　乙方：（盖章）

法定代表人或授权代表：（签字）　　法定代表人或授权代表：（签字）

日期：　　日期：

14051

六、铁矿粉购销合同

【使用场景】

本范本适用于进行铁矿粉买卖的情景。铁矿粉是钢铁工业的主要原料，常用于冶金、建筑、造船、机械、飞机制造等对钢材需求量大的行业。

【法律要点】

1. 什么是铁矿粉？铁矿粉的种类有哪些？

铁矿粉，是由铁矿石（含有铁元素或铁化合物的矿石）经过选矿、破碎、分选、磨碎等加工处理而成的矿粉。铁矿粉的种类主要分为磁铁矿粉、赤铁矿粉、褐铁矿粉、菱铁矿铁的硅酸盐矿粉，以及硫化铁矿等。进口的铁矿粉品味比较高，也叫铁精粉。铁矿粉是钢铁工业的主要原料，常应用于冶金行业，建筑行业，造船业，机械行业，飞机制造等对钢材需求量大的行业。

2. 铁矿粉购销合同应当包括哪些主要内容？

铁矿粉购销合同是进行铁矿粉买卖时所签署的合同。通常情况下，铁矿粉购销合同应当包括以下主要内容：品名及指标，数量，交货期限、地点与发运，价格及调整，品质、数量及结算依据，付款和结算，违约责任，不可抗力，通知，法律适用及争议解决，合同的生效及其他等。铁矿粉购销合同应当围绕上述相关内容约定双方之间的权利和义务。

【文本正文】

铁矿粉购销合同

立合同人：

买受方（简称“甲方”）：

（名称、统一社会信用代码、住所、法定代表人、职务、委托代理人、身份证号码、通信地址、邮政编码、联系人、电话、传真、账号、电子信箱）

出卖方（简称“乙方”）：

（名称、统一社会信用代码、住所、法定代表人、职务、委托代理人、身份证号码、

通信地址、邮政编码、联系人、电话、传真、账号、电子信箱）

根据《中华人民共和国合同法》及相关法律、法规的规定，甲乙双方经友好协商，本着平等自愿、公平互利的原则，就甲方购买乙方铁矿粉事宜达成以下合同条款：

第一条　品名及指标

1. 品名：铁矿粉。

2. 技术指标：Fe______%（最小）；水分：______%（最大）。

第二条　数量

______吨（+/–10%）。

第三条　交货期限、地点与发运

1. 交货期限：____。

2. 交货地点：____。

3. 货物发运：由买方以书面形式指定提货人自提。

第四条　价格及调整

1. 单价：人民币______吨，开票干基单价（______+10%）______元/吨。

2. 价格调整：品位高于______%，按______%以______元/吨的比例奖励，低于______%，按每______%以______元/吨的比例惩罚，如品位低于______%，则买受方有权要求退款退货。

第五条　品质、数量及结算依据[1]

> 条文注解：本条款约定了“品质指标”从取样、检测，到化验的操作路径，避免了相关争议的发生。

品质（理化）指标：

1. 提货时双方代表共同取样，每天制成一个均样，分为三等份，甲乙双方各保留一份，封存第三份作为公证样本；

2. 双方协商指定一家检验机构进行化验，如果此二份样的化验结果之差异在0.5%以内，最终结果以此二结果的平均值为准，如果其差异超过0.5%，双方共同执公证样在同一化验机构进行化验，其结果作为本合同项下双方所规定的品质标准的结算依据。

14052

第六条　付款和结算

在本合同签订之日起______个工作日内，甲方须将全部货款汇至乙方指定账户；乙方在______个工作日内凭正本过磅单向甲方开具增值税发票，进行货款结算。

第七条　违约责任

1. 合同双方一致同意任何一方具有下列任何情况之一项或多项即视为违约：

（1）未能或拒绝按照本合同约定，完全履行任何义务；

（2）无正当理由干涉、阻碍或以其他方式妨碍对方行使本合同约定的权利；

（3）违反约定主张权益；

（4）其他违反本合同条款的作为或因其不作为所造成的违约或既定事实。

2. 任何一方违反本合同的规定，均构成违约，守约方有权立即要求终止本合同的履行并要求违约方按照守约方所遭受的实际经济损失承担相应赔偿责任。如双方各有违约行为，则根据责任的归属，按双方过错大小各自承担违约责任。

3. 如违约方的行为造成守约方经济及其他方面的损害，守约方可进一步向违约方追索。

第八条　不可抗力

1. 任何一方由于不可抗力造成的部分或全部不能履行本合同义务的行为，将不视为违约，但应当在条件允许情况下采取一切必要补救措施以减少因不可抗力造成的损失。

2. 声称受到不可抗力事件影响的一方应尽可能在最短的时间内通过书面形式将不可抗力事件的发生通知另一方，并在该不可抗力事件发生后______日内将经由当地公证机关出具的证明文件或有关政府批文及合同不能履行或者需要延期履行的书面资料通知对方。不可抗力事件消除后，受影响方应尽快向对方发出有关“不可抗力事件”消除的通知。

3. 不可抗力事件或其影响终止或消除后，双方须立即恢复履行各自在本合同项下的各项义务。如不可抗力及其影响无法终止或消除而致使合同任何一方丧失继续履行合同的能力，则双方可协商解除合同或暂时延迟合同履行，且遭遇不可抗力一方无须为此承担责任。当事人迟延履行后发生不可抗力的，不能免除责任。

第九条　通知

1. 任何与本合同有关的需要送达或给予的通知、合同、同意或其他通信，除双方另有约定外，应按双方当事人在本合同中列明的地址、传真、电话、电子邮件或其他联系方式进行；通过传真、电话、电子邮件发出的任何文件、资料、通知，在发出后即视为收讫。通过邮寄发出的任何文件、资料、通知，在寄出十天后即视为收讫。

2. 任何一方在本合同所列的地址、传真、电话、电子邮件或其他联系方式发生改变的，应自变更之日起______日内以书面形式通知对方，否则，对方按照原来的地址、传真、电话、电子邮件或其他联系方式发出的文件、资料、通知等均视为在前款约定的时间内收讫，由此产生的一切后果，均由另一方自行承担。

第十条　法律适用及争议解决

1. 本合同的订立、效力、变更、解释、履行、终止和由本合同产生或与本合同有关之争议的解决，均适用中华人民共和国法律。

2. 凡因本合同引起的或与本合同有关的一切争议，双方应友好协商解决。如果争议自发生之日起三十日内仍不能得到解决，则任何一方均有权选择以下第______种方式解决：

（1）向______仲裁委员会申请仲裁，按照申请仲裁时该会实施的仲裁规则进行仲裁。

（2）向______人民法院起诉，以诉讼解决争议。

第十一条　合同的生效及其他

1. 本合同的附件为本合同不可分割的一部分；本合同及其附件内空格部分填写的文字与印刷文字具有同等法律效力。

2. 本合同中未尽事宜或出现与本合同相关的其他事宜时，由双方协商解决并另行签订书面补充合同，补充合同与本合同具有同等的法律效力。

3. 本合同自双方法定代表人或授权代表签字或盖章之日起生效。

4. 本合同一式______份，每方各执______份，具有同等法律效力。

5. 本合同由甲乙双方在中华人民共和国______签署。

（以下无合同正文条款）

甲方：（盖章）	乙方：（盖章）
法定代表人或授权代表：（签字）	法定代表人或授权代表：（签字）
日期：	日期：

14052

七、铁矿石进口委托代理合同

【使用场景】

本范本适用于铁矿石贸易委托第三方进口的情景。铁矿石进口需要办理相应的手续。依据铁矿石贸易可分为国内和国外两种情形，本合同适用于委托第三方进口的情形。对于国内贸易委托的情形，不适用于本合同。

【法律要点】

1. 铁矿石进口需要办理哪些手续?

铁矿石进口需要办理如下手续：

（1）自动进口许可证。指进口商品实行自动进口许可管理，由商务部及其授权机构签发自动进口许可证。

（2）入境货物通关单。指国家质量监督检验检疫机构根据《中华人民共和国进出口商品检验法》《中华人民共和国动植物检疫法》和《中华人民共和国食品卫生法》等有关法律、法规，对列入《出入境检验检疫机构实施检验检疫的进出境商品目录》的进口商品签发的入境货物通关单。

2. 我国目前铁矿石进口代理制的情况怎样?

根据中钢协、五矿商会2006年12月发布的《关于推进铁矿石进口代理制的意见》，实行铁矿石进口代理制由代理方与用矿企业签订铁矿石代理合同，约定双方的责任、权利和义务，并按合同规定执行，其中代理费用的收取，参照国际国内商贸规则惯例经双方协商确定。代理方进口铁矿石应事先同被代理方签订和落实铁矿石进口代理合同，明确进口铁矿石的数量、用途和流向等。

3. 铁矿石进口委托代理合同应当包括哪些主要内容?

铁矿石进口委托代理合同是铁矿石贸易委托第三方进口时所签署的合同。通常情况下，铁矿石进口委托代理合同应当包括以下主要内容：委托与接受、代理货物、双方的权利和义务、货款支付与代理费用结算、违约责任、不可抗力、保密和信息披露、通知、法律适用及争议解决、合同的生效及其他等。铁矿石进口委托代理合同应当围绕上述相关内容约定双方之间的权利和义务。

【文本正文】

铁矿石进口委托代理合同

立合同人：

委托方（简称“甲方”）：

（名称、统一社会信用代码、住所、法定代表人、职务、委托代理人、身份证号码、通信地址、邮政编码、联系人、电话、传真、账号、电子信箱）

受托方（简称“乙方”）：

（名称、统一社会信用代码、住所、法定代表人、职务、委托代理人、身份证号码、通信地址、邮政编码、联系人、电话、传真、账号、电子信箱）

根据《中华人民共和国合同法》及相关法律法规的规定，甲乙双方经友好协商，就甲方委托乙方代理进口采购铁矿石事宜签订本委托代理合同。

第一条　委托与接受

在本合同的有效期内，甲方全权委托乙方作为在______国家采购本合同第二条项下货物的代理人，乙方同意接受上述委托，代表甲方对外签订和执行本合同项下货物的进口合同。

第二条　代理货物

序号	代理货物名称	含量	数量（吨）	价格（元/吨）
1	褐铁矿	Fe ≥ 50% SiO2 ≤ 3.5% AL2O3 ≤ 2.0% S ≤ 0.03% P ≤ 0.04% As ≤ 0.01%	______吨以上	
2	磁铁矿	Fe ≥ 55% SiO2 ≤ 3.5% AL2O3 ≤ 2.0% S ≤ 0.03% P ≤ 0.04% As ≤ 0.01%	______吨以上	

14053

第三条　双方的权利和义务

（一）甲方的权利和义务

1. 负责海关通关、清关等手续，货物到达中国口岸后产生的一切费用包括税、费均由甲方自行负责；

2. 负责办理本合同项下货物的有效进口手续和批件；

3. 明确商务活动的有关条款（包括货物的价格、运输方式、交货时间、交货地点等）；

4. 负责协助乙方在______国家采购铁矿石的价格指导及质量鉴定；

5. 负责在货物到达中国后支付由乙方垫付的货款及代理费用；

6. 负责货物在中国境内的一切事宜，包括运输、票据、货款支付等。

（二）乙方的权利和义务

1. 负责与______国家签订进口订单，并对所供货物的质量负责；

2. 负责执行进口合同中的商务工作，办理对外支付货款等有关事宜；

3. 负责向甲方及时报告对外业务的进展情况，履行相关的通知义务；

4. 在执行合同的过程中，负责与外商联系并在与甲方协商后处理与商务有关的事宜；

5. 负责处理合同履行过程中的索赔事宜；

6. 负责货物在______国家境内的一切事宜，包括运输、货款支付等。

第四条　货款支付与代理费用结算

1. 乙方与______国家协商相应的货款，但结果需由甲方确认，由乙方先行代甲方支付，货物到达中国验货合格后，甲方需在当天结清乙方垫付的货款以及乙方的代理费用。

2. 乙方负责采购的货物运离______国家海关后，甲方除应承担对外合同规定的乙方代为支付的货款之外，还应承担进口合同项下的关税、增值税、进口商检费、海关监管费、国内运保费等与进口直接相关的费用。

3. 乙方代理费标准以褐铁矿含 Fe=50％为基准、磁铁矿以含铁 =55％为基准按人民币每吨______元计算，若铁含量每升高一度则代理费每吨增加人民币______元。

4. 甲方须在货物到达中国的______日内向乙方结算由乙方代付的货款以及代理费用。

5. 本代理合同第四条规定的乙方代理费不包括进口合同项下所发生的索赔收入、迟交罚款和仲裁或诉讼所需费用。在执行进口合同过程中，如合同纠纷需要通过仲裁机构或法院解决时，费用由甲方另行支付。

第五条　违约责任

1. 甲乙双方均须认真履行本代理合同和进口合同。由于任何一方过错使本代理合同或进口合同不能履行或不能完全履行或延迟履行或履行不符合约定条件的，其责任由过错方承担。如属双方均有过错，则根据各自的过错大小，分别承担相应的责任。

2. 甲乙双方须及时书面通报执行进口合同中发生的问题，及时磋商解决办法。由于延误造成的损失（包括滞留费用）由责任方承担。

第六条　不可抗力

1. 任何一方由于不可抗力造成的部分或全部不能履行本合同义务的行为，将不视为违约，但应当在条件允许情况下采取一切必要补救措施以减少因不可抗力造成的损失。

2. 声称受到不可抗力事件影响的一方应尽可能在最短的时间内通过书面形式将不可抗力事件的发生通知另一方，并在该不可抗力事件发生后______日内将经由当地公证机关出具的证明文件或有关政府批文及合同不能履行或者需要延期履行的书面资料通知对方。不可抗力事件消除后，受影响方应尽快向对方发出有关“不可抗力事件”消除的通知。

3. 不可抗力事件或其影响终止或消除后，双方须立即恢复履行各自在本合同项下的各项义务。如不可抗力及其影响无法终止或消除而致使合同任何一方丧失继续履行合同的能力，则双方可协商解除合同或暂时延迟合同履行，且遭遇不可抗力一方无须为此承担责任。当事人迟延履行后发生不可抗力的，不能免除责任。

第七条　保密和信息披露

1. 合同双方保证对在谈判、磋商、签订、执行本合同过程中所获悉属于他方的且无法自公开渠道获得的文件、资料以及本合同的内容和履行情况予以保密。

2. 除了法律法规的规定，或者相关有权政府部门的要求外，未经本合同另一方的同意，任何一方均不得直接或间接地以任何形式披露或者泄露本合同所包含的任何内容以及所涉及的任何交易，但向各自负有保密义务的工作人员和法律顾问披露的除外。任何一方应尽力促使各自的工作人员对本合同所涉及的内容进行严格地保密。

3. 本合同的保密条款为持续性条款，且无论本合同无效、解除、终止均不影响保密条款的延续性和有效性。无论本合同的任一方作为合同当事人的资格和权利是否终止，本合同的任一合同当事人均应遵守本条所约定的保密义务。

第八条　通知

1. 任何与本合同有关的需要送达或给予的通知、合同、同意或其他通信，除双方另有约定外，应按双方当事人在本合同中列明的地址、传真、电话、电子邮件或其他联系方式进行；通过传真、电话、电子邮件发出的任何文件、资料、通知，在发出后即视为收讫。通过邮寄发出的任何文件、资料、通知，在

14053

寄出十天后即视为收讫。

2. 任何一方在本合同所列的地址、传真、电话、电子邮件或其他联系方式发生改变的，应自变更之日起______日内以书面形式通知对方，否则，对方按照原来的地址、传真、电话、电子邮件或其他联系方式发出的文件、资料、通知等均视为在前款约定的时间内收讫，由此产生的一切后果，均由另一方自行承担。

第九条　法律适用及争议解决

1. 本合同的订立、效力、变更、解释、履行、终止和由本合同产生或与本合同有关之争议的解决，均适用中华人民共和国法律。

2. 凡因本合同引起的或与本合同有关的一切争议，双方应友好协商解决。如果争议自发生之日起三十日内仍不能得到解决，则任何一方均有权选择以下第______种方式解决：

（1）向______仲裁委员会申请仲裁，按照申请仲裁时该会实施的仲裁规则进行仲裁。

（2）向______人民法院起诉，以诉讼解决争议。

第十条　合同的生效及其他

1. 本合同的附件为本合同不可分割的一部分；本合同及其附件内空格部分填写的文字与印刷文字具有同等法律效力。

2. 本合同中未尽事宜或出现与本合同相关的其他事宜时，由双方协商解决并另行签订书面补充合同，补充合同与本合同具有同等的法律效力。

3. 本合同自双方法定代表人或授权代表签字或盖章之日起生效。

4. 本合同一式______份，每方各执______份，具有同等法律效力。

5. 本合同由甲乙双方在中华人民共和国______签署。

（以下无合同正文条款）

甲方：（盖章）	乙方：（盖章）
法定代表人或授权代表：（签字）	法定代表人或授权代表：（签字）
日期：	日期：

第五类　矿业企业经营管理类合同

一、股权转让协议（适用于有限公司）

【使用场景】

本范本适用于拥有矿业权的有限责任公司进行股权转让的情景。鉴于涉矿有限公司进行股权转让的主要目的在于通过股权转让方式达到间接转让矿业权的目的，故该类合同与一般股权转让合同的不同在于对所涉矿业权的审查。

【法律要点】

1. 什么是股权转让协议？股权转让协议应当包括哪些主要内容？

股权转让协议是当事人以转让股权为目的而达成的关于出让方交付股权并收取价金，受让方支付价金得到股权的意思表示。股权转让活动中，股东基于股东地位而对公司所发生的权利义务全部同时移转于受让人，受让人因此成为公司的股东，取得股东权。根据我国《合同法》第 44 条第 1 款的规定，股权转让协议自成立时生效。但股权转让协议的生效并不当然等同于股权转让生效。

股权转让协议的生效是指对协议当事人产生法律约束力的问题，股权转让的生效是指股权何时发生转移，即受让方何时取得股东身份的问题，所以，必须关注股权转让协议签订后的适当履行问题。股权转让协议是以股权转让为内容的合同，股权转让则是合同项下债的履行，二者密不可分。

通常情况下，股权转让协议主要包括以下内容：（1）协议转让的股份数及占公司总股本的比例；（2）转让股份的每股价格及股权转让金总额；（3）转让股份的交割日（股权转让协议生效后方可进行）；（4）股权转让金支付方式；（5）出让方的义务；（6）受让方的义务；（7）协议的生效日；（8）出让方的陈述与保证；（9）股权转让完成后，双方对公司的变动计划；（10）股权转让协议的解除条款；（11）保密条款；（12）争议解决方式；（13）违约责任及附则等。

在矿业公司股权流转中，随着受让人的投资入股，矿业公司的发展目标、法人治理结构、经营策略、管理方式等都有可能发生变化，有时还会面临企业控制权的变化或转移问题。为此，双方在股权转让协议中，应当就股权转让后

14055

公司结构重构、治理结构调整、财务管理制度、资本退出机制等事项作出详细规定。此外，还应注意股权的变化是否违反国家的产业政策，是否违反国家关于外商投资的禁止性规定。股权转让协议生效与股权转让生效时间是不一致的，股权转让生效是在协议生效之后。股权转让协议的主要内容就是转让股权，实质是处分其所有的股权。我国《公司法》对向股东以外的人转让股权作出了限制。

2. 为什么说矿业公司股权转让是矿业权的间接转让方式?

矿业权间接转让是指通过公司股权转让的形式实际转让或控制矿业权的行为。即持有矿业权的矿业公司股东，通过收取约定的对价，向股权受让人转让其所持有的矿业公司股权，或矿业公司股东以外的其他人通过认购矿业公司新增注册资本或增发股份而成为矿业公司的股东，从而达到间接转让矿业权的目的。

3. 矿业公司股权转让与矿业权转让的区别是什么?

矿业公司股权转让和矿业权转让属于性质不同的两种交易。

第一，从交易标的看，在股权转让中，转让的标的为目标公司的股权；而在矿业权转让中，转让的标的为矿业权。

第二，从交易主体看，股权转让是股权受让人与矿业公司股东之间的交易，而矿业权转让则属于受让人与持有矿业权的矿业公司之间的交易行为。

第三，从交易结果看，在股权转让中，矿业企业的法人地位没有发生任何改变，其所持有的矿业权及其他资产的权属并不发生转移和变更；而在矿业权转让中，矿业权的权属将转移至受让人的名下。

第四，从交易是否需要国土资源部门批准方面看，矿业公司股权转让通常情况下无需国土资源主管部门的批准，转让双方只需要按照《公司法》《公司登记管理条例》及其他相关法律、法规的规定办理股权转让及股权转移登记手续即可；而矿业权转让则需要报经国土资源主管部门的审查批准。

第五，从目标公司债权债务的承担方面看，除非交易双方另有约定，在矿业权转让中，受让人对目标公司的债务，除矿业法律、法规规定的矿业权人的义务外，一般不承担任何责任；但是在股权转让中，除非交易双方另行约定，股权转让前目标公司的债务，仍由股权转让后的目标公司承担。

【文本正文】

股权转让协议（适用于有限公司）

立协议人：

转让方（简称“甲方”）：

（名称、统一社会信用代码、住所、法定代表人、职务、委托代理人、身份证号码、通信地址、邮政编码、联系人、电话、传真、账号、电子信箱）

受让方（简称“乙方”）：

（名称、统一社会信用代码、住所、法定代表人、职务、委托代理人、身份证号码、通信地址、邮政编码、联系人、电话、传真、账号、电子信箱）

担保方：

（名称、统一社会信用代码、住所、法定代表人、职务、委托代理人、身份证号码、通信地址、邮政编码、联系人、电话、传真、账号、电子信箱）

目标公司：

注册地址：

鉴于：

1. 目标公司是一家依据中华人民共和国法律组建的有限责任公司，企业法人营业执照号码为：________________，其住所位于中国________________省（区）___________市___________路___________号。目标公司的经营范围为：___________。目标公司的注册资本为______元人民币。

2. 甲方是一家具有独立法人资格、按照中国法律在中华人民共和国___________市工商行政管理局登记注册并有效存续的企业，持有注册编号为___________的《企业法人营业执照》，法定住所为___________市，注册资本为人民币______万元，实缴资本人民币______万元。“本合同”签署的当日（以下简称“签署日”），甲方合法拥有目标公司______%的股权。现甲方有意转让其在目标公司拥有的______%股权，并且甲方转让其股权的要求已获得甲方股东会的批准。

3. 乙方是一家依据中华人民共和国法律成立并有效存续的有限责任公司，其企业法人营业执照编号为___________，注册资本为______万元人民币，经营范围为___________。乙方愿意在本合同条款所规定的条件下受让甲方所持

14055

有的目标公司______%的股权，并且乙方受让甲方股权的要求已获得乙方股东会的批准。

4. 甲乙双方均充分理解在本次股权转让过程中各自的权利义务，并均同意依法进行本次股权转让。

5. 目标公司财务状况已由财务中介机构做出相应审核。

6. 资产状况：目标公司的股权转让人已作出相关承诺及保证，并由担保人提供担保。

据此，甲乙双方本着平等互利、等价有偿、诚实信用的原则，依据《中华人民共和国公司法》及相关法律、法规及规定，订立本股权转让协议，作为明确双方在完成本协议项下股权转让所发生的权利和义务的依据，以资甲、乙双方共同遵照履行。

第一条　定义

除在本协议中另有定义外，下列术语在本协议中具有如下涵义：

1.“本协议”，是指本协议主文、全部附件及双方一致同意列为本协议附件之其他文件。

2.“股权转让”，是指甲方转让其拥有的目标公司______%股权的行为。

3.“转让”，是指甲方将其所合法持有目标公司______股份转移至乙方名下的行为。

4.“转让方”，是指甲方。

5.“受让方”，是指乙方。

6.“基准日”，是指本次股权转让定价的日期，即______年______月______日。

7.“标的股份”，是指由甲方根据本协议转让并由乙方受让的______股股份。

8.“签署日”，是指甲乙双方签署本协议之日。

9.“生效日”，是指本协议签署后，并且取得有关主管部门批准本次股权转让的所有必备合法有效文件之日。

10.“转让完成日”，是指本次股权转让完成工商变更登记手续之日。

11.“主管部门”，是指办理本协议书规定股权转让审批及登记手续所涉及的主管部门（包括但不限于企业登记机关等）。

12.“工作日”，是指中国国务院规定的法定工作日。

本协议中的标题为方便而设，不应影响对本协议的理解与解释。

第二条　转让标的及交易基础

1. 转让标的

（1）甲方同意按照本协议约定的条款和条件向乙方出售和转让，乙方同意向甲方购买和受让甲方在目标公司中所持有的______%的股权。

（2）甲乙双方均认为甲方出让和乙方受让的本协议约定之标的是甲方原持有的目标公司之股份权益，包括与甲方所持股份有关的所有权、利润分配权、董事委派权、资产分配权等目标公司章程和法律规定公司股东应享有的一切权利。

2. 交易基础

甲方决定向乙方转让登记在自己名下的目标公司的全部股份，乙方同意受让该______%的全部股份，以下列事实为基础：

（1）目标公司于______年______月______日取得了由____________颁发的证号为______的探矿权证，探矿权面积为______平方公里；

（2）目标公司位于____________，矿产资源经过法定的详查和精查程序，资源的估算量为______亿吨，可开采煤层为______层；

（3）____________省国土资源勘测规划院的《矿产资源储量评审意见书》认定 M18 层煤炭资源总量为______万吨；

（4）目标公司已取得国家发改委《关于____________省____________矿区总体规划的批复》和____________省发改委关于转发该批复的《通知》，目标公司的矿区已列入国家和省政府煤炭勘探及开采的规划；

（5）目标公司是经工商行政管理部门合法注册的有限责任公司，具有企业法人的全部合法有效资质。

第三条　转让价款及支付

1. 甲乙双方确认______年______月______日为本次股权转让定价的基准日。

2. 在受制于并以本协议所约定“价格调整”条款及其他条款和条件的前提下，本协议项下的成交价格为：______元人民币（大写：______）（以下简称“成交价格”），成交价格由乙方支付给甲方。在交割日，该成交价格将按本协议价格调整的约定，以附件所列目标公司的资产净值为根据，并考虑附件目标公司资产清单中所列资产的任何出入情况进行调整。

3. 自签署日起______日内，甲乙双方应与甲方所在地的______银行签署一份三方合同（以下简称“三方合同”），以甲方的名义在该银行开设一个独立的银行账户（以下简称“监管账户”）。该合同应约定：该账户为甲乙双方共同监管的、专门用于存放本协议项下股权转让价款的账户；双方各指定一名授权代表，共同作为联合授权签字人；联合授权签字人应在监管账户的开户银行办理预留印鉴等手续，该监管账户之任何款项的支付，必须由联合授权签字人共同签署方可办理；未经双方

14055

的一致同意，监管账户的开户银行不得为任何一方办理该账户联合授权签字人的印鉴变更或撤销手续；监管账户应于三方合同签署之日开立。

4. 协议约定成交价格中的______元人民币（大写：______），应由乙方在三方合同签署之日起的______个银行工作日内存入监管账户；在本协议约定的全部先决条件得以满足，且不存在本协议所述未决争议的情况下，乙方应在交割日将该笔款项按本协议和三方合同的有关约定支付给甲方。如存在本协议所述未决争议，则按本协议的相关约定履行。因开设监管账户所应支付给开户银行的费用由甲乙双方各承担一半。

5. 在本协议所约定的全部先决条件被满足或者乙方书面放弃未满足的先决条件之日起五个工作日内，乙方应当向监管账户汇入______元人民币（大写：______）作为保留款（以下称为“保留款”），该笔款项按照本协议和三方合同的相关约定进行支付。

6. 保留款中的______元人民币（大写：______）应自交割日起在监管账户内保留九十天；剩余部分______元人民币（大写：______）应自交割日起在监管账户内保留一百八十天，上述款项用于甲方因违反任何陈述和保证时对乙方的赔偿，以及根据本协议价格调整所应扣除的款项（如该应扣除的款项尚未支付）。

7. 甲方在承担了因违反任何陈述和保证（若存在此情形）而应支付的赔偿后，如果不存在本协议所述未决争议的，余额应按三方合同的有关约定支付给甲方。如果双方对于己方根据本协议所提出的赔偿或类似要求存在异议的，那么与争议数额相同的资金应当保留在监管账户中，直到双方根据本协议的条款对争议的解决达成一致。

8. 乙方关于上述款项的支付，均以甲方全面履行本协议之义务以及甲方在本协议中所作出的承诺和保证为前提。

第四条　先决条件

1. 本协议项下的交割是附条件的，即本协议项下的交割是在以下先决条件全部被满足的前提下进行的：

（1）目标公司股东会已作出同意本协议项下股权转让的决议，且该决议已向原公司登记机关办理了备案；

（2）目标公司除甲方以外的其他全部股东已书面放弃对本协议项下所转让股权的优先购买权；

（3）本协议项下的股权转让已依法向原公司登记机关办理了变更登记手续，股权已过户到乙方名下；

（4）本协议附件所列的新《公司章程》已依法向原公司登记机关办理备案；

（5）附件所列的“股东会决议”“董事会决议”“监事会决议”已经依法签署，并约定于交割日生效；

（6）目标公司全部现任董事已向目标公司提交辞职函，该辞职函定于交割日生效。在该辞职函中，这些董事承认目标公司对其不负有支付任何款项、赔偿金和其他费用的义务；

（7）目标公司已收回向甲方签发的“出资证明书”，并向乙方签发了“出资证明书”，同时将乙方及其受让的出资额记载于目标公司的股东名册。

2. 若甲方不能在签署日后的三个月内（以下简称“先决条件满足日”）满足上述所述的全部先决条件，乙方有权以书面通知的形式终止本协议，也有权决定是否放弃任一先决条件的满足；除本协议另有约定外，任何一方均不得就此向协议他方提出任何索赔。但是，在上述先决条件满足日到期后乙方有权决定是否将先决条件满足日再延长三个月。如在延长后的三个月内，上述所述的全部先决条件仍然未被满足的，则乙方有权终止本合同，甲方应当向乙方支付相当于股权转让成交价格______%的违约金，并向乙方返还所有已存入监管账户的股权转让价款；该笔违约金和已存入监管账户的股权转让价款的返还应当在上述延长的三个月到期后的______个工作日内支付。在甲方实现上述所述先决条件的过程中，乙方应给予全力的配合，并依照法律和行政法规的规定提供与乙方有关的信息及审批申请文件；如因为乙方的过错而造成上述所述先决条件不能满足的，甲方无须承担任何违约责任。

3. 甲方在实现上述所述的先决条件和办理相关登记手续时，应当依照中国现行法律、法规和规章的规定和要求向有关政府部门提交所需的文件。

4. 如有任何可能导致先决条件在先决条件满足日以前不能满足的情形发生，甲方应当立即书面告知乙方。

5. 如有任何一项先决条件被实现，甲方须在三个工作日内书面告知乙方，同时附上能够充分证明相关先决条件已被满足的文件。

第五条　交割及股权转让变更登记

1. 本协议签署后______个工作日内，甲乙双方共同成立目标公司清算小组，并由甲方在《______报》上发布三次公告，内容为：对目标公司进行财务清算以及进行股权转让，函请相关债权人、债务人及以目标公司或甲方为合同一方的当事人（该合同指与本次转让标的相关的合同）在公告期内向目标公司清算小组进行登记，公告有效期限不低于60日。

2. 本协议所述的交割是指按照本协议的约定完成本协议项下所涉的交易，

14055

包括但不限于本协议项下的股权转让和付款。受制于并以乙方完全履行本条第 3 款第（2）项所述的义务为条件，本协议的交割将于本协议约定的全部先决条件被满足或甲方放弃未被满足的先决条件之日起的第七个工作日（以下简称“交割日”）时进行。

3. 在交割日，乙方应当：

（1）向甲方提交所有完成“本协议”项下所涉交易的文件，包括本协议先决条件中所述的全部文件。

（2）向甲方提交目标公司的印章、营业执照、公司章程、股东名册、会议纪要、审计报告、账册、会计凭证以及其他关于目标公司的文件等；

向甲方提交目标公司原董事会中每一董事所签署的辞职函。

4. 甲方应于本协议生效后，向乙方出具本协议项下之股权转让变更登记所需的全部必要手续。

5. 双方同意，下述工作全部完成后乙方可到公司登记机关办理股权转让变更登记。

（1）目标公司的资产按照双方的约定交接完毕；

（2）乙方按照本协议约定除已向甲方支付履约定金外，向双方共管账户足额汇入股权转让价款之余款。

6. 如遇国家法律、法规及政策变化，已出具的股权变更登记手续需变更或增加的，甲方负责变更或增加。

第六条　双方的履约义务

（一）甲方的履约义务

1. 在本协议正式签署后的三个工作日内，甲方应协助乙方及乙方委托的中介机构开始对目标公司进行审慎尽职调查。

2. 甲方应当自甲乙双方正式签署本协议后，协助乙方代为行使除股份处置权以外的其他股东权利。

3. 甲方承诺并促使完成目标公司董事的撤换工作，甲方应确保推荐乙方的董事候选人交由目标公司股东大会审议。

4. 甲方于转让生效日或之前必须向乙方提交下列文件：

（1）本协议所涉及的有关主管部门的批文或有关批准文件的副本。

（2）甲方内部有权机构同意及批准本协议及本协议项下股权转让的决议 / 文件的副本。

（3）目标公司现行或变更后的批准证书的副本。

（4）由工商行政管理局或其授权机构颁发的目标公司现行或变更后的营业执照副本。

5. 以甲方为主为乙方办理股权过户事宜。

6. 在乙方向甲方支付完除______万元保证金款项之外的其余全部款项后三日内把目标公司的全部证照及煤田矿区的勘探资料，国家有关批文的原件，公司以往全部财务资料原件交付乙方。

7. 协助乙方办理采矿权证。

8. 协助乙方处理好与当地矿产资源部门和其他政府部门的关系。

9. 其他法定和约定的义务。

（二）乙方的履约义务

1. 依照本协议的约定按时履行付款义务。

2. 全面履行作为本协议附件的相关合同。

3. 在甲方的协助下完成目标公司董事的撤换工作。

4. 协助甲方办理股权过户手续。

5. 协助甲方办理采矿证并承担办理矿证和生产经营手续过程中的全部费用。

6. 其他法定和约定的义务。

第七条　甲方的陈述、保证和承诺

甲方于本协议之签署日向乙方作出如下陈述、保证和承诺，该陈述、保证和承诺在交割日仍然持续有效。如果在签署日之后交割日之前，任何陈述、保证和承诺的内容没有被实现或者不真实、不正确的，甲方应当立即书面通知乙方。上述陈述、保证和承诺不因交割而在任何方面被免除或者受到影响。

1. 甲方依据本协议所转让的股权是真实、合法、有效的。甲方按照目标公司章程所应认缴的出资已经足额缴纳，不存在拖欠股本金，偷逃股本金及其他注册资金不真实的情况。

2. 甲方对所转让的股权是甲方独自享有的股份，拥有完全的、排他的权利，不存在与其他人共同或按份共有的情形，不存在任何隐名股东的情形；也不存在任何质押的情形。

3. 甲方保证：目标公司的股权没有受到任何法院、政府机关或部门发出的命令或判决的约束，亦没有受到任何向法院或政府机关或部门所作的承诺或保证的限制。

4. 依目标公司章程之规定，甲方向乙方转让股权，目标公司的其他股东同等条件下有优先收购权，甲方在签署本合同前已正式征求过其他股东的意见，其他股方不愿意收购该股权并放弃了优先收购权。

5. 甲方系非国有企业法人，在向乙方转让目标公司股份前已经得到甲方

14055

公司董事会和股东会的合法授权，不存在程序性问题；甲方向乙方转让股份，已得到目标公司董事会和股东会批准，该批准文件是本协议重要的附件。

6. 甲方保证：截至本协议签订之日，目标公司不存在任何分公司或分支机构。

7. 目标公司是依法设立并有效存续的合法经营企业。其自设立以来的各项变更均已依法取得有审批权限部门相应的批准、同意和许可。目标公司目前开展的各项经营业务均已依法取得政府部门的各项批准、授权、执照、许可等，该等批准、授权、执照、许可均合法有效。本协议项下的股权转让不会导致该等批准、授权、执照、许可被终止或撤销。

8. 关于矿业权[①]

条文注解：目标公司所属矿权的真实、合法和有效存续是确保股权转让协议履行的关键，因此，对于此部分内容应当逐项予以着重审查，以防止任何瑕疵的出现导致股权转让目的无法实现。

（1）除已经向乙方披露的外，目标公司对其目前拥有的所有矿产均已合法取得权证（见本协议附件______），不存在任何抵押、其他第三方权利和任何涉及诉讼或被司法查封、冻结的情况；目标矿权不存在与其他矿权重叠或交叉的情形，且与其他矿权不存在现实的或潜在的矿界争议；甲方已履行了矿业权人相应的法定义务，不存在可能因税费缴纳、安全、环境保护、地质资料汇交、储量管理等监督管理而吊销权证的任何情形。

（2）目标公司不存在持勘查许可证采矿、非法承包、出租、转让、与他人合作开采等违法行为；不存在未经审查批准擅自出租、非法承包、转让或与他人合作开采的行为；不存在采用破坏性开采方法开采矿产资源的行为；不存在越界开采的非法行为。目标公司已依法办理了勘查和采矿用地报批手续；目标公司与土地所有人签署的土地使用合同真实、合法、有效；目标公司不存在任何违反或可能违反土地使用合同的约定的情形，土地使用合同没有被土地所有人依法终止或解除的风险。

（3）目标矿权不存在矿业权登记管理机关可能基于本次股权转让前因可归责于目标公司的原因或行为而吊销目标矿权的情形。

（4）甲方承诺：在本协议签署后至交割日，甲方仍将继续促使目标公司依法履行矿业权人的各项义务，以确保目标矿权的合法、有效存续。

9. 目标公司对于其所享有一切不动产（包括但不限于矿业权、土地和房产）均享有完整，良好且毫无争议的权利，且目标公司在经营活动中所使用的动产均为其所合法拥有。目标公司在经营活动中，所使用资产的工作状况均为良好且运转正常，仅受限于正常的磨损。

10. 对于目标公司目前使用的名称和其他知识产权等，目标公司已合法取得相应的所有权或许可权利，不存在任何侵权行为，也未因侵权或其他原因受到任何第三方的索赔或诉讼。目标公司没有向任何第三方转让附件所载明的商标专用权，也没有允许或者默认任何第三方对这些商标的使用。

11. 目标公司已经向乙方提供了所有以其为一方的合同，如出现因违约而可能对目标公司产生重大影响的情形，则所产生的一切责任均由甲方承担。

12. 甲方在乙方所进行的尽职调查中向乙方提供的有关目标公司的文件和材料，均是完整、有效的，不存在虚假或故意误导，并保证资产的安全、完整，会计报表公允的反映了公司的财务状况和经营结果。

13. 本协议签署前，目标公司因欠税、漏税给乙方造成损失的，由甲方承担。

14. 如果目标公司根据劳动法的规定以及当地劳动管理部门的要求，未为其所有员工缴纳应缴的各项劳动保险、住房公积金等所产生的一切法律责任，由甲方承担。

15. 甲方保证，与环保事宜有关的所有许可、批准、特许和承认，目标公司均已取得；目标公司在所有方面均已遵守了所有适用的法律、法规、规章、许可、要求、条例或者命令；并且在请求颁发上述许可、批准和特许等批文的申请中，目标公司未向相关机构提供误导性的信息和内容。甲方保证，目标公司的经营活动没有受到有关管理机关和任何公司和个人就环境问题而提起的诉讼、检查、申诉或者控告。

16. 自本协议签署之日起，目标公司对外支付任何款项，均需获得乙方的事先书面同意（本协议及相关协议约定的付款事项除外）。

17. 甲方所拥有股份在转让给乙方之前，甲方未曾与任何第三方正式签署任何转让该股份的协议，也未收取过任何第三方的转让款。除非乙方代表事先书面同意，自本协议签署之日起至股权转让完成日，甲方不得与任何第三方就本协议项下股权的转让、质押或其他处置方式等事宜进行协商以及签署任何协议、文件、意向性文书。

18. 甲方对目标公司的资产将履行善良、尽责的看守义务，保证目标公司资产现状不再发生任何改变。

19. 除甲方在本协议及相关文件或任何向乙方提供的资料中已披露的信息以外，在本协议签署日前，目标公司不存在任何正在进行的、悬而未决的诉讼或仲裁；对已披露的诉讼或仲裁，其不会导致以下后果：（1）阻止本协议规定的股权转让的完成；（2）使本协议规定的任何股权转让在完成后被撤销；

14055

（3）使乙方对其合法拥有受让股权产生不利影响。

20. 在股权转让完成之前，甲方以目标公司名义实施的任何行为因违反相关法律、法规而导致股权转让后乙方支付额外的费用或罚款，甲方应承担相应的法律责任。

第八条　乙方的陈述、保证和承诺

乙方于本协议签署日向甲方作如下陈述、保证和承诺，并就以下内容和甲方达成共识：

1. 乙方为合法成立且有效存续的企业法人，且已经获得签署本协议以及履行本协议项下的义务所必需的授权，其签署和履行本协议不会违反其承担的任何其他合法义务。

2. 乙方对本协议项下股权受让拥有签订协议并履行协议义务之全部权利。

3. 本协议的签订、履行和执行，以及本协议所涉交易的完成，均未违反乙方的任何公司章程和规章，也未违反乙方作为协议订约一方所应承担的协议义务，不会导致乙方违反这些协议，也不会导致这些协议的终止。

4. 从交割日起至______年______月______日止，目标公司将继续聘用附件______所列员工总数______%以上的目标公司员工（员工不愿留用的除外）。交割后，目标公司将与上述留用的员工签订劳动合同，并负责这些员工的法定社会保险。甲方保证在______年______月______日以前，将不会无故辞退任何目标公司的员工。为了保持对目标公司一贯、稳定的管理，乙方愿意继续聘用目标公司现任管理人员，聘用期限不低于______年______月______日。此外，乙方保证，在交割后给予目标公司员工的待遇不低于附件中所列明的标准。

5. 乙方承诺按照本协议的约定履行付款义务。

6. 所有乙方与本协议的履行有关的资产与业务的文件与资料是完整、真实、准确的，并且没有遗漏任何重要事实。

第九条　价格调整[①]

条文注解：鉴于股权转让对价是基于目标公司的资产情况确定的，而该资产情况在协议履行中可能由于某种原因发生变化，有必要在协议中明确约定视目标公司资产变动情况进行相应调整。

1. 甲乙双方一致同意在交割日对目标公司净资产的价值进行确认。

2. 如果附件______所列的一件或多件资产并不存在，该资产的价值应当相应地按当地市场中类似资产的价值从成交价格中扣除。对于在附件______上未列明的资产，乙方可以在不增加成交价格的前提下予以无偿接收。

3. 在交割日，甲乙双方应共同派遣人员或委任注册会计师按上述约定对目标公司的净资产进行评估，并按上述约定对目标公司的资产情况进行调查。净资产报告应当对目标公司在交割日的净资产情况进行确认，并与基准日的净资产情况进行对比。对资产清单所进行的调查应当形成报告，以确认附件所列的资产是否存在以及是否具有销售质量。

4. 如果目标公司在交割日的净资产价值高于其基准日的净资产价值的，本次成交价格为原成交价格加上上述在交割日净资产价值的增加值。如果在交割日的净资产价值低于在基准日净资产价值的，那么，本次成交价格为原成交价格减去在交割日净资产价值的减少值。同样，如在附件所列明的某项资产并不存在或没有销售价值的，由此而造成的价值减少也应当在成交价格中扣除。

5. 如果甲乙双方在交割日后的两个月内不能对净资产的价值达成一致，那么双方应不可撤销和无条件地将该争议交由一个双方认可的会计师事务所决定，该会计师事务所应与甲乙双方无利害关系。该会计师事务所对净资产价值所作出的最后书面决定对双方均具有最终的效力和约束力。该会计师事务所应当在接受委托后的一个月内作出上述书面决定。聘请该会计师事务所的费用由双方当事人承担。并且在收到该书面决定之日起的三日内，负有付款义务的一方应根据本条的相关约定向另一方当事人支付差额。

6. 甲方在本协议中所作的陈述和保证应接受乙方或其指定的代理人员所进行的核实（该核实不应影响和损害乙方在本协议项下的任何权利），乙方及其指定的代理人有权在本协议签署日之后的任何时间对与目标公司有关的所有信息进行实地检查和核实。该检查和核实工作应当在正常的工作时间并采取不损害目标公司正常经营活动的方式进行。甲方承诺，将全力配合乙方，以协助乙方及其指定的代理人完成上述尽职调查工作。同时，甲方保证乙方及其所指定的代理人能够完全和无条件地获得与上述尽职调查工作有关的所有文件、材料，并可完全和无条件地实地核查相关资产。

第十条　债权债务处置

1. 甲乙双方确认并同意，本次股权转让完成后，乙方作为目标公司的股东，按照其持股比例享有股东权利、承担股东义务。

2. 甲乙双方确认并同意，除甲方事先书面同意以及甲方已在本协议及其补充合同中所作的承诺外，甲方承诺将按其持有的______%的股权比例继续对目标公司在转让生效日之前、之时的任何债务和义务负责，无论其是已存在或可能存在的，已知的或未知的，累积的或未累积的，到期的或未到期的，包括但

14055

不限于与下述各项有关而产生的债务和义务：

（1）本协议所述审计报告中未列明的目标公司应承担的相关债务；

（2）在转让生效日之前或之时有关目标公司的任何应付税费；

（3）在转让生效日之前或之时有关目标公司的任何悬而未决的诉讼、仲裁、扣押、实施执行或其他法律程序；

（4）基于本次股权转让前存在的事实使目标公司因行政处罚而导致的处罚责任；

（5）本次股权转让前因目标公司签署的担保合同而导致承担的担保责任；

（6）在生效日之前或之时产生的与______公司有关的任何义务，包括但不限于有关员工薪金、工资、离职费、医疗卫生福利、劳保支付等的义务；

（7）在转让生效日之前或之时对目标公司出售任何产品或提供服务的任何索赔请求。

如因第三方就上述七项中任何一项提出的请求而产生，或与该等请求有关而存在任何针对乙方的诉讼、仲裁或其他法律程序，或使乙方遭受任何损失，甲方应负责应诉，并就任何前述诉讼、仲裁、法律程序或乙方遭受损失而补偿乙方。

（8）其他一切基于本次股权转让前存在的事实而导致目标公司应承担的相关债务。则因上述债务而导致乙方遭受的相关责任及损失，均由甲方承担。

3. 基准日以后至本协议签署日发生的新的银行负债、对外抵押资产及对外担保均已由及将会由甲方向乙方提供相关资料。而自本协议签署日至交易完成日，如要发生新的银行负债，对外抵押资产及对外担保，则须取得乙方的事先同意。

第十一条　费用及处理

1. 由于签署以及履行股权转让所产生的税费按照国家法律法规及相关规定承担。

2. 甲方负责办理股权转让工商变更登记工作，乙方应当积极提供所需资料。

3. 由于签署及履行本协议而发生的除股权转让款以外的所有税收和费用，凡法律、行政法规有规定者，依规定办理；无规定者，则根据自行承担的原则处理。

第十二条　乙方交易后享有的权益

乙方向甲方支付转让款后，除目标公司股权，原由甲方直接享有和间接享有的与目标公司相关的一切权利概括转让给乙方，包括：

1. 目标公司矿区范围内 M18 层煤炭的探矿权和开采权，经营权；

2. 在编号为______号勘查许可证列明的______平方公里范围内经精查的全部______亿吨煤炭的探矿权、开采权、经营权；

3.______平方公里范围内煤炭伴生资源和其他矿产的探矿权、开采、经营权；

4. 因该区域内煤炭及矿产资源开发，国家和当地政府配套下发的其他权益如匹配的贷款指标，税收优惠权等；

5. 转让给乙方后，甲方不得以任何理由自行开发或与他人合作开发该区域内矿产资源。

第十三条　无法办理矿权或其他手续时的处理①

> 条文注解：在股权转让协议履行中可能存在“无法办理矿权或其他手续”的情形，有必要对于该相关情形予以明确约定相应的处理措施。

如因国家政策或法律的调整（如国家征收、征用等），乙方在取得目标公司股权后，无法办理采矿许可证或其他生产经营手续，则双方同意解除本协议，甲方应返还已收取乙方的各项费用，乙方将目标公司股权返还给甲方，但在本协议履行过程中已支付的各种费用（包括律师费等），则由乙方承担。国家因法律、政策调整而补偿给目标公司的各项费用（如征地费用等）由甲方享有。

第十四条　协议的修改、变更和解除

1. 在本协议有效期内，经双方协商一致，可以以书面形式修改、变更、补充或者解除本协议；本协议的任何修改及补充协议以及先于本协议为本次股权转让而签订的相关协议、承诺及保留应视为本协议不可分割的一部分。

2. 如有下述情形之一，则甲方有权书面通知乙方解除本协议。

（1）非因甲方违约在先的原因，乙方未按本协议约定及时支付股权转让价款，并在延迟后 30 个工作日内仍未支付的；

（2）因乙方过错导致本协议项下股权转让无法完成的。

3. 如有下列情形之一，则乙方有权书面通知甲方解除本协议：

（1）因甲方过错导致本协议项下股权转让无法完成的，该等过错包括但不限于：甲方故意隐瞒重大财务缺陷、披露给乙方的目标公司名下资产信息失实等。

（2）甲方不能及时完成本次股权转让的相关工商登记变更事宜。

4. 任何一方违反本协议的，致使本协议约定的解除条件成就时，另一方即有权解除本协议，且协议解除不影响守约方依据协议规定追究违约方责任的权利。

第十五条　违约责任及赔偿

1. 本协议签署后，甲乙双方应严格履行本协议约定，任何一方违反本协议，均应依本协议之规定承担违约责任；给守约方造成损失的，违约方应赔偿其

14055

损失。

2. 乙方应按本协议的约定及时向甲方支付转让价款，若发生逾期，则须按应付款项每日______元的标准向甲方支付违约金。

3. 若乙方在支付本协议项下的各期转让价款时发生逾期，且在任何一期付款期限届满日后______日内仍未付清本协议项下当期转让价款时，甲方有权选择下述任一种方式：

（1）解除本协议。协议解除自甲方向乙方送达书面通知之日起生效。届时，甲方有权没收乙方支付的定金；该项金额不足以弥补乙方给甲方造成和损失的，乙方还应予以赔偿。余款由甲方在双方协商确定或通过法律途径明确应退款项的具体数额后的______日内不计息退还给乙方。

（2）协议部分解除，部分生效。甲方有权根据乙方实际已经支付的款项确认本协议部分生效，同时对逾期未付的部分则失效。故乙方将拥有目标公司标的的股份中的一部分。但乙方仍应向甲方支付相当于本次股份转让价款总额______%的金额的违约金，并赔偿甲方由此造成的损失。

本协议继续履行。乙方应按逾期支付款项的每日______的标准向甲方支付违约金，并赔偿甲方由此造成的损失。

4. 如因乙方的过错或者违反本协议的约定导致本协议目的不能实现，甲方有权解除本协议。甲方解除本协议的，自解除协议通知送达乙方之日起______个工作日内，乙方应向甲方支付______万元的违约金并赔偿由此给甲方造成的损失。

5. 若乙方在本协议项下所作的陈述、保证和承诺与实际情况有任何出入或乙方违反了其所作的任何陈述、保证和承诺（以上情况在以下合称“乙方的陈述和保证瑕疵”），那么乙方应承担由此所受到的所有损失。

6. 乙方依据本协议所应当支付的任何赔偿加上从交割日至赔偿金付清之日止的年5%的利息，应在双方所同意的付款日到期后的十日内支付，或者在“乙方的陈述和保证瑕疵”被有管辖权的人民法院裁决之日起的十日内全额支付。

7. 按照本协议的约定及相关协议的约定解除本协议的，甲方返还乙方已支付的款项时，有权扣除乙方按照本协议及相关协议的约定应向甲方支付的人民币______万元的违约金及给甲方造成的经济损失。

8. 由于甲方的原因，在甲方收取乙方定金后，甲方不愿转让目标公司股权或因甲方将股权已质押、被查封或已转让他人等原因无法转让给乙方，则甲方向乙方双倍返还定金；

如因甲方向乙方提供文件不真实，故意隐瞒重大事项或甲方故意不配合导致乙方无法申领采矿许可证，甲方除应返还已收金全部款项外，另外向乙方支付违约金______万元；如因甲方的原因导致甲方向乙方转让股权和探矿权行为无效，则甲方应向乙方赔偿全部损失。

9. 若甲方在本协议项下所作的陈述、保证和承诺与实际情况有任何出入或甲方违反了其所作的任何陈述、保证和承诺（以上情况在以下合称“甲方的陈述和保证瑕疵”），则甲方应承担乙方由此所受到的所有损失。

10. 甲方依据本合同所应当支付的任何赔偿加上从交割日起至赔偿金付清之日止的年5%的利息，应在双方所同意的付款日到期后的十日内支付，或者在“甲方的陈述和保证瑕疵”被人民法院裁决确认之日起的十日内全额支付。

11. 由于任何一方构成违约事项而引起的任何费用、损失、开支，其中包括守约方因违约方而承担的任何损失及相关的诉讼费用、律师费、会计师费、评估费、差旅费及其他费用，违约方应赔偿给守约方。

第十六条　保密和信息披露

1. 协议双方保证对在谈判、磋商、签订、执行本协议过程中所获悉属于他方的且无法自公开渠道获得的文件、资料以及本协议的内容和履行情况予以保密。

2. 除了法律法规的规定，或者相关有权政府部门的要求外，未经本协议另一方的同意，任何一方均不得直接或间接地以任何形式披露或者泄露本协议所包含的任何内容以及所涉及的任何交易，但向各自负有保密义务的工作人员和法律顾问披露的除外。任何一方应尽力促使各自的工作人员对本协议所涉及的内容进行严格地保密。

3. 本协议的保密条款为持续性条款，且无论本协议无效、解除、终止均不影响保密条款的延续性和有效性。无论本协议的任一方作为协议当事人的资格和权利是否终止，本协议的任一协议当事人均应遵守本条所约定的保密义务。

第十七条　不可抗力

1. 任何一方由于不可抗力造成的部分或全部不能履行本协议义务的行为，将不视为违约，但应当在条件允许情况下采取一切必要补救措施以减少因不可抗力造成的损失。

2. 声称受到不可抗力事件影响的一方应尽可能在最短的时间内通过书面形式将不可抗力事件的发生通知另一方，并在该不可抗力事件发生后______日内将经由当地公证机关出具的证明文件或有关政府批文及合同不能履行或者需要延期履行的书面资料通知对方。不可抗力事件消除后，受影响方应尽快向对方发出有关“不可抗力事件”消除的通知。

14055

3. 不可抗力事件或其影响终止或消除后，双方须立即恢复履行各自在本协议项下的各项义务。如不可抗力及其影响无法终止或消除而致使协议任何一方丧失继续履行协议的能力，则双方可协商解除协议或暂时延迟协议履行，且遭遇不可抗力一方无须为此承担责任。当事人迟延履行后发生不可抗力的，不能免除责任。

第十八条　协议的彻底性和完整性

本协议及其附件是缔约双方对合作的最后谅解和一致，其效力高于所有缔约双方及其工作人员、代表在签署日以前以书面或口头形式所达成的协议、承诺、安排、谅解、陈述和保证等。

第十九条　通知

1. 任何与本协议有关的需要送达或给予的通知、协议、同意或其他通信，除双方另有约定外，应按双方当事人在本合同中列明的地址、传真、电话、电子邮件或其他联系方式进行；通过传真、电话、电子邮件发出的任何文件、资料、通知，在发出后即视为收讫。通过邮寄发出的任何文件、资料、通知，在寄出十天后即视为收讫。

2. 任何一方在本协议所列的地址、传真、电话、电子邮件或其他联系方式发生改变的，应自变更之日起______日内以书面形式通知对方，否则，对方按照原来的地址、传真、电话、电子邮件或其他联系方式发出的文件、资料、通知等均视为在前款约定的时间内收讫，由此产生的一切后果，均由另一方自行承担。

第二十条　局部无效

本协议的各项条款和条件均为可独立履行的。如果本协议的任何一项条款因不符合有关法律、法规和规范性文件的规定，而被有权机关认定为无效时，甲乙双方应立即协商并拟订新的条款来取代该被认定为无效的条款。尽管如此，除该被认定为无效的条款外，本协议的其他各款仍将继续全面有效，双方仍应继续履行本协议。

第二十一条　法律适用及争议解决

1. 本协议的订立、效力、变更、解释、履行、终止和由本协议产生或与本协议有关之争议的解决，均适用中华人民共和国法律。

2. 凡因本协议引起的或与本协议有关的一切争议，双方应友好协商解决。如果争议自发生之日起三十日内仍不能得到解决，则任何一方均有权选择以下第______种方式解决：

（1）向______仲裁委员会申请仲裁，按照申请仲裁时该会实施的仲裁规则进行仲裁。

（2）向______人民法院起诉，以诉讼解决争议。

第二十二条　协议的生效及其他

1. 本协议的所有附件是本协议的组成部分，根据其各自所包含的内容对协议当事人构成约束力。

2. 甲乙双方应以谨慎态度保证自身行为符合法律、法规和有关规则的要求，以使本协议项下股份转让合法、有效地进行。

3. 本协议自各方的法定代表人或授权代表正式签署，加盖各自公司公章，并在下列条件完成后生效：

（1）甲方履行本协议约定的公告义务的公告期限届满。

（2）本协议当事人对权利放弃仅以书面形式作出方有效。当事人未行使或迟延行使其在本协议项下任何权利或救济不构成弃权；当事人部分行使权利或救济亦不得阻碍其行使其他权利或救济。但本款所述事宜在协议另有约定的除外。

（3）乙方按照本协议及相关协议约定向甲方支付全部交易金额后，甲方与乙方共同到相关部门刻制新的印章，目标公司因旧印章使用所承担法律责任由甲方承担；新印章启用后目标公司因新印章使用所承担法律责任由乙方承担。

（4）担保人的担保承诺由担保人另行出具。

4. 本协议一式______份，甲乙双方各执______份，报有关政府主管部门审批、备案______份，每份协议具有同等法律效力。

5. 本协议由立约各方在中华人民共和国______签署。

（以下无协议正文条款）

甲方（盖章）：

法定代表人（签字）：

或授权代表（签字）：　　　　　　　　签约日期：

乙方（盖章）：

法定代表人（签字）：

或授权代表（签字）：　　　　　　　　签约日期：

14055

担保方：

法定代表人（签字）：

或授权代表（签字）：　　　　签约日期：

目标公司：

法定代表人：　　　　签约日期：

二、增资扩股协议（适用于有限公司）

【使用场景】

本范本适用于有限公司进行增资扩股的情景。公司增资扩股一般是指企业增加注册资本，增加的部分由新股东认购或新股东与老股东共同认购，企业的经济实力增强，并可以用增加的注册资本，投资于必要的项目。涉矿公司增资扩股的目的在于通过增资方式投资于矿业权项目。

【法律要点】

1. 什么是增资扩股？为什么说增资扩股是矿业权的间接转让方式？

增资扩股是指企业向社会募集股份、发行股票、新股东投资入股或原股东增加投资扩大股权，从而增加企业的资本金。对于有限责任公司而言，增资扩股一般指企业增加注册资本，增加的部分由新股东认购或新股东与老股东共同认购，企业的经济实力增强，并可以用增加的注册资本，投资于必要的项目。

矿业权作为财产权，在以公司名义有偿取得后，成为公司资产的有机组成部分。矿业权转让双方在一定条件下，完全可以通过“对公司增资扩股或者由公司股东转让股权”的方式，变更公司管理者，以替代矿业权的直接流转。这就是“资源资产化、主体公司化、流转市场化”的真正奥妙。间接转让行为如果不违反我国《公司法》及其他法律、法规的强制性规定，就应当对股权变动予以认可，并接受矿业权间接转让的事实。相关当事人的行为虽有规避审批及税费之嫌，但其行为本身并不违反法律禁止性规定，不应当依行业规定及地方规定否认间接转让的效力。若矿业权出让合同中有相反规定的则另当别论。但也有观点认为，在矿业权持有人的股权关系发生重大变化的情况下，即使矿业权持有人形式未变，也应视为矿业权发生转让，并按照矿业权转让的规定依法办理转让审批手续。

2. 股权转让和增资扩股两种方式转让矿业权的区别是什么？

需要注意的是，虽然通过签订股权转让协议和增资协议都可以达到间接转让矿业权的目的，但二者还是存在一定的区别。

首先，股权转让协议和增资协议的当事人虽然都含有公司的原股东及出

14058

资人，但从协议价金受领的情况看，股权转让协议和增资协议中出资人资金的受让方是截然不同的。股权转让协议中的资金由被转让股权公司的股东受领，资金的性质属于股权转让的对价；而增资协议中的资金受让方为标的公司，而非该公司的股东，资金的性质属于标的公司的资本金。

其次，股权转让协议和增资协议支付价金一方的当事人对于标的公司的权利义务不同。股权转让协议中，支付价金的一方在支付价金取得了公司股东地位的同时，不但继承了原股东在公司中的权利，也应当承担原股东对公司从成立之时到终止之日的所有义务，其承担义务是无条件的；而增资协议中支付价金一方的投资人是否与标的公司的原始股东一样，对于其投资之前标的公司的义务是否承担，可以由协议各方进行约定，支付价金的一方对其加入该公司前的义务的承担是可以选择的。

最后，从出资后标的公司注册资本的变化看，股权转让协议签订后，出资人履行义务完成时标的公司的注册资本是保持不变的，仍然为原数额；而增资协议签订后，标的公司的注册资本则发生了变化。

3. 涉矿公司增资扩股协议应当包括哪些主要内容?

涉矿公司增资扩股协议是有限公司进行增资扩股时所签署的合同。通常情况下，涉矿公司增资扩股协议应当包括以下主要内容：鉴于、定义、增资扩股方案、增资后目标公司董事会组成、增资方缴付增资的先决条件、增资方的出资、新股东享有的权利义务与责任、陈述和保证、违约责任、对外担保、协议的终止、保密和信息披露、不可抗力、协议的解释、协议的彻底性和完整性、通知、局部无效、法律适用及争议解决、协议的生效及其他等。涉矿公司增资扩股协议应当围绕上述相关内容约定双方之间的权利和义务。

【文本正文】

增资扩股协议（适用于有限公司）

立协议人：

甲方：

（名称、统一社会信用代码、住所、法定代表人、职务、委托代理人、身份证号码、通信地址、邮政编码、联系人、电话、传真、账号、电子信箱）

乙方：

（名称、统一社会信用代码、住所、法定代表人、职务、委托代理人、身份证号码、

通信地址、邮政编码、联系人、电话、传真、账号、电子信箱）

丙方：

（名称、统一社会信用代码、住所、法定代表人、职务、委托代理人、身份证号码、通信地址、邮政编码、联系人、电话、传真、账号、电子信箱）

鉴于：

1.__________有限公司（以下简称“目标公司”）是一家在__________省__________市/县注册成立的有限责任公司，其注册资本为人民币______万元。

2. 甲方和乙方（以下统称为“原股东各方”）为目标公司的合法股东，合计持有目标公司100%的股权，其中甲方持有______%股权，乙方持有______%股权。

3. 目标公司和原股东各方希望增加目标公司的注册资本，以扩大经营规模。目标公司股东会决议增资扩股后注册资本总额达人民币______万元。原股东各方相应权力机构均批准同意，放弃优先购买权，由丙方通过认购目标公司拟增加的全部注册资本，成为目标公司的新股东。

4. 丙方系经批准成立并有效存续的有限公司，拟通过认购目标公司增资的方式，向目标公司出资人民币______万元，并取得目标公司增资扩股后______%的股权。

基于上述，本协议各方经充分协商，根据《中华人民共和国公司法》及其他有关法律、法规的规定，本着平等互利、诚实信用的原则，就目标公司增资扩股事宜，达成如下协议。

第一条　定义

除本协议及其附件另有规定外，下列词语的含义是指：

1.“增资扩股”，是指在原公司股东之外，吸收新股东投资入股，并增加公司注册资本。

2.“原公司章程”，是指本协议签订之日的目标公司章程。

3.“交割日”，是指丙方取得本协议第5条第1款所约定的全部文件并按照第五条第2款的约定向目标公司缴付增加注册资本的日期。

4.“本协议”，是指甲方、乙方和丙方于______年______月______日签订的本增资扩股协议。

5.“新公司章程”，是指由原股东各方和丙方在本协议签订日所签订的取代原公司章程的新公司章程。

6.“各方”，是指本协议甲方、乙方和丙方。

14058

7.“验资专用账户”，是指为本协议之目的，由目标公司开立的专用验资账户：开户行：____________；开户名：____________；账号：____________。

8.“基准日”，是指为了本协议项下增资扩股的需要和目的，而聘请具有相应资质的中介机构对目标公司开展财务审计、评估的基准日期，即______年______月______日。

第二条　增资扩股方案

1. 方案内容

（1）将目标公司注册资本增加至人民币______万元，新增注册资本______万元。

（2）原股东各方同意并一致确认，丙方根据本协议约定的条款和条件，以现金方式向目标公司投资人民币______万元，占增资扩股后注册资本总额的______%。

（3）原股东各方均同意放弃按其各自持股比例及现公司章程规定的优先购买增加的公司注册资本的权利。

（4）增资扩股完成后，目标公司股东由甲方、乙方、丙方三方组成。修改目标公司章程，重组目标公司董事会。

2. 对方案的说明

（1）各方确认，增资前目标公司的整体资产、负债全部转归增资后的目标公司；各方确认，增资前目标公司净资产为______万元。关于增资前目标公司净资产现值的界定详见《资产评估报告》。

（2）各方一致认同增资后目标公司仍承继增资前目标公司业务，以矿产开发为主。

3. 增资后目标公司的股权结构

本次增资扩股后的目标公司股权结构如表1所示：

表1

序号	股东的姓名或名称	出资金额	出资比例（%）
1			
2			
3			

第三条　增资后目标公司董事会组成

1. 增资后目标公司董事会由______人组成，其中，甲方提名______人，乙方提名______人，丙方提名______人；为促进公司治理结构完善，设立独立董事______名，由协议各方共同选定。

2. 董事长由______方提名并由董事会选举产生，副董事长由______方提名并由董事会选举产生，总经理由______方提名并由董事会聘任，财务总监由______方提名并由董事会聘任。

第四条　丙方缴付增资的先决条件

1. 下列条件全部满足，是丙方向目标公司缴付本协议项下增资的先决条件：

（1）截至交割日（包括交割日），目标公司没有改变其经营性质并继续合法持有相关业务的经营许可及本协议附件所列的全部矿业权证；

（2）截至交割日（包括交割日），目标公司没有出售、转让、出租、抵押、质押或以其他形式处置本协议附件所列的任何资产；

（3）截至交割日（包括交割日），目标公司没有承担正常业务往来之外的任何债务或责任；

（4）截至交割日（包括交割日），目标公司与原股东各方向丙方披露的目标公司经营、资产、股权等状况均未发生任何变化或其中任何情形的变化已经得到丙方的确认和豁免。

2. 原股东各方在此承诺确保满足本条第 1 款中所规定的全部前提条件。

第五条　丙方的出资

1. 在本协议订立之日后______个工作日内，原股东各方应向丙方提供下列证明文件：

（1）目标公司批准并通过注册资本增加到人民币______万元、同意丙方出资人民币______万元，以占增资后注册资本总额______%的增资方案的股东会 / 董事会决议；

（2）目标公司同意就本次增资扩股事宜修订原公司章程的股东会 / 董事会决议；

（3）丙方认可的评估机构针对目标公司出具的审计、评估报告；

（4）甲方、乙方及目标公司分别提供各自主管部门（若存在）就本协议项下增资扩股事宜的批复、确认文件。

2. 在丙方收到其满意的符合本条第 1 款的证明文件后的______个工作日内，丙方应指示将本协议第 2 条第 1 款约定的出资款汇入验资专用账户，并由目标公司办理有关注册资本增加的验资手续。

第六条　新股东享有的权利、义务与责任

1. 权利

（1）同原有股东法律地位平等；

（2）享有法律规定股东应享有的一切权利，包括但不限于资产受益、重大

14058

决策、选择管理者的权利。

2. 义务与责任

（1）依照本协议约定交付增资款项的义务；

（2）承担公司股东的其他义务。

第七条　陈述和保证

1. 各方在此向他方作出如下陈述和保证：

其已经完成了有关法定手续并取得了其自身最高权力机构的批准和授权，完全有权签订和履行本协议，并且根据本协议规定的条件，本协议构成有效的对其有约束力的义务；对本协议的签署和履行将不会：

（1）违反其章程的任何规定；

（2）违反任何一方或对其有约束力的合同、判决或政府机关法令的任何规定。

2. 原股东各方在此向丙方作出下列的陈述和保证：

（1）甲方和乙方均是依法成立并有效存续的企业法人，并已获得本次增资扩股所要求的一切授权、批准及认可；

（2）甲方和乙方具备签署本协议的权利能力和行为能力，本协议一经签署即对各方构成具有法律约束力的文件；

（3）甲方和乙方在本协议中承担的义务是合法、有效的，其履行不会与各方承担的其他合同义务相冲突，也不会违反任何法律；

（4）甲方和乙方系目标公司的合法股东，其所拥有的目标公司的股权是真实、完整、无任何法律瑕疵的。该等股权未设定任何担保物权，亦不存在任何权利限制（包括但不限于担保、诉讼、仲裁、权属争议、权利主张等）；

（5）目标公司作为甲方和乙方出资设立的有限责任公司，是依据相关法律设立的具有完全及独立法人地位的实体，具有独立享有民事权利、履行民事义务、承担法律责任的能力；目标公司自依法注册登记至本协议签订之日期间一直合法存续并合法经营。甲方和乙方保证为丙方提供的有关目标公司生产、经营、财务状况以及所涉及的相应法律文件等的相关材料是全面、完整、真实的。

（6）甲方和乙方将依本协议各项条款中规定之期限和内容严格履行相应的合同义务，并且为丙方依本协议的有关规定完成与增资扩股有关的必要程序和丙方依法和依据本协议所应享有的任何权利的实现，提供一切帮助和必要的便利。

（7）甲方和乙方在签订本协议时完全了解目标公司的经营状况、财务状况、权属权益状态、债权、债务情况及目标公司所应对任何人（包括本协议的签约方，及非本协议的任何自然人、法人、经济实体、政府机构等）所应尽之义务、责任等，上述各种情况已全部记载或体现于相关评估审计报告及其他有关资料文件中，并已提交丙方的尽职调查人员。

（8）甲方和乙方接受、承担并履行目标公司在完成增资扩股事宜全部手续之日前的原股东各方的出资责任、目标公司因对外经营所产生的全部债务、应缴或在征税费、应付工资等费用及承担与此相关的责任。

（9）除已经披露予丙方的情况，甲方和乙方在此确认并保证，不存在任何已知的现实或潜在的针对目标公司以及其资产的诉讼、仲裁、纠纷，以及其他法律行为或政府行为。

（10）甲方和乙方在此确认并保证，自本协议签订到增资扩股全部完成之时止，目标公司保持正常运营，并保持其正常生产经营状态，并且没有任何包括（但不限于）以重新负债、加速还款、重新对外贷款、豁免对外贷款、分红分利、人为的灾害或事故、关键管理层人员的离职、出售资产等在内的对公司经营和财务有重大不利影响的情形发生。

（11）甲乙双方在本协议订立之时和其后配合丙方的授权代表人员接管目标公司的经营。依据丙方的书面指示，由丙方指派人员担任目标公司相应职务，相应的管理人员应向目标公司的董事会递交书面辞呈，并随即办理工作移交手续。

（12）甲方和乙方为本协议之目的和各方权益的实现，其将配合本协议丙方，协助办理相关政府主管和 / 或审批机构的批准、许可、登记、备案等手续以完成本协议项下之交易。

（13）原股东各方自本协议签订之日至本协议述及之法律手续办理完毕之日期间，目标公司与任何第三人就开展业务及签订协议等而进行洽商、谈判、签订备忘录、合同、或出具任何担保书、保函等担保性文件而可能引致目标公司或本协议任何一方对任何第三人承担责任的承诺、保证、单方确认等，均须经丙方授权代表书面确认后进行。

3. 甲方和乙方在此特就目标公司所拥有的矿业权作以下陈述和保证①：

条文注解：签署矿产公司《增资扩股协议》的目的在于，通过增资方式投资矿权项目，因此矿权方对于目标矿产公司所属矿权相关情况的陈述、保证和承诺是对目标公司增资的重要保障，也将成为判断目标公司原股东方是否违约的重要标准，对此应予以特别注意。

（1）关于探矿权

①目标公司是本协议附件所列探矿权（以下简称“目标探矿权”）的唯一合法权利人，对目标探矿权拥有完整、无瑕疵的权利，目标探矿权的勘查许可证是真实、合法、有效的，不存在与其他矿权重叠或交叉的情形，与其他矿权

14058

不存在现实或潜在的矿界争议，目标探矿权未设定任何抵押、质押，不存在任何涉及诉讼或被司法、行政程序查封、冻结的情况。

②目标公司已依法缴纳了探矿权使用费和探矿权价款（如需缴纳的话）。

③目标公司不存在无故停工 6 个月以上的情况；不存在私自开采、非法承包、出租、转让、与他人合作开采等违法行为。

④目标公司已按照有关规定汇交矿产勘查成果资料，不存在伪造地质资料或者在地质资料汇交中弄虚作假的行为。

⑤目标公司已依法办理了勘查用地报批手续；目标公司与土地所有人签署的土地使用合同真实、合法、有效；目标公司不存在任何违反或可能违反土地使用合同的约定的情形，土地使用合同没有被土地所有人依法终止或解除的风险。

⑥目标探矿权不存在矿业权登记管理机关可能基于本次增资扩股前因可归责于目标公司的原因或行为而吊销目标探矿权的情形。

（2）关于采矿权

①目标公司是本合同附件所列采矿权（以下简称“目标采矿权”）的唯一合法权利人，对目标采矿权拥有完整、无瑕疵的权利；目标采矿权的采矿许可证是真实、合法、有效的；不存在与其他矿权重叠或交叉的情形，与其他矿权不存在现实或潜在的矿界争议；目标采矿权未设定任何抵押、质押；不存在任何涉及诉讼或被司法、行政程序查封、冻结的情况；

②目标公司已依法缴纳了采矿权使用费、采矿权价款（如需缴纳的话）、资源税、矿产资源补偿费和矿山环境治理恢复保证金；

③目标公司不存在采用破坏性开采方法开采矿产资源的行为；不存在越界开采的非法行为；不存在未经审查批准擅自出租、非法承包、转让或与他人合作开采的行为；

④目标公司遵守了有关法律、法规关于劳动安全、土地复垦和环境保护的规定；

⑤目标公司已按照规定填报了矿产储量表和矿产资源开发利用情况统计报告；

⑥目标公司已依法办理了采矿用地报批手续；目标公司与土地所有人签署的土地使用合同真实、合法、有效；目标公司不存在任何违反或可能违反土地使用合同的约定的情形，土地使用合同没有被土地所有人依法终止或解除的风险；

⑦目标采矿权不存在矿业权登记管理机关可能基于本次增资扩股前因可归责于目标公司的原因或行为而吊销目标采矿权的情形。

4. 原股东各方及目标公司在此承认，丙方依据原股东各方和目标公司所作的保证和原股东各方、目标公司向丙方和 / 或丙方的尽职调查机构（财务、法律）作出的信息披露而签署了本协议。

5. 目标公司将负责就注册资本变更之事宜，办理包括工商、税务等部门变更登记手续，原股东各方应尽到自己的合同义务。原股东各方及目标公司将尽力确保上述变更登记手续尽早完成。在取得新的营业执照和其他证照后，目标公司应立即通知各方，并应各方要求提供有关文件的正本原件以作验证。

第八条　违约责任

1. 如本协议第 4 条第 1 款约定的任何前提条件在交割日没有满足，则本协议将自动解除，原股东各方应各向丙方支付违约金______万元。

2. 如本协议第 5 条第 1 款规定的文件截止到本协议订立之日后______个工作日内还没有完成，丙方有权选择：

（1）继续履行本协议，给予原股东各方一定期限，要求其采取其他可行的补救措施，以保证本协议目的的实现；

（2）直接宣布本协议自动解除，原股东应各自向丙方支付违约金______万元；

如原股东各方在给定期限内仍未向丙方提交第五条第 1 款规定的文件，则丙方有权按照本款第（2）项处理。

3. 如原股东各方违反本协议第七条，或本协议其他任一约定义务，应向丙方承担违约责任，丙方有权终止本协议的履行，原股东各方应各向丙方支付违约金______万元，如该违约金不足补偿给丙方造成的损失的，原股东各方应承担另行赔偿丙方全部经济损失的连带责任，包括直接经济损失及预期经济损失。

4. 若丙方在履行本协议的任一阶段内发现目标公司的实际情况与评估审计报告及其他有关资料文件中的记载明显不相符，或任何债项（包括或有债权、债务）或资产状况隐瞒而未在该等资料中体现，或有关之义务、责任未予以披露，则丙方有权要求原股东各方就目标公司债务及其他清偿责任依据本协议的规定承担连带清偿责任。同时，丙方有权随时解除本协议，原股东各方应各向丙方支付违约金______万元。

5. 若丙方未按本协议之规定完成对目标公司的出资，将被视为违约，甲方和乙方均有权单方终止本协议，丙方应向甲方和乙方分别支付违约金______万元。

6. 由于任何一方构成违约事项而引起的任何费用、损失、开支，其中包括守约方因违约方而承担的任何损失及相关的诉讼费用、律师费、会计师费、评估费、差旅费及其他费用，违约方应赔偿给守约方。

14058

第九条　对外担保

目标公司在交割日之前对外所提供的任何担保和其他或有事项、对任何其他第三人的责任将完全由原股东各方承担责任，如目标公司因该担保和其他或有事项、对任何其他第三人的责任而产生任何债务或责任，则原股东各方将保证向目标公司补偿。

第十条　协议的终止

1. 在按本协议的规定，合法地进行股东变更前的任何时间：

如果出现了下列情况之一，则丙方有权在通知甲、乙方后终止本协议，并收回本协议项下的增资：

（1）如果出现了对于其无法预料也无法避免，对于其后果又无法克服的事件，导致本次增资扩股事实上的不可能性。

（2）如甲方和乙方违反本协议的任何条款，并且该违约行为使本协议的目的无法实现；

（3）如出现任何使甲方或乙方的声明、保证和承诺在实质意义上不真实的事实或情况。

2. 如果出现了下列情况之一，则甲方、乙方有权在通知丙方后终止本协议。

（1）如果丙方违反了本协议的任何条款，并且该违约行为使本协议的目的无法实现；

（2）如果出现了任何使丙方的声明、保证和承诺在实质意义上不真实的事实或情况。

3. 在任何一方根据本条第 1、2 款的规定终止本协议后，除本协议终止之前因本协议已经产生的权利、义务外，各方不再享有本协议中的权利，也不再承担本协议的义务。

4. 发生下列情形时，经各方书面同意后可解除本协议：

本协议签署后至股东变更登记手续办理完成前，适用的法律、法规出现新的规定或变化，从而使本协议的内容与法律、法规不符，并且各方无法根据新的法律、法规就本协议的修改达成一致意见。

第十一条　保密和信息披露

1. 协议各方保证对在谈判、磋商、签订、执行本协议过程中所获悉属于其他方且无法自公开渠道获得的文件、资料以及本协议的内容和履行情况予以保密。

2. 除了法律法规的规定，或者相关有权政府部门的要求外，未经本协议其他方的同意，任何一方不得直接或间接地以任何形式披露或者泄露本协议所包含的任何内容以及所涉及的任何交易，但向各自负有保密义务的工作人员和法律顾问披露的除外。任何一方应尽力促使各自的工作人员对本协议所涉及的内容进行严格地保密。

3. 本协议的保密条款为持续性条款，且无论本协议无效、解除、终止均不影响保密条款的延续性和有效性。无论本协议的任一方作为协议当事人的资格和权利是否终止，本协议的任一协议当事人均应遵守本条所约定的保密义务。

第十二条　不可抗力

1. 任何一方由于不可抗力造成的部分或全部不能履行本协议义务的行为，将不视为违约，但应当在条件允许情况下采取一切必要补救措施以减少因不可抗力造成的损失。

2. 声称受到不可抗力事件影响的一方应尽可能在最短的时间内通过书面形式将不可抗力事件的发生通知另一方，并在该不可抗力事件发生后______日内将经由当地公证机关出具的证明文件或有关政府批文及合同不能履行或者需要延期履行的书面资料通知对方。不可抗力事件消除后，受影响方应尽快向对方发出有关“不可抗力事件”消除的通知。

3. 不可抗力事件或其影响终止或消除后，双方须立即恢复履行各自在本协议项下各项义务。如不可抗力及其影响无法终止或消除而致使协议任何一方丧失继续履行协议的能力，则双方可协商解除协议或暂时延迟协议的履行，且遭遇不可抗力一方无须为此承担责任。当事人迟延履行后发生不可抗力的，不能免除责任。

第十三条　协议的解释

本协议未尽事宜或条款内容不明确，协议各方当事人可以根据本协议的原则、协议的目的、交易习惯及关联条款的内容，按照通常理解对本协议作出合理解释。该解释具有约束力，除非解释与法律或本协议相抵触。

第十四条　协议的彻底性和完整性

本协议及其附件是缔约双方对合作的最后谅解和一致，其效力高于所有缔约双方及其工作人员、代表在签署日以前以书面或口头形式所达成的协议、承诺、安排、谅解、陈述和保证等。

第十五条　通知

1. 任何与本协议有关的需要送达或给予的通知、合同、同意或其他通信，除双方另有约定外，应按双方当事人在本协议中列明的地址、传真、电话、电子邮件或其他联系方式进行；通过传真、电话、电子邮件发出的任何文件、资料、通知，在发出后即视为收讫。通过邮寄发出的任何文件、资料、通知，在寄出十天后即视为收讫。

2. 任何一方在本协议所列的地址、传真、电话、电子邮件或其他联系方式发生改变的，应自变更之日起______日内以书面形式通知对方，否则，对方按照原来的地址、传真、电话、电子邮件或其他联系方式发出的文件、资料、通知等均视为在前款约定的时间内收讫，由此产生的一切后果，均由另一方自行承担。

14058

第十六条　局部无效

本协议的各项条款和条件均为可独立履行的。如果本协议的任何一项条款因不符合有关法律、法规和规范性文件的规定，而被有权机关认定为无效时，甲乙丙三方应立即协商并拟订新的条款来取代该被认定为无效的条款。尽管如此，除该被认定为无效的条款外，本协议的其他各款仍将继续全面有效，三方仍应继续履行本协议。

第十七条　法律适用及争议解决

1. 本协议的订立、效力、变更、解释、履行、终止和由本协议产生或与本协议有关之争议的解决，均适用中华人民共和国法律。

2. 凡因本协议引起的或与本协议有关的一切争议，双方应友好协商解决。如果争议自发生之日起三十日内仍不能得到解决，则任何一方均有权选择以下第______种方式解决：

（1）向______仲裁委员会申请仲裁，按照申请仲裁时该会实施的仲裁规则进行仲裁。

（2）向______人民法院起诉，以诉讼解决争议。

第十八条　协议的生效及其他

1. 本协议的附件为本协议不可分割的一部分；本协议及其附件内空格部分填写的文字与印刷文字具有同等法律效力。

2. 本协议中未尽事宜或出现与本协议相关的其他事宜时，由各方协商解决并另行签订书面补充协议，补充协议与本协议具有同等的法律效力。

3. 本协议自各方法定代表人或授权代表签字并加盖公章之日起生效。

4. 本协议一式______份，每方各执______份，具有同等法律效力。

5. 本协议由立约各方在中华人民共和国______签署。

（以下无协议正文条款）

甲方（盖章）：

法定代表人或授权代表（签字）：　　　　　　　　　　签约日期：

乙方（盖章）：

法定代表人或授权代表（签字）：　　　　　　　　　　签约日期：

丙方（盖章）：

法定代表人或授权代表（签字）：　　　　　　　　　　签约日期：

三、企业托管经营协议

【使用场景】

本范本适用于企业对外进行托管经营的情景。企业托管是指企业资产所有者将企业的整体或部分资产的经营权、处置权，以契约形式在一定条件和期限内，委托给其他法人或个人进行管理，从而形成所有者、受托方、经营者和生产者之间的相互利益和制约关系。应该说托管经营是企业改造的重要方式。

【法律要点】

1. 什么是企业托管?

企业托管是指企业资产所有者将企业的整体或部分资产的经营权、处置权，以契约形式在一定条件和期限内，委托给其他法人或个人进行管理，从而形成所有者、受托方、经营者和生产者之间的相互利益和制约关系。

托管经营通过“外在于”企业的经营者投入一定数量的启动资金，并把有效的经营机制、科学的管理手段、科技成果、优质品牌等引入企业，对企业实施有效管理。同时，托管经营过程中受托方凭借自身的管理和资金优势获取一定的经济回报。托管经营的实质是企业的所有权与经营权分离，通过市场对企业的各种生产要素进行优化组合，提高企业的资本营运效益。托管经营有利于进一步促进企业政企分开，有利于明晰企业产权关系，有助于市场经济的实施，应该说托管经营是企业改造的重要方式。

2. 涉矿企业托管经营协议应当包括哪些主要内容?

涉矿企业托管经营协议是企业对外进行托管经营时所签署的合同。通常情况下，涉矿企业托管经营协议应当包括以下主要内容：鉴于、托管标的和期限、托管事项、托管经营目标、托管经营担保、托管费用及支付、委托方（董事会）的权利和义务、受托方的权利和义务、托管事项的交接、公司债权债务的处理、公司劳动人事管理、重大事项的通知、双方的陈述和声明、协议的变更解除和终止、违约责任、保密和信息披露、通知、法律适用及争议解决、协议的生效及其他等。涉矿企业托管经营协议应当围绕上述相关内容约定双方之间的权利和义务。

14059

【文本正文】

企业托管经营协议

立协议人：

委托方（简称“甲方”）：

（名称、统一社会信用代码、住所、法定代表人、职务、委托代理人、身份证号码、通信地址、邮政编码、联系人、电话、传真、账号、电子信箱）

受托人（简称“乙方”）：

（名称、统一社会信用代码、住所、法定代表人、职务、委托代理人、身份证号码、通信地址、邮政编码、联系人、电话、传真、账号、电子信箱）

鉴于：

1.______年______月______日，甲方（以下简称公司）董事会通过《关于实施公司托管经营的决议》，决定对公司实施整体（或业务）托管经营。

2. 乙方是依据中华人民共和国法律设立的公司，具有签署和履行本协议的独立法人资格和权利，愿意接受甲方委托对公司实施整体（或业务）托管经营。

为进一步提升公司管理水平，提高公司经营效益，实现公司跨越发展，甲方同意授权乙方对公司实施整体（或业务）托管经营。为明确双方的权利和义务，根据《中华人民共和国合同法》《中华人民共和国公司法》等法律、法规的相关规定，甲乙双方经自愿、平等协商一致，就公司托管经营事宜达成协议如下：

第一条　托管标的和期限

1. 本协议项下托管标的名称为：____________，成立于______年______月______日，地址：____________，法定代表人：____________，注册资本：____________，企业性质：____________，经营范围：____________。

2. 根据《审计报告》的记载，截至______年______月______日，公司总资产为人民币______万元、总负债为人民币______万元、所有者权益（净资产）为人民币______万元；职工人数为______人，其中离退休人员______人。

3. 本协议项下乙方对公司的托管经营期限为______年，自乙方整体接管公司之日起算。

第二条　托管事项

1. 本协议托管期限内，乙方全面负责公司的生产、经营、管理（或业务）。具体包括：

（1）主持公司的生产经营管理工作，组织实施公司董事会决议；

（2）拟订、组织实施公司年度经营计划和投资方案；

（3）拟订公司的年度财务预算方案、决算方案；

（4）拟订公司内部管理机构设置方案；

（5）公司董事会授予的其他职权。

2. 乙方托管经营期间，公司的产权隶属关系保持不变，公司资产依法归公司所有。

第三条　托管经营目标

1. 乙方承诺：在乙方托管经营期内，公司净资产应保持不低于______万元，税后利润年平均增长率不低于______，负债率小于______。

2. 本协议生效后______日内，乙方应组成不少于______人的托管组，具体负责本协议项下的托管经营工作。乙方托管组人员名单应当报公司董事会备案，否则甲方有权不予接收。

3. 本协议生效后______日内，乙方应当向公司董事会提交企业托管经营方案。托管经营方案经公司董事会审批同意后，由乙方负责组织、实施。

第四条　托管经营担保

1. 本协议生效后______日内，乙方应当向甲方提交金额为人民币______元整（大写：______）的托管经营保证金［或由国有或股份制商业银行省级分行出具的担保金额为人民币______元整（大写：______）的履约银行保函］，作为乙方履行本协议项下托管经营义务的担保。

2. 乙方违反本协议约定或给甲方造成损失的，甲方有权直接从托管经营保证金中扣收违约金或要求担保银行在担保金额范围内支付违约金。

3. 托管经营期限届满或本协议提前终止，乙方应当将扣除违约金后的托管经营保证金余额或履约银行保函返还乙方。

第五条　托管费用及支付

1. 本协议项下托管费用为人民币______元（大写：______）。

2. 甲方分期支付托管费用，其中第一期托管费用于______年______月______日向乙方支付人民币______元，第二期托管费用于______年______月______日向乙方支付人民币______元，第三期托管费用于______年______月______日向乙方支付……

第六条　甲方（董事会）的权利和义务

1. 甲方依法对公司资产享有法人财产权。

2. 对乙方提出的公司年度经营计划、重大经营决策、重要资产处置等重大

14059

事项享有审查、否决权。

3. 有权对乙方托管经营活动进行监督、检查，有权向乙方提出书面整改意见。

4. 有权对乙方进行经营目标考核，有权委托专业机构对乙方的托管经营活动进行审计、评估等。

5. 有权任命公司主要财务负责人，公司会计部门直接对公司董事会负责。

6. 负责办理本协议项下公司托管事宜的审批手续，确保乙方的托管经营合法、有效。

7. 按照本协议约定向乙方支付托管费用。

8. 按照本协议约定协助乙方组织、协调有关托管经营工作。

9. 不得非法干涉乙方正常的生产、经营、管理活动。

第七条　乙方的权利和义务

1. 有权按照本协议约定接管公司，有权以公司名义开展对外经营活动。

2. 有权按照本协议约定组织、实施公司的生产、经营及管理活动。

3. 有权要求甲方按照本协议约定支付托管费用。

4. 应当确保公司资产实现保值增值，保证托管经营目标的实现。

5. 应当妥善保管甲方移交的各项文件、资料，托管经营期满后按本协议约定移交甲方。

6. 依法经营，按照工商、税务等机关的规定和要求办理公司年检、依法纳税。

7. 严格执行企业财务会计制度，遵守公司各项管理制度。

8. 乙方应按季度向甲方董事会提交财务、业务报表和甲方要求提交的其他资料，定期报告公司经营情况。

9. 接受公司董事会的监督、检查与质询，按照董事会的要求进行整改。

10. 未经公司董事会书面同意，不得以公司名义贷款、提供担保，不得以出租、出借、赠与、转让、质押、抵押等任何方式处分公司财产。

11. 按照本协议约定履行托管经营义务，不得部分或全部将公司交由他人托管经营。

12. 不得为自己或者他人谋取属于公司的商业机会，不得自营或为他人经营与托管公司同类的业务。

第八条　托管事项的交接

1. 本协议生效后日______内，甲方负责拟订企业托管移交清单，向乙方移交企业法人营业执照、公章及其他印鉴、银行账号、管理文件、人事档案、业务档案、技术资料、财务账册、资产凭证等全部公司经营管理资料。

2. 企业移交工作完成后______日内，甲乙双方共同对企业托管移交清单进行签章确认，乙方实际接管公司。

3. 乙方托管经营期满前______日内，甲乙双方应当共同委托专业机构对公司进行财务审计。甲乙双方依据专业机构的审计报告制定移交方案。

4. 托管经营期限届满之日起______日内，甲乙双方共同签署《企业托管经营终结确认书》，乙方结束并退出对公司的托管经营。

第九条　公司债权、债务的处理

1. 根据《公司债务处置方案》，乙方接管前的公司债务由公司自行承担。

2. 本协议托管经营期间，乙方应采取有力措施、积极追偿公司债权，债权回收所得归公司所有。

3. 乙方因履行托管经营义务形成的债务，由公司承担。但因乙方过错等原因形成的债务，由乙方自行承担，与公司无关。

第十条　公司劳动、人事管理

1. 经公司董事会批准，乙方有权根据业务发展情况决定公司岗位设置及人员配备。

2. 乙方应依法进行劳动、人事管理，确保公司职工队伍的稳定；未经公司董事会批准，不得随意解聘公司职工。

3. 本协议托管经营期限内，未经公司董事会批准，乙方不得擅自变更公司员工工资及各项福利待遇。

4. 乙方应当依法为公司职工办理社会保险手续，按时缴纳各项社保费用。

5. 乙方派驻的托管组人员的工资等劳动报酬由乙方支付，不得纳入公司职工工资管理。

第十一条　重大事项的通知[①]

> 条文注解：在托管经营中，受托方的任何重大事项均可能会对协议的履行产生影响，委托方有必要及时掌握这一情况，在协议中约定当受托方出现重大事项时履行书面通知的义务，以有利于委托方及时作出调整。

1. 发生下列情形之一的，乙方应当在______个工作日内书面通知甲方：

（1）乙方名称、住所、法定代表人、联系方式等发生变更；

（2）乙方经营范围和注册资本变更、股东变动；

（3）乙方发生改制、重组、合并、分立等重大事项或涉及重大经济纠纷；

（4）乙方被宣告破产、歇业、解散、被停业整顿、被吊销营业执照。

14059

2. 上述情形影响乙方实施托管经营的，乙方应当妥善落实本协议项下托管经营责任并向甲方提交具体方案。

第十二条　双方的陈述和声明

（一）甲方的陈述和声明

1. 向乙方提供的文件、资料均真实、准确和完整，不存在遗漏、虚假、误导性陈述。

2. 本协议项下的托管经营已经获得必要的内部授权，并按照法定程序履行了必要的审批手续，乙方依据本协议享有的托管经营权真实、合法、有效。

3. 甲方保证按本协议约定履行其在本协议项下的各项义务。

（二）乙方的陈述和声明

1. 乙方具有签订和履行本协议所必须的民事权利能力和行为能力，能独立承担民事责任，并且乙方已经获得签署本协议的所有必要和合法的内部和外部的批准和授权。

2. 向甲方提供的文件、资料均真实、准确和完整，不存在遗漏、虚假、误导性陈述。

3. 乙方保证在托管经营期内忠实、勤勉的履行本协议项下托管经营义务。

4. 本协议项下乙方的一切义务对其继承人、接管人、受让人及其合并、改组、更改名称等后的主体均具有完全约束力，不受任何争议、索赔和法律程序及上级单位指令的影响。

第十三条　协议的变更、解除和终止

1. 本协议生效后，甲乙双方不得擅自变更或提前解除本协议。

2. 甲乙双方经协商一致同意，可以对本协议进行修改或补充，但须签署书面协议。

3. 发生以下情形之一的，甲方有权单方解除本协议[①]：

> 条文注解：企业托管经营目的的实现取决于受托方的勤勉尽责和受托方主体的正常有序存在，在受托方出现足以影响协议目的实现的情形时应当赋予委托方享有解除合同的权利。

（1）乙方逾期30日以上仍未足额提交托管经营担保的；

（2）擅自处置公司资产或以公司名义贷款、提供担保的；

（3）部分或全部将公司交由他人托管经营的；

（4）乙方未实现本协议约定的托管经营目标的；

（5）乙方被宣告破产、歇业、解散、被停业整顿、被吊销营业执照的；

（6）乙方违反本协议约定义务，给甲方造成损失的。

4. 发生以下情形之一的，乙方有权单方解除本协议：

（1）甲方逾期30日以上未将公司交付乙方托管经营；

（2）甲方逾期30日以上未足额支付托管费用。

5. 本协议提前终止的，甲乙双方应当按照本协议第八条约定办理交接手续。

第十四条　违约责任

1. 本协议生效后，甲、乙双方均应全面履行本协议约定的义务。任何一方不履行或不完全履行本协议约定义务，应承担相应违约责任，并赔偿由此给对方造成的损失。

2. 甲方逾期未将公司交由乙方托管经营的，应当按照托管费用总额日______%的比例向乙方支付违约金。

3. 甲方逾期未支付托管费用的，应按照逾期托管费用日______%的比例向乙方支付违约金。

4. 乙方未实现本协议约定的托管经营目标的，应按照托管费用总额______%的比例向甲方支付违约金。

5. 乙方逾期未将公司移交甲方的，应按照托管费用总额______%的比例向甲方支付违约金。

6. 因乙方或乙方工作人员原因给公司造成损失的，乙方应承担赔偿责任。

第十五条　保密和信息披露

1. 协议双方保证对在谈判、磋商、签订、执行本协议过程中所获悉属于他方的且无法自公开渠道获得的文件、资料以及本协议的内容和履行情况予以保密。

2. 除了法律法规的规定，或者相关有权政府部门的要求外，未经本协议另一方的同意，任何一方均不得直接或间接地以任何形式披露或者泄露本协议所包含的任何内容以及所涉及的任何交易，但向各自负有保密义务的工作人员和法律顾问披露的除外。任何一方应尽力促使各自的工作人员对本协议所涉及的内容进行严格地保密。

3. 本协议的保密条款为持续性条款，且无论本协议无效、解除、终止均不影响保密条款的延续性和有效性。无论本协议的任一方作为协议当事人的资格和权利是否终止，本协议的任一协议当事人均应遵守本条所约定的保密义务。

第十六条　通知

1. 任何与本协议有关的需要送达或给予的通知、合同、同意或其他通信，除双方另有约定外，应按双方当事人在本合同中列明的地址、传真、电话、电子邮件或其他联系方式进行；通过传真、电话、电子邮件发出的任何文件、资料、通知，在发出后即视为收讫。通过邮寄发出的任何文件、资料、通知，在

14059

寄出十天后即视为收讫。

2. 任何一方在本协议所列的地址、传真、电话、电子邮件或其他联系方式发生改变的，应自变更之日起________日内以书面形式通知对方，否则，对方按照原来的地址、传真、电话、电子邮件或其他联系方式发出的文件、资料、通知等均视为在前款约定的时间内收讫，由此产生的一切后果，均由另一方自行承担。

第十七条　法律适用及争议解决

1. 本协议的订立、效力、变更、解释、履行、终止和由本协议产生或与本协议有关之争议的解决，均适用中华人民共和国法律。

2. 凡因本协议引起的或与本协议有关的一切争议，双方应友好协商解决。如果争议自发生之日起三十日内仍不能得到解决，则任何一方均有权选择以下第______种方式解决：

（1）向______仲裁委员会申请仲裁，按照申请仲裁时该会实施的仲裁规则进行仲裁。

（2）向______人民法院起诉，以诉讼解决争议。

第十八条　协议的生效及其他

1. 本协议的附件为本协议不可分割的一部分；本协议及其附件内空格部分填写的文字与印刷文字具有同等法律效力。（附件包括：公司董事会决议、公司财务审计报告、企业托管经营方案、乙方托管组名单和企业托管移交清单。）

2. 本协议中未尽事宜或出现与本协议相关的其他事宜时，由双方协商解决并另行签订书面补充协议，补充协议与本协议具有同等的法律效力。

3. 本协议自甲、乙双方法定代表人或授权代表签字并加盖单位公章及乙方足额提交托管经营担保金之日起生效。

4. 本协议一式______份，每方各执______份，具有同等法律效力。

5. 本协议由甲乙双方在中华人民共和国______签署。

（以下无协议正文条款）

甲方：（盖章）　　　　　　　　乙方：（盖章）

法定代表人或授权代表：（签字）　　　　法定代表人或授权代表：（签字）

日期：　　　　　　　　　　　　日期：

四、选矿厂承包合同

【使用场景】

本范本适用于选矿厂与承包者进行承包经营的情景。承包经营是指企业与承包者之间订立承包经营合同，将企业的“经营管理权”全部或部分在一定期限内交给承包者，由承包者对企业进行经营管理，并承担经营风险及获取企业收益的行为。承包者与被承包企业之间所存在的是一种合同关系。

【法律要点】

1. 什么是选矿厂？

选矿厂又称选厂，是矿山企业的一个主要生产单位和重要组成部分，专门利用各种选矿方法和工艺流程，从原矿中获取品位较高的精矿（俗称精粉）的工厂。从经济角度考虑，选矿厂一般建在采矿区域附近，以降低运输成本。

选矿是整个矿产品生产中最重要的环节，是矿业企业的关键部门。选矿厂除包括选矿前矿物原料准备、筛分以及选后产品处理三种主要作业及设备外，还设置有矿石储场（兼作混合矿石用）矿仓、作业间产品的运输（皮带运输、矿浆泵送）、给矿机、浮选车间的配药室及给药机、取样机、检测仪表，选矿过程的自动控制设施，安装于运输皮带上的取出泵矿时混入矿石中铁件的悬吊电磁吸铁器，称量矿石处理量及精矿计量皮带秤，供水、供电、维修等的辅助作业及设施。

2. 什么是承包经营？承包者与被承包企业间是什么法律关系？

承包经营是指企业与承包者之间订立承包经营合同，将企业的“经营管理权”全部或部分在一定期限内交给承包者，由承包者对企业进行经营管理，并承担经营风险及获取企业收益的行为。承包经营管理只是解决部分企业因经营管理不善导致亏损的一种补充措施，并且只能对所承包企业的税后利润实行承包，所以不允许企业投资各方仅就管理或利润签订承包合同。由于承包只是企业经营管理的一种补充措施，不能消灭、变更原有企业或创设新的企业，也不能改变合资企业的法人地位、名称和经营范围。

承包者与被承包企业之间存在的是一种合同关系。因此，承包经营可采取

14060

公开招标方式进行，也可根据董事会决议由企业直接与承包者签订承包经营协议。

关注法天使

3. 选矿厂承包合同应当包括哪些主要内容?

选矿厂承包合同是选矿厂与承包者进行承包经营时所签署的合同。通常情况下，选矿厂承包合同应当包括以下主要内容：承包方式和期限、承包范围和价格、质量及奖罚要求、承包期间的其他安排、双方的权利与义务、违约责任、通知、法律适用及争议解决、合同的生效及其他等。选矿厂承包合同应当围绕上述相关内容约定双方之间的权利和义务。

【文本正文】

选矿厂承包合同

立合同人：

甲方：

（名称、统一社会信用代码、住所、法定代表人、职务、委托代理人、身份证号码、通信地址、邮政编码、联系人、电话、传真、账号、电子信箱）

乙方：

（名称、统一社会信用代码、住所、法定代表人、职务、委托代理人、身份证号码、通信地址、邮政编码、联系人、电话、传真、账号、电子信箱）

为加强生产管理，提高生产效率，确保选矿产品的质量和回收率，根据《中华人民共和国合同法》及相关法律法规的规定，甲乙双方本着平等、自愿、诚实信用的原则，经充分友好协商，就乙方承包经营甲方选矿厂事宜，达成如下合同：

第一条　承包方式和期限

1. 实行包工包料的承包方式。即包括选矿厂除精矿打包装卸车工序外所有工序中耗费的材料、人工、电力、设备配件及设备维修等全部费用。税后承包金（递增）包干。

2. 通过清产核资，在发包时，被承包企业的总资产为______元人民币，其中固定资产为______元人民币，流动资金为______元人民币；

3. 承包期间净资产应保持或增值总额不低于______万元，其中______年______万元；______年______万元……

4. 企业资产的维护：设备完好率达到______%；固定资产净值率______%。

5. 闲置资产的处理办法：____。

6. 新产品开发______项，主要新产品是______。

7. 承包期间技术改造：技术投资总额______元；______年为______；______年为______元……

8. 承包经营前企业的亏损和／或债务的处理：________________________________。

9. 承包经营期内中止或承包期满时的处理：被承包企业应进行清产核资，清产核资应由中国注册会计师的验证；清产核资的原则：____________；计价办法：____________；移交程序：____。

10. 本合同期限定为______年，自______年______月______日至______年______月___日止。

第二条　承包范围和价格

1. 原矿取料运输到破碎（破碎工序），球磨工序，浮选工序，及选矿厂设备电器维修。

2. 按入选原矿每吨______元包干。

3. 承包方上交承包金数额：承包方按______（递增）______%比例上交承包金。承包方上交承包金时间按______计算，即______年______月交______元；______年______月交______元……

4. 承包经营风险担保：风险抵押金或风险保证金保函。承包者须于每年______月______日前向甲方提交承包经营风险保证金、保函或风险抵押金，数额为人民币______元。风险保证金、保函须以银行不可撤销、甲方可以单方面提款的形式提供。

5. 企业留利部分：生产发展基金______%，福利基金______%，奖励基金______%。

第三条　质量及奖罚要求[①]

> 条文注解：此条款内容关系选矿产品的质量标准，具体量化界定有助于双方对于执行标准的明确。

1. 铅精矿品位必须达到 55 度以上；锌精矿品位必须达到 50 度以上。

2. 铅精矿的富含质量，锌不能超过 5%；铜不能超过 1%；硫不能超过 15%。锌精矿的富含质量，铅不能超过 5%；铜不能超过 1%；硫不能超过 15%。

3. 选矿综合回收率必须达到 92%。

14060

4. 选矿回收率达到92%后，每增加1%回收率，甲方奖励乙方每吨精矿______元；每降低1%回收率，甲方扣罚乙方每吨精矿______元。

5. 铅、锌精矿的质量如果达不到规定标准，造成精矿等级降低而减价的，甲方按实际减价金额扣罚乙方。

6. 铅精矿富含锌超过约定标准，超标部分，甲方按铅精矿的当月最高市场价格扣罚乙方。锌精矿富含铅超过约定标准，超标部分，甲方按锌精矿的当月最高市场价格扣罚乙方。

7. 乙方每天（24小时）入选（原矿）量规定为______吨。入选量每天少于______吨，每少______吨，甲方按合同包干价格加倍扣罚乙方。

8. 乙方每月正常生产规定为______日。正常生产少于______日，每少一日扣罚乙方生产固定费用______元。

9. 甲方因水、电问题及原矿供应量不足影响乙方正常生产，甲方适当补助乙方浮选工和维修工共______人工资及其他人员适当生活费用。未签定劳动合同人员不计生活费。

第四条　承包期间的其他安排

1. 入选原矿的吨位计量以过磅或其它经双方确认的计量方法为准。每吨入选原矿固定扣除含水量（水分）______%。

2. 乙方人员由乙方自行组织，乙方必须与用工人员签订劳动合同。

3. 本合同生效后，乙方对选矿厂进行首次设备检修，甲方补贴乙方首次设备检修费用计______元。设备检修的必备配件及材料由甲方负责。本合同期满后，乙方应当将设备检修的配件、材料移交甲方。

4. 承包经营期间因执行本合同而与其他企业或个人等引起的纠纷的处理方式和承担责任方式按如下约定处理：____。

第五条　双方的权利与义务

（一）甲方的权利和义务

1. 按照本合同的规定，监督乙方依法经营，照章纳税，履行合同，做好指导、协调、服务工作，不得干预乙方行使正常的生产管理职权；

2. 负责办理本合同的审批、变更、注销等批准和登记手续；

3. 享有向乙方收取承包费用的权利；

4. 甲方的其他权利和义务。

（二）乙方的权利和义务

1. 在承包期内，有权在国家法律、法规允许的范围内进行正常生产经营管理的权利；

2. 遵守国家的法律、法规和财务会计制度，严格执行合同约定，维护职工的合法权益，接受甲方的监督；应于每______月（季）的______日前向甲方报送企业财务报表；

3. 对被承包企业的财产无权行使任何形式的处置权，如转让、变卖、转移、抵押、出租、赠送等；

4. 依法履行缴纳承包费用的义务。

第六条　违约责任

1. 甲方违约或非法干预乙方生产经营管理，给乙方造成经济损失，应相应调整当年的承包费用或延长承包期限；如造成乙方无法正常生产达到______日，则乙方有权终止合同并要求甲方赔偿相应的经济损失。

2. 乙方因经营管理不善，在______日内不能上交承包费用的______%，甲方有权收缴乙方的风险抵押金或按银行保函提取风险保证金。连续______个月未按合同规定上缴承包费用，或乙方严重违反法律、法规或合同约定的，甲方除有权收缴乙方的风险抵押金或按银行保函提取风险保证金外，还有权终止合同并要求乙方赔偿损失______元。

3. 承包经营期间，任何一方单方提出终止合同的，应于______个月前与对方协商，经对方同意后方可终止合同，提出终止合同一方应当赔偿对方因此而造成的经济损失。

第七条　通知

1. 任何与本合同有关的需要送达或给予的通知、合同、同意或其他通信，除双方另有约定外，应按双方当事人在本合同中列明的地址、传真、电话、电子邮件或其他联系方式进行；通过传真、电话、电子邮件发出的任何文件、资料、通知，在发出后即视为收讫。通过邮寄发出的任何文件、资料、通知，在寄出十天后即视为收讫。

2. 任何一方在本合同所列的地址、传真、电话、电子邮件或其他联系方式发生改变的，应自变更之日起______日内以书面形式通知对方，否则，对方按照原来的地址、传真、电话、电子邮件或其他联系方式发出的文件、资料、通知等均视为在前款约定的时间内收讫，由此产生的一切后果，均由另一方自行承担。

第八条　法律适用及争议解决

1. 本合同的订立、效力、变更、解释、履行、终止和由本合同产生或与本合同有关之争议的解决，均适用中华人民共和国法律。

2. 凡因本合同引起的或与本合同有关的一切争议，双方应友好协商解决。如果争议自发生之日起三十日内仍不能得到解决，则任何一方均有权选择以下第______种方式解决：

14060

（1）向______仲裁委员会申请仲裁，按照申请仲裁时该会实施的仲裁规则进行仲裁。

（2）向______人民法院起诉，以诉讼解决争议。

第九条　合同的生效及其他

1. 本合同的附件为本合同不可分割的一部分；本合同及其附件内空格部分填写的文字与印刷文字具有同等法律效力。

2. 本合同中未尽事宜或出现与本合同相关的其他事宜时，由双方协商解决并另行签订书面补充合同，补充合同与本合同具有同等的法律效力。

3. 本合同自双方法定代表人或授权代表签字或盖章之日起生效。

4. 本合同一式______份，每方各执______份，具有同等法律效力。

5. 本合同由甲乙双方在中华人民共和国______签署。

（以下无合同正文条款）

甲方：（盖章）

法定代表人或授权代表：（签字）

日期：

乙方：（盖章）

法定代表人或授权代表：（签字）

日期：

五、保密及排他性协议（适用于矿权交易双方）

【使用场景】

本范本适用于矿权交易双方为了保守矿权交易相关信息及排除他人交易的情景。保密协议是协议当事人之间就一方告知另一方的书面或口头信息，约定不得向任何第三方披露该等信息的合同。排他性条款是指禁止矿业权人在与矿权交易的意向受让方进行谈判的同时不得和其他意向受让方接触的约定。

【法律要点】

1. 什么是保密协议？什么是排他性条款？

保密协议，是指协议当事人之间就一方告知另一方的书面或口头信息，约定不得向任何第三方披露该等信息的合同。负有保密义务的当事人违反约定，将保密信息披露给第三方，将要承担民事责任甚至刑事责任。根据保密主体的不同，可以将保密协议分为单方保密协议和双方保密协议。单方保密是指一方对另一方单方面负有保密义务。双方保密则是指协议签约双方均负有保密义务。

排他性条款，是指禁止被投资企业在与投资者进行谈判的同时和其他投资方接触的条款。实践中，目标企业很可能同时与多个投资者进行谈判接触，有时甚至会利用一个投资者去逼迫另一个投资者，即利用投资者之间的竞争谋取利益。投资者有必要约定排他性条款，防止目标企业在与投资者接触的同时，还和其他投资者进行接触。通常情况下，排他性条款应当有时间限制。因矿业权交易所涉标的较大，有必要在签署保密协议中约定相应的排他性条款，禁止矿业权人在与矿权交易的意向受让方进行谈判的同时不得和其他意向受让方接触。

2. 保密及排他性协议应当包括哪些主要内容？

保密及排他性协议是矿权交易双方为了保守矿权交易的相关信息及排除他人交易时所签署的合同。通常情况下，保密及排他性协议应当包括以下主要内容：立协议人、保密内容、责任主体、保密期限、保密义务、承诺不得与任何其他第三方就“矿权地”的任何权益进行任何谈判或交易、排他期限、及违约责

14062

任等条款。保密及排他性协议应当围绕上述相关内容约定双方之间的权利和义务。

【文本正文】

保密及排他性协议（适用于矿权交易双方）

立协议人：

甲方：

（名称、统一社会信用代码、住所、法定代表人、职务、委托代理人、身份证号码、通信地址、邮政编码、联系人、电话、传真、账号、电子信箱）

乙方：

（名称、统一社会信用代码、住所、法定代表人、职务、委托代理人、身份证号码、通信地址、邮政编码、联系人、电话、传真、账号、电子信箱）

鉴于[①]：

> 条文注解："鉴于"内容是签订矿权交易保密及排他性协议的基础前提，也即签订协议的背景，应当详细、具体和明确。

1. 甲方拟与乙方进行矿业权交易（以下简称"交易"），希望乙方以书面的形式向其提供乙方在中国____________省____________地区所拥有的勘查区块／矿区（其范围详见附件______，以下简称"矿权地"）的相关非公开保密信息（以下统称为"信息"）；"信息"的提供，旨在便于甲方对拟进行的"交易"进行评估。乙方允许甲方对"矿权地"进行实地考察。

2. 基于"信息"的保密性质，甲乙双方希望订立协议，以对双方在"信息"的披露和使用中的相关权利义务进行约定。

3. 自本协议生效之日起______日内，甲方有权对"矿权地"进行评估和实地考察；如果甲、乙双方在此期间未能就"交易"达成协议，则甲方应向乙方提供一套通过对"矿权地"的考察所获得的全部资料和信息。

4. 甲方同意将本协议附件______所列相关区域属于乙方的其他矿权地一并纳入考察范围。

5. 乙方承诺：

（1）自本协议生效之日起______日内（以下简称“排他性期间”），甲方就“矿权地”享有与乙方进行谈判的排他性权利，乙方不得与任何其他第三方就“矿权地”的任何权益进行任何谈判或交易；

（2）如果甲、乙双方未能在本协议生效后的______日内就“交易”达成协议，在“排他性期间”届满后______个月内，甲方就“矿权地”享有同等条件下的优先谈判和交易权。

基于上述前提和甲、乙双方所作的保证和承诺，乙方将“信息”提供给甲方，甲乙双方签订协议如下：

第一条 对于乙方直接或间接地向甲方披露或提供的“信息”，甲方须将其作为保密信息予以管理，并承担保密义务。

第二条 甲方只能在对“交易”进行评估的必要范围内使用“信息”。在任何一方决定不进行上述“交易”时，甲方保证不再继续使用 “信息”，并将根据本协议第五条的约定，按照乙方的要求，向乙方返还“信息”。

第三条 甲方须对“信息”予以保密，不得向任何第三方予以披露，但根据法律的规定或甲方上市的股票交易所的规则而应披露的除外。

第四条 本协议中的任何条款，不对甲方使用、披露下列信息或资料的权利构成任何限制或贬损：

1. 在“信息”披露时，已为公众所获悉，或此后通过公开出版物或其他非由于甲方的行为而为公众所获悉的信息或资料；

2. 甲方能够证明，在“信息”披露前，其已经获得该等信息或资料，且该等信息或资料并非获自乙方或其他与乙方订有保密协议的任何第三方；

3. 甲方能够证明，在“信息”披露前，其已合法地从第三方获得了该等信息或资料，而该第三方向甲方提供的该等信息或资料，并非获自乙方或对乙方负有保密义务的母公司、附属公司或子公司。

第五条 乙方可在任何时候要求甲方返还“信息”。一旦乙方提出此等要求，甲方应当向乙方返还其从乙方直接或间接地获得的全部“信息”，包括样品、图纸、数据、备忘录及其他书面资料。

第六条 对于提供给甲方或甲方雇员、代理人的任何与“矿权地”有关的信息，包括“信息”或其他乙方所作的书面或口头的说明，乙方对其完整性或准确性不承担任何明示或默示的陈述或保证责任。对于“矿权地”的边界、权

14062

属和价值，乙方也不作任何明示或默示的陈述或保证。甲方同意将完全依靠自己的评估和预测及其对相关的地质和工程方面的理解，对“矿权地”的价值独立作出判断。

第七条 甲方在本协议项下的义务具有永久性。甲方保证，应采取措施保护乙方不因甲方接受、使用“信息”或甲方向第三方披露“信息”而使乙方承担任何法律责任；如果乙方因此被追究法律责任的，甲方应对乙方进行补偿，以确保乙方不因此受到损害。

第八条 在双方就“交易”签署正式、明确、书面的合同之前，除本协议另有约定外，就“交易”本身而言，任何一方对另一方均不负有任何义务。

第九条 法律适用及争议解决

1. 本协议订立、效力、变更、解释、履行、终止和由本协议产生或与本协议有关之争议的解决，均适用中华人民共和国法律。

2. 凡因本协议引起的或与本协议有关的一切争议，双方应友好协商解决。如果争议自发生之日起三十日内仍不能得到解决，则任何一方均有权选择以下第______种方式解决：

（1）向______仲裁委员会申请仲裁，按照申请仲裁时该会实施的仲裁规则进行仲裁。

（2）向______人民法院起诉，以诉讼解决争议。

第十条 协议的生效及其他

1. 本协议的附件为本协议不可分割的一部分；本协议及其附件内空格部分填写的文字与印刷文字具有同等法律效力。

2. 本协议中未尽事宜或出现与本协议相关的其他事宜时，由双方协商解决并另行签订书面补充协议，补充协议与本协议具有同等的法律效力。

3. 本协议自双方法定代表人或授权代表签字或盖章之日起生效。

4. 本协议一式______份，每方各执______份，具有同等法律效力。

5. 本协议由甲乙双方在中华人民共和国______签署。

（以下无协议正文条款）

甲方：（盖章）	乙方：（盖章）
法定代表人或授权代表：（签字）	法定代表人或授权代表：（签字）
日期：	日期：

六、矿山井下行业劳动合同

【使用场景】

本范本适用于矿山企业与矿山井下作业的劳动者所签署合同的情景。签订矿山井下劳动合同，可以健全矿山井下作业安全管理机制，确保作业的安全性，保护生态环境的可持续发展，为我国现代化发展带来更高的社会和经济效益。

【法律要点】

1. 矿山井下作业主要包括哪些方面?

通常情况下，非煤矿山有两种主要开采方式，一种是地下开采，另一种是露天开采。对于埋藏较深的矿床，一般采用地下开采的方法。地下开采有其特殊的作业特点，主要包括几方面：作业环境差，空间较小；地质条件多变，经常受到顶板、矿尘、水、火等灾害的威胁；生产工艺复杂，劳动强度大等。因此，井下作业人员必须掌握一定的井下作业安全常识才能保证安全。

对于煤矿矿山而言，其井下作业主要包括以下方面：井下采煤作业、井下掘进作业、井下电气作业、井下爆破作业、井下通风作业、井下安全监测监控作业、煤矿提升机操作作业、煤矿探排水作业等。

2. 什么是劳动合同? 劳动合同应当具备哪些条款?

根据《劳动法》第16条第1款的规定，劳动合同是劳动者与用工单位之间确立劳动关系，明确双方权利和义务的协议。根据劳动合同，劳动者加入企业、个体经济组织、事业组织、国家机关、社会团体等用人单位，成为该单位的一员，承担一定的工种、岗位或职务工作，并遵守所在单位的内部劳动规则和其他规章制度；用人单位应及时安排被录用的劳动者工作，按照劳动者提供劳动的数量和质量支付劳动报酬，并根据劳动法律、法规规定和劳动合同的约定提供必要的劳动条件，保证劳动者享有劳动保护及社会保险、福利等权利和待遇。

《劳动合同法》第17条规定，劳动合同应当具备以下条款：（一）用人单位的名称、住所和法定代表人或者主要负责人；（二）劳动者的姓名、住址和

14063

居民身份证或者其他有效身份证件号码；（三）劳动合同期限；（四）工作内容和工作地点；（五）工作时间和休息休假；（六）劳动报酬；（七）社会保险；（八）劳动保护、劳动条件和职业危害防护；（九）法律、法规规定应当纳入劳动合同的其他事项。劳动合同除前款规定的必备条款外，用人单位与劳动者可以约定试用期、培训、保守秘密、补充保险和福利待遇等其他事项。

3. 签订矿山井下行业劳动合同有什么意义?

矿山井下作业不同于其他工业生产项目，由于其作业环境的特殊性要求其安全生产管理措施必须做出适应性的调整和应对。

一方面，矿山井下作业环境复杂多变，不可预知的突发性因素较多，作业工序也相对复杂，所需要的作业环节多，工作环境一般比较狭小，施工人员集中，加上现有井下作业技术水平和相关设备的有限，导致其事故发生率较大。

另一方面，相关政府部门以及作业施工方在安全生产管理体制上不健全，导致不同程度上加大了事故的发生概率。这势必对我国的现代化经济建设带来极大的负面影响。因此，有必要在遵守国家相关法律法规的前提下，健全矿山井下作业安全管理机制，确保作业的安全性，保护生态环境的可持续发展，为我国的现代化发展带来更高的社会和经济效益。

【文本正文】

矿山井下行业劳动合同

立合同人：

甲方：

（名称、统一社会信用代码、住所、法定代表人、职务、委托代理人、身份证号码、通信地址、邮政编码、联系人、电话、传真、账号、电子信箱）

乙方：

（姓名、住所、身份证号码、通信地址、邮政编码、电话、传真、账号、电子信箱）

甲乙双方根据《中华人民共和国劳动法》等法律法规和政策的规定，在平等自愿、协商一致的基础上，同意订立本劳动合同，以资共同遵守。

第一条　合同类型和期限

1. 甲乙双方选择以下第______种形式确定本合同期限：

（1）有固定期限：自______年______月______日起至______年______月______日止。

（2）无固定期限：自______年______月______日起至法定或本合同所约定终止条件出现时止。

（3）以完成一定的工作（任务）为期限。自______年______月______日至______工作（任务）完成时即行终止。

2. 其中试用期自______年______月______日至______年______月______日止，期限为______日。

第二条　工作内容

1. 根据甲方工作需要，乙方同意从事______岗位（工种）工作。经甲、乙双方协商同意，可以变更工作岗位（工种）。

2. 乙方应按照甲方的要求，按时完成规定的工作数量，达到规定的质量标准。

第三条　工作时间和休息休假

1. 乙方实行______工时制。

（1）实行标准工时工作制的，甲方安排乙方每日工作时间不超过八小时，每周不超过四十小时。甲方因工作需要，经与工会和乙方协商后可以延长工作时间，一般每日不得超过一小时，因特殊原因需要延长工作时间的，在保障乙方身体健康的条件下延长工作时间每日不得超过三小时，每月不得超过三十六小时。

（2）实行综合计算工时工作制的，平均每日工作时间不得超过 8 小时，平均每周工作时间不得超过 40 小时。

（3）实行不定时工作制的，工作时间和休息休假由乙方自行安排。

2. 甲方延长乙方工作时间的，应依法安排乙方同等时间补休或支付加班加点工资。

3. 乙方在合同期内享受国家规定的各项休息、休假的权利，甲方应保证乙方每周至少休息一天。

第四条　劳动保护和劳动条件

1. 甲方要严格执行国家和地方有关劳动保护的法律、法规和规章，为乙方提供必要的劳动条件和劳动工具，建立健全生产工艺流程，制定操作规程、工作规范和劳动安全卫生制度及其标准。

2. 甲方应对乙方进行安全生产教育和培训，保证乙方具备必要的安全生产知识，熟悉有关的安全生产规章制度和安全操作规程，掌握本岗位的安全操作技能。乙方未经安全生产教育和培训合格的，不得上岗作业。

14063

3. 甲方应当督促乙方严格执行本单位的安全生产规章制度和安全操作规程；并向乙方如实告知作业场所和工作岗位存在的危险因素、防范措施以及事故应急措施。甲方应告知乙方以下劳动安全、防止职业危害的事项：

（1）____________；（2）____________；（3）____________。

4. 甲方必须为从业人员提供符合国家标准或者行业标准的劳动防护用品，并监督、教育乙方按照使用规则佩戴、使用。

5. 乙方从事接触职业病危害作业的，甲方应按国家有关规定组织上岗前和离岗时的职业健康检查，在合同期内应定期对乙方进行健康检查。

6. 乙方有权了解其作业场所和工作岗位存在的危险因素，防范措施及事故应急措施，有权对甲方安全生产工作提出建议，有权拒绝甲方的违章指挥，对甲方及管理人员漠视乙方健康的行为，有权提出批评，并向有关部门检举控告。甲方不得因此而降低乙方的工资、福利等待遇或者解除与乙方订立的劳动合同。

7. 乙方应当接受安全生产教育和培训，掌握本职工作所需的安全生产知识，提高安全生产技能，增强事故预防和应急处理能力。

8. 乙方在作业过程中，应当严格遵守甲方的安全生产规章制度和操作规程，服从管理，正确佩戴和使用劳动防护用品。

第五条　劳动报酬

1. 乙方试用期的工资标准为______元/月。（试用期间工资不得低于本单位同工种、同岗位职工工资的80%）。

2. 试用期满后，甲方应根据本单位的工资制度，确定乙方实行以下第______种工资形式：

（1）计时工资。乙方的工资由以下几部分组成：______、______、______、______；其标准分别为______元/月、______元/月、______元/月、______元/月。如甲方的工资制度发生变化或乙方工作岗位变动，按新的工资标准确定。

（2）计件工资。甲方应制定科学合理的劳动定额标准，计件单价约定为______。

（3）其他工资形式。具体约定在本合同第______条中明确。

3. 甲方应以法定货币形式按月支付乙方工资，发薪日为每月______日，不得克扣或无故拖欠。甲方支付乙方的工资，应不违反国家有关最低工资的规定。

4. 甲方安排乙方延长日工作时间，应支付不低于乙方工资150%的工资报酬；安排乙方在休息日工作又不能安排补休的，应支付不低于乙方工资200%的工资报酬；安排乙方在法定休假日工作的，应支付不低于乙方工资 300% 的工资报酬。

5. 甲方安排乙方每日 22 时到次日 6 时工作的，每个工作日夜班补贴为______元；从事井下作业的，每个工作日井下津贴为______元。

6. 非因乙方原因造成甲方停工、停产、歇业，未超过一个月的，甲方应按本合同约定的工资标准支付乙方工资；超过一个月，未安排乙方工作的，甲方应按不低于当地失业保险标准支付乙方停工生活费。

7. 乙方依法享受年休假、探亲假、丧假等假期期间，甲方应按国家和地方有关规定标准，或劳动合同约定的标准，支付乙方工资。

第六条　社会保险和福利待遇

1. 甲方应按国家和地方有关社会保险的法律、法规和政策规定为乙方缴纳养老、医疗、失业、工伤、生育保险费用；社会保险费个人缴纳部分，甲方可从乙方工资中代扣代缴。

2. 甲乙双方解除、终止劳动合同时，甲方应按有关规定为乙方办理社会保险有关手续。

3. 乙方患病或非因工负伤的医疗待遇按照国家和地方有关政策规定执行。

4. 乙方工伤待遇按国家和地方有关政策法规执行。

5. 乙方在孕期、产期、哺乳期等各项待遇，按国家和地方有关生育保险政策规定执行。

6. 甲方为乙方提供以下福利待遇：

（1）____________；（2）____________；（3）____________。

第七条　劳动纪律和规章制度

1. 甲方依法制定的各项规章制度应向乙方公示。

2. 乙方应严格遵守甲方制定的规章制度、完成劳动任务，提高职业技能，执行劳动安全卫生规程，遵守劳动纪律和职业道德。

3. 乙方违反劳动纪律，甲方可依据本单位规章制度，给予相应的行政处分、行政处理、经济处罚等，直至解除本合同。

第八条　劳动合同的变更、解除、终止、续订

1. 订立本合同所依据的客观情况发生重大变化，致使本合同无法履行的，经甲乙双方协商同意，可以变更本合同相关内容。

2. 在下列情况下，甲乙双方可以变更合同相关内容。

（1）甲方生产经营情况发生变化，双方协商同意的；

（2）甲乙双方协商同意，且不损害国家、集体和他人利益的；

（3）本合同订立时所依据的法律、法规、规章、政策已经修改的；

14063

（4）由于不可抗力致使合同无法完全履行的；

（5）法律、法规规定的其他情况。

3. 经甲乙双方协商一致，本合同可以解除。

4. 乙方有下列情形之一，甲方可以解除本合同。

（1）在试用期间，被证明不符合录用条件的；录用条件为：

A____________；B____________；C____________。

（2）严重违反劳动纪律或甲方规章制度的；

（3）严重失职、营私舞弊，对甲方利益造成重大损害的；

（4）被依法追究刑事责任或劳动教养的。

5. 下列情形之一，甲方可解除本合同，但应提前三十日以书面形式通知乙方：

（1）乙方患病或非因工负伤，医疗期满后，不能从事原工作也不能从事甲方另行安排工作的；

（2）乙方不能胜任工作，经过培训或者调整工作岗位，仍不能胜任工作的；

（3）双方不能依据本合同约定就变更合同达成合同的。

6. 甲方濒临破产进行法定整顿期间或者生产经营发生严重困难（地方政府规定的困难企业标准），经向工会或者全体职工说明情况，听取工会或者职工的意见，并向劳动保障行政部门报告后，可以解除本合同。

7. 乙方有下列情形之一，甲方不得终止、解除本合同：

（1）患职业病或因工负伤达到国家规定不得终止、解除劳动合同等级的；

（2）患病或负伤，在规定的医疗期内的；

（3）女职工在孕期、产期、哺乳期内的；

（4）符合法律法规、规定其他情况的。

8. 有下列情形之一，乙方可以随时通知甲方解除本合同，甲方应当支付乙方相应的劳动报酬并依法缴纳社会保险：

（1）在试用期内的；

（2）甲方以暴力、威胁或者非法限制人身自由的手段强迫劳动的；

（3）甲方不能按照本合同规定支付劳动报酬或者提供劳动条件的。

（4）经国家有关部门确认，劳动安全、卫生条件恶劣，严重危害乙方身心健康的。

9. 乙方解除劳动合同，应当提前三十日以书面形式通知甲方。

10. 劳动合同期满或甲乙双方约定的劳动合同终止条件出现，劳动合同即终止执行。

甲乙双方经协商同意，可以续订劳动合同。如双方同意续订，应提前一个月办理续订手续。乙方符合续订无固定期限劳动合同条件的，甲方应与其签订无固定期限劳动合同。

第九条　经济补偿与赔偿

1. 甲方违反劳动合同的，应按下列标准支付乙方经济补偿金：

（1）甲方克扣或者无故拖欠乙方工资的，以及拒不支付乙方延长工作时间工资报酬的，除按时全额支付乙方工资报酬外，还需加发相当于工资报酬 25% 的经济补偿金。

（2）甲方支付乙方的工资报酬低于当地最低工资标准的，应在补足低于标准部分的同时，另外支付相当于低于部分 25% 的经济补偿金。

2. 甲方解除乙方劳动合同，除本合同规定的情形外，甲方应按国家和地方有关规定支付乙方经济补偿金。

3. 甲方解除乙方劳动合同后，未按规定给予乙方经济补偿的，除全额发给经济补偿金外，还须按该经济补偿金数额的 50% 支付额外经济补偿金。

4. 乙方患病或者非因工负伤，经劳动能力鉴定委员会确认不能从事原工作，也不能从事甲方另行安排的工作而解除本合同的，甲方除按本合同执行外，还应发给乙方不低于六个月工资的医疗补助费（月工资标准按甲方正常生产情况下乙方解除合同前十二个月月平均工资计算，若乙方月平均工资低于企业月平均工资的，则按企业月平均工资标准执行）。患重病和绝症的还应增加医疗补助费，患重病的增加部分不低于医疗补助费的 50%，患绝症的增加部分不低于医疗补助费的 100%。

5. 甲方发生故意拖延不与乙方续订劳动合同、与乙方订立无效劳动合同、违反规定或本合同约定侵害乙方合法权益以及解除劳动合同等情形之一的，给乙方造成损害的，甲方应按下列规定赔偿乙方损失：

（1）造成乙方工资收入损失的，按乙方应得工资收入支付给乙方，并加付应得工资收入 25% 的赔偿费用；

（2）造成乙方劳动保护待遇损失的，应按国家规定补足乙方的劳动保护津贴和用品；

（3）造成乙方工伤、医疗待遇损失的，除按国家规定为乙方提供工伤、医疗待遇外，还应支付乙方相当于医疗费用 25% 的赔偿费用；

（4）乙方为女职工或未成年工，造成其身体健康损害的，除按国家规定提供治疗期间的医疗待遇外，还应支付相当于其医疗费用 25% 的赔偿费用。

6. 乙方违反规定或合同约定解除劳动合同对甲方造成损失，乙方应赔偿甲方下列损失：

14063

（1）甲方为其支付的培训费和招收录用费；

（2）对生产、经营和工作造成的直接经济损失；

（3）本合同约定的其他赔偿费用。

第十条　违约责任

1. 由于甲乙任何一方的过错造成合同不能履行或者不能完全履行，由过错方承担法律责任；如属双方过错，根据实际情况，由双方分别承担法律责任；

2. 因不可抗力造成不能履行合同或一方受损害的，可不承担法律责任；

3. 甲乙双方任何一方违反合同时，应向对方支付违约金______元；

4. 甲乙双方任何一方违反合同，给对方造成损害的，应根据后果和责任，按有关规定向对方支付赔偿金。

第十一条　劳动争议处理

因履行本合同发生的劳动争议，当事人可以向本单位劳动争议调解委员会申请调解；不愿调解或调解不成，当事人一方要求仲裁的，应当依照相关规定向 ____ 劳动争议仲裁委员会申请仲裁。当事人一方也可以直接向劳动争议仲裁委员会申请仲裁，对仲裁裁决不服的，可以向人民法院提起诉讼。

第十二条　合同的生效及其他

1. 本合同空格部分填写的文字与印刷文字具有同等法律效力。

2. 本合同中未尽事宜或出现与本合同相关的其他事宜时，由双方协商解决并另行签订书面补充合同，补充合同与本合同具有同等的法律效力。

3. 本合同自甲方法定代表人或授权代表签字或盖章，乙方签字之日起生效。

4. 本合同一式______份，每方各执______份，具有同等法律效力。

5. 本合同由甲乙双方在中华人民共和国______签署。

（以下无合同正文条款）

甲方：（盖章）　　　　　　　　　　乙方：（签名）

法定代表人或授权代表：（签名）

日期：　　　　　　　　　　　　　　日期：

七、矿山企业集体劳动合同

【使用场景】

本范本适用于矿山企业与工会或者职工委托的代表所签署劳动合同的情景。集体劳动合同又称为团体契约、集体协议等，它是经全体职工或者职工代表大会讨论同意后，由工会或者职工委托的代表与用人单位为规范劳动关系订立的，以全体劳动者的劳动条件和生活条件为主要内容的协议。

【法律要点】

1. 什么是集体劳动合同？集体劳动合同具有哪些法律特征？

集体劳动合同又称为团体契约、集体协议等，它是经全体职工或者职工代表大会讨论同意后，由工会或者职工委托的代表与用人单位为规范劳动关系订立的，以全体劳动者的劳动条件和生活条件为主要内容的协议。

根据《劳动法》的规定，企业职工一方与企业可以就劳动报酬、工作时间、休息休假、劳动安全卫生、保险福利等事项，签订集体合同。集体合同草案应当提交职工代表大会或者全体职工讨论通过。集体合同签订后应报送劳动行政部门；劳动行政部门自收到集体合同文本之日起十五日内未提出异议的，集体合同即行生效。依法签订的集体合同对企业和企业全体职工具有约束力。职工个人与企业订立的劳动合同中劳动条件和劳动报酬等标准不得低于集体合同的规定。

集体劳动合同具有以下法律特征：

（1）实行集体合同的目的是维护劳动者整体的合法权益，调整和改善劳动关系，促进企业和劳动者的共同发展；

（2）集体合同的主体是职工代表与用人单位；

（3）集体合同需由职工代表与用人单位先行协商合同草案，经职工代表大会或者全体职工讨论通过；

（4）集体合同签订后应当报送劳动行政部门，劳动行政部门自收到集体合同之日起十五日内未提出异议的，集体合同即行生效；

14064

关注法天使

（5）集体合同生效后，对用人单位和单位全体职工具有约束力。

2. 集体合同与劳动合同的区别是什么？

集体合同与劳动合同主要存在以下方面的区别：

（1）主体不同：集体合同的当事人一方是企业，另一方是工会组织或劳动者按照合法程序推举的代表；而劳动合同的当事人是企业和劳动者个人。

（2）内容不同：集体合同是关于企业的一般劳动条件标准的约定，以全体劳动者共同权利和义务为内容；而劳动合同只涉及单个劳动者的权利义务。

（3）功能不同：协商订立集体合同的目的是规定企业的一般劳动条件，为劳动关系的各个方面设定具体标准，并作为单个劳动合同的基础和指导原则；而劳动合同的目的是确立劳动者和企业的劳动关系。

（4）法律效力不同：集体合同规定企业的最低劳动标准，凡劳动合同约定的标准低于集体合同的标准一律无效，故集体合同的法律效力高于劳动合同。

3. 集体合同应当包括哪些主要内容？

集体合同是矿山企业与工会或者职工委托的代表所签署的劳动合同。通常情况下，集体合同应当包括以下主要内容：（1）劳动报酬；（2）工作时间；（3）休息休假；（4）保险福利；（5）劳动安全与卫生；（6）合同期限；（7）变更、解除、终止集体合同的协商程序；（8）双方履行集体合同的权利和义务；（9）履行集体合同发生争议时协商处理的约定；（10）违反集体合同的责任；（11）双方认为应当协商约定的其他内容。集体合同应当围绕上述相关内容约定双方之间的权利和义务。

【文本正文】

矿山企业集体劳动合同

立合同人：

用人单位（以下称甲方）

单位名称：

经济类型：

协商首席代表：

首席代表职务：　　法定代表人：

其他代表：

职工方（以下称乙方）

工会名称：

员工总数：

协商首席代表：

首席代表职务：　　工会主席：

其他代表：

本集体合同由______（以下简称“甲方”）与______（以下简称“乙方”）双方在自愿和平等的基础上，经友好协商依法签订。

第一章　总　　则

第一条　为建立和谐的劳动关系，维护职工的合法权益，促进企业发展，根据《中华人民共和国劳动法》《中华人民共和国劳动合同法》《中华人民共和国工会法》和劳动和社会保障部《集体合同规定》等法律、法规，甲、乙双方经平等协商一致，签订本合同。

第二条　本集体合同对甲、乙双方具有约束力。甲方与职工签订的劳动合同中的劳动标准不得低于本合同规定的标准，企业的规章制度与本合同不一致的，按照本合同执行。

第三条　乙方代表全体职工的合法权益，依法独立自主开展工作。

第四条　甲方尊重并支持乙方依法开展工作，听取乙方对生产经营和涉及职工切身利益问题的意见及建议，与乙方协商处理涉及职工切身利益的重大问题，保障职工的合法权益。

第五条　乙方尊重并支持甲方依法生产经营和管理，依法代表和维护职工合法权益，教育职工遵守甲方依法制定的规章制度，爱岗敬业、努力工作，圆满完成甲方各项工作任务。

第二章　工作时间和休息休假

第六条　甲方依法实行每日工作时间 8 小时，平均每周工作时间 40 小时的工时制度。因生产特点、工作性质不能实行标准工时制度的工种和岗位，经劳动行政部门审批，可实行综合计算工时工作制和不定时工作制。

第七条　甲方确因生产经营需要，经与乙方和职工协商后可以延长工作时间，一般每日不得超过 1 小时，最长不得超过 3 小时，每月不得超过 36 小时。

第八条　职工在劳动合同期内享有国家规定以及甲方安排的各项休息、休假权利。

第九条　因工作性质或者生产特点的限制，经劳动保障行政部门批准，可以实行不定时工作制和综合计算工时工作制等其他工作和休息办法。无论实行何种工作制，其平均日工作时间和平均周工作时间应与法定标准工作时间相同。

第十条　由于加班加点有可能损害员工身体健康的，或者无视职工正当理由、违背职工意愿、强令职工延长劳动时间的，乙方应当代表或支持员工予以交涉或抵制。

第十一条　以下部门和岗位（工种）根据其工作特点，经乙方同意并报劳

14064

动行政部门批准后，实行其他工作和休息办法：__________________________。

第三章 劳动报酬

第十二条 甲方根据按劳分配，同工同酬的原则和生产经营的特点，经与乙方平等协商，依法确定本单位的工资分配制度和支付制度，建立正常的工资增长机制。

第十三条 甲乙双方每年年初根据本单位的经济效益增长情况、政府发布的工资指导线、工资指导价位和本地区、行业的职工工资平均水平，通过平等协商确定本年度职工工资水平，签订工资调整机制专项集体合同。

第十四条 甲方变更工资分配制度和分配方式时，应由双方协商确定。

第十五条 由甲、乙双方共同协商的条款：

（1）劳动定额的确定和修改；

（2）奖金分配办法；

（3）津贴、补贴标准；

（4）因甲方原因未能按规定享受带薪年休假职工的工资支付办法；

（5）职工试用期及病假等特殊情况下的工资待遇等。

第四章 保险与福利

第十六条 甲、乙方必须依照政府的规定，参加基本社会保险，职工有依法享受保险待遇的权利。

第十七条 职工患病或非因工负伤在医疗期满或医疗终结，不能从事原工作，也不能从事用人单位另行安排工作的，经劳动鉴定为一至四级的，应该退出劳动岗位，办理退休、退职手续，享受退休退职待遇；被鉴定为五至十级的，医疗期内不得解除劳动合同。

第十八条 乙方应协助甲方做好社会保险的有关工作，有权对甲方依照规定缴纳各项社会保险费的情况实施监督。

第十九条 甲方依照国家和地方政府规定，执行探亲假、婚丧假制度。职工病假、工伤治疗期间和女职工孕期、产期、哺乳期的有关待遇，依照政府规定执行。

第五章 女员工和未成年工保护

第二十条 甲方应认真执行《妇女权益保障法》《女职工劳动保护规定》等法律法规，保障女职工享有与男职工平等的权利，同时保障女职工的特殊劳动权益。

第二十一条 甲方支持女职工参加政治、业务培训，在晋职、晋级、评定专业技术职称等方面，应遵循男女平等的原则；在组织岗位竞聘时，除不适合女职工的工种或者岗位外，不得以性别为由拒绝女职工参与或者提高对女职工的竞聘标准；在工资、奖金和福利待遇方面，实行男女同工同酬。

第二十二条 工会及女职工委员会应当引导女职工自觉遵守用人单位规章制度，不断提高技能水平，全面完成工作任务，充分发挥作用；督促用人单位落实女职工权益保护法律法规，依法维护女职工的合法权益。

第二十三条 甲方在录用职工时，除国家规定不适合女职工的工种或岗位外，不得提高对女职工的录用标准或拒绝录用女职工。用人单位与女职工签订的劳动合同，不得有限制女职工结婚、生育的内容。

第二十四条 甲方应根据女职工的生理特点和所从事工作的职业特点，对在经期、孕期、产期、哺乳期和更年期的女职工给予特殊保护。

第二十五条 甲方应每年组织全体女职工进行妇科疾病健康检查，费用由甲方承担，检查结果应告知女职工本人。用人单位每月为女职工发放卫生费，标准为每人每月______元。甲方为全体女职工办理针对女性疾病的商业保险，费用根据国家有关规定列支。

第二十六条 女职工生育产生的符合规定的医疗费用，其所在单位已参加生育保险的，按有关规定执行；未参加生育保险的，或者因用人单位欠缴生育保险费影响女职工及时享受有关待遇的，由用人单位按生育保险规定的项目和标准支付待遇。

第六章　职工教育与培训

第二十七条 甲方根据工作岗位特点、条件和要求，对职工进行有计划的培训，以全面提高职工素质，增强生产活力。

第二十八条 甲方按职工工资总额的______%提取职工教育培训经费，列入成本开支，用于安排职工参加各种职业技能培训，其中用于管理人员培训经费不得高于总额的______%，用于一线职工的培训经费不得低于总额的______%。年度教育培训经费的使用方案以及培训计划应经职工代表大会（职工大会）讨论通过。

第二十九条 甲方鼓励和支持职工学习文化和专业技能，对取得相关学历证书或通过培训取得技能等级证书的职工给予奖励。具体标准是：________。

第三十条 甲方为职工提供专项培训费用，对其进行专业技术培训的，

14064

可与职工订立专项协议，约定服务期和违约责任。专业技术培训主要是指____________等情形。

第三十一条 工会组织应协助甲方开展对职工的职业道德、科学、技术、业务知识教育，鼓励职工自学成才，不断提高职工队伍素质。

第七章 劳动纪律和奖惩

第三十二条 甲方有权制定劳动纪律与奖惩制度，有权依据劳动纪律与奖惩制度决定对职工进行奖励或惩罚。甲方各基层单位或部门制定的同类制度，需经甲方承认并备案。甲方的奖惩规章制度，应经工会同意后实施。

第三十三条 甲方对于模范执行企业各项规章制度，在完成生产、工作任务、产品开发、技术开发、技术改造、提高质量和提高劳动生产率、改善经营管理等方面作出优异成绩的职工，应当分别给予荣誉奖励和物质奖励。

第三十四条 甲方对于违反企业各项规章制度，造成一定后果的职工，可分情况，给予批评教育、开具过失单或不同的行政处分；也可酌情处以一次性罚款或者经济赔偿；情节严重的，可以开除。

第三十五条 对职工进行行政处分时，应征求工会意见，听取被处分职工本人的申辩，由甲方作出决定。开除职工，事先应经工会参加处分文件会签。工会认为不合理的，有权提出异议，与甲方协商解决。因生产经营条件变化，甲方大规模变更职工的工作或裁员时须征得工会同意。

第八章 集体合同的期限、变更、解除与终止

第三十六条 本合同有效期______年，自______年______月______日起至______年______月______日止，合同期满即终止。合同期满前______日双方可协商续订新合同。

第三十七条 签订本合同的任何一方如就合同执行情况和变更提出协商要求时，双方应当在______日内进行协商。协商一致进行变更或修订的合同应在修订后的______日内报劳动保障行政部门审查。未经双方协商同意任何一方不得变更合同。

第三十八条 符合下列情形之一的，导致本合同部分或者全部不能履行的，经双方协商一致，可以变更或解除本合同：

（一）所依据的法律、法规和政策被修改或者废止；

（二）用人单位合并、分立、解散、破产等经营情况发生重大变化；

（三）因不可抗力等原因使本合同无法履行或者部分无法履行的；

（四）双方约定变更或者解除的其他情形。

第三十九条 符合下列情形之一的，本合同终止：

（一）本合同期约定的期限届满；

（二）双方约定终止的其他情形。

第九章 监督检查和争议处理

第四十条 为保证全面执行本合同，双方联合成立集体合同监督小组，其成员由工会代表、甲方代表根据人数对等的原则组成。本合同期内每年检查______次，检查结果以书面报告形式提交双方签约代表，签订代表应认真研究和处理检查结果。

第四十一条 因一方过错不履行或者不完全履行本合同的，过错方应当继续履行本合同并承担相应的违约责任。

第四十二条 因履行本合同发生争议，甲、乙双方应协商解决，协商不成的，可以向劳动争议仲裁委员会申请仲裁，对仲裁不服的，可以自收到仲裁裁决书15日内向人民法院提起诉讼。

第十章 附 则

第四十三条 甲乙双方协商达成的本合同，应提交职工（代表）大会讨论通过，并由双方首席代表签字。本合同未尽事宜，由双方另行协商后确定。

第四十四条 本合同一式______份，双方各执______份，报劳动行政主管部门备案______份。

第四十五条 甲方在本合同签订后______日内将本合同及说明报送相关劳动行政部门登记、审查和备案，自劳动行政部门收到日起15日内未提出异议的，本合同即行生效。

第四十六条 本合同经劳动行政部门审查后，双方应当及时以适当的方式向各自代表的全体成员公布。

甲方首席代表：	乙方首席代表：
（签字盖章）	（签字盖章）
日期：	日期：

14064

八、矿山企业安全专项集体合同

【使用场景】

本范本适用于矿山企业与工会或者职工委托的代表就安全专项内容所签署合同的情景。该合同是本着“安全第一，预防为主”的目的，为了保证施工质量和安全生产，保持良好的工作秩序和施工场所的卫生环境。

【法律要点】

1. 什么是专项集体合同?

所谓专项集体合同，是指用人单位与劳动者根据法律、法规、规章的规定，就集体协商的某项内容签订的专项书面协议。专项集体合同的订立、效力及发生争议的处理同集体合同。专项集体合同涉及某一个侧面问题，因而订立时候更有针对性，一般是针对某个劳动关系双方都关注的问题订立。专项集体合同的种类主要包括劳动安全卫生、女职工权益保护、工资调整机制等专项集体合同。

专项集体合同的约束力和其他集体合同相比有其特点，即其所涉及的只是企业的一个方面，但却有可能对全体职工（如劳动安全卫生、工资调整机制等专项集体合同）有约束力，或是对部分职工（如女职工保护专项集体合同）有约束力。

2. 什么是劳动安全卫生专项集体合同?

随着保护劳动者权益的认识逐步深入，劳动安全卫生标准越来越为社会所关注。在已有《劳动法》《工会法》《安全生产法》《职业病防治法》《消防法》《危险化学品安全管理条例》等劳动安全卫生法律、法规及标准的前提下，为进一步规范企业与职工双方在生产经营活动中的行为，加强安全生产的管理和监督，防止和减少安全生产事故的发生，维护职工的安全健康合法权益，促进企业的稳步发展，依据有关规定，结合某行业、某企业实际订立劳动安全卫生专项协议，已经越来越受到人民群众的关注。例如，在安全事故多发的采矿业，制定劳动安全卫生专项集体合同呼之欲出。该合同是本着“安全第一，预防为主”的目的，为保证施工质量和安全生产，保持良好的工作秩序和施工场所的卫生环境。

3. 签订矿山企业安全专项集体合同应当注意哪些事项?

根据《劳动合同法》的规定，企业职工一方与用人单位通过平等协商，可以就劳动报酬、工作时间、休息休假、劳动安全卫生、保险福利等事项订立集体合同。企业职工一方与用人单位可以订立劳动安全卫生、女职工权益保护、工资调整机制等专项集体合同。

集体合同草案应当提交职工代表大会或者全体职工讨论通过。集体合同由工会代表企业职工一方与用人单位订立；尚未建立工会的用人单位，由上级工会指导劳动者推举的代表与用人单位订立。集体合同订立后，应当报送劳动行政部门；劳动行政部门自收到集体合同文本之日起十五日内未提出异议的，集体合同即行生效。依法订立的集体合同对用人单位和劳动者具有约束力。行业性、区域性集体合同对当地本行业、本区域的用人单位和劳动者具有约束力。

集体合同中劳动报酬和劳动条件等标准不得低于当地人民政府规定的最低标准；用人单位与劳动者订立的劳动合同中劳动报酬和劳动条件等标准不得低于集体合同规定的标准。用人单位违反集体合同，侵犯职工劳动权益的，工会可以依法要求用人单位承担责任；因履行集体合同发生争议，经协商解决不成的，工会可以依法申请仲裁、提起诉讼。

【文本正文】

矿山企业安全专项集体合同

立合同人：

用人单位（以下称甲方）	职工方（以下称乙方）
单位名称：	工会名称：
经济类型：	员工总数：
协商首席代表：	协商首席代表：
首席代表职务：　　法定代表人	首席代表职务：　　工会主席：
其他代表：	其他代表：

本集体合同由____________（以下简称“甲方”）与____________（以下简称“乙方”）双方在自愿、平等的基础上，经友好协商依法签订。

第一条　为确保企业安全生产、文明生产，维护职工安全健康的合法权益，根据《中华人民共和国劳动法》《中华人民共和国工会法》《中华人民共和国安

14065

全生产法》《中华人民共和国职业病防治法》等法律法规的有关规定，并结合双方实际，特制定本合同。

第二条 甲方应遵守国家有关劳动安全卫生法律法规和政策的规定，建立健全劳动安全卫生责任制和各项规章制度，编写各项作业标准、安全操作规程和劳动保护措施，为职工提供符合国家、行业标准的劳动条件，保证安全生产；组织制定和实施安全生产、职业危害事故应急救援方案，减少工伤和职业病危害，保障职工健康及其相关权益。

第三条 乙方应严格遵守甲方劳动安全卫生工作规章制度，认真执行操作规程，积极参加甲方组织的安全培训和教育，正确佩戴和使用劳动保护用品，按照应急救援方案的规定进行应急救援，依法获得安全卫生保障。工会依法组织乙方参加劳动安全卫生工作的民主管理和民主监督，维护乙方的健康及其相关权益。

第四条 甲方应当加强对职工的劳动安全卫生知识教育和培训，保证职工了解国家和行业劳动安全卫生法律法规，熟悉甲方劳动安全卫生规章制度和操作规程，掌握本岗位劳动安全卫生管理、方法、技术和危害防护等基本知识，能在紧急情况下采取科学合理的应急救援措施。岗位作业人员必须经过国家有关机构培训，取得相应资格操作证后，方可上岗。

第五条 甲方保证给乙方创造符合国家标准、行业标准的劳动条件，包括生产设备、设施、生产工具和作业环境，并确保安全生产的资金投入，有计划的进行安全设备、设施的更新改造和维护，不断改善生产条件和劳动环境。

第六条 甲方安排乙方每日工作时间不超过八小时，平均每周不超过四十小时。甲方保证乙方每周至少休息一日，甲方由于工作需要，经与工会和乙方协商一致后，可以延长工作时间，一般每日不得超过一小时。因特殊原因需要延长工作时间的，在保障乙方身体健康的条件下，延长工作时间每日不得超过三小时，每月不得超过三十六小时。甲方延长乙方工作时间，应安排乙方同等时间补休或依法支付加班加点工资。

第七条 甲方在与乙方签订劳动合同时，应当将工作过程中可能产生的职业危害及其后果、职业病防护措施和待遇等如实告知乙方，并且应在接触有毒有害物质和存有较大危险的工作场所设置有毒有害信息卡、危险源点警示卡等安全标识。对粉尘等有害物质超标的作业地点，要采取有效的治理措施，确保达到国家、行业规定标准。

第八条 甲方对从事接触尘毒等有害作业职工要定期进行健康检查，并建立职工健康档案。对患有职业病的职工，要及时给予治疗和休息，并调离有毒有害工作岗位。乙方患职业病或因工负伤的工资和医疗按国家和省市有关规定执行。

第九条　甲方依法为职工办理工伤保险，并按时足额缴纳工伤保险费用。参保职工范围，由甲方和工会根据工种等实际情况共同确定。

第十条　乙方有权拒绝甲方管理人员违章指挥、强令冒险作业行为。对危害职工安全健康的行为，有权提出批评、检举和控告。

第十一条　甲方按照《女职工劳动保护规定》，做好女职工特殊保护工作。月经期间，不得安排从事高空、低温、冷水和国家规定的第三级体力劳动的强度；怀孕期间，除不得安排从事高空、低温、冷水和国家规定的第三级劳动强度的作业外，不得安排从事接触毒害作业。对不能胜任原劳动岗位的，应当根据医务部门的证明，予以减轻劳动量或者安排其他劳动。在怀孕期间，用人单位不得解除其劳动合同。

第十二条　甲方在研究制定和修改劳动安全卫生规章制度时，应通知工会参加；涉及职工劳动安全卫生的重大问题，须经职代会讨论审议并通过。甲方应在职代会召开期间向职工代表报告有关劳动安全卫生的情况，接受职工的监督。

第十三条　工会积极协助甲方对职工进行劳动安全卫生教育培训，监督国家劳动安全卫生法规和企业各项安全管理规章制度的执行。有权纠正违章指挥、强令工人冒险作业行为。发现重大事故隐患和职业危害时，工会有权向甲方或现场指挥人员提出改正意见；当发现危及职工生命安全的紧急情况时，有权向甲方或现场指挥人员要求停止作业，并组织工人撤离危险现场，并不得因此降低职工工资、福利待遇或者解除劳动合同。

第十四条　本合同有效期______年，自______年______月______日起至______年____月______日止，合同期满即终止。合同期满前______日双方可协商续订新合同。

第十五条　甲乙双方协商达成的本合同，应提交职工（代表）大会讨论通过，并由双方首席代表签字。本合同未尽事宜，由双方另行协商后确定。

第十六条　本合同一式______份，双方各执______份，报劳动行政部门备案______份。

第十七条　甲方在本合同签订后______日内将本合同及说明报送相关劳动行政部门登记、审查和备案，自劳动行政部门收到日起 15 日内未提出异议的，本合同即行生效。

第十八条　本合同经劳动行政部门审查后，双方应当及时以适当的方式向各自代表的全体成员公布。

甲方首席代表：　　　　乙方首席代表：

（签字盖章）　　　　（签字盖章）

日期：　　　　日期：

14065

第六类　矿业咨询服务类合同

一、矿业并购专项法律服务合同

【使用场景】

本范本适用于矿业律师为企业提供矿业并购法律服务的情景。在矿业并购法律服务业务中，律师利用所掌握的专业知识和技能，通过参与并购企业或目标项目的筛选、交易架构设计、法律尽职调查、参与并购相关商务谈判、起草和修订尽职调查报告、合作意向书、备忘录、股权投资协议或资产收购协议等法律文书、协助办理相关审批手续、交割手续等全过程或某一阶段的专项服务，从而帮助委托人判断并防范并购过程中的各类法律风险，维护委托人的利益。

【法律要点】

1. 什么是矿业并购？矿业并购包括哪些情形？

矿业并购即矿业企业并购。并购指的是两家或者更多的独立企业、公司合并组成一家企业，通常由一家占优势的公司吸收一家或者多家公司。矿业并购通常包括股权并购和资产并购（含矿业权转让）两种类型。

2. 什么是并购服务？并购服务包括哪些主要内容？

所谓并购服务，是指相关第三方为企业并购提供服务的活动。通常而言，并购服务包括以下主要内容：

（1）并购需求分析，形成适合企业的并购战略。根据企业的行业状况、自身资产、经营状况和发展战略确定自身的定位，进行企业并购需求分析、并购目标的特征模式，以及并购方向的选择与安排，形成适合企业的并购战略。

（2）并购目标选择。结合目标公司的资产质量、规模和产品品牌、经济区位以及与本企业在市场、地域和生产水平等方面进行比较，寻找潜在并购目标企业、初步调查分析、确定入围标的；进而进行尽职调查（包括生产经营、财务、税收、担保、诉讼等）、可行性分析，筛选出并购标的，避免陷入并购陷阱。

（3）并购时机选择。通过对目标企业进行持续的关注和信息积累，预测目标企业进行并购的时机，并利用定性、定量的模型进行初步可行性分析，最终确定合适的并购时机。

14066

（4）并购实施阶段。与目标企业进行谈判，确定并购方式、定价模型、并购的支付方式（现金、负债、资产、股权等）、法律文件的制作，确定并购后企业管理层人事安排、原有职工的解决方案等相关问题，直至股权过户、交付款项，完成交易。

3. 矿业并购专项法律服务合同应当包括哪些主要内容?

矿业并购专项法律服务合同是矿业律师为企业提供矿业并购法律服务时所签署的合同。通常情况下，矿业并购专项法律服务合同应当包括以下主要内容：服务事项及期限、人员指派、工作范围、工作方式、律师费用及支付、其他费用的负担、委托方的义务、受托方的义务、合同的解除、通知、法律适用及争议解决、合同的生效及其他等。矿业并购专项法律服务合同应当围绕上述相关内容约定双方之间的权利和义务。

4. 如何预防矿业并购的法律风险?

在矿业并购过程中有些风险是可以避免的，有些风险虽不可避免，但能采取有效措施予以疏导，最终化风险为机遇，下面对并购中的法律风险提出防范对策：

（1）正确选择并购方式

经过对被并购方的调查，如果该企业债权债务清晰，风险在可控范围之内，并购方可以采取重组改制或合作勘查、合作开采的方式进行并购。如果发现被并购方的债务较多或可能存在或有债务，并购方则可采取仅收购被并购方的矿权，或由被并购方以矿权作价出资共同投资新设公司的方式进行并购运作。该种并购方式不涉及被并购方的股权变动，并购方无需承担被并购方的债务，同时又能达到控制矿产资源的目的。

（2）充分开展调查，对产权不清的企业进行产权界定

并购方在进行并购的实质操作前应当对被并购方进行多方面调查，尤其注重在工商、国土等部门的调查，通过调查能够全面、充分地了解被并购方的产权信息，帮助并购方作出正确的并购策略。如果通过调查发现被并购方的产权可能不清晰，或者被并购方的矿权可能存在产权不清晰的情况，则必须要求被并购方根据产权界定的相关文件，制定完善的产权界定操作办法，理清企业的产权归属，为最终成功并购打下基础。

（3）科学制定并购合同，防范或有负债

鉴于或有负债的隐蔽性，且被并购方出于利益考虑往往不会主动披露企业存在的或有负债，在并购方通过尽职调查仍不能获悉被并购方是否存在或有负债的情况下，需要科学制定并购合同，通过合同条款规避风险。如在合同中明确界定并购方对被并购方的债务承担范围，超出范围的由出让方承担；由出让方对其所有应当披露的信息作出承诺，并配合

相关的违约责任条款；由出让方提供一定的担保，或合同约定分期付款，留存部分款项来防范或有债务等潜在风险。

（4）土地使用需按法律要求规范化

实践中，矿山企业由于行业属性，租用集体土地修路、建厂房且不办理产权登记的情形较为普遍，虽然有的土地租赁经过了乡镇政府的认可，但这种做法仍然是不符合法律规定的。我国法律对租赁集体土地有严格的限制，若矿山企业租用村集体土地未取得建设用地规划许可，县级以上人民政府土地行政主管部门有权责令限期改正，没收违法所得，并处罚款，矿山企业租赁期间的利益是无法得到保障的。因此应当按照法律程序完善土地使用手续，将集体土地征收为国有，由矿山企业与土地部门签订土地租赁合同，向房地产登记机构办理租赁土地使用权登记手续，最终取得相关部门颁发的注明“土地租赁”的房地产权证书。

（5）按法律程序完善矿区建设手续

由于矿区的违规建设不具有合法性，不会受到法律的保护，一旦发生安全生产事故，矿山企业需要承担全部责任，因此如同完善土地使用手续一样，企业也需要按照法律程序取得建设用地规划许可证、建设工程规划许可证等，完善矿区的基础建设手续，防范安全生产事故的发生。

（6）准确掌握目标公司环评情况

随着社会的进步，环评问题逐渐成为政策关注的焦点。并购方应重视对被并购方的环评调查，包括但不限于矿区周边生态环境、地质状况、是否处于禁采区、限采区，环保部门是否同意项目的生产等。掌握矿山企业的环评状况，不仅能有效预测环评成本，而且能防止因环评问题引起的民事纠纷、行政处罚，保障矿权项目得以顺利开采。

（7）聘请技术专家对企业技术进行审慎调查

矿山企业的技术是否需要更新换代，在被并购方主动披露之前，非专业人士是无法知悉的，因此并购方在对被并购方开展调查期间，应聘请有关技术专家对企业所拥有的技术一并进行调查、评估，从而正确判断被并购方的市场价值，防范并购方的风险。

（8）妥善处理并购后的矿山企业与周边村民关系

鉴于矿山企业与当地村集体以及村民长期、深远的联系，并购方在并购时应充分考虑并购后的矿山企业是否承继原企业对周边村民的社会责任，妥善处理与周边村民的关系，争取赢得周边村民的支持，实现矿区企业与村民的和谐共处，保障矿山的顺利开采。矿业并购的专业化要求极高，由于矿业自身的行业特点，加之并购方在信息、人员、专业知识等方面的局限，企业很难独自完成并购，需

14066

要聘请法律、地质、财务、评估等专业人员，帮助防范并购中的各种风险。

【文本正文】

矿业并购专项法律服务合同

立合同人：

甲方：

（名称、统一社会信用代码、住所、法定代表人、职务、委托代理人、身份证号码、通信地址、邮政编码、联系人、电话、传真、账号、电子信箱）

乙方：____________律师事务所

（名称、住所、法定代表人、职务、通信地址、邮政编码、联系人、电话、传真、账号、电子信箱）

鉴于：乙方为经中华人民共和国司法部批准设立的律师事务所，具备向社会提供法律服务的资格和能力。甲方因公司并购事宜需要专业的法律服务，特委托乙方为其提供法律服务，乙方表示同意。

根据《中华人民共和国合同法》《中华人民共和国律师法》及相关法律规定，甲乙双方本着自愿、平等、互惠互利、诚实信用的原则，经充分友好协商，特订立如下合同条款，以资共同恪守履行：

第一条　服务事项及期限

1. 乙方就甲方并购____________有限公司事项进行专项法律服务。

2. 本合同有效期自本合同生效之日起至甲方委托并购事项完成之日止。

第二条　人员指派

乙方接受甲方的委托，指派______、______等律师组成法律服务小组，负责处理甲方公司并购的法律事务。

第三条　工作范围①

条文注解：“工作范围”是本合同服务的内容，明确界定可以有效避免合同双方就此发生争议。

乙方律师的工作内容具体如下：

1. 起草并购意向书；

2. 进行法律尽职调查，并出具律师尽职调查报告；

3. 参与商务谈判，进行并购可行性策划和并购方案的设计；

4. 出具并购法律意见书；

5. 起草并购合同及并购所需的其他相关法律文件；

6. 协助办理并购过程中的其他法律事务。

第四条　工作方式

1. 甲方安排______同志与乙方联络，负责收集拟处理法律事务的相关资料，配合并督促乙方开展工作。

2. 乙方指派______律师负责与甲方进行日常联络，及时处理相关法律事务。

第五条　律师费用及支付

1. 双方协商同意，甲方向乙方支付律师费______元人民币。

2. 上述律师费，在甲方签署本合同之日起______日内支付______元；在委托事项完成之日起______日内支付剩余律师费用。

乙方开户银行：____________；开户名称：____________；账号：____________。

第六条　其他费用的负担

乙方律师办理甲方委托事项所发生的下列费用，应由甲方承担：

1. 行政、司法、鉴定、公证等部门收取的查档、鉴定、评估、公证等费用；

2.____________（地区）外发生的差旅费、食宿费，翻译费，复印费，通信费等；

3. 征得甲方同意后支出的其他费用。

第七条　甲方的义务

1. 甲方应当及时、准确、完整地向乙方提供并购事宜相关的所有资料和文件，并保证提交资料和文件的真实性和合法性；

2. 甲方应为乙方律师办理法律事务提出明确、合理的要求；

3. 甲方应按时、足额向乙方支付律师服务费用和工作费用；

4. 甲方更换联系人时应当及时书面通知乙方；

5. 甲方根据乙方律师提供的法律意见、建议、方案所作出的决定而导致的损失，非因乙方律师错误运用法律等失职行为所造成的，由甲方自行承担；

6. 甲方应当对乙方律师的工作提供必要的办公条件、通信设备和交通工具；

7. 由于甲方原因导致服务事项没有完成的，甲方不得要求退还已经支付的律师费用；

14066

8. 甲方委托的事项不得违反法律规定或律师执业规范；

9. 甲方应如实向乙方律师提供任何与委托事项相关的情况，不得隐瞒或提供虚假情况。

第八条　乙方的义务[①]

条文注解：在合同中明确法律服务机构的义务，可以让合同双方对于服务的标准具有清晰的认知。

1. 乙方应当指派熟知企业并购事项及相关法律的律师为甲方提供法律服务；

2. 乙方律师应勤勉尽责地完成委托事项，维护甲方的合法权益；

3. 乙方有权要求甲方提供与委托事项有关的文件、资料，并有权对文件、资料进行审查和验证；

4. 乙方律师应当在取得甲方提供的文件资料后，及时完成委托事项，并应甲方要求随时报告工作进度；

5. 乙方在维护甲方利益的前提下，遵从法律和行业规则的要求，有权保持工作的独立性和客观性；

6. 乙方律师在涉及甲方的对抗性案件或者交易活动中，未经甲方同意，不得担任与甲方具有法律上利益冲突的另一方的法律顾问或者代理人；

7. 乙方对甲方业务应当单独建档，保存完整的工作记录，对涉及甲方的原始证据、法律文件和财物应当妥善保管；

8. 乙方的工作时间和工作地点应根据甲方所需实际法律服务内容的不同与甲方具体协商或随时联系约定；

9. 乙方律师在甲方授权范围内代理甲方办理之事务所产生的法律责任，由甲方承担。

第九条　合同的解除

双方同意，当具备下列情形之一时，合同解除：

1. 合同期限届满，双方不再续签合同；

2. 双方通过书面方式解除本合同；

3. 甲方逾期______日不向乙方支付律师费或者工作费用，经乙方催告后，仍不支付时；

4. 甲方故意向乙方提供虚假情况、捏造事实，致使乙方律师不能提供有效的法律服务；

5. 甲方的委托事项违反法律或者违反律师执业规范的；

6. 当事人有其他违约或违法行为致使合同目的不能实现的。

第十条　通知

1. 任何与本合同有关的需要送达或给予的通知、合同、同意或其他通信，除双方另有约定外，应按双方当事人在本合同中列明的地址、传真、电话、电子邮件或其他联系方式进行；通过传真、电话、电子邮件发出的任何文件、资料、通知，在发出后即视为收讫。通过邮寄发出的任何文件、资料、通知，在寄出十天后即视为收讫。

2. 任何一方在本合同所列的地址、传真、电话、电子邮件或其他联系方式发生改变的，应自变更之日起______日内以书面形式通知对方，否则，对方按照原来的地址、传真、电话、电子邮件或其他联系方式发出的文件、资料、通知等均视为在前款约定的时间内收讫，由此产生的一切后果，均由另一方自行承担。

第十一条　法律适用及争议解决

1. 本合同的订立、效力、变更、解释、履行、终止和由本合同产生或与本合同有关之争议的解决，均适用中华人民共和国法律。

2. 凡因本合同引起的或与本合同有关的一切争议，双方应友好协商解决。如果争议自发生之日起三十日内仍不能得到解决，则任何一方均有权选择以下第______种方式解决：

（1）向______仲裁委员会申请仲裁，按照申请仲裁时该会实施的仲裁规则进行仲裁。

（2）向______人民法院起诉，以诉讼解决争议。

第十二条　合同的生效及其他

1. 本合同的附件为本合同不可分割的一部分；本合同及其附件内空格部分填写的文字与印刷文字具有同等法律效力。

2. 本合同中未尽事宜或出现与本合同相关的其他事宜时，由双方协商解决并另行签订书面补充合同，补充合同与本合同具有同等的法律效力。

3. 本合同自双方法定代表人或授权代表签字或盖章之日起生效。

4. 本合同一式______份，每方各执______份，具有同等法律效力。

5. 本合同由立约双方在中华人民共和国______签署。

（以下无合同正文条款）

甲方：（盖章）	乙方：（盖章）
法定代表人或授权代表：（签字）	法定代表人或授权代表：（签字）
日期：	日期：

14066

二、矿业权交易居间合同

【使用场景】

本范本适用于矿业权人通过第三方介绍进行矿权转让的情景。居间合同又称为中介合同，向他方报告订立合同的机会或者提供订立合同的媒介服务的一方为居间人，接受他方所提供的订约机会并支付报酬的一方为委托人。

【法律要点】

1. 什么是矿业权交易?

根据原国土资源部《矿业权交易规则》（国土资规〔2017〕7号）第2条的规定，矿业权交易是指县级以上人民政府国土资源主管部门（以下简称国土资源主管部门）出让矿业权或者矿业权人转让矿业权的行为。

其中，矿业权出让是指国土资源主管部门根据矿业权审批权限，以招标、拍卖、挂牌、申请在先、协议等方式依法向探矿权申请人授予探矿权和以招标、拍卖、挂牌、探矿权转采矿权、协议等方式依法向采矿权申请人授予采矿权的行为。矿业权转让是指矿业权人将矿业权依法转移给他人的行为。

广义上的矿业权交易，包括一级市场和二级市场上的矿业权交易。一级市场的矿业权交易，特指国家向符合条件的单位或个人出让或授予矿业权；二级市场的矿业权交易形式多样，包括买卖、租赁、抵押、合资（作价出资）、合作经营、矿业企业分立、合并、重组改制、上市及其他变更矿业权主体等方式进行的交易。

2. 什么是矿业权交易居间合同?

居间合同，是指居间人向委托人报告订立合同的机会或者提供订立合同的媒介服务，委托人支付报酬的合同。在民法理论上，居间合同又称为中介合同或者中介服务合同。向他方报告订立合同的机会或者提供订立合同的媒介服务的一方为居间人，接受他方所提供的订约机会并支付报酬的一方为委托人。

矿业权交易居间合同是矿业权人通过第三方介绍进行矿权转让活动过程中所签署的协议，其目的是规范矿业权人和居间服务人之间的权利义务关系。

3. 矿业权交易居间合同应当包括哪些主要内容?

矿业权交易居间合同是矿业权人通过第三方介绍进行矿权转让时所签署的合同。通常情况下，矿业权交易居间合同应当包括以下主要内容：委托事项、居间期限、委托方权利义务、居间方权利义务、居间报酬和支付、居间费用和税费承担、违约责任、通知、法律适用及争议解决、合同的生效及其他等。矿业权交易居间合同应当围绕上述相关内容约定双方之间的权利和义务。

【文本正文】

矿业权交易居间合同

立合同人：

委托方（简称“甲方”）：

（名称、统一社会信用代码、住所、法定代表人、职务、委托代理人、身份证号码、通信地址、邮政编码、联系人、电话、传真、账号、电子信箱）

居间方（简称“乙方”）：

（名称、统一社会信用代码、住所、法定代表人、职务、委托代理人、身份证号码、通信地址、邮政编码、联系人、电话、传真、账号、电子信箱）

根据《中华人民共和国合同法》及相关法律法规的规定，甲乙双方本着平等、自愿、诚实信用的原则，经充分友好协商，就乙方接受甲方委托居间交易本合同指定矿权（见附件一《居间交易矿权信息表》）的相关事宜，达成如下条款：

第一条　委托事项

甲方委托乙方为唯一居间人，且乙方愿意接受甲方委托，就本合同指定矿权（见附件一《居间交易矿权信息表》），引荐第三方和甲方进行交易，向第三方提供关于该矿权相关信息，为甲方提供媒介服务，撮合第三方与甲方达成交易。

第二条　居间期限

1. 居间期限自______年______月______日至______年______月______日，共计______日。① 乙方超出该居间期限没有完成委托事项时，本合同终止，甲方有权另行选定其他合作对象。

14067

条文注解：“居间期限”的明确可以达到区分最终交易的成功是否是基于居间方的服务所产生，且具有促使居间方撮合居间主动性的作用，此类合同应尽量对此予以明确约定。

2. 本合同矿权委托交易底价为人民币______万元整（大写______元整）。

第三条　甲方权利义务

1. 向乙方提供与矿权交易相关的全部资证文件，负责和矿权购买方进行合同谈判；

2. 在乙方接受委托期间，甲方不得自行交易或委托第三方交易本合同约定的矿权；

3. 甲方应积极配合乙方的工作，对乙方作为居间人的活动不得非法干涉；

4. 如果居间成功，则由甲方与购买第三方另行签订转让合同，并全面履行和购买第三方所签订的矿权转让合同。甲方因履行矿权转让合同而产生的权利和义务，与乙方无关；

5. 如果居间成功，则甲方应当按照本合同约定的报酬总额和支付方式，负有向乙方支付居间报酬的义务。甲方不得以与购买第三方之间的任何纠纷而拒绝向乙方履行付款义务；

6. 甲方应当履行的其他权利和义务。

第四条　乙方权利义务

1. 向甲方提供准确、真实的矿权媒介信息，并保证上述信息的真实可靠；

2. 为甲方提供与购买第三方交易的相关撮合服务，尽到作为居间人的慎谨和诚实义务，尽己所能帮助甲方策划，协助和指导甲方；

3. 乙方不得为甲方和购买第三方作任何明示或暗示担保。甲方与购买第三方之间因矿权交易发生纠纷时，由其双方自行解决；

4. 居间合同期间，购买第三方确定后，乙方应及时通知甲方签订《矿权交易合同》；

5. 乙方促成甲方与购买第三方签订《矿权交易合同》时，即为居间行为完成，乙方作为本合同的义务已经履行完毕；

6. 乙方对于甲方的所有信息资料负有保密义务，且无论本合同无效、解除、终止，均不影响其保密义务的承担。

第五条　居间报酬和支付

1. 双方协商同意，按照矿权交易合同总金额的______%向乙方支付居间报酬。

2. 支付方法[①]

条文注解：居间报酬的支付通常分为三期，该三期中各支付节点的设计可以达到促使居间方尽快促成交易的目的。

（1）自双方签订本合同之日起______日内，甲方向乙方支付委托酬金人民币______元整（大写______元），作为居间合同履约保证金；

（2）自甲方与矿权购买第三方签订《矿权交易合同》之日起______日内，甲方向乙方支付委托酬金总额的______%，计______元；

（3）待甲方与矿权购买第三方对矿权完成变更登记手续后______日内，甲方向乙方支付剩余的全部委托酬金。

第六条　居间费用和税费承担

1. 居间费用是乙方为完成委托事项实际支出的必要费用，有别于居间报酬。乙方无论是否完成合同所包含委托事项，乙方同意全部自行承担居间活动费用。

2. 双方依照法律的规定承担各自应当履行的纳税义务。

第七条　违约责任

1. 本合同期间，甲方单方面终止合同或自行、委托第三方交易矿权的，应以其矿权实际交易价的______%向乙方承担违约金；

2. 居间期间或居间期限届满后，甲方及其关系人（包括但不仅限于甲方的直系或旁系亲属、朋友、同事等）私下自行与第三方交易该矿权项目时，需经过居间方最终确认“此第三方（真正的买受人）是否是居间方客户”，若是，甲方应以其矿权交易底价的______%向乙方承担违约金；

3. 甲方隐瞒事实情况，致使矿权无法交易，与购买第三方产生法律纠纷的，甲方应当承担一切责任，与乙方无关。同时，甲方还应以其矿权交易底价的______%向乙方承担违约金；

4. 居间方超越居间权限向购买第三方承诺的，因此导致的后果由居间方承担。

5. 如违约方的行为造成守约方经济及其他方面的损害，守约方可进一步向违约方追索。

第八条　通知

1. 任何与本合同有关的需要送达或给予的通知、合同、同意或其他通信，除双方另有约定外，应按双方当事人在本合同中列明的地址、传真、电话、电

14067

子邮件或其他联系方式进行；通过传真、电话、电子邮件发出的任何文件、资料、通知，在发出后即视为收讫。通过邮寄发出的任何文件、资料、通知，在寄出十天后即视为收讫。

2. 任何一方在本合同所列的地址、传真、电话、电子邮件或其他联系方式发生改变的，应自变更之日起______日内以书面形式通知对方，否则，对方按照原来的地址、传真、电话、电子邮件或其他联系方式发出的文件、资料、通知等均视为在前款约定的时间内收讫，由此产生的一切后果，均由另一方自行承担。

第九条　法律适用及争议解决

1. 本合同的订立、效力、变更、解释、履行、终止和由本合同产生或与本合同有关之争议的解决，均适用中华人民共和国法律。

2. 凡因本合同引起的或与本合同有关的一切争议，双方应友好协商解决。如果争议自发生之日起三十日内仍不能得到解决，则任何一方均有权选择以下第______种方式解决：

（1）向______仲裁委员会申请仲裁，按照申请仲裁时该会实施的仲裁规则进行仲裁。

（2）向______人民法院起诉，以诉讼解决争议。

第十条　合同的生效及其他

1. 本合同的附件为本合同不可分割的一部分；本合同及其附件内空格部分填写的文字与印刷文字具有同等法律效力。

2. 本合同中未尽事宜或出现与本合同相关的其他事宜时，由双方协商解决并另行签订书面补充合同，补充合同与本合同具有同等的法律效力。

3. 本合同自双方法定代表人或授权代表签字或盖章之日起生效。

4. 本合同一式______份，每方各执______份，具有同等法律效力。

5. 本合同由甲乙双方在中华人民共和国______签署。

（以下无合同正文条款）

甲方：（盖章）	乙方：（盖章）
法定代表人或授权代表：（签字）	法定代表人或授权代表：（签字）
日期：	日期：

三、矿业融资居间合同

【使用场景】

本范本适用于矿业企业通过第三方进行融资的情景。矿业融资是矿业企业根据自身的生产经营状况、资金需求状况，以及企业未来经营发展的需要，通过一定的方式向投资者和债权人筹集资金并安排使用资金的一种民事行为。居间合同又称为中介合同，向他方报告订立合同的机会或者提供订立合同的媒介服务的一方为居间人，接受他方所提供的订约机会并支付报酬的一方为委托人。

【法律要点】

1. 什么是矿业融资?

矿业融资，是指矿业企业在矿产勘查、开采生产过程中主动进行资金筹集和资金运用的行为和过程。广义的融资是指资金在持有者之间流动以余补缺的一种经济行为，这是资金双向互动的过程，包括资金的融入（资金的来源）和融出（资金的运用）。狭义的融资仅指资金的融入。矿业融资是矿业企业根据自身的生产经营状况、资金需求状况，以及企业未来经营发展的需要，通过一定的方式向投资者和债权人筹集资金并安排使用资金的一种民事行为。矿业企业在矿产勘查和开采生产过程中都需要进行资金筹集，而利用融资是一种有效的经济行为。

2. 什么是矿业融资居间合同?

居间合同，是指居间人向委托人报告订立合同的机会或者提供订立合同的媒介服务，委托人支付报酬的合同。在民法理论上，居间合同又称为中介合同或者中介服务合同。向他方报告订立合同的机会或者提供订立合同的媒介服务的一方为居间人，接受他方所提供的订约机会并支付报酬的一方为委托人。

矿业权融资居间合同是矿业权人通过第三方介绍进行矿业融资活动过程中所签署的协议，其目的是为了规范矿业权人和居间服务人之间的权利义务关系。

3. 矿业融资居间合同应当包括哪些主要内容?

矿业融资居间合同是矿业企业通过第三方进行融资时所签署的合同。通常

14068

情况下，矿业融资居间合同应当包括以下主要内容：委托居间事项、居间期限、委托方义务、居间方义务、居间报酬费用、诚实信用条款、违约责任、通知、争议解决方式、合同的生效及其他等。矿业融资居间合同应当围绕上述相关内容约定双方之间的权利和义务。

【文本正文】

矿业融资居间合同

立合同人：

委托方（简称“甲方”）：

（名称、统一社会信用代码、住所、法定代表人、职务、委托代理人、身份证号码、通信地址、邮政编码、联系人、电话、传真、账号、电子信箱）

居间方（简称“乙方”）：

（名称、统一社会信用代码、住所、法定代表人、职务、委托代理人、身份证号码、通信地址、邮政编码、联系人、电话、传真、账号、电子信箱）

融资单位（以下简称“目标公司”）：____________公司

（名称、统一社会信用代码、住所、法定代表人、职务、委托代理人、身份证号码、通信地址、邮政编码、联系人、电话、传真、账号、电子信箱）

甲乙和融资单位三方根据《中华人民共和国合同法》等法律法规的规定，经友好充分协商，按照平等自愿、诚实信用等原则，就甲方委托乙方为甲方旗下____________公司（目标公司）____________矿项目融资居间服务合作事宜达成如下条款：

第一条　委托居间事项

1. 甲方因拟为目标公司招商融资事宜，特别授权委托乙方作为目标公司项目资金引进和融资管理顾问，全权负责目标公司招商融资的居间服务和顾问工作（《授权委托书》见附件______）。

2. 乙方愿意接受甲方委托，全面负责招商融资事项的居间联系和接洽投资第三方，并向甲方及时报告招商融资项目的相关事宜，全力促成甲方或目标公司与投资第三方签订相关融资协议（以具体合作方式而定，以下简称“融资协议”）。

3. 甲方对乙方特别授权的全部内容均为不可撤销的授权。[①]

条文注解：为确保融资居间方的合法权益，防止融资方擅自解除委托造成居间方利益的损失，有必要约定该授权委托为不可撤销的授权委托。

第二条　居间期限

1. 居间期限自______年______月______日至______年______月______日，共计______日。①

条文注解："居间期限"的明确可以达到区分最终交易的成功是否是基于居间方的服务所产生，且具有促使居间方尽到撮合居间主动性的作用，此类合同应尽量对此予以明确约定。

2. 居间期限届满后，由合同各方视具体情况协商确定是否延续。

第三条　甲方义务

1. 甲方应积极配合乙方工作，对乙方作为居间人的活动不得非法干涉。应投资第三方的合理要求，甲方应及时向乙方提供投资第三方所要知晓的相关资料信息，并确保全部信息的真实完整、合法有效。

2. 甲方承诺：在甲方与投资第三方签订融资协议之前，不在任何时间以任何方式独自与投资第三方私下接触。在乙方接受委托后，甲方不得就目标公司招商融资事宜自行或另行委托他人办理。

3. 在投资第三方审查目标公司的相关证照手续并实地勘察后，有意与甲方及目标公司合作时，甲方应积极协助乙方和投资方，全力促成该融资协议的订立。

4. 如果居间成功，则由甲方或目标公司与投资第三方另行签订融资协议，并全面履行和投资第三方所签订的融资协议。甲方或目标公司因履行融资协议而产生的权利和义务与乙方无关。

5. 如果居间成功，则甲方应当按照本合同所约定的报酬总额和支付方式，负有向乙方支付居间报酬的义务。甲方不得以甲方和目标公司与投资第三方之间的任何纠纷而拒绝向乙方履行付款义务。

6. 甲方应当履行对本合同的保密义务和其他权利义务。

第四条　乙方义务

1. 乙方应按照甲方的授权委托，为甲方提供与投资第三方合作的相关撮合

14068

服务，尽到作为居间人的慎谨和诚实义务。

2. 在签订本合同后，乙方应当根据甲方要求积极寻找投资第三方，向甲方提供投资第三方真实的履约能力和资信情况，并根据需要安排甲方和投资第三方就该项目招商融资诸事宜进行三方公开接触。

3. 在甲方、乙方与投资第三方公开接触后，乙方仍应尽到作为居间人的勤谨义务，全面参与和配合甲方与投资第三方就项目融资诸事宜的磋商、谈判等事务，全力促成该项目融资协议的订立。待投资第三方确定后，乙方应及时通知甲方签订《融资协议》。

4. 乙方不得为甲方和投资第三方作任何明示或暗示担保。甲方或目标公司与投资第三方之间因招商融资合作事宜发生纠纷时，由其双方自行解决。

5. 乙方促成甲方或目标公司与投资第三方就融资协议签订完毕时，即为居间行为完成，乙方作为本合同的全部义务已经履行完毕。

6. 乙方应严格保守因居间行为所知晓的甲方、目标公司和投资第三方的商业秘密，非经甲方、目标公司和投资第三方的书面同意，不得向任何他人披露。

第五条　居间报酬费用

1. 居间报酬计算标准

（1）合同各方一致同意以目标公司合作融资总额的______%作为乙方居间报酬。甲方和目标公司同意为此合同项下向乙方支付居间报酬承担连带责任保证。

（2）融资总额是指甲方或目标公司与投资第三方达成融资协议中所约定的全部具有价值或利益的内容，包括但不仅限于货币资金等有形或无形资产价值折算的全部金额总和。

（3）如融资总额中存在非货币价值的情形，合同各方一致同意委托相关专业机构予以量化评估。甲方和目标公司对此评估工作负有相应的协助义务。若甲方和目标公司未尽到协助义务而导致无法评估时，视为甲方和目标公司放弃作出评估，则乙方有权就此非货币价值融资要求甲方向乙方支付最低不少于______万元的居间报酬。

2. 甲方应当与投资第三方在签订的融资协议中明确约定以下内容："自融资协议签署日起______日内，融资各方应与______（投资方 / 融资方）所在地的______银行签署一份四方合同（包括投资方、融资方、居间方、银行四方，以下简称"四方合同"），以融资方的名义在该银行开设一个独立的银行账户（以下简称"监管账户"）。该合同应约定：该账户为投资方、融资方、居间方三方共同监管的、专门用于存放本协议项下融资款项的账户；三方各指定一名授权代表，共同作为联合授权签字人；联合授权签字人应在监管账户的开户银行办理预留印鉴等手续，该监管账户之任何款项的支付，必须由联合授权签字人共同签署方可办理；未经三方的一致同意，监管账户的开户银行不得为任何一方办理该账户联合授权签字人的印鉴变更或撤销手续；监管账户应于四方合同签署之日开立。[1]

> 条文注解：设立监管账户的目的在于确保居间方利益，防止在融资成功后融资方不予支付居间费用。

3. 在甲方或目标公司与投资第三方签订该融资协议，并在按融资协议所约定的首批融资款项到达监管账户的同时，甲方负责按照本合同书的约定一次性向乙方支付全部居间报酬。若融资总额中存在非货币价值的情形时，则监管账户中应当预留一定的资金，在对于非货币价值量化评估后一次性全额向乙方支付对应的居间报酬。

4. 乙方在收到居间报酬后应向甲方出具合法的财务收据。甲方在支付乙方全部报酬时，有权按照有关规定先行扣除该报酬税款。

5. 对前期财务审计、法律、评估、可行性方案的咨询服务，根据服务项目，费用另议。

6. 无论甲方或目标公司与投资第三方之间最终能否订立融资协议，乙方都自行承担乙方在居间活动期间所支出的全部费用。

第六条　诚实信用条款

1. 若甲方或目标公司与投资第三方约定由投资第三方先期投入部分资金或非货币价值，则在投资第三方作出此项工作后，甲方或目标公司不得再与该投资第三方外的他人订立融资协议，否则乙方有权要求甲方按照本合同约定支付最低不少于______万元的居间报酬。

2. 如果甲方自身或以除目标公司外的相关企业或其子公司及一切转投资公司的名义与乙方选定的投资第三方订立融资协议，乙方同样有权要求甲方按本合同约定支付居间报酬。

3. 在甲方、乙方与投资第三方公开接触后，无论何时何因，只要甲方或目标公司与乙方选定的投资第三方最终订立了融资协议，乙方均有权要求甲方按合同约定支付居间报酬。

4. 若甲方或其关联的企业及个人最终与乙方选定的投资第三方订立了融资协议，本条（第六条）及本合同相关约定永远有效，即使出现合同被解除或终止等情形。若甲方或目标公司与投资第三方外并和投资第三方无关联的企业或个人订立融资协议，则与乙方无关。

14068

第七条　违约责任

1. 甲方若单方面终止合同或自行、委托第三方办理所涉招商融资事项的，应以其融资合作价值总额的______%向乙方承担违约金。

2. 甲方及其关系方（包括但不仅限于除目标公司外的相关企业或其子公司及一切转投资公司等）私下自行与投资方合作该招商融资项目时，需经过乙方最终确认“此第三方（真正的投资方）是否是居间方客户”，若是，甲方应当以其招商融资合作价值总额的______%向乙方承担违约金。

3. 融资协议签订后，投资第三方发现甲方隐瞒事实情况，致使招商融资项目无法继续合作，与甲方产生法律纠纷的，甲方应当承担一切责任，与乙方无关。在此情形下，甲方无权因此要求乙方退还已经向乙方支付的居间报酬，对于尚未支付的居间报酬甲方仍应当依照本合同的约定予以支付。如拖延支付，则甲方还应当以融资协议所显示的招商融资合作价值总额的______%向乙方承担违约金。

4. 居间方超越居间权限向投资方承诺的，因此导致的后果由居间方自行承担。

5. 如违约方的行为造成守约方经济及其他方面的损害，守约方可进一步向违约方追索。

第八条　通知

1. 任何与本合同有关的需要送达或给予的通知、合同、同意或其他通信，除双方另有约定外，应按双方当事人在本合同中列明的地址、传真、电话、电子邮件或其他联系方式进行；通过传真、电话、电子邮件发出的任何文件、资料、通知，在发出后即视为收讫。通过邮寄发出的任何文件、资料、通知，在寄出十天后即视为收讫。

2. 任何一方在本合同所列的地址、传真、电话、电子邮件或其他联系方式发生改变的，应自变更之日起______日内以书面形式通知对方，否则，对方按照原来的地址、传真、电话、电子邮件或其他联系方式发出的文件、资料、通知等均视为在前款约定的时间内收讫，由此产生的一切后果，均由另一方自行承担。

第九条　争议解决方式

1. 本合同订立、效力、变更、解释、履行、终止和由本合同产生或与本合同有关之争议的解决，均适用中华人民共和国法律。

2. 凡因本合同引起的或与本合同有关的一切争议，双方应友好协商解决。如果争议自发生之日起三十日内仍不能得到解决，则任何一方均有权选择以下第______种方式解决：

（1）向______仲裁委员会申请仲裁；按照申请仲裁时该会实施的仲裁规则进行仲裁。

（2）向______人民法院起诉，以诉讼解决争议。

3. 败诉方应承担胜诉方包括但不限于律师费、调查费等因解决争议而支出的合理费用。

第十条　合同的生效及其他

1. 本合同的补充协议、附件、说明、解释均属于本合同的有机组成部分。本合同及其附件内空格部分填写的文字与印刷文字具有同等法律效力。

2. 本合同未尽事宜或与本合同相关其他事宜，由各方协商解决并另行签订书面补充协议，补充协议与本合同具有同等法律效力。

3. 甲方应与投资第三方约定在签订融资协议时，同时由乙方执一份该融资协议。甲方与投资第三方因履行所签融资协议而产生除影响乙方按本合同应得权利外的其他权利义务的，均与乙方无关。

4. 本合同自当事各方盖章以及法定代表人或其授权代表签字之日起生效。

5. 本合同一式______份，双方各执______份，具有同等法律效力。

6. 本合同由甲乙双方在中华人民共和国______签署。

（以下无合同正文）

甲方：（盖章）

法定代表人或授权代表：（签字）　　　　　　　　日期：

乙方：（盖章）

法定代表人或授权代表：（签字）　　　　　　　　日期：

目标公司：（盖章）

法定代表人或授权代表：（签字）　　　　　　　　日期：

14068

四、非公开性地质资料使用许可协议

【使用场景】

本范本适用于地质资料保管单位根据相关法律法规的规定将非公开性地质资料提供使用许可的情景。地质资料是通过劳动对客观地质体和矿产资源进行勘查、开发的成果反映，是国家的重要档案资料。根据《矿产资源法》的规定，我国对矿产资源勘查成果档案资料实行统一汇交管理。

【法律要点】

1. 什么是地质资料?

《地质资料管理条例》（国务院令第 349 号）第 2 条规定，地质资料是指在地质工作中形成的文字、图表、声像、电磁介质等形式的原始地质资料、成果地质资料和岩矿芯、各类标本、光薄片、样品等实物地质资料。地质资料是通过劳动对客观地质体和矿产资源进行勘查、开发的成果反映，是国家的重要档案资料。根据《矿产资源法》的规定，我国对矿产资源勘查成果档案资料实行统一管理。

2. 什么是地质资料统一汇交制度? 设立地质资料汇交制度的目的是什么?

《地质资料管理条例》（国务院令第 349 号）第 8 条规定，国家对地质资料实行统一汇交制度。地质资料汇交人应当按照《地质资料管理条例》附件所规定的范围汇交地质资料。除成果地质资料、国家规定需要汇交的原始地质资料和实物地质资料外，其他的原始地质资料和实物地质资料只需汇交目录。国家规定需要汇交的原始地质资料和实物地质资料细目，由国务院国土资源主管部门商国务院有关部门制定。

国家设立地质资料汇交管理制度的目的：一是为了维护矿产资源国家所有权益，地质资料作为矿产资源最详细的说明书，国家必须要对其进行统一管理，以达到国家管理矿产资源的需要；二是通过向社会提供借阅使用地质资料，更好地发挥它的经济效益和社会效益；三是通过对汇交资料的二次开发，为政府管理决策和企业经营决策提供信息和依据。

3. 哪些地质资料可以向社会公开提供利用?

根据原国土资源部和国家保密局发布的《加强地质资料社会化服务的若干规定》（国

土资发〔2005〕第215号）规定，除《国土资源管理工作国家秘密范围的规定》（国土资发2003第147号，以下简称147号文件）和《测绘管理工作国家秘密范围的规定》（国测办字2003第17号，以下简称17号文件）所列国家秘密目录范围内的地质资料外，其他资料均可公开提供社会利用。但是，涉及军事、海洋和放射性矿产的地质资料查阅利用，应当执行其主管部门保密范围的规定。保密范围内的地质资料，如果系由多个相对独立的单件组成，则其中不涉密的单件资料，可以单独公开，供社会利用。

除涉及军事、海洋和放射性矿产地质资料外，外商需利用不在147号文件所列国家秘密目录范围内，但在17号文件所列国家秘密目录范围内的其他地质资料的，可委托国土资源主管部门所属地质资料馆藏机构，按照国务院和中央军事委员会规定的审批程序办理报批手续。对于不在《加强地质资料社会化服务的若干规定》所列国家秘密目录范围内，比例尺大于或等于1 ∶ 50万的各类地质图件，可由受委托的馆藏机构，将图中的经纬线及其注记去掉后，提供给委托人利用。

4. 关于地质资料的公开期限是如何规定的?

根据《地质资料管理条例》（国务院令第349号）第15条的规定，探矿权人、采矿权人汇交的地质资料，自勘查许可证、采矿许可证有效期届满之日起30日内，由地质资料馆或者地质资料保管单位予以公开；勘查许可证、采矿许可证获准延期的，自延续期届满之日起30日内，由地质资料馆或者地质资料保管单位予以公开。除此以外的地质资料，自汇交之日起90日内，由地质资料馆或者地质资料保管单位予以公开。需要保护的，由汇交人在汇交地质资料时到负责接收地质资料的地质矿产主管部门办理保护登记手续，自办理保护登记手续之日起计算，保护期不得超过5年；需要延期保护的，汇交人应当在保护期届满前的30日内，到原登记机关办理延期保护登记手续，延长期限不得超过5年。地质资料自保护期届满之日起30日内，由地质资料馆或者地质资料保管单位予以公开。

涉及国家秘密或者著作权的地质资料的保护、公开和利用，按照保守国家秘密法、著作权法的有关规定执行。保护期内的地质资料，只公开资料目录。但是，汇交人书面同意提前公开其汇交的地质资料的，自其同意之日起，由地质资料馆或者地质资料保管单位予以公开。

14069

关注法天使

【文本正文】

非公开性地质资料使用许可协议

提供方（简称“甲方”）：____________地质资料馆

（法定代表人、住所、邮政编码、电话。）

使用方（简称“乙方”）：

（名称、统一社会信用代码、住所、法定代表人、职务、委托代理人、身份证号码、通信地址、邮政编码、联系人、电话、传真、账号、电子信箱）

本使用许可协议仅赋予乙方享有本协议所规定用途的国家非公开性成果地质资料的使用权。甲方保证所提供的国家非公开性成果地质资料的合法性。本许可协议为不可转让和非独占的。本许可协议由许可协议文本、附表及附件组成。

第一条　使用方应遵守的规定

1. 乙方仅限于在本项工作（指所持项目任务书内规定工作）的范围内使用国家非公开性成果地质资料，不得扩展到其他领域或单位，但获得特别许可的除外。

2. 乙方对被许可使用的国家非公开性成果地质资料不拥有复制、传播、出版或翻译成外语等权利，不具备向第三方提供国家非公开性成果地质资料的权利。乙方可根据需要对资料内容进行必要的修改和对资料格式进行转换，但应将修改、转换的情况及其修改、转换的内容向甲方报告备案，且未经许可，不得将修改、转换后的资料对外发布和提供给任何第三方使用。乙方不得将国家非公开性成果地质资料或其衍生成果在计算机互联网上登载，也不得以任何其他方式使用或传播而致其泄密[①]。

> 条文注解：对地质资料使用方适用范围的限制，可以督促其履行保密义务，并确保避免因地质资料使用而产生不必要的纠纷产生。

3. 乙方必须根据国家成果地质资料的密级，按国家有关保密法律法规的要求采取有效的保密措施，严防泄密。

4. 乙方法定代表人应指定本单位联系人，负责本单位使用非公开性成果地质资料的审查与资料利用工作。乙方应及时将所指定的联系人的相关资料提供给甲方备案，具体包括：法人单位对联系人签署的委托书，委托书需要加盖公章和法人签字，联系人的联系方式、身份证复印件及亲笔签名等。

5. 乙方的有关人员使用国家非公开性成果地质资料，须持本单位联系人签字的介绍信办理借阅复制手续，介绍信上应注明使用资料的工作范围、用途及借阅人员身份证号。

6. 乙方法定代表人或联系人发生变更时，应及时通知甲方，并在发生变更后 30 日内，办理相关的变更手续。

第二条　提供方的责任与义务

1. 甲方所提供的国家非公开性成果地质资料及许可的用途等见附表。甲方在向乙方提供国家非公开性成果地质资料时，同时提供国家非公开性成果地质资料的相应数据说明和使用说明。乙方自己负责安装与使用。技术培训、数据更新需与甲方另行签订协议。

2. 甲方在保证数据复制质量的前提下，不承诺对所提供的国家非公开性成果地质资料中可能存在的与现实的某种不一致或缺陷进行修改。甲方不因该资料本身的瑕疵而对乙方所造成的任何后果承担任何责任。

3. 甲方不接受任何形式的退货诉求。

第三条　协议期限

本协议有效期自签订之日起至______年______月______日止。期满后，如需继续，另签协议。

第四条　违约责任

1. 乙方在使用成果地质资料中违反国家法律法规或国土资源主管部门的规定，其使用权即无条件终止，并承担相应的法律责任。

2. 乙方违反本协议的任何约定，甲方有权收回其所提供的成果地质资料及相关资料，乙方不能保留任何拷贝或使用基于该非公开性成果地质资料开发的任何成果，并需赔偿因其违约行为给甲方造成的一切经济损失，同时对由此产生的一切非经济后果负全部责任。

第五条　通知

1. 任何与本协议有关的需要送达或给予的通知、合同、同意或其他通信，除双方另有约定外，应按双方当事人在本协议中列明的地址、传真、电话、电子邮件或其他联系方式进行；通过传真、电话、电子邮件发出的任何文件、资料、通知，在发出后即视为收讫。通过邮寄发出的任何文件、资料、通知，在寄出 10 天后即视为收讫。

2. 任何一方在本协议所列的地址、传真、电话、电子邮件或其他联系方式发生改变的，应自变更之日起______日内以书面形式通知对方，否则，对方按照原来的地址、传真、电话、电子邮件或其他联系方式发出的文件、资料、通

14069

知等均视为在前款约定的时间内收讫，由此产生的一切后果，均由另一方自行承担。

第六条　协议的生效及其他

1. 本协议的附件为本协议不可分割的一部分；本协议及其附件内空格部分填写的文字与印刷文字具有同等法律效力。

2. 本协议中未尽事宜或出现与本协议相关的其他事宜时，由双方协商解决并另行签订书面补充协议，补充协议与本协议具有同等的法律效力。

3. 本协议自双方法定代表人或授权代表签字或盖章之日起生效。

4. 本协议一式______份，每方各执______份，具有同等法律效力。

5. 本协议由甲乙双方在中华人民共和国______签署。

（以下无协议正文条款）

甲方：（盖章）	乙方：（盖章）
法定代表人或授权代表：（签字）	法定代表人或授权代表：（签字）
日期：	日期：

五、矿山储量核查检测合同

【使用场景】

本范本适用于采矿权人安排或委托具有资格的矿山检测机构对占用的保有资源储量进行核查检测的情景。“检测”是指采矿权人必须按统一的技术要求，安排或委托具有资格的矿山检测机构对占用的保有资源储量进行检测，并向所在地国土资源主管部门提交《检测报告》。“核查”是指各级国土资源主管部门按照管理权限，对矿山检测工作进行监督，对检测年度报告进行审查核实。

【法律要点】

1. 什么是储量？什么是矿产储量？矿产储量可以分为哪些类型？

储量是矿产储量的简称，泛指矿产的蕴藏量，其表示方式有矿石储量（简称矿石量）、金属储量（简称金属量）或有用组分储量、有用矿物储量等，多数以质量（吨、千克、克拉）计，少数以体积（立方米）计，它没有扣除未来开采和加工时的贫化与损失。根据《矿产资源储量评审认定办法》（国土资发〔1999〕205 号）第 3 条的规定，矿产资源储量是指经过矿产资源勘查和可行性评价工作所获得的矿产资源蕴藏量的总称。矿产储量是经勘查探明具有利用价值的，呈固态、液态、气态的能源矿产、金属矿产、非金属矿产和水气矿产的储藏量。

矿产储量按国家规定的有关规范和标准划分为不同的级别，不同级别的储量可靠性是有区别的。矿产资源储量是矿业权评估的主要核心内容，其矿产资源储量可信度主要是指探明矿产的质和量以及工程控制程度，影响矿产储量变化的主要不确定因素等，因此矿产资源储量可信度的确定将直接影响矿山采出矿石量、采出矿石品位及矿山合理建设规模等。

储量是矿产地质工作的一项主要成果，也是制定国民经济计划，进行矿山建设的重要依据。我国于 1999 年制定的《固体矿产资源 / 储量分类》中的储量是指基础储量中的经济可采部分，即在预可行性研究、可行性研究或编制年度采掘计划的当时，经过对经济、开采、选冶、环境、法律、市场、社会和政府等诸因素的研究和相应修改，结果表明在当时是经济可采或已经开采的部分。

14070

矿产资源储量按地质勘查可靠程度可分为查明的矿产资源和潜在的矿产资源两大类。查明的矿产资源，是指经勘查工作已经发现的固体矿产资源综合，其形态、位置、产状、规模、品位、质量、数量已经查明。可分为储量、基础储量和资源量三大类16种。潜在矿产资源是指对矿化潜力较大的地区经过预查得出的结果，有足够数据并能与地质特征相似的已知矿床类型类比的那部分资源量。根据勘查阶段和可行性评价阶段的不同，储量可分为可采储量和预可采储量。

2. 什么是矿产资源储量管理?

矿产资源储量管理，是指国土资源行政主管部门以矿产资源所有权管理和国家行政管理者的身份，依据有关法律、法规和规章，代表国家管理矿产资源的质和量，并进行登记统计，掌握国家矿产资源家底，管理地质资料汇交和矿产资源信息，分析矿产形式，对矿产资源的积累、储备、使用和配置进行政策导向和调整，保障矿产资源开发利用取得最佳经济效益、资源效益、社会效益和环境效益，保障国民经济安全运行和可持续发展对矿产资源的需求。

矿产资源储量管理是我国地矿行政管理的重要基础。其管理的对象是地质资料和矿产资源总量（包括矿产资源储量和资源量），管理相对人是各类地勘单位、矿山企业和个体采矿者，涉及地质勘查的各个阶段和采矿生产的全过程。

3. 矿山储量动态检测机构属于什么性质? 其可以分为哪些种类?

我国的矿山储量动态检测机构可以分为两类：即社会矿山储量测量机构和企业矿山储量测量机构。前者可为社会矿山企业服务；后者只为所在矿山企业服务（有条件时经批准也可以为其他矿山企业服务）。社会矿山储量动态监测机构是有偿服务的社会技术中介组织，应当依法取得相应的经营权，并独立承担法律责任。

4. 什么是矿产资源储量的核查与检测?

矿产资源储量核查与检测包括检测和核查两个方面：

“检测”是指采矿权人必须按照统一的技术要求，安排或委托具有资格的矿山检测机构对其占用的保有资源储量进行检测，并向所在地国土资源行政主管部门提交《矿山资源储量检测年度报告》。

“核查”是指各级国土资源行政主管部门按照管理权限，对矿山检测工作进行监督，对检测年度报告进行审查核实。建立全国矿产资源储量动态核查检测管理机制，形成完善的检测体系和核查管理系统，及时准确地掌握矿山的矿产资源储量及其年度变化情况，具有非常重要的现实意义。

【文本正文】

矿山储量核查检测合同

立合同人：

委托方（简称“甲方”）：

（名称、统一社会信用代码、住所、法定代表人、职务、委托代理人、身份证号码、通信地址、邮政编码、联系人、电话、传真、账号、电子信箱）

受托方（简称“乙方”）：

（名称、统一社会信用代码、住所、法定代表人、职务、通信地址、邮政编码、联系人、电话、传真、账号、电子信箱）

根据《中华人民共和国矿产资源法》《中华人民共和国合同法》及相关法律法规的规定，甲乙双方本着平等、自愿、诚实信用的原则，经充分友好协商，就乙方接受甲方委托对甲方______矿的资源核查检测事宜达成如下合同：

第一条　核查检测矿权概况①

> 条文注解：“核查检测矿权”的真实、合法和有效存续是确保双方合作的关键，因此，对于此部分内容应当逐项予以审查，以防止任何瑕疵的出现导致协议无法履行，合作目的无法实现。

项目名称为：____________；采矿许可证编号为：____________；矿权的地理位置为：____________；矿区面积为：______平方公里；开采矿种为：____________；矿区范围坐标为：____________（详见本合同所附矿区范围图）；采矿许可证有效期自______年______月______日至______年______月______日。

第二条　甲方的主要责任义务

1. 甲方按检测要求向乙方提供基本满足核查检测需要的有关地质、采掘、测量等技术资料（详见附件______）；

2. 协助乙方在矿区开展勘测工作，并提供安全措施、照明、通风等工作条件；

3. 按规定向国土资源主管部门汇交乙方报送的核查检测成果资料及相应的电子文档；

14070

4. 按照合同约定向乙方支付核查检测费用。

第三条　乙方的主要责任义务

1. 配备必要的专业人员，勤勉尽责地履行核查检测工作；

2. 按照《____________省金属非金属矿山储量核查检测工作细则》及相关规范到矿山实地开展核查检测工作；

3. 编制矿产资源核查检测说明书及相关图表，并按规定报送评审、修改。

第四条　资料提供和报告提交

1. 自本合同签订之日起______日内，甲方应向乙方提供以下相关资料[1]：采矿许可证（副本）及生产许可证复印件；地质报告及附件（附图、附表、选矿实验）（含电子盘）；项目可行性研究报告（含电子盘）；开采过程新增加地质勘探工作的资料（含电子盘）；开采过程编录图件（含电子盘）、样品分析结果；开采设计方案及图件（含电子盘）；矿山开采现状图及文字说明（含电子盘）；开采坑口、中段、采空区等测量成果表（含电子盘）；矿山开采过程与原地质资料变化情况；矿产品市场需求情况简介；已关闭的采掘坑道、巷道；地质资料是否为国家出资勘查，其储量在矿山的占有量。上述资料应加盖采矿权人公章。

条文注解：实践中经常发生委托人不及时提交相关资料、文件，导致受托方无法开展工作，不能在约定时间内完成工作成果的情形，明确提交材料的内容和时间节点可避免此类纠纷的发生。

2. 核查检测需要的样品，由甲方布置并监督乙方采取，甲方送交有资质的单位分析后向乙方提供测试报告。

3. 核测完成后，乙方向甲方提交检测原始资料一套，成果资料五套及电子文档一套。

第五条　工作期限

工作期限计______个月。自______年______月______日起算，实地检测工作应当在______年______月底结束。______年______月底提交核查检测报告送审稿。

第六条　核测费用及支付

1. 双方商定项目总费用为人民币______万元。本合同签订之日起______日内甲方应向乙方支付人民币______万元整；报告评审通过后______日内甲方应向乙方支付剩余款项______万元整。

2. 甲方不能提供相关测量数据因需补做工作而发生的费用和需在原勘查单位收集地质

资料而发生的费用均由甲方承担。

3. 甲方已有地质资料不能满足核查检测要求（如 1 ∶ 5000 或 1 ∶ 2000 地形图、开采方案等），需补做相关工作而发生的费用由双方据实另行协商。

第七条　违约责任

如因甲方责任造成项目不能实施，已经支付乙方的工作费用不予退还，并按合同费用总额的______%赔偿乙方损失。如因乙方责任项目中途不能实施，乙方应退回甲方支付的费用，并按合同费用总额的______%赔偿甲方损失。

第八条　通知

1. 任何与本合同有关的需要送达或给予的通知、合同、同意或其他通信，除双方另有约定外，应按双方当事人在本合同中列明的地址、传真、电话、电子邮件或其他联系方式进行；通过传真、电话、电子邮件发出的任何文件、资料、通知，在发出后即视为收讫。通过邮寄发出的任何文件、资料、通知，在寄出十天后即视为收讫。

2. 任何一方在本合同所列的地址、传真、电话、电子邮件或其他联系方式发生改变的，应自变更之日起______日内以书面形式通知对方，否则，对方按照原来的地址、传真、电话、电子邮件或其他联系方式发出的文件、资料、通知等均视为在前款约定的时间内收讫，由此产生的一切后果，均由另一方自行承担。

第九条　法律适用及争议解决

1. 本合同的订立、效力、变更、解释、履行、终止和由本合同产生或与本合同有关之争议的解决，均适用中华人民共和国法律。

2. 凡因本合同引起的或与本合同有关的一切争议，双方应友好协商解决。如果争议自发生之日起三十日内仍不能得到解决，则任何一方均有权选择以下第______种方式解决：

（1）向______仲裁委员会申请仲裁，按照申请仲裁时该会实施的仲裁规则进行仲裁。

（2）向______人民法院起诉，以诉讼解决争议。

第十条　合同的生效及其他

1. 本合同的附件为本合同不可分割的一部分；本合同及其附件内空格部分填写的文字与印刷文字具有同等法律效力。

2. 本合同中未尽事宜或出现与本合同相关的其他事宜时，由双方协商解决并另行签订书面补充合同，补充合同与本合同具有同等的法律效力。

3. 本合同自双方法定代表人或授权代表签字或盖章之日起生效。

4. 本合同一式______份，每方各执______份，国土资源局留存一份，具有

14070

同等法律效力。

5. 本合同由甲乙双方在中华人民共和国______签署。

（以下无合同正文条款）

甲方：（盖章）　　　　　　　　　乙方：（盖章）

法定代表人或授权代表：（签字）　法定代表人或授权代表：（签字）

日期：　　　　　　　　　　　　　日期：

六、矿产资源储量评审合同

【使用场景】

本范本适用于矿产资源申报单位委托储量评审机构对地质勘查报告或者储量核实报告中计算和提交的矿产资源储量进行评定和审查的情景。矿产资源储量评审是对地质勘查报告或者储量核实报告中计算和提交的矿产资源储量进行评定和审查的行为。凡在中国领域及管辖海域，从事矿产资源储量评审业务的机构，必须依照规定，取得矿产资源储量评审机构资格。

【法律要点】

1. 什么是矿产资源储量评审？如何成为矿产资源储量评审机构？

矿产资源储量评审是对地质勘查报告或者储量核实报告中计算和提交的矿产资源储量进行评定和审查的行为。根据原国土资源部《矿产资源储量评审机构资格管理暂行办法》（国土资发〔2001〕172 号）的规定，凡在中华人民共和国领域及管辖海域，从事矿产资源储量评审业务的机构，必须依照该办法的规定，取得矿产资源储量评审机构资格。有关机构应当向国务院地质矿产主管部门提出矿产资源储量评审机构的资格申请，经审查认定资格并领取矿产资源储量评审机构资格证书后，方可成为矿产资源储量评审机构。

2. 办理矿产资源储量评审需要提供哪些资料？

根据《矿产资源储量评审认定办法》（国土资发〔1999〕205 号）第 11 条的规定，提交评审机构评审矿产资源储量，应当提供下列资料：（1）矿产资源储量报告；（2）勘查许可证或采矿许可证复印件；（3）探矿权人或者采矿权人对提交送审资料真实性的书面承诺；有主管单位的，应当同时提交主管单位的初审意见书；（4）矿床开发的可行性评价工作的有关资料；（5）矿产资源勘查合同以及矿区开发建设或水源地建设有关的其他文件；（6）评审机构认为应当提交的与评审工作有关的其他资料。

3. 矿产资源储量评审应当参照哪些技术标准和规定？

《矿产资源储量评审认定办法》（国土资发〔1999〕205 号）第 16 条规定，矿产资源储量评审应当参照下列技术标准和规定：（1）国家发布的矿产资源储

14071

量分类标准；（2）国家或有关部门发布的矿产资源储量技术标准；尚未发布矿产资源储量规范的矿种，可参照相近矿种的矿产资源储量技术标准；（3）国家和有关部门发布的与矿产资源勘查、矿山生产或水源地建设有关的技术操作规程和要求；（4）国家发布的合理利用与有效保护矿产资源及环境保护方面的规定。

4. 什么是矿产资源储量评审认定制度？设立该制度的目的是什么？

矿产资源储量评审认定制度简称矿产储量评审认定。为了适应市场经济的需要，我国自 1999 年 7 月 15 日起将计划经济体制下实行的由政府机构直接审批矿产储量的制度改革为在政府监督管理下的矿产资源储量评审认定制度。

矿产资源储量评审认定适用的法律为原国土资源部、国家计委、国家经贸委、中国人民银行和中国证监会联合颁发的《矿产资源储量评审认定办法》（1999 年 7 月 15 日，国土资发〔1999〕205 号）。其要点有两个：一是矿业权人按照规定将送审材料送交政府认定的矿产储量评审机构，由评审机构组织有资格的专家对送审材料进行评审，提出评审意见；二是政府主管部门对评审机构送交的评审意见书进行认定。《矿产资源储量评审认定办法》（国土资发〔1999〕205 号）对评审机构、评审认定程序、工作要求等都作出了明确、具体的规定。

需要注意的是，原国土资源部《关于加强矿产资源储量评审监督管理的通知》（国土资发〔2003〕136 号）指出，为落实《国务院关于取消第一批行政审批项目的决定》（国发〔2002〕24 号）的精神，切实作好取消行政审批项目后的矿产资源储量评审监督管理，自该通知下发之日起，国土资源行政主管部门对于矿产资源储量评审不再进行认定，设立备案管理制度。

矿产资源储量评审认定制度的设立是为了维护矿产资源的国家所有权益，规划、管理、保护与合理利用矿产资源储量，促进矿业发展，加强矿产资源储量管理，确保矿产资源储量合理、可靠。具体言之，实行矿产储量评审认定制度主要有四个方面的目的：一是为矿山和水源地建设提供可靠的依据，避免失误，减少风险；二是维护矿产资源的国家所有权益，监督矿产资源利用的合理性；三是代表国家确认矿产资源实物存量，为摸清国家的矿产资源家底提供基础，为国家进行矿产资源的统计、分析和政策制定提供依据；四是维护矿业活动中的公平竞争环境，避免发生涉及矿产储量的欺诈行为。

5. 国家为什么对矿产资源储量的评审、备案实行统一管理？

国家对矿产资源储量的评审、备案实行统一管理主要基于以下方面的原因：

首先，这是保护国家有限矿产资源的迫切需要。由于矿产资源是一种极其特殊的、不可再生的自然资源，为了坚决贯彻党中央和国务院关于“在保护中开发，在开发中保护”的总方针，确保矿产资源永续利用，对矿产资源的勘查、开采必须采取严而又严的管理措施，才能保证我国国民经济在二十一世纪的发展后劲。

其次，实行统一管理是为了便于贯彻、执行统一的矿产勘查开发有关法律、法规和技术标准。如矿产资源储量评审必须执行国家发布的矿产资源储量分类标准；必须执行国家或有关部门发布的矿产资源储量技术标准；必须执行国家和有关部门发布的与矿产资源勘查、矿山生产或水源地建设有关的技术操作规程和要求；必须执行国家发布的合理利用与有效保护矿产资源以及环境保护的规定等。

最后，只有对矿产资源的评审、备案统一管理，才能有效防止矿山企业为了短期利益，随意浪费和破坏国家的矿产资源，规范矿业市场，维护矿产资源开发的正常秩序。

【文本正文】

矿产资源储量评审合同

申报单位（简称“甲方”）：

（名称、统一社会信用代码、住所、法定代表人、职务、委托代理人、身份证号码、通信地址、邮政编码、联系人、电话、传真、账号、电子信箱）

评审机构（简称“乙方”）：

（名称、统一社会信用代码、住所、法定代表人、职务、通信地址、邮政编码、联系人、电话、传真、账号、电子信箱）

根据《中华人民共和国矿产资源法》《中华人民共和国合同法》及矿产资源储量评审法律法规的规定，甲乙双方本着平等、自愿、诚实信用的原则，经充分友好协商，就《____________储量报告》的矿产资源储量评审事宜达成以下合同：

第一条　评审内容

乙方就《____________储量报告》的矿产资源储量进行评审。

第二条　评审会议日期

____。

14071

第三条　评审地点

____。

第四条　评审方式

____。

第五条　评审专家组成

____。

第六条　评审工作组织与分工

1. 评审工作的安排由乙方负责；甲方对评审工作应给予协调与配合；

2. 评审工作结束后，乙方应尽快将《评审意见书》上报____________省国土资源厅予以备案。

第七条　评审费用

1. 甲方应于本合同约定的储量评审会议召开前______日内将评审费用及专家劳务费总额共计人民币______元汇入乙方账户；

2. 乙方开户银行：____________；开户名称：____________；账号：____________；

3. 储量评审会议的会务费用、评审专家实地考察费用由甲方另行承担。

第八条　保密

乙方对甲方提供的储量评审的所有资料及矿产资源储量评审意见有保守秘密的义务，未经甲方许可同意不得向任何人员予以泄露。

第九条　通知

1. 任何与本合同有关的需要送达或给予的通知、合同、同意或其他通信，除双方另有约定外，应按双方当事人在本合同中列明的地址、传真、电话、电子邮件或其他联系方式进行；通过传真、电话、电子邮件发出的任何文件、资料、通知，在发出后即视为收讫。通过邮寄发出的任何文件、资料、通知，在寄出十天后即视为收讫。

2. 任何一方在本合同所列的地址、传真、电话、电子邮件或其他联系方式发生改变的，应自变更之日起______日内以书面形式通知对方，否则，对方按照原来的地址、传真、电话、电子邮件或其他联系方式发出的文件、资料、通知等均视为在前款约定的时间内收讫，由此产生的一切后果，均由另一方自行承担。

第十条　合同的生效及其他

1. 双方未达成合同的事项或对合同条款有争议的，按照矿产资源储量评审工作的有关规定协商处理。

2. 本合同自双方法定代表人或授权代表签字或盖章之日起生效。

3. 本合同一式______份，每方各执______份，具有同等法律效力。

4. 本合同由甲乙双方在中华人民共和国______签署。

（以下无合同正文条款）

甲方：（盖章）	乙方：（盖章）
法定代表人或授权代表：（签字）	法定代表人或授权代表：（签字）
日期：	日期：

14071

七、矿业权价款评估合同

【使用场景】

本范本适用于相关单位委托矿业权评估机构进行矿业权价值评估的情景。矿业权评估机构和注册矿业权评估师基于与委托方的委托关系，按照国家矿业权管理有关法律法规和矿业权评估准则，根据特定的评估目的，遵循评估原则，依照相关评估程序，运用恰当的评估方法，对约定评估矿业权在一定时点的价值进行分析、估算并提供专业意见。

【法律要点】

1. 什么是矿业权评估？

矿业权评估，是指具有矿业权评估师执业资格的人员和矿业权评估资质的机构基于委托关系，对约定矿业权的价值进行评价、估算，并通过评估报告的形式提供咨询意见的市场服务行为。中国矿业权评估师协会《矿业权评估技术基本准则》指出，矿业权评估是指基于与委托方的委托关系，矿业权评估机构和注册矿业权评估师，按照国家矿业权管理有关法律法规和矿业权评估准则，根据特定的评估目的，遵循评估原则，依照相关评估程序，运用恰当的评估方法，对约定评估矿业权在一定时点的价值进行分析、估算并提供专业意见的服务行为和过程。

2. 什么是矿业权价值？什么是矿业权价格？什么是矿业权价款？

矿业权价值，是指矿业权人在一定期限内通过对矿产资源客体的活动和物化劳动的投入而可能产出的投资收益额。2004 年《矿业权评估指南》修改版对矿业权价值定义为：矿业权价值是指矿业权人依法使用矿业权，勘查或开采矿产资源所获得的或支付的货币量。一个矿产地只能设置一种矿业权，在勘查阶段设置的是探矿权，在开采阶段设置的是采矿权。矿业权的价值只能在交易中体现，并通过使用开发矿产资源的收益预测来确定。矿业权的价值并不是矿产资源本身的价值。矿业权价值是矿产资源的使用权价值，是指在一定期限内利用矿产资源的预期收益，其实质是使用较优矿产资源所获得的超额利润，归根结底取决于矿产资源本身和对矿产资源的投入。矿业权价值是矿业权人获得超额收益的价值。无形资产的价值源于其使用者获得的超额利润，矿业权作为一类特殊的无形资产，其价值亦来源于矿产资源开发所产生的超额利润。矿业权的价值是从矿产资源的价值中剥离出来的。开发矿产资源产生的纯收益代表矿产资源价值。但是，该收益中包含投资人从事投资所应该得到的收益。从矿产资源价值中扣除投资人正常应得的投资收益后剩余的部分就是矿业权的价值。

矿业权价格，是矿业权价值的货币表现。在矿业权市场中，矿业权价格是矿业权人买卖矿业权的交易额，一般而言，应由交易双方协定。

矿业权价款，是指探矿权价款或者采矿权价款。矿业权价款的实质是国家勘查投资的收益，特指国家将其出资勘查形成的矿产地的矿业权出让给他人，或者矿业权人将国家出资勘查形成的矿产地的矿业权转让给他人，按国家规定向矿业权人或受让人收取的款项。

3. 矿业权的价值构成包括哪些方面?

矿业权价值的实质是对矿产资源的使用而使矿产资源升值而形成的，因此矿业权的价值由矿产资源国家所有收益、矿业权投资者收益和矿业权劳务者收益三部分组成。由于我国矿业权劳务者收益是由矿业权投资者支付和约定承担的，因此矿业权的价值由矿产资源国家所有者收益和矿业权投资者收益两部分构成。

（1）矿产资源所有者权益。矿业权是从矿产资源所有权中分离出来的一种权能，其服从和服务于矿产资源所有权，是国家为了获得和实现所有者权益以及实现矿产资源的最优配置和运用而设置的。从矿业权价值的形成来讲，矿业权的价值很大一部分取决于矿产资源本身。因此，矿业权的价值构成首先必然包括矿产资源所有者权益。我国矿产资源所有者权益归国家所有，由国务院及其授权的各级政府机关行使所有权。矿业权价值构成中的矿产资源所有者权益实质上就是矿业权初始所有者（或静态所有者）权益。我国矿业权的初始界定或静态界定由《宪法》和《矿产资源法》确定和保障，即矿业权的初始所有者（或静态所有者）是国家，由国务院及其授权的各级政府机关行使所有权。

（2）矿业权投资者权益。矿业权投资者投资的目的就是为了发现矿产资源，进而探明、开发利用矿产资源，使矿产资源升值，形成投资的收益。矿业权的生产存在着巨大的不确定性和风险性，这种风险和不确定性都是由矿业权投资者承担的。如果找不到矿或只找到利用价值很小的矿，矿业权投资人要承担血本无归和巨大亏损的风险。如果找到矿并产生了资源升值，这种收益理所当然应当归矿业权投资人所有。在矿业权生产过程中的勘查投入和勘查劳务支出也是由矿业权投资人支付的。从矿业权价值的形成研究，矿业权的价值除取决于矿产资源本身因素外，还取决于矿产资源的追加投入，即矿业权投资者的投资。矿业权投资者承担风险，享受收益。矿业权

14072

投资者收益价值的大小取决于矿业权价值的大小，而不取决于出资额的大小。收益的价值既可能高于投资额，也可能少于投资额。

4. 探矿权的价值构成包括哪些方面?

一般来讲，探矿权的价值由两部分构成，即探明矿产资源的社会必要勘查投入及其应得的合理收益，用计算式表示为探矿权价值＝探矿权人必要投入＋探矿权人合理收益。

（1）勘查必要投入。勘查投资具有很大的风险性，勘查工作是对矿产资源赋存状态、开采条件和品质性能的认识过程，一般来说，为探明可供开采的矿床要经过预查、普查、详查和勘探几个阶段。各勘查阶段的风险也不一样，前期勘查风险大，后期风险较小。如预查阶段，在几处空白地进行勘查工作，可能仅一处能够进行下一阶段的勘查，其他几处都被否定。另外，在预查和普查阶段勘查的区域可能很大，但最终圈定可供详查和勘探并具有开采价值的区域较小。尽管如此，预查和普查是必须的，因为勘查工作是对矿产资源的认识过程，也是循序渐进的过程。没有预查和普查，不可能进行详查和勘探工作。因此，这些必要的勘查投资应视为社会必要投资。

通常情况下，影响勘查必要投入的因素主要包括：①矿产资源所在的区域位置。区域位置离人们居住地越远，其付出必要投入就越大。②矿床类型。矿床类型决定勘查难易程度，例如沉积型矿床比其他矿床的勘查较容易，其必要投入相对较小。③矿产资源规模。在一定范围内矿产资源规模越大，其单位投资越小，因此单位资源必要投入就越小。④地质构造。地质构造越复杂，其勘探的投入工作量就越大，其必要投入就越大。⑤勘查区域范围。勘查区域范围越大，勘探工作量就越大，其必要投入就越大。

（2）勘查投资收益。勘查投资合理收益可以根据社会平均（或行业、矿种）勘查投资收益率计算。各阶段探矿权价值可根据各阶段勘查社会平均投资的比例确定。具体探矿权各阶段的价值还应根据其工作程度及其效用性进行调整，计算公式如下：各阶段探矿权价值＝探矿权价值 × 阶段投资比例 × 效用系数。探矿权的本质属于行政许可管辖的投资权，而其价值产生于探矿权人出资勘查形成的地质信息。由于地质勘查投入与矿产资源的赋存条件相关，探矿权的价值与其勘查成本没有正相关关系。对详查探矿权而言，其价值由详查取得的矿产资源储量决定，勘查投入的合理性对其价值也有一定的影响。因此，详查探矿权价值的内涵应为勘查成本效用价值与其投入的各类地质勘查实物工作量所取得的地质成果（相应的矿产资源储量）的价值之和。对于矿产勘查程度低，相当于区调、预查阶段的工作地区，由于未发现具有经济价值的矿产资源，仅仅是资源勘查业的半成品或在产产品。其探矿权价值，可以利用地勘实际投入为基础，考虑适当合理的投资回报率和风险程度加以确定，也可以在类似地区单位面积矿产资源净值的基础上，考虑合理的利润分配系数加以确定。

5. 采矿权的价值构成包括哪些方面?

采矿权的价值构成包括三个方面，即采矿权价值＝矿产资源实物性价值＋地勘成果无形资产价值＋其他前期投入价值。矿产资源实物性资产价值就是矿山地租，它由级差地租、绝对地租组成。它不受具体个别矿床的地质条件、采矿技术装备和管理水平因素的影响，而取决于不同类型矿产资源的平均开采标准费用和标准价格。地勘成果确定矿产的存在，并对其特征、规律作出前所没有的阐述，使使用者知道怎样去设计、去开采矿产资源，并指导开采，是企业未来生产的必备条件。其他前期投入，包括矿产资源耗竭补偿费和复垦费、生态环境治理费和破坏补偿费等再生产费用。

需要说明的是，国家征收的各种税费（包括采矿权使用费），对所有者而言，因其本身就属于资源价值的一部分，故不必作为成本扣除；对矿山企业（转让者）而言，增加在转让价值之中。

6. 在哪些情形下必须对矿业权进行评估?

根据原国土资源部《矿业权评估管理办法（试行）》（国土资发〔2008〕174号）第26条的规定，以下情形必须对矿业权进行评估：(1) 国土资源行政主管部门出让矿业权；(2) 转让、延续矿业权等涉及应向国家缴纳矿业权价款的；(3) 其他涉及国家利益或公众利益的矿业权。

【文本正文】

矿业权价款①评估合同

条文注解：根据2017年4月13日《国务院关于印发矿产资源权益金制度改革方案的通知》（国发〔2017〕29号）的规定，在矿业权出让环节，将探矿权、采矿权价款调整为矿业权出让收益。矿业权价款是国家将其出资勘查形成的探明矿产地出让给矿业权人，按规定向矿业权人收取的价款，是国家投资收益的体现。而“矿业权出让收益”则是体现所有者权益（自然资源权益）的收益。二者存在较大的区别。（下同）

立合同人：

委托人（简称“甲方”）：____________国土资源厅（局）

（名称、住所、法定代表人、职务、委托代理人、身份证号码、通信地址、

14072

邮政编码、联系人、电话、传真、账号、电子信箱）

受托人（简称“乙方”）：

（名称、统一社会信用代码、住所、法定代表人、职务、委托代理人、身份证号码、通信地址、邮政编码、联系人、电话、传真、账号、电子信箱）

鉴于：

1. 甲方拟出让____________采（探）矿权（以下简称矿业权），现根据国家相关法律法规的规定，对该矿业权进行价款评估，为出让矿业权的价款提供参考意见。

2. 乙方系经____________国土资源主管部门批准且具有法定矿业权评估资质，评估资格证书号为：矿权评资字［______］______号，并已于______年______月______日经______以公开方式选择为承担____________矿业权评估咨询的机构。

根据《中华人民共和国合同法》《矿业权评估管理办法（试行）》《关于规范矿业权出让评估有关事项的通知》及相关法规的规定，甲乙双方特订立如下合同条款：

第一条　评估事项

1. 本合同约定的评估项目为：____。

2. 甲方委托乙方依据矿业权评估相关规范对______矿业权进行价款评估，出具评估报告书，并正式提交甲方。

第二条　评估范围

1. 矿区范围由以下拐点圈定：____。

2. 开采标高：____。

3. 矿区面积：______平方公里。

第三条　评估基准日

本合同为该项______矿业权价款评估设定的评估基准日为______年______月______日。

第四条　评估期限

本合同所约定的矿业权价款评估报告，自本合同生效并在乙方获得甲方协助所收集的全部评估相关基础资料之日起______个工作日内完成并正式提交。但由于不可抗力等因素影响而致使乙方出具评估报告超过约定期限时，由双方重新商定评估期限。

第五条　评估费用

评估费用是甲方对乙方完成矿业权价款评估、办理本合同委托事项所支付的报酬。甲方应于乙方将矿业权评估报告正式提交给甲方并经甲方验收之日起______日内向乙方支付人民币______元（大写______元整）。

第六条　双方的权利义务

（一）甲方的权利义务

1. 负责提供本合同约定的矿业权人的联系方式。

2. 按照现行的法律法规和规范性文件要求，协助乙方收集与本合同约定的与矿业权评估有关的资料。

3. 对乙方的评估过程和结果有权提出质询，并有权要求乙方书面说明。

4. 享有对评估报告的所有权和使用权。在甲方未公开评估结果之前，乙方不得擅自将评估结果透露给任何第三方。

5. 按照本合同约定向乙方支付评估费用。

6. 甲方的其他权利和义务。

（二）乙方的权利义务

1. 按照相关法律法规、规范性文件、矿业权评估准则和有关专业技术标准，及评估项目公告的评估要求（见附件______）进行评估操作，独立、客观、公正和科学地完成评估工作。

2. 进行充分的市场调查、信息收集和分析，对收集评估资料的真实性、客观性、依据性和可查性负责。

3. 对甲方提出的询问有进行书面解答和说明的义务。

4. 乙方提供的评估报告中所载明的数据须准确、可靠、公正，并符合有关要求，评估结果能体现当前时间段的矿业权市场价值。矿业权评估报告备案后，乙方应及时向相关矿业权人提供与备案结果相一致的评估报告一份。

5. 根据甲方的要求遵守保守秘密的义务。

6. 有权按照本合同的规定获得相关资料和评估费用的权利。

第七条　违约责任

1. 如果乙方提交的评估报告有违规、造假等行为的，或者以后查出存在此类问题的，甲方有权不予支付或者要求乙方返还评估费用。

2. 如果乙方未经甲方同意擅自终止履行合同，则甲方有权不予支付评估费用，并且乙方将失去再次承担甲方评估项目的任何机会。

3. 如果甲方未经乙方同意擅自终止合同，则乙方有权终止评估工作并有权要求甲方按照本合同约定评估费用的50%～100%向乙方支付评估费用。

4. 任何一方违反关于本合同的约定，应当向对方支付违约金，违约金额度按评估费用的______%计算。如果造成经济损失的，还应按本合同约定评估费

14072

用的______倍向守约方赔偿。

第八条　通知

1. 任何与本合同有关的需要送达或给予的通知、合同、同意或其他通信，除双方另有约定外，应按双方当事人在本合同中列明的地址、传真、电话、电子邮件或其他联系方式进行；通过传真、电话、电子邮件发出的任何文件、资料、通知，在发出后即视为收讫。通过邮寄发出的任何文件、资料、通知，在寄出十天后即视为收讫。

2. 任何一方在本合同所列的地址、传真、电话、电子邮件或其他联系方式发生改变的，应自变更之日起______日内以书面形式通知对方，否则，对方按照原来的地址、传真、电话、电子邮件或其他联系方式发出的文件、资料、通知等均视为在前款约定的时间内收讫，由此产生的一切后果，均由另一方自行承担。

第九条　法律适用及争议解决

1. 本合同的订立、效力、变更、解释、履行、终止和由本合同产生或与本合同有关之争议的解决，均适用中华人民共和国法律。

2. 凡因本合同引起的或与本合同有关的一切争议，双方应友好协商解决。如果争议自发生之日起三十日内仍不能得到解决，则任何一方均有权选择以下第______种方式解决：

（1）向______仲裁委员会申请仲裁，按照申请仲裁时该会实施的仲裁规则进行仲裁。

（2）向______人民法院起诉，以诉讼解决争议。

第十条　合同的生效及其他

1. 本合同的附件为本合同不可分割的一部分；本合同及其附件内空格部分填写的文字与印刷文字具有同等法律效力。

2. 本合同中未尽事宜或出现与本合同相关的其他事宜时，由双方协商解决并另行签订书面补充合同，补充合同与本合同具有同等的法律效力。

3. 本合同自双方法定代表人或授权代表签字或盖章之日起生效。

4. 本合同一式______份，每方各执______份，具有同等法律效力。

5. 本合同由甲乙双方在中华人民共和国______签署。

（以下无合同正文条款）

甲方：（盖章）	乙方：（盖章）
法定代表人或授权代表：（签字）	法定代表人或授权代表：（签字）
日期：	日期：

八、矿山安全评价服务合同

【使用场景】

本范本适用于矿山企业委托相关安全评价机构对矿山安全进行评价的情景。安全评价，国外也称为风险评价或危险评价，它是以实现工程、系统安全为目的，应用安全系统工程原理和方法，对工程、系统中存在的危险、有害因素进行辨识与分析，判断工程、系统发生事故和职业危害的可能性及其严重程度，从而为制定防范措施和管理决策提供科学依据。

【法律要点】

1. 什么是矿山安全管理？矿山安全管理包括哪些内容？

矿山安全管理是为了实现矿山安全生产而组织和使用人力、物力和财力等各种资源的过程。它利用计划、组织、指挥、协调、控制等管理机能，控制来自自然界的、机械的、物质的不安全因素和人的不安全行为，避免发生矿山事故，保障矿山职工的生命安全和健康，保证矿山生产的顺利进行。矿山安全管理的内容包括对物的管理和对人的管理两个方面。

其中，对物的安全管理包括：（1）生产设备的设计、制造、安装应当符合有关技术规范和安全规程的要求，其必要的安全防护装置应该齐全、可靠；（2）经常进行检查和维修保养，使设备处于完好状态，防止由于磨损、老化、腐蚀、疲劳等原因降低设备的安全性；（3）消除生产作业场所中的不安全因素，创造安全的环境条件。

对人的安全管理主要包括：（1）制定操作规程，规范人的行为，让人员安全而高效地进行操作；（2）为了使人员自觉地按照规定的操作规程作业，必须经常不断地对人员进行教育和培训，矿山安全管理工作要贯彻“安全第一，预防为主”的安全生产方针。

2. 什么是安全评价？安全评价的意义是什么？

安全评价，国外也称为风险评价或危险评价，它是以实现工程、系统安全为目的，应用安全系统工程原理和方法，对工程、系统中存在的危险、有害因素进行辨识与分析，判断工程、系统发生事故和职业危害的可能性及其严重程度，从而为制定防范措施和管理决策提供科学依据。安全评价按照实施阶段的不同可分为

14073

三类：安全预评价、安全验收评价、安全现状评价。

安全评价目的是查找、分析和预测工程、系统、生产经营活动中存在的危险、有害因素及可能导致的危险、危害后果和程度，提出合理可行的安全对策措施，指导危险源监控和事故预防，以达到最低事故率、最少损失和最优安全投资效益。

3. 非煤矿矿山建设项目的安全评价包括哪些种类?

根据《非煤矿矿山建设项目安全设施设计审查与竣工验收办法》（国家安全生产监督管理局和国家煤矿安全监察局令第 18 号）的规定，建设项目的安全评价包括安全预评价和安全验收评价。

建设项目在可行性研究阶段，应当进行安全预评价；建设项目在投入生产或者使用前，应当进行安全验收评价。建设项目的安全评价应当由具有相应资质的安全评价机构承担。安全评价机构应按照规定的标准和程序进行安全评价工作，提出评价报告。安全评价机构对安全评价结果负责。非煤矿矿山建设单位应与承担建设项目安全评价的安全评价机构签订书面委托合同，明确各自的权利义务。

4. 煤矿建设项目安全评价报告是否需要进行评审备案?

国家煤矿安全监察局《关于取消煤矿建设项目安全评价报告评审备案的通知》（煤安监监察〔2009〕13 号）指出，根据国家安全生产监督管理总局《安全评价通则》（AQ8001—2007）《安全预评价导则》（AQ8002—2007）和《安全验收评价导则》（AQ8003—2007）的有关规定，为进一步规范煤矿建设项目安全监察工作，简化相关行政许可程序，强化煤矿安全评价机构责任，经 2009 年第六次局长办公会议研究决定，煤矿建设项目安全评价报告不再评审和备案。

在煤矿建设项目可行性研究阶段，煤矿安全评价机构应按规定编制安全预评价报告，并及时送交项目设计单位，供其编制初步设计安全专篇时参考；在煤矿建设项目试生产运行正常后、竣工验收前，煤矿安全评价机构应按规定编制安全验收评价报告。建设单位申请安全专篇审查时，申报资料应包括安全预评价报告；申请安全设施竣工验收时，申报资料应包括安全验收评价报告。煤矿安全评价机构应科学、公正、合法、自主地开展安全评价工作，并对作出的评价结果负责。

【文本正文】

矿山安全评价服务合同

立合同人：

委托人（简称“甲方”）：

（名称、统一社会信用代码、住所、法定代表人、职务、委托代理人、身份证号码、通信地址、邮政编码、联系人、电话、传真、账号、电子信箱）

受托人（简称“乙方”）：

（名称、统一社会信用代码、住所、法定代表人、职务、委托代理人、身份证号码、通信地址、邮政编码、联系人、电话、传真、账号、电子信箱）

根据《中华人民共和国安全生产法》《中华人民共和国矿山安全法》《中华人民共和国矿产资源法》《中华人民共和国合同法》等法律法规及相关安全规范和规程的规定，甲乙双方本着平等、自愿、诚实信用的原则，经充分友好协商，就甲方委托乙方进行矿山安全评价事宜，签订如下合同：

第一条　委托事项和工作期限

1. 甲方委托乙方对____________（项目地点：____________）进行安全预评价，[①]提交相应的评价报告。

> 条文注解：根据《非煤矿矿山建设项目安全设施设计审查与竣工验收办法》（国家安全生产监督管理局和国家煤矿安全监察局令第 18 号）的规定，建设项目的安全评价包括安全预评价和安全验收评价。此合同适用于“安全预评价”的情形。

2. 委托事项的工作期限：自______年______月______日至______年______月______日止。

3. 自乙方收到甲方提供评价所需全部资料和现场勘察后，______个工作日内完成《安全评价报告》的编写与印刷工作。如需要乙方修改，则修改时间不计算在工作期限之内。

第二条　工作条件、协作事项和评价质量

1. 甲方应向乙方提供必要的工作条件和真实完整的技术资料、数据，并对所提供的资料的真实性负责。如因甲方不能按时提供安全评价所需资料，而使安全评价报告不能按照合同期限交付的，则由甲方承担全部责任。

14073

（1）甲方应向乙方提供的工作条件（包括现场勘察条件）：____________。

（2）甲方应在本合同生效后______日内向乙方提供以下技术资料、数据：____________。并由交接双方在资料交接清单上签字。

2. 甲方应提供的其他协作事项：____________________________________。

3. 乙方提交的安全预评价报告必须符合国家和地方规定要求，能够通过安监部门的技术审查；若未通过审查，乙方应对存在的问题提出对策措施和建议，负责无条件重新编制安全预评价报告，直至通过审查。

第三条　甲方责任

1. 按照乙方所列资料清单提供评价所需的各类资料和工作条件，并对所提供的资料的真实性、有效性及合法性负责。

2. 向乙方提供现场勘测、评价的便利及有关的防护用具，以确保乙方评价工作的顺利开展和乙方评价人员的人身安全和身体健康。

3. 按照合同约定向乙方支付评价费用。《评价报告》如需专家评审的，评审费用由甲方另行承担。因甲方原因导致乙方工作量的增加或时间延长的，乙方可要求增加费用，具体数额由双方另行商定。

4. 甲方应当承担的其他责任。

第四条　乙方责任

1. 按照国家及省、市有关技术规范和规定进行评价工作，编制项目安全评价报告。

2. 发现委托方提供的技术资料、数据、材料或工作条件不符合评价要求时，应及时通知委托方更改、更换。

3. 在进行现场安全评价工作时，应自觉遵守甲方的有关安全规定。因乙方违反甲方的安全规定，造成人身伤害的，由乙方自行承担责任；造成甲方损失的，还应予以赔偿。

4. 在评价过程中发现的安全隐患，应以书面的形式通知委托方。

5. 依据合同约定的工作范围及要求，按时完成评价工作，提交工作成果；对安全评价报告和评价结论负责；乙方在出具正式安全评价报告书之前，应当充分征询甲方的意见。

6. 乙方交付评价报告后，按规定参加由有关单位或部门组织的对评价报告的评审，并根据评审结论负责对不超出原定范围的内容做必要的调整补充；积极协助甲方通过专家评审和政府安全管理部门的审核验收，并参加政府安全管理部门的审核验收。

7. 不得将委托事项擅自转委托给第三方。

8. 遵守保密义务，对甲方提交的相关资料及评价报告等内容不得对外泄露。无论作为合同当事人的资格和权利是否终止，均应遵守本条所约定的保密义务。

9. 委托事项完成或本合同解除后，乙方应在______日内将所有甲方提供的文件、资料返还给甲方。

10. 乙方应当承担的其他责任。

第五条　评价费用及支付

1. 经双方协商确定，本合同项目的评价费用为人民币______元（大写：______）；

2. 双方一致同意按以下第______种方式支付评价费用：

（1）一次总付：合同签订后______日内支付全部评价费用，计______元整。

（2）分期支付：合同签订时支付评价费用的______%，计______元整；在乙方向甲方提交《评价报告》时支付评价费用的______%，计______元整；在评价报告通过相关部门评审后______日内，由甲方一次性全额付清余款人民币______元整。

3. 在合同执行过程中，若因甲方原因需对合同内容作重大调整或更改，造成乙方返工的，双方应另行协商工作时间和相关费用。

第六条　违约责任

1. 甲方不提供或者不补充有关技术资料、数据，或者不提供工作条件的，双方所约定的工作期限相应顺延。如甲方逾期______日仍不提供或不补充的，乙方有权解除合同，不予退还已收取的评价费用，并有权要求甲方按合同费用总额的______%承担违约金。

2. 甲方未按约定支付评价费用，每延迟一日应向乙方支付未付金额______%的违约金。

3. 甲方有证据证明乙方出具的安全评价报告存在明显错误或偏差的，有权解除合同，并要求乙方退还已支付的评价费用。对于“明显错误或偏差”的标准，由双方协商确定。

4. 乙方未按期提交评价报告或提交的报告不符合合同规定的，应减收或免收评价费用。乙方逾期提交评价报告每逾期一日应按合同费用总额的______%承担违约金。逾期超过______日仍不提交的，甲方有权解除合同，要求返还已收取的费用，并赔偿损失。

5. 乙方违反合同规定的保密义务，甲方有权单方面解除合同，并有权要求乙方按合同费用总额的______%承担违约金，并赔偿由此给甲方造成的损失。

第七条　通知

1. 任何与本合同有关的需要送达或给予的通知、合同、同意或其他通信，除双方另有约定外，应按双方当事人在本合同中列明的地址、传真、电话、电子邮件或其他联系方式进行；通过传真、电话、电子邮件发出的任何文件、资料、通知，在发出后即视为收讫。通过邮寄发出的任何文件、资料、通知，在寄出

14073

十天后即视为收讫。

2. 任何一方在本合同所列的地址、传真、电话、电子邮件或其他联系方式发生改变的，应自变更之日起______日内以书面形式通知对方，否则，对方按照原来的地址、传真、电话、电子邮件或其他联系方式发出的文件、资料、通知等均视为在前款约定的时间内收讫，由此产生的一切后果，均由另一方自行承担。

第八条　法律适用及争议解决

1. 本合同的订立、效力、变更、解释、履行、终止和由本合同产生或与本合同有关之争议的解决，均适用中华人民共和国法律。

2. 凡因本合同引起的或与本合同有关的一切争议，双方应友好协商解决。如果争议自发生之日起三十日内仍不能得到解决，则任何一方均有权选择以下第______种方式解决：

（1）向______仲裁委员会申请仲裁，按照申请仲裁时该会实施的仲裁规则进行仲裁。

（2）向______人民法院起诉，以诉讼解决争议。

第九条　合同的生效及其他

1. 本合同的附件为本合同不可分割的一部分；本合同及其附件内空格部分填写的文字与印刷文字具有同等法律效力。

2. 本合同中未尽事宜或出现与本合同相关的其他事宜时，由双方协商解决并另行签订书面补充合同，补充合同与本合同具有同等的法律效力。

3. 本合同自双方法定代表人或授权代表签字或盖章之日起生效。

4. 本合同一式______份，每方各执______份，具有同等法律效力。

5. 本合同由甲乙双方在中华人民共和国______签署。

（以下无合同正文条款）

甲方：（盖章）	乙方：（盖章）
法定代表人或授权代表：（签字）	法定代表人或授权代表：（签字）
日期：	日期：

九、环境影响评价服务合同

【使用场景】

本范本适用于委托环境评价机构进行环境测评的情景。环境影响评价简称环评，是指对规划和建设项目实施后可能造成的环境影响进行分析、预测和评估，提出预防或者减轻不良环境影响的对策和措施，进行跟踪监测的方法与制度。也就是分析项目建成投产后可能对环境产生的影响，并提出污染防治对策和措施。

【法律要点】

1. 什么是地质环境？

地质环境，是指与地质作用相关的自然环境，包括影响人类生存和发展的各种岩体、土体、地下水、矿藏等地质及其活动的总和。地质环境是地球演化的产物。

2. 矿山地质环境保护的原则是什么？

根据《矿山地质环境保护规定》（2009 年 3 月 2 日，国土资源部令第 44 号）的规定，因矿产资源勘查开采等活动造成矿区地面塌陷、地裂缝、崩塌、滑坡，含水层破坏，地形地貌景观破坏等的预防和治理恢复，必须遵守矿山地质环境保护的规定。矿山地质环境保护，坚持预防为主、防治结合，“谁开发谁保护、谁破坏谁治理、谁投资谁受益”的原则。

3. 我国从哪些方面加强矿山环境保护工作？

国务院新闻办公室于 2003 年 12 月 23 日发布的《中国的矿产资源政策》指出，实现矿产资源开发与环境保护的协调发展。勘查开发矿产资源会改变和影响矿区周围的生态环境。我国政府高度重视在开发利用矿产资源过程中的环境保护和污染防治，实行矿产资源开发与环境保护治理同步发展。我国已公布实施的法律法规，对矿山环境保护、污染防治、土地复垦作出了明确规定。我国政府将继续加强矿山环境保护，并在以下方面加强工作：

（1）继续坚持矿产资源开发利用与生态环境保护并重、预防为主、防治结合的方针。严格执行矿山环境影响评价报告书制度、土地复垦制度和排污收费制度。严格执行矿山建设与矿山环境保护设施的设计、施工与投产使用的“三同时”制度。积极引导企业在矿产资源勘查、开采过程中实施清洁、安全生产。

14076

（2）限制对生态环境有较大影响的矿产资源开发。在自然保护区和其他生态脆弱的地区，严格控制矿产资源勘查开发活动。禁止在自然保护区、重要风景区和重要地质遗迹保护区内开采矿产资源。严格控制在生态功能保护区内开采矿产资源。严格禁止土法炼焦、金属冶炼、炼硫、炼矾等；限制新建、改建含硫量大于1.50%的煤矿，禁止新建含硫量大于3%的煤矿。限制在地质灾害易发区开采矿产资源，禁止在地质灾害危险区开采矿产资源。未经批准，不得在铁路、重要公路两侧一定距离以内开采矿产资源。

（3）新建矿产资源开发项目应当论证其对生态环境的影响，采取生态环境保护措施，避免或减少对大气、水、耕地、草原、森林、海洋等的不利影响和破坏。矿产资源开发利用方案中应当包括水土保护方案、土地复垦实施方案、矿山地质灾害防治方案和地质环境影响评估报告，并按照规定报批。加强对矿山“三废”治理的监督管理，严格按照国家规定标准控制废气排放，加大对矿山有毒有害废水污染物的监督治理和查处力度。

（4）加强矿山环境调查、监测和灾害防治。国家组织开展全国矿山生态环境调查评价。矿山企业加强在矿山开发过程中可能诱发灾害的调查、监测及预报预警，及时采取有效防治措施，并向当地政府主管部门提交监测报告。建立信息网络，做好防灾减灾预案，最大限度地避免突发性灾害的发生。

（5）建立多元化的矿山环境保护投资机制。建立矿山环境保护和土地复垦履约保证金制度，实行政府引导、市场运作，确保矿山环境能够得到有效恢复和治理。对废弃矿山和老矿山，国家将在示范项目的基础上，加大生态环境恢复治理的力度，并鼓励社会资金投入。对生产矿山，建立以矿山企业为主的环境治理投资机制。对新建矿山，由企业负担治理资金。

4. 矿山地质环境保护与治理恢复方案应当包括哪些内容?

根据《矿山地质环境保护规定》（2009年3月2日，国土资源部令第44号）第12条的规定，采矿权申请人申请办理采矿许可证时，应当编制矿山地质环境保护与治理恢复方案，报有批准权的国土资源主管部门批准。

矿山地质环境保护与治理恢复方案应当包括以下内容：（1）矿山基本情况；（2）矿山地质环境现状；（3）矿山开采可能造成地质环境影响的分析评估（含地质灾害危险性评估）；（4）矿山地质环境保护与治理恢复措施；（5）矿山地质环境监测方案；（6）矿山地质环境保护与治理恢复工程经费概算；（7）缴存矿山地质环境保护与治理恢复保证金承诺书。

5. 什么是环境影响评价？环境影响评价的意义是什么？

环境影响评价简称环评是指对规划和建设项目实施后可能造成的环境影响进行分析、预测和评估，提出预防或者减轻不良环境影响的对策和措施，进行跟踪监测的方法与制度。通俗说就是分析项目建成投产后可能对环境产生的影响，并提出污染防治对策和措施。

环境影响评价的根本目的是鼓励在规划和决策中考虑环境因素，最终达到更具环境相容性的人类活动。环境影响评价明确开发建设者的环境责任及规定应当采取的行动，可为建设项目的工程设计提出环保要求和建议，可为环境管理者提供对建设项目实施有效管理的科学依据。

【文本正文】

环境影响评价服务合同

立合同人：

委托方（简称“甲方”）：

（名称、统一社会信用代码、住所、法定代表人、职务、委托代理人、身份证号码、通信地址、邮政编码、联系人、电话、传真、账号、电子信箱）

受托方（简称“乙方”）：

（名称、统一社会信用代码、住所、法定代表人、职务、委托代理人、身份证号码、通信地址、邮政编码、联系人、电话、传真、账号、电子信箱）

根据《中华人民共和国合同法》和环境评价相关法律法规及规范的规定，甲乙双方本着平等、自愿、诚实信用的原则，经充分友好协商，就甲方委托乙方对甲方的______项目进行环境影响评价专项技术服务事宜，达成如下条款：

第一条　服务目标和内容

1. 服务目标：____________项目环境影响评价工作，并提交环境影响评价报告书。

2. 服务内容包括：该项目的工程分析；该项目建设的合理性；该项目所在区域的环境现状评价；该项目建设期及服务运行期可能对环境产生的影响；该项目环境风险影响识别；该项目带来的环境、经济、社会效益分析；提出治理改善环境的措施和建议。

3. 服务方法：收集资料、现场调查、污染源调查、类比调查、环境监测、模式计算、专家审查等。

14076

第二条　工作要求

乙方应按下列要求完成技术服务工作：

1. 服务地点：____；

2. 服务期限：乙方在收到甲方提供的相关资料齐备后______个工作日内完成环境评价报告书的编制工作；

3. 服务质量要求：所编制的环境影响报告书必须符合国家、省、市有关法律、法规及标准的要求，同时还应满足国家对此类环境影响评价技术服务的有关标准和要求；

4. 乙方应对甲方所提供的所有技术资料保密。

第三条　甲方的协作义务

为保证乙方有效进行技术服务工作，甲方应向乙方提供下列工作条件和协作事项：

1. 提供技术资料和经费

自本合同签订之日起______日内，甲方应向乙方提供以下相关资料：[1]

> 条文注解：实践中经常发生委托人不及时提交相关资料、文件，导致受托方无法开展工作，不能在约定时间内完成工作成果的情形，明确提交材料的内容和时间节点可避免此类纠纷的发生。

（1）应向乙方准确提供与项目有关的基本情况资料（项目概况、企业简介、总平面布置、工艺流程、工艺参数、污染物排放参数等）；

（2）应向乙方准确提供与项目有关的专业技术资料（可行性研究报告、周围环境的地址、水文、气象、社会情况等）；

（3）提供环境评价执行标准和总量控制指标的批文；

（4）提供同级发改委（局）的项目立项批复文件；

（5）应向乙方及时提供环境评价所需的经费。

因甲方不能及时向乙方提供环境评价所需的资料及经费，则评价进度顺延。

2. 提供工作条件

（1）应为乙方现场踏勘提供方便条件；

（2）应为乙方进行污染源调查、类比调查工作提供方便条件；

（3）因甲方不能及时为乙方提供环评工作条件，则评价进度顺延。

3. 其他：负责与地方有关部门的协调工作。

4. 甲方提供上述工作条件和协作事项的时间及方式：合同签订之日起实施，由甲方委派专人同乙方项目负责人协调落实。

第四条　评价费用及支付

1. 经双方协商确定，本合同项目的评价费用总额为人民币______元（大写：______）。

2. 按以下第______种方式支付评价费用：

（1）一次总付：合同签订后______日内支付全部评价费用，计______元整。

（2）分期支付：合同签订时支付费用的______%，计______元整；余额人民币______元在环境影响评价文件编制完成后、报送审批前由甲方一次性全额付清。

3. 在合同执行过程中，若因甲方原因需对合同内容作重大调整或更改，造成乙方返工的，则双方应另行协商工作时间和相关费用。

4. 若甲方对评价时间要求加急等其他特殊情况的，评价费用将根据实际情况相应增加。

5. 环评所需经费、类比调查所需费用及专家评审会议费用不包含在此评价费用之内，由甲方另行承担；如专家或上级环境保护主管部门对环评报告书审查后，提出新的评价工作内容时，评价费用将根据实际情况相应增加，增加额度由双方协商确定。

第五条　成果验收

双方确定按以下标准和方式对乙方的技术服务工作成果进行验收：①

> 条文注解：环评服务成果验收的标准是评判工作成效的关键，明确约定有利于合同的完全顺利履行。

1. 乙方完成技术服务工作的形式：提供该项目的环境影响报告书。

2. 技术服务工作成果的验收标准：国家相关标准。

3. 技术服务工作成果的验收方法：以专家审查方式进行验收。

4. 验收的时间和地点：根据环评工作进度另行确定。

第六条　违约责任

1. 甲方不提供或者不补充有关技术资料、数据和提供工作条件的，乙方完成工作成果的时间相应顺延。如甲方逾期______日仍不提供或不补充的，乙方有权解除合同，不予退还已收取的评价费用，并有权要求甲方按评价费用总额的______%承担违约金。

2. 甲方未按约定支付评价费用，每延迟一日应向乙方支付未付金额______%的违约金。

3. 甲方有证据证明乙方出具的评价报告存在明显错误或偏差的，有权解除

14076

合同，并要求乙方退还已支付的评价费用。对于“明显错误或偏差”的标准，由双方协商确定。

4. 乙方未按期提交评价报告或提交的报告不符合合同规定的，应减收或免收评价费用。乙方逾期提交评价报告每逾期一日应按评价费用总额的______%承担违约金。逾期超过______日仍不提交的，甲方有权解除合同，要求返还已收取的费用，并赔偿损失。

5. 乙方违反合同规定的保密义务，甲方有权解除合同，要求按评价费用总额的______%承担违约金，并赔偿由此给甲方造成的损失。

第七条　保密和信息披露

1. 乙方保证对在谈判、磋商、签订、执行本合同过程中所获悉的属于甲方的且无法自公开渠道获得的文件、资料以及本合同的内容和履行情况予以保密。

2. 本合同的保密条款为持续性条款，且无论本合同无效、解除、终止均不影响保密条款的延续性和有效性。无论本合同的任一方作为合同当事人的资格和权利是否终止，本合同的任一合同当事人均应遵守本条所约定的保密义务。

第八条　通知

1. 任何与本合同有关的需要送达或给予的通知、合同、同意或其他通信，除双方另有约定外，应按双方当事人在本合同中列明的地址、传真、电话、电子邮件或其他联系方式进行；通过传真、电话、电子邮件发出的任何文件、资料、通知，在发出后即视为收讫。通过邮寄发出的任何文件、资料、通知，在寄出十天后即视为收讫。

2. 任何一方在本合同所列的地址、传真、电话、电子邮件或其他联系方式发生改变的，应自变更之日起______日内以书面形式通知对方，否则，对方按照原来的地址、传真、电话、电子邮件或其他联系方式发出的文件、资料、通知等均视为在前款约定的时间内收讫，由此产生的一切后果，均由另一方自行承担。

第九条　法律适用及争议解决

1. 本合同的订立、效力、变更、解释、履行、终止和由本合同产生或与本合同有关之争议的解决，均适用中华人民共和国法律。

2. 凡因本合同引起的或与本合同有关的一切争议，双方应友好协商解决。如果争议自发生之日起三十日内仍不能得到解决，则任何一方均有权选择以下第______种方式解决：

（1）向______仲裁委员会申请仲裁，按照申请仲裁时该会实施的仲裁规则进行仲裁。

（2）向______人民法院起诉，以诉讼解决争议。

第十条　合同的生效及其他

1. 本合同的附件为本合同不可分割的一部分；本合同及其附件内空格部分填写的文字与印刷文字具有同等法律效力。

2. 本合同中未尽事宜或出现与本合同相关的其他事宜时，由双方协商解决并另行签订书面补充合同，补充合同与本合同具有同等的法律效力。

3. 本合同自双方法定代表人或授权代表签字或盖章之日起生效。

4. 本合同一式______份，每方各执______份，具有同等法律效力。

5. 本合同由甲乙双方在中华人民共和国______签署。

（以下无合同正文条款）

甲方：（盖章）

法定代表人或授权代表：（签字）

日期：

乙方：（盖章）

法定代表人或授权代表：（签字）

日期：

14076

第七类　压覆矿产类合同

一、压覆矿产资源调查合同

【使用场景】

本范本适用于建设单位在建设项目征用土地之前就拟征地范围内可能存在的矿产资源情况予以调查摸底时与相关地质勘查单位签订合同的情景。建设单位对于拟征地范围内矿产资源情况的了解有助于其对于建设项目相关成本费用的核算，从而作出相应的决策判断。

【法律要点】

1. 什么是压覆矿产资源？为什么要进行压覆矿产资源审批？

压覆矿产资源是指因建设项目实施后导致矿产资源不能开发利用的情况。我国《矿产资源法》明确规定："在建设铁路、工厂、水库、输油管道、输电线路和各种大型建筑物或者建筑群之前，建设单位必须向所在省、自治区、直辖市地质矿产主管部门了解所在地区的矿产资源分布和开采情况。非经国务院授权的部门批准，不得压覆重要矿床。"

矿产资源属于国家所有，所有权包括矿产资源的占有、使用、收益、处分的权能。建设项目压覆矿产资源，实质上是对于矿产资源的处置，所以必须得到《矿产资源法》授权部门也即地质矿产主管部门的许可。对建设项目压覆矿产资源审批管理，这是地质矿产主管部门法定的职责。为此，2000年原国土资源部根据《矿产资源法》的规定，发布《关于规范建设项目压覆矿产资源审批工作的通知》（国土资发〔2000〕386号），规定了压覆矿产资源的管理权限、基本程序，用以指导全国压覆矿产资源审批工作。同时，国家通过建立探矿权采矿权管理制度将对矿产资源进行勘查开采的权利配置给矿业权人，矿业权属于用益物权，建设项目压覆矿产资源，需要妥善处理好建设单位与矿业权人之间的利益关系。

2. 为什么要进行压覆矿产资源调查？

根据我国《矿产资源法》的规定，凡建设项目实施后，导致其压覆区内已查明的重要矿产资源不能开发利用的，都应当按照规定履行查询和报批程序。建设单位对于拟征地范围内矿产资源情况的了解有助于其对于建设项目相关成本费用的核算，从而作出相应的决策判断。

14079

关注法天使

3. 压覆矿产资源调查合同应当包括哪些主要内容？

压覆矿产资源调查合同是建设单位在建设项目征用土地之前就拟征地范围内可能存在的矿产资源情况予以调查摸底时与相关地质勘查单位签署的合同。通常情况下，压覆矿产资源调查合同应当包括以下主要内容：工作内容、技术要求及工作量，委托方需向受托方无偿提供资料，主要包括的内容，受托方向委托方提交的资料成果及时间，工程价款及付款办法，双方责任，违约责任，通知，法律适用及争议解决，合同的生效及其他等。压覆矿产资源调查合同应当围绕上述相关内容约定双方之间的权利和义务。

【文本正文】

压覆矿产资源调查合同

立合同人：

委托方（简称“甲方”）：

（名称、统一社会信用代码、住所、法定代表人、职务、委托代理人、身份证号码、通信地址、邮政编码、联系人、电话、传真、账号、电子信箱）

受托方（简称“乙方”）：

（名称、统一社会信用代码、住所、法定代表人、职务、委托代理人、身份证号码、通信地址、邮政编码、联系人、电话、传真、账号、电子信箱）

甲方委托乙方完成______（拟建设项目）______压覆矿产资源的调查工作。根据《中华人民共和国合同法》和《建设工程勘察设计合同条例》的有关规定，结合该建设项目的具体情况，为明确责任、协作配合，做好本次压覆矿产调查工作，经双方协商一致，签订以下合同内容，共同遵守执行。

第一条　工作内容、技术要求及工作量

1. 工作内容：通过对______（拟建设项目）______建设用地范围进行压覆矿产调查，基本特征分析及综合研究等工作，查清征地范围内压覆矿产资源的情况；

2. 技术要求：按照国家现行的标准、规范和规程进行调查；

3. 本项目压覆矿产调查范围以甲方提供的图纸征地范围界定为准向外侧按照国家标准和行业规范适当延伸。

第二条　甲方需向乙方无偿提供资料，主要包括

甲方应于本合同生效后______日内向乙方提供以下资料，并对其真实性、可靠性、准确性负责。[①] 资料内容提交包括：

条文注解：实践中经常发生委托人不及时提交资料、文件，导致设计人无法工作，不能在约定时间内完成工作成果的情形，明确提交材料的具体内容和时间节点可以避免此类纠纷的发生。

1. 与工程项目有关的报告评审所需要的文件及相关资料；

2. 与工程项目施工有关的情况介绍、可研报告、勘界报告、及工程设计书；

3. 提供压覆矿产调查范围的地形图、地形地质图；

4. 负责与有压覆矿床情况的矿山企业主沟通、协调、签订补偿协议并收集相关的技术资料；

5. 协助乙方收集与建设用地压覆矿产调查工作有关的其他相关技术资料。

第三条　乙方向甲方提交的资料成果及时间[②]（见表2）

条文注解：本条款明确了受托方提交资料成果的名称、份数、和提交时间，具有较强的可操作性，对于双方最终工作成果的完成约定了具体的标准。

表2

成果名称	提交日期	提交份数
《建设项目》工程________压覆矿产资源调查报告及相关的系列图件	在甲方的密切配合和所提供的技术资料满足矿产资源压覆调查评估要求的前提下，评估成果在合同经双方签字生效后的60个工作日之内交付	报告份各6份，光碟1张
注：如因甲方原因或不可预测因素影响工期，则工期顺延。		

第四条　工程价款及付款办法

1. 压覆矿产资源项目的调查费用为￥______整（小写：￥______00元整）。（含报告编制费、国土资源管理部门备案费用、税金、利润等）

2. 自本合同签订后______日内甲方向乙方预付合同总价款的______%（计￥______元），剩余款项待最终成果经评审通过后，在乙方提交甲方时，一次性全部结清。

14079

第五条　双方责任

（一）甲方责任

1. 负责派员对乙方工作期间的外部关系进行协调；

2. 提供压覆矿产调查所需的相关资料及文件，若本项目需开展施工勘察等工作，负责解决所发生的土地占用、青苗赔偿等与本合同约定费用无关的其他费用；

3. 维护乙方提交的成果资料，未经乙方许可，不得擅自修改或转让；

4. 配合乙方在省国土资源厅办理建设用地矿产资源调查的批复（备案）。

（二）乙方责任

1. 本合同生效后，及时派员到现场开展工作，工作期间与其他作业的协调方式应与甲方说明；

2. 按照国家标准、规范和规程进行调查。根据委托任务提出的技术要求，按合同规定提交成果报告及资料，并对其质量负责；确保合同成果通过专家组评审；

3. 讲究职业道德，端正经营作风，成果资料应满足有关技术要求；

4. 为认真贯彻“安全第一，预防为主，综合治理”的安全生产工作方针，“防止重大人身伤亡事故、保障国家财产和工作人员在劳动过程中的安全与健康，搞好工程项目施工作业的安全管理工作，按照“谁施工，谁主管，谁负责”的原则，在合同执行过程中发生人生安全责任事故和财产安全责任事故由乙方自行负责；

5. 负责该建设用地压覆矿产资源调查在国土资源部门的相关手续，直至取得批复文件。

第六条　违约责任

1. 甲方按合同规定日期拨付压覆矿产调查费用，每逾期一天，应偿付压覆调查费用______%的逾期违约金；

2. 由于乙方原因，工作质量达不到该项目技术要求或不能通过评审而造成返工时损失由乙方自理。

第七条　通知

1. 任何与本合同有关的需要送达或给予的通知、合同、同意或其他通信，除双方另有约定外，应按双方当事人在本合同中列明的地址、传真、电话、电子邮件或其他联系方式进行；通过传真、电话、电子邮件发出的任何文件、资料、通知，在发出后即视为收讫。通过邮寄发出的任何文件、资料、通知，在寄出十天后即视为收讫。

2. 任何一方在本合同所列的地址、传真、电话、电子邮件或其他联系方式发生改变的，应自变更之日起______日内以书面形式通知对方，否则，对方按照原来的地址、传真、电话、电子邮件或其他联系方式发出的文件、资料、通知等均视为在前款约定的时间内收讫，由此产生的一切后果，均由另一方自行承担。

第八条　法律适用及争议解决

凡因本合同引起的或与本合同有关的一切争议，双方应友好协商解决。如果争议自发生之日起三十日内仍不能得到解决，则任何一方均有权选择以下第______种方式解决：

1. 向______仲裁委员会申请仲裁，按照申请仲裁时该会实施的仲裁规则进行仲裁。

2. 向______人民法院起诉，以诉讼解决争议。

第九条　合同的生效及其他

1. 本合同的附件为本合同不可分割的一部分；本合同及其附件内空格部分填写的文字与印刷文字具有同等法律效力。

2. 本合同中未尽事宜或出现与本合同相关的其他事宜时，由双方协商解决并另行签订书面补充合同，补充合同与本合同具有同等的法律效力。

3. 本合同自双方法定代表人或授权代表签字或盖章之日起生效。

4. 本合同一式______份，每方各执______份，具有同等法律效力。

5. 本合同由甲乙双方在中华人民共和国______签署。

（以下无合同正文条款）

甲方：（盖章）

法定代表人或授权代表：（签字）

日期：

乙方：（盖章）

法定代表人或授权代表：（签字）

日期：

14079

二、同意压覆矿产意向书（简单版）

【使用场景】

本范本适用于矿业权人与建设单位签订的同意建设项目压覆矿产资源的情景。根据规定该意向书是建设单位在办理压覆矿产审批时必须履行的手续之一。

【法律要点】

1. 为什么要签订《同意压覆矿产意向书》?

《同意压覆矿产意向书》是矿业权人与建设单位签订的同意建设项目压覆矿产资源的意思表示。《同意压覆矿产意向书》是建设单位在办理审批时必须履行的手续之一。《国土资源部关于进一步做好建设项目压覆重要矿产资源审批管理工作的通知》（国土资发〔2010〕137号，2010年9月8日）规定："建设项目压覆已设置矿业权矿产资源的，新的土地使用权人还应同时与矿业权人签订协议，协议应包括矿业权人同意放弃被压覆矿区范围及相关补偿内容。"

2. 为什么说签订《同意压覆矿产意向书》体现了对矿业权的依法保护?

矿业权是矿业权人在依法取得的勘查和/或开采许可证规定的范围内，勘查和/或开采矿产资源，并取得矿产品所有权的权利。物权法规定，国家、集体、私人的物权和其他权利人的物权受法律保护，任何单位和个人不得侵犯。矿产资源法规定，国家保护探矿权和采矿权不受侵犯，保障矿区和勘查作业区的生产秩序、工作秩序不受影响和破坏。鉴于相关法律对于矿业权人合法权益的保护，建设项目压覆已设置矿业权矿产资源的，土地使用权人应当与矿业权人签订协议，协议应当包括矿业权人同意放弃被压覆矿区范围及相关补偿的内容。

【文本正文】

同意压覆矿产意向书（简单版）

立合同人：

矿业权人（简称"甲方"）：

（名称、统一社会信用代码、住所、法定代表人、职务、委托代理人、身份证号码、

通信地址、邮政编码、联系人、电话、传真、账号、电子信箱）

建设单位（简称“乙方”）：

（名称、统一社会信用代码、住所、法定代表人、职务、委托代理人、身份证号码、通信地址、邮政编码、联系人、电话、传真、账号、电子信箱）

乙方拟进行____________项目建设，该项目的建设用地范围压覆了甲方的____________矿的矿产资源，经甲乙双方协商一致，达成以下协议：

1. 建设项目用地与____________矿矿权范围重叠，压覆其矿权内的矿产资源，根据相关法律规定，乙方应对甲方进行补偿。①

> 条文注解：此条款明确界定建设项目用地与矿权范围重叠，构成压覆，应当对矿权方的损失予以补偿。

2. 甲方支持____________项目建设，同意②压覆其采矿权范围内的矿产资源（具体坐标见附件）。

> 条文注解：这是矿权方作出同意压覆的意思表示，也是本“意向书”的关键。

3. 双方协商同意，乙方应根据实际压覆甲方的矿产资源量，依据最终评估结果另行签署《补偿协议书》，但补偿款项必须在该项目开工前履约完成。③

> 条文注解：此条款明确双方就补偿问题另行签订补偿协议，补偿范围是“实际压覆的资源量”，建设单位对于该补偿款项应于建设项目开工前向矿权方履行完毕，有利于矿权方利益的保护。

4. 本合同中未尽事宜或出现与本合同相关的其他事宜时，由双方协商解决并另行签订书面补充合同，补充合同与本合同具有同等的法律效力。

5. 本合同自双方法定代表人或授权代表签字或盖章之日起生效。

6. 本协议一式______份，甲乙双方各执______份，具有同等法律效力。

（以下无合同正文条款）

甲方：（盖章）　　　　乙方：（盖章）

法定代表人或授权代表：（签字）　　　　法定代表人或授权代表：（签字）

日期：　　　　日期：

14082

三、同意压覆矿产意向书（复杂版）

【使用场景】

本范本适用于矿业权人与建设单位签订的同意建设项目压覆矿产资源的情景。根据规定该意向书是建设单位在办理压覆矿产审批时必须履行的手续之一。

【法律要点】

同《同意压覆矿产意向书》（简单版） 的法律要点。

【文本正文】

同意压覆矿产意向书（复杂版）

立合同人：

矿业权人（简称“甲方”）：

（名称、统一社会信用代码、住所、法定代表人、职务、委托代理人、身份证号码、通信地址、邮政编码、联系人、电话、传真、账号、电子信箱）

建设单位（简称“乙方”）：

（名称、统一社会信用代码、住所、法定代表人、职务、委托代理人、身份证号码、通信地址、邮政编码、联系人、电话、传真、账号、电子信箱）

甲方于______年在____________市国土局经过公开“招拍挂”取得____________地块开发使用权，经过项目前期准备，已完成立项、规划用地许可证、红线图等工作，后来发现该用地压覆了乙方部分探矿权。现经双方友好协商，达成如下协议：

1. 乙方同意甲方拟建项目压覆部分探矿权。在双方共同委托相关机构进行压覆矿权评估并经乙方书面认可《建设项目压覆重要矿产资源评估报告》后，乙方同意放弃被压覆范围内的勘查作业区域。①

> 条文注解：这是矿权方作出同意压覆的意思表示，也是本“意向书”的关键。

2. 由于甲方工程建设压覆部分探矿权范围将对乙方的合法权益造成一定损失，按照____________省国土资源厅有关规定，在甲方向乙方出具补偿承诺书，双方在国土资源管理部门出具压覆重要矿产资源批复后，甲乙双方应协商补偿价款，或委托第三方评估机构对压覆矿权评估后，按照评估结果予以补偿。补偿范围包括被压覆探矿权的矿业权财产价值以及未来收益部分；乙方被压覆矿区资源储量已缴付过的价款及勘查投入；因压覆矿产事宜而造成的其他损失等。[1]

条文注解：虽然《国土资源部关于进一步做好建设项目压覆重要矿产资源审批管理工作的通知》（国土资发〔2010〕137号）明确“补偿的范围原则上应包括”本条前两项内容，但该文是由原国土资源部印发的关于进一步做好建设项目压覆重要矿产资源审批管理工作的管理性文件，强调的是相关行政管理部门的审批管理职责，不能直接作为处理民事主体之间民事权益纠纷的依据。且从该文件内容看，并没有排斥民事主体之间以签订协议的方式解决补偿问题。

3. 甲方应当自本协议签订之日起三日内向乙方指定账户先行支付______万元，以确保矿产压覆补偿工作的顺利进行。[2]

条文注解：由建设单位向矿权方先行支付一定额度的款项，以确保《同意压覆意向书》签订后压覆补偿工作的顺利进行。

乙方指定的银行和收款账户为：____。

4. 自国土资源部门出具压覆重要矿产资源批复之日起15日内，甲方应主动与乙方商议补偿价款，或商议由双方共同委托专业机构对矿产压覆影响程度、压覆矿产资源量、以及补偿价款等进行评估。双方以商议补偿价款或相关评估机构评估价值作为对乙方压覆矿权的补偿数额。所涉鉴定评估费用均由甲方承担。[3]

条文注解：在合同中明确补偿数额的确定方法及可能评估费用承担，以避免发生纠纷后争议不决。

5. 在本协议第4条所约定的期限内，如甲方不主动与乙方商议，或在该期限内双方未能就补偿数额达成一致，或未能就相关鉴定评估机构的选聘达成一致意见的，则乙方有权自该期限届满之日起单方委托相关鉴定评估机构进行鉴定评估，双方同意以乙方委托的鉴定评估机构的评估结论作为向乙方支付补偿

14084

款的依据，并由甲方承担评估费用。[1]

> 条文注解：在合同中明确双方就补偿数额无法确定时的处理方法，有助于矿权人在补偿上的主动。

6. 本合同中未尽事宜或出现与本合同相关的其他事宜时，由双方协商解决并另行签订书面补充合同，补充合同与本合同具有同等的法律效力。

7. 本协议自双方签字盖章后成立，自甲方履行协议第 3 条约定义务后生效。

8. 本协议一式______份，甲乙双方各执______份，具有同等法律效力。

（以下无合同正文条款）

甲方：（盖章）	乙方：（盖章）
法定代表人或授权代表：（签字）	法定代表人或授权代表：（签字）
日期：	日期：

四、压覆矿产资源评估合同

【使用场景】

本范本适用于相关单位委托有资质机构对压覆矿产进行影响评估的情景。建设项目压覆矿产资源，需要妥善处理好建设单位与矿业权人双方的利益关系。本合同的目的是确定压覆矿产资源的整体影响情况而进行的评估工作。

【法律要点】

1. 什么是矿产资源资源量 / 储量评估?

固体矿产资源储量的评估，应当按照规定的基本要求进行，原始资料质量在合乎要求的情况下，再引用到工业指标中。同时，根据地质构造规律来圈定、外推矿体，采取的估算方法要和矿床地质特点相符合。资源储量类型要严格按照规范确定，在进行块段划分时要充分考虑到资源储量的类型、工程网度等，从而能准确的确定出资源储量估算参数，从而能获得可靠的资源储量估算结果。

2. 建设项目压覆矿产资源为什么要进行资源量评估?

压覆矿产资源指在当前技术经济条件下，因建设项目实施后导致矿产资源不能开发利用的情况。根据《矿产资源法》第 33 条的规定："在建设铁路、工厂、水库、输油管道、输电线路和各种大型建筑物或者建筑群之前，建设单位必须向所在省、自治区、直辖市地质矿产主管部门了解所在地区的矿产资源分布和开采情况。非经国务院授权的部门批准，不得压覆重要矿床。"

建设项目压覆矿产资源，需要妥善处理好建设单位与矿业权人的利益关系。压覆矿产资源的影响程度和压覆矿产资源量的确定情况直接关系到建设单位对于矿业权人压覆矿产资源量的界定问题，因此，对于建设项目压覆矿产资源情况进行评估的目的在于为矿业权人提供损失补偿 / 赔偿的依据。

3. 如何判断建设项目对于压覆矿产资源的影响?

压覆矿产区是相关行业条例规定的限制范围，影响区则是根据剩余矿区依据开采设计因压覆而造成的不可开采动用的区域。有的矿区虽然压覆部分，但

14085

由于剩余区已无法形成有效产能，此时压覆及影响区应相当于全部矿权的范围。

压覆矿产资源影响问题的实质是一个法律判断问题。通常情况下，主要是民事侵权之因果关系判定的问题。如果确因建设项目的实施导致矿产权益灭失或减损的，压覆评估及相应的审查意见可以作为认定致损因果关系的重要参考。因此，关于矿权压覆侵权因果关系的判定问题，不只是纯粹的地质科学层面的科学式判断或行政审查意见，而应当是由司法裁判者依据经验法则，结合整个案件的证据情况及法律依据所独立进行的、综合性的法律评断。

4. 如何确定压覆煤炭资源的边界？

科学确定压覆边界，是对于压覆煤炭资源进行合理估算的关键。压覆边界，是指既确保煤矿将来开采不影响地面基础建设设施的安全和稳固，又能使煤炭资源得到充分利用而确定的建设场地四周合理禁采区范围的界线。实践中，压覆边界确定的方法通常有垂直剖面法（适用于方形、多边形建设项目）和垂线法（适用于长条状或长条弯曲桩建设项目），二者都有不同的压覆边界确定和计算方法。

5. 压覆资源量估算中对于保护煤柱边界如何确定？

保护煤柱留设，不仅是保护地面建（构）筑物的需求，也是保护地下水、水源地的需要。为了保护建设项目的安全运行，确定保护煤柱边界是对地面建设项目免受影响的基本条件。对于保护煤柱围护带宽度的确定，目前在保护煤柱留设中，一般在地面上加围护带，即根据建筑物不同的保护级别。从建筑物边界向外扩展定的范围，作为留设保护煤柱的受保护边界。

根据《建筑物、水体、铁路及主要井巷煤柱留设与压煤开采规程》（安监总煤装〔2017〕66号）的规定，矿区建筑物和构筑物的保护等级划分为Ⅰ、Ⅱ、Ⅲ、Ⅴ四个等级。由矿区建（构）筑物保护等级划分及建（构）筑各保护等级煤柱的维护带宽度表可知，譬如110KV送电线路属于Ⅲ级保护对象，因此确定其保护煤柱围护带宽度为10米。对于受护对象边界，根据《建筑物、水体、铁路及主要井巷煤柱留设与压煤开采规范》（安监总煤装〔2017〕66号）第38条的规定，如留设高压输电线路保护牒柱时，受护对象边界以线塔基础外边缘为界。

6. 压覆矿产资源评估合同应当包括哪些主要内容？

压覆矿产资源评估合同是委托具有资质的单位对压覆矿产资源进行影响评估时所签署的合同。通常情况下，压覆矿产资源评估合同应当包括以下主要内容：评估事项、评估期限、服务成果验收、评估费用及支付、权利和义务、违约责任、保密和信息披露、通知、法律适用及争议解决、合同的生效及其他等。压覆矿产资源评估合同应当围绕上述相关内容约定双方之间的权利和义务。

【文本正文】

压覆矿产资源评估合同

立合同人：

委托方（简称“甲方”）：

（名称、统一社会信用代码、住所、法定代表人、职务、委托代理人、身份证号码、通信地址、邮政编码、联系人、电话、传真、账号、电子信箱）

服务方（简称“乙方”）：

（名称、统一社会信用代码、住所、法定代表人、职务、委托代理人、身份证号码、通信地址、邮政编码、联系人、电话、传真、账号、电子信箱）

根据《中华人民共和国矿产资源法》《中华人民共和国合同法》和压覆矿产资源的相关法律法规及政策的规定，甲乙双方本着平等、自愿、诚实信用的原则，经充分友好协商，就甲方委托乙方对拟建__________项目进行压覆矿产资源评估事宜，达成如下合同条款：

第一条　评估事项

1. 项目名称：____。

2. 评估地点：____。

3. 评估范围：以拟建项目征地红线范围外推______米[①] 为压覆矿产评估范围。

条文注解：根据建设项目类型的不同，法律规定了不同的合理安全间距，如根据《铁路安全管理条例》（国务院令第 639 号）第 34 条的规定，在铁路线路两侧从事采矿、采石或者爆破作业，应当遵守有关采矿和民用爆破的法律法规，符合国家标准、行业标准和铁路安全保护要求。在铁路线路路堤坡脚、路堑坡顶、铁路桥梁外侧起向外各 1000 米范围内，以及在铁路隧道上方中心线两侧各 1000 米范围内，确需从事露天采矿、采石或者爆破作业的，应当与铁路运输企业协商一致，依照有关法律法规的规定报县级以上地方人民政府有关部门批准，采取安全防护措施后方可进行。

14085

4. 内容：压覆矿产资源的评估是对建设用地评估范围内因工程实施而导致的重要矿产资源或非重要矿产资源不能开采利用的资源量所做出的评估。在上述工作的基础上，编制工作区的压覆矿产资源评估报告，并确保通过国土资源主管部门的审批。

5. 工程占地：____。

6. 涉及范围：____。

第二条　评估期限

双方商定，本项目的评估期限为______日。自合同签定之日起开始计算，其中野外工作时间______日，报告编写______日，报告评审、汇交______日。如因不可抗力因素影响工作进度的，则评估期限同时顺延。

第三条　服务成果验收

1. 乙方提交的技术服务成果应达到____________省国土资源厅压覆矿产资源评审的通过要求。

2. 乙方提交压覆矿产资源评估报告由乙方申请______省国土资源厅审批（压覆重要矿产资源须报国土资源部批准）。

第四条　评估费用及支付

1. 经双方协商确定，本合同项目的评估费用总额为人民币______元（大写：______）。

2. 支付方式：

（1）一次总付：合同签订后______日内支付全部评估费用，计______元整。

（2）分期支付：本合同生效后，甲方在乙方进场后______日内向乙方支付评估费用总额的______%，计______元整；评估报告通过国土资源部门审批后______日内，甲方一次性全额支付剩余款项计人民币______元整。

第五条　权利和义务

（一）甲方权利和义务

1. 向乙方提供与评估相关的资料文件及建设内容，建设用地地理位置示意图、规划图、发改委批复文件、勘测定界报告书（勘测定界图）等电子文档资料。

2. 评估调查工作期间，甲方应协助乙方开展工作，如果压覆矿产资源，甲方应协助收集矿权资料，并有权监督评估工作的开展。

3. 按照合同约定的时间和方式向乙方支付评估费用。

（二）乙方权利和义务

1. 有权要求甲方提供评估相关项目资料文件及建设内容，建设用地地理位置示意图、规划图等资料。

2. 按照国土资源主管部门的有关要求进行该项目的压覆矿产资源评估工作。

3. 在工作中有义务接受甲方的检查和监督。

4. 按照合同约定的时间提交该项目压覆矿产资源评估报告。

5. 向甲方提交评估成果资料一式______份，若须加印报告由甲方承担全部费用。

第六条　违约责任

1. 甲方不提供或者不补充有关技术资料、数据和提供工作条件的，乙方完成工作成果的时间相应顺延。如甲方逾期______日仍不提供或不补充的，乙方有权解除合同，不予退还已收取的评价费用，并有权要求甲方按评估费用总额的______%承担违约金。

2. 甲方未按约定支付评估费用，每延迟一日应向乙方支付未付金额______%的违约金。

3. 甲方有证据证明乙方出具的评估报告存在明显错误或偏差的，有权解除合同，并要求乙方退还已支付的评估费用。对于“明显错误或偏差”的标准，由双方协商确定。

4. 乙方未按期提交评估报告或提交的报告不符合合同规定的，应减收或免收评估费用。乙方逾期提交评估报告每逾期一日应按评估费用总额的______%承担违约金。逾期超过______日仍不提交的，甲方有权解除合同，要求返还已收取的费用，并赔偿损失。

5. 乙方违反合同规定的保密义务，甲方有权解除合同，要求按评估费用总额的______%承担违约金，并赔偿由此给甲方造成的损失。

第七条　保密和信息披露

1. 乙方保证对在谈判、磋商、签订、执行本合同过程中所获悉的属于甲方的且无法自公开渠道获得的文件、资料以及本合同的内容和履行情况予以保密。

2. 本合同的保密条款为持续性条款，且无论本合同无效、解除、终止均不影响保密条款的延续性和有效性。无论本合同的任一方作为合同当事人的资格和权利是否终止，本合同的任一合同当事人均应遵守本条所约定的保密义务。

第八条　通知

1. 任何与本合同有关的需要送达或给予的通知、合同、同意或其他通信，除双方另有约定外，应按双方当事人在本合同中列明的地址、传真、电话、电子邮件或其他联系方式进行；通过传真、电话、电子邮件发出的任何文件、资料、通知，在发出后即视为收讫。通过邮寄发出的任何文件、资料、通知，在寄出

14085

十天后即视为收讫。

2. 任何一方在本合同所列的地址、传真、电话、电子邮件或其他联系方式发生改变的，应自变更之日起______日内以书面形式通知对方，否则，对方按照原来的地址、传真、电话、电子邮件或其他联系方式发出的文件、资料、通知等均视为在前款约定的时间内收讫，由此产生的一切后果，均由另一方自行承担。

第九条　法律适用及争议解决

1. 本合同的订立、效力、变更、解释、履行、终止和由本合同产生或与本合同有关之争议的解决，均适用中华人民共和国法律。

2. 凡因本合同引起的或与本合同有关的一切争议，双方应友好协商解决。如果争议自发生之日起三十日内仍不能得到解决，则任何一方均有权选择以下第______种方式解决：

（1）向______仲裁委员会申请仲裁，按照申请仲裁时该会实施的仲裁规则进行仲裁。

（2）向______人民法院起诉，以诉讼解决争议。

第十条　合同的生效及其他

1. 本合同的附件为本合同不可分割的一部分；本合同及其附件内空格部分填写的文字与印刷文字具有同等法律效力。

2. 本合同中未尽事宜或出现与本合同相关的其他事宜时，由双方协商解决并另行签订书面补充合同，补充合同与本合同具有同等的法律效力。

3. 本合同自双方法定代表人或授权代表签字或盖章之日起生效。

4. 本合同一式______份，每方各执______份，具有同等法律效力。

5. 本合同由甲乙双方在中华人民共和国______签署。

（以下无合同正文条款）

甲方：（盖章）	乙方：（盖章）
法定代表人或授权代表：（签字）	法定代表人或授权代表：（签字）
日期：	日期：

五、压覆矿产资源补偿协议

【使用场景】

本范本适用于压覆矿产资源的建设单位与矿业权人签订的因压覆矿权而对于矿业权人经济损失予以补偿的情景。本合同适用于履行了审批程序的合法压覆。对于未履行审批程序的违法压覆的情形，不适用于本合同。

【法律要点】

1. 压覆矿产资源补偿和压覆矿产资源赔偿的区别是什么？

从建设项目是否履行了法定审批程序的角度，可将压覆矿产资源的情形分为合法压覆和违法压覆，前者是按照相关规定履行了法定审批程序且获得审批同意，而后者则属于未履行审批程序更谈不上审批同意的违法压覆。对于审批同意的压覆情形，因其已经获得审批属于合法行为，故应使用“补偿”的概念，对于未履行审批程序的，因其属于违法行为，故应使用“赔偿”的概念。

基于合法压覆矿产资源的情形，原国土资源部规定，建设项目如压覆矿产，原则上应在“所压覆的矿产资源分担的勘查投资的开采设施投入和搬迁相应设施等直接损失”范围内补偿矿业权人，即仅补偿直接损失，而不补偿矿业权人可能获得的相应利益。但是，根据《侵权责任法》的规定，侵害矿业权的，应当承担侵权法律责任。对于侵害矿业权的损害赔偿，应当是将矿业权作为一种独立的用益物权财产价值的赔偿，而不是仅指对矿业权实际投入的直接损失的赔偿；对矿业权的财产价值，可以委托有资质的专业评估机构评估确定。

2. 压覆矿产资源补偿的情形有哪些？

因鉴于建设项目压覆矿权的情形较多，根据不同的标准可以作出不同的划分类型。根据涉及对象不同，可分为涉及探矿权项目和涉及采矿权项目；根据建设项目工程布置及对土地的要求，可以分为点压项目、线压项目和面压项目。不同的压覆情形在处理时需要有不同的侧重，以及不同的处理策略和方法。对于压覆矿权的损失范围，涉及建设项目对于压覆矿权的影响程度、压覆资源量或储量的界定，以及

14087

相应的资源价值的认定标准。

3. 如何选择压覆资源价值评估的时间节点?

地质勘查工作是由表及里，由浅入深，循序渐进，逐步接近真理的认识过程。这个过程是不断变化的。通常，不同时点对应了不同的勘查阶段，不同的勘查阶段对应了不同的矿权，不同的矿权对应了不同的价值。不同时点的探矿权其勘查阶段常常是不同的，探获的资源储量也常常是不同的，因此，其价值也是不同的。

根据《侵权责任法》第 19 条关于“侵害他人财产的，财产损失按照损失发生时的市场价格或者其他方式计算”的规定，侵害矿业权的财产损失应当按照损失发生时的市场价格或者其他方式计算。如涉及的基础法律关系是财产损害赔偿关系，则应当以该财产损失发生之时作为具体个案的评估基准日。

4. 如何选取最佳的资源价值评估方法?

矿业权评估有三大评估途径，即市场途径、收益途径、成本途径；每种路径中又有若干种评估方法。其中，收益途径的评估方法应用的最多，主要有折现现金流量法（DCF 法）、风险系数调整法、收入权益法。

折现现金流量法（DCF 法）适用于各类采矿权评估和详查、勘探程度的探矿权评估。此时，被评估矿业权已具备一定规模可供开采利用的资源储量，开采、选（冶）各项技术、经济指标与参数明确，未来收益可用货币计量等条件。

5. 从建设项目的角度讲，公益性项目和商业性项目的补偿范围有何区别?

（1）公益性项目补偿范围

原国土资源部《关于进一步做好建设项目压覆重要矿产资源审批管理工作的通知》（国土资发〔2010〕137 号）规定的补偿范围原则上包括：①矿业权人被压覆资源储量在当前市场条件下所应缴的价款（无偿取得的除外）；②所压覆的矿产资源分担的勘查投资、已建的开采设施投入和搬迁相应设施等直接损失。

（2）商业性项目补偿范围

即平等民事主体间，一方为了自己的利益最大化而需要压覆他人矿业权的，则适用于《物权法》《民法通则》《侵权责任法》等相关法律的调整。也即按照矿业权在评估时点的市场价值进行评估补偿或赔偿。

【文本正文】

压覆矿产资源补偿协议

立协议人：

矿业权人（简称“甲方”）：

（名称、统一社会信用代码、住所、法定代表人、职务、委托代理人、身份证号码、通信地址、邮政编码、联系人、电话、传真、账号、电子信箱）

建设单位（简称“乙方”）：

（名称、统一社会信用代码、住所、法定代表人、职务、委托代理人、身份证号码、通信地址、邮政编码、联系人、电话、传真、账号、电子信箱）

因乙方拟进行____________工程项目建设，该工程项目与甲方的____________探矿权存在重叠。为推进____________工程项目的建设，甲乙双方在平等自愿的原则下，经过友好协商，就压覆矿产资源的补偿事宜达成如下协议：

一、乙方承诺在本协议签署前已依法完成相关政府部门审批手续①（见附件）。

> 条文注解：对于审批同意的压覆情形，因其建设项目已经获得审批属于合法行为，故应使用“补偿”的概念，对于未履行审批程序的，因其属于违法行为，故应使用“赔偿”的概念。

二、在本协议生效后 5 个工作日内，乙方须启动压覆探矿权价值的评估工作，由双方共同选定具有相应资质的评估机构对压覆的资源量和探矿权价值进行评估（评估费用全部由乙方承担），乙方须以该评估价值为基础对甲方依法进行补偿。补偿的范围包括但不限于②：

> 条文注解：虽然《国土资源部关于进一步做好建设项目压覆重要矿产资源审批管理工作的通知》（国土资发〔2010〕137 号）明确“补偿的范围原则上应包括”本条前两项内容，但该文是由原国土资源部印发的关于进一步做好建设项目压覆重要矿产资源审批管理工作的管理性文件，强调的是相关行政管理部门的审批管理职责，不能直接作为处理民事主体之间民事权益纠纷的依据。且从该文件内容看，并没有排斥民事主体之间以签订协议的方式解决补偿问题。

1. 甲方就所压覆资源储量已缴纳的资源价款；

2. 甲方就所压覆矿产资源的勘查投入、已建的生产设施投入和搬迁相应设

14087

施等直接损失；

3. 压覆矿产资源的预期利益价值；

4. 甲方因矿产压覆，办理矿业权变更、注销手续可能发生的相关费用；

5. 因压覆矿产事宜而造成的其他损失。

三、乙方须在评估报告作出后______个工作日内，完成压覆矿产资源的补偿工作，并向甲方支付完毕全部补偿款。每逾期 1 日，乙方还应向甲方支付未支付总额的______%的违约金。

四、乙方在施工过程中，须加强安全生产。若在压覆的探矿权范围内因实施工程项目建设引发安全事故，由乙方承担全部责任。

五、通知

1. 任何与本协议有关的需要送达或给予的通知、合同、同意或其他通信，除双方另有约定外，应按双方当事人在本合同中列明的地址、传真、电话、电子邮件或其他联系方式进行；通过传真、电话、电子邮件发出的任何文件、资料、通知，在发出后即视为收讫。通过邮寄发出的任何文件、资料、通知，在寄出 10 天后即视为收讫。

2. 任何一方在本协议所列的地址、传真、电话、电子邮件或其他联系方式发生改变的，应自变更之日起______日内以书面形式通知对方，否则，对方按照原来的地址、传真、电话、电子邮件或其他联系方式发出的文件、资料、通知等均视为在前款约定的时间内收讫，由此产生的一切后果，均由另一方自行承担。

六、凡因本协议引起的或与本协议有关的一切争议，双方应友好协商解决。如果争议自发生之日起 30 日内仍不能得到解决，则任何一方均有权选择以下第______种方式解决：

（1）向______仲裁委员会申请仲裁，按照申请仲裁时该会实施的仲裁规则进行仲裁。

（2）向______人民法院起诉，以诉讼解决争议。

七、本协议的附件为本协议不可分割的一部分；本协议及其附件内空格部分填写的文字与印刷文字具有同等法律效力。

八、本协议中未尽事宜或出现与本协议相关的其他事宜时，由双方协商解决并另行签订书面补充协议，补充协议与本协议具有同等的法律效力。

九、本协议自双方法定代表人或授权代表签字或盖章之日起生效。本协议一式______份，每方各执______份，具有同等法律效力。

十、本协议由甲乙双方在中华人民共和国______签署。

（以下无合同正文条款）

甲方：（盖章）
法定代表人或授权代表：（签字）
日期：

乙方：（盖章）
法定代表人或授权代表：（签字）
日期：

14087

图书在版编目(CIP)数据

中国合同库．矿产资源 / 申升编著．-- 北京：法律出版社，2019
ISBN 978－7－5197－4127－3

Ⅰ．①中… Ⅱ．①申… Ⅲ．①合同法－中国②矿产资源法－合同法－中国 Ⅳ．①D923.6

中国版本图书馆CIP数据核字(2019)第270823号

中国合同库:矿产资源
ZHONGGUO HETONGKU:KUANGCHAN ZIYUAN

申　升　编著

策划编辑 朱海波　蒋　橙
责任编辑 蒋　橙　谢瑞忠
营销编辑 徐　印
装帧设计 宇宙尘埃工作室　鲍龙卉

出版 法律出版社
总发行 中国法律图书有限公司
经销 新华书店
印刷 三河市兴达印务有限公司
责任校对 马　丽
责任印制 吕亚莉

编辑统筹 法律应用出版分社
开本 787毫米×1092毫米　1/16
印张 27.75
字数 520千
版本 2020年1月第1版
印次 2020年1月第1次印刷

法律出版社/北京市丰台区莲花池西里7号(100073)
网址/www.lawpress.com.cn
投稿邮箱/info@lawpress.com.cn
举报维权邮箱/jbwq@lawpress.com.cn
销售热线/400－660－8393
咨询电话/010－63939796

中国法律图书有限公司/北京市丰台区莲花池西里7号(100073)
全国各地中法图分、子公司销售电话:
统一销售客服/400－660－8393/6393
第一法律书店/010－83938432/8433　西安分公司/029－85330678　重庆分公司/023－67453036
上海分公司/021－62071639/1636　深圳分公司/0755－83072995

书号:ISBN 978－7－5197－4127－3　**定价**:86.00元